现代会展培训指定教材

现代会展导论

总顾问 王志平　主编 王彦华　本册编著 谭　实

中国商务出版社
CHINA COMMERCE AND TRADE PRESS

图书在版编目（CIP）数据

现代会展导论/王彦华主编. —北京：中国商务
出版社，2015.5
现代会展培训指定教材
ISBN 978-7-5103-1268-7

Ⅰ.①现… Ⅱ.①王… Ⅲ.①展览会-技术培训-教
材 Ⅳ.①G245

中国版本图书馆 CIP 数据核字（2015）第 095656 号

现代会展培训指定教材

现代会展导论
XIANDAI HUIZHAN DAOLUN

总 顾 问 王志平
主 编 王彦华
本册编著 谭 实

出 版：中国商务出版社
发 行：北京中商图出版物发行有限责任公司
社 址：北京市东城区安外大街东后巷 28 号
邮 编：100710
电 话：010-64245686 64515140（编辑二室）
　　　　010-64266119（发行部）
　　　　010-64263201（零售、邮购）
网 址：http://www.cctpress.com
网 店：http://cctpress.taobao.com
邮 箱：cctp@cctpress.com
照 排：北京科事洁技术开发有限责任公司
印 刷：北京密兴印刷有限公司
开 本：787 毫米×980 毫米 1/16
印 张：24 字 数：366 千字
版 次：2015 年 5 月第 1 版 2015 年 5 月第 1 次印刷
书 号：ISBN 978-7-5103-1268-7
定 价：48.00 元

序

　　中国加入世贸组织以来的十多年间，会展业作为联系生产与消费的中介，在中国也得到了迅猛发展，已经成为现代服务业的一个重要分支并呈现出一系列新特征：

　　一是境内展会数量和规模快速增长。据商务部统计，2013 年全国共举办各类展览 7 319 场，同比 2008 年的 4 490 场增长 63%；2013 年展览面积 9 391 万平方米，同比 2008 年的 4 517 万平方米增长 108%。展览范围涵盖机械、化工、印刷、家电、家具、服装、通信、生物医药、汽车、珠宝、建材、美容、文化等各个行业。

　　二是出国展览市场稳定发展。2013 年全国 102 家组展单位共赴 75 个国家实施经贸展览会计划 1 492 项，比 2009 年的 1 183 项增长 26%，其中参加国际博览会 1 422 项，占实施总量的 95.3%，单独举办展览会 70 项，占实施总量的 4.7%。2013 年出展项目净展出面积 64.7 万平方米，比 2009 年的 42.64 万平方米增长 51%。

　　三是展馆规模全球领先，布局更加科学。截至 2012 年年底，全国拥有 5 000 平方米以上会展场馆 316 个，可供展览面积 1 237 万平方米。2013 年，全国在建会展场馆 13 个，面积 154.49 万平方米。预计全部建成后，全国会展场馆总数将达 329 个，可供展览面积达到 1 391.49 万平方米。随着展馆设施不断完善，全国已经形成长三角、珠三角、环渤海三个会展经济带。

　　四是办展主体呈多元化发展。在办展主体方面，我国形成了政府、商（协）会、事业单位、国有企业、民营展览公司、中外合资展览公司以及外资展览公司等多层次、多渠道办展的新格局。全国 5 000 平方米以上展会中，各类企业和行业协会举办展会约占全国展会总量的 77%（其中，企业办展占 57%，行业协会办展 20%），已成为行业主流，为各行业企业提供了产品展示、信息交流、贸易合作的平台，对扩消费、促流通、推动对外经贸发展发挥了积极作用。

五是社会经济效益日益明显。会展业是连接生产与消费的桥梁和纽带，各类展会汇聚人流、物流、资金流、技术流，有效拉动餐饮、住宿、交通、零售、旅游等众多服务业增长，促进城市完善基础设施和配套服务，对于转变经济发展方式、增加服务业在国际经济中的比重、推动经济社会全面协调持续发展具有重要意义。会展业带动就业效果显著，2013 年我国会展行业带动就业人数达 2777 万人次，综合拉动效益日益凸显。

目前，在产值、展馆数量、展馆面积、展会数量、展会面积、世界商展百强等六项主要指标上，中国在展馆面积和展会面积两项指标上居世界第一，其他指标也位居前列，中国已是名副其实的展览大国。同时，中国也是国际展览机构普遍关注及重点发展的市场，并成为其业务增长的主要来源国。随着中国经济持续稳定健康发展，对外开放进一步扩大，全球制造中心地位的形成，居民消费结构不断升级，形成了巨大的现实和潜在的市场，这些都将为会展业的发展提供广阔的发展空间。当然，从国际比较观察，我国会展业目前尚处在"大而不强，多而不精"的阶段，与欧美会展强国相比，我国会展业仍存在发展模式不清、产业规划滞后、资源相对分散、发展方式过于粗放等问题，中国会展业的可持续发展还面临着不少问题与挑战。

商务部是中国会展业的行业主管部门，始终重视、支持这一行业的健康发展和国际竞争力的增强。中国对外贸易中心作为国家商务部的直属单位，在承办广交会的发展历程中，积累了丰富的办展经验，培养了一支专业素质较高的会展人才队伍。随着上海国家会展中心项目的建设完成，外贸中心已经成为名副其实的航母级会展企业集团，成为中国会展行业应对国际竞争的主要依靠力量和迎接国际会展中心向中国转移的重要载体。为适应会展业发展趋势与规律的这些新变化，外贸中心加大了在干部培训培养、企业大学建设、宏观经济政策研究、会展业发展规律研究等方面的投入。他们围绕国内外会展业发展面临的热点、难点问题，理论联系实际，深入调查研究，完成了许多行业影响大、参考价值高的课题。历时两年、由多位同志利用业余时间编写的广交会现代会展培训指定教材（共七册）就是上述投入的重要成果之一。这套丛书有以下三个方面的突出特点：

1. 视角宽广、重点突出。丛书从政府与企业、从国际到国内，全方位论述了会展业发展面临的主要问题，提出了许多针对性强、可操作的建议措施，对政府制定政策有较高参考价值；涵盖了从策划、招商、招展到现场管理等会展业涉及的各个重要环节，对企业制定发展战略有较强指导意义。

2. 案例丰富、图文并茂。丛书的主要编著者都是有着多年实战经验的负责同志，丛书中许多展览项目的案例就是这些同志的亲身经历和切实体会，特别是《中国第一展——广交会文库》收录的所有文章，都是每位作者国内外调研的精品之作，首次结集出版。

3. 方法科学、结构严谨。丛书共七册，第一部分是导论，是全套丛书的基础和总纲。第二部分是现代展会核心业务读本，按照展会的主要内容分为组织策划、招商推介、现场服务、展示工程、专业展览五个分册，是展会业务链的全景展示。第三部分是《中国第一展——广交会文库》，是从近几年来外贸中心完成的几百份研究报告中精选而来并按不同专题归类整理的，是独具特色的知识库，具有较高的教学与科研价值。

王志平

2015 年 3 月

前　言

　　本书基于中国第一展——广交会丰富的办展实践，紧紧围绕现代展览核心业务，对人类会展活动的源流演变，中外会展业发展特色及趋势，以及中国会展业所面临的新课题进行了全面论述。

　　全书共设五篇十九章，每章含若干小节。每小节都是一个独立的知识点。部分篇章附设"小资料"可作研究参考。"本章导读"与"本章思考题"也有助于加深阅读理解。本书旨在提供一个有关现代会展的基本的知识框架，而不去刻意追求概念与定义如何精准。

　　现代会展活动点多、线长、面广，将散见于各处的碎片化知识连缀起来实非易事。我们采取系列丛书这一体例的目的，就是想把现代会展写全、写实、写透，力争搞出一套有特色的培训教材来。书中不当之处还望各位专家与读者不吝赐教。

谭　实

2015 年 3 月于广州

目 录

第一篇 绪 论

第一章 会展综述 ················· 3

第二章 展览概述 ················· 11

　　第一节 展览活动起源 ················· 11

　　第二节 历史发展阶段 ················· 15

　　第三节 展览活动定义 ················· 16

　　第四节 展览活动类型 ················· 20

　　第五节 中国的国际经贸展览 ················· 22

第三章 国际会展业概况 ················· 25

　　第一节 全球会展业发展现状 ················· 25

　　第二节 全球会展业发展趋势 ················· 29

　　第三节 国际著名会展国家 ················· 31

　　第四节 国际著名会展中心 ················· 38

　　第五节 国际品牌展览公司 ················· 41

第四章 中国会展业概况 ················· 44

　　第一节 中国会展业发展现状 ················· 44

　　第二节 中国会展业发展趋势 ················· 51

　　第三节 中国会展业发展特点 ················· 55

　　第四节 中国会展业发展格局 ················· 58

　　第五节 中国会展业待解难题 ················· 69

第二篇　会展基础理论

第五章　商业展基本特征 ······················· 79

　第一节　商业展概念 ····························· 79

　第二节　商业展的基本特征 ···················· 80

　第三节　商业展之国际化 ······················· 85

第六章　会展经济与城市发展 ·················· 89

　第一节　会展经济概念内涵 ···················· 89

　第二节　现代会展经济特性 ···················· 91

　第三节　会展经济与城市发展 ·················· 93

第七章　会展经济运行规律 ···················· 98

　第一节　会展经济运行规律 ···················· 98

　第二节　城市会展发展规律 ··················· 102

　第三节　品牌展会运行规律 ··················· 103

　第四节　国际组展商运营模式 ················· 106

第三篇　政府与会展

第八章　会展业的宏观管理 ··················· 111

　第一节　会展业管理模式 ······················ 111

　第二节　德国会展管理模式 ··················· 113

　第三节　法国会展管理模式 ··················· 115

　第四节　美国会展管理模式 ··················· 117

　第五节　英国会展管理模式 ··················· 121

　第六节　新加坡会展管理模式 ················· 123

　第七节　香港会展管理模式 ··················· 125

　第八节　会展管理模式比较及启示 ············ 126

第九章　中国政府主导型展会的发展与改革 ···· 129

　第一节　政府展会类型 ······················· 129

第二节　政府展会特征 ………………………………… 132

第三节　政府角色定位 ………………………………… 133

第四节　政府展会走向 ………………………………… 135

第五节　政府展会运作 ………………………………… 139

第四篇　展览会运营管理

第十章　展览策划与营销 ………………………………… 151

第一节　展览项目策划 ………………………………… 151

第二节　展览策划要素 ………………………………… 153

第三节　主题与事件策划 ……………………………… 155

第四节　展览项目推介 ………………………………… 157

第五节　招商推介方式 ………………………………… 162

第六节　策划方案实例 ………………………………… 165

第十一章　展览服务与管理 …………………………… 175

第一节　展览服务类型 ………………………………… 175

第二节　展览服务理念 ………………………………… 178

第三节　展览服务体系 ………………………………… 181

第四节　展览服务创新 ………………………………… 185

第五节　展览现场管理 ………………………………… 187

第六节　现场管理规程 ………………………………… 189

第十二章　展览会品牌建设 …………………………… 198

第一节　品牌展会认定标准 …………………………… 198

第二节　品牌展会资源管理 …………………………… 200

第三节　国际品牌展会塑造 …………………………… 203

第四节　如何走向品牌展会 …………………………… 205

第五节　国际品牌商展考察 …………………………… 207

第十三章　展览与电子商务 …………………………… 212

第一节　外贸电子商务平台 …………………………… 212

第二节　会展电子商务应用 ……………………………………………… 216

第三节　会展网站平台建设 ……………………………………………… 218

第四节　广交会电子商务 ………………………………………………… 222

第十四章　展览与信息化 ……………………………………………… 228

第一节　展览向数字化转型 ……………………………………………… 228

第二节　展览信息化规划 ………………………………………………… 231

第三节　核心业务应用软件 ……………………………………………… 234

第四节　信息化统一平台 ………………………………………………… 238

第五节　展会数据挖掘 …………………………………………………… 239

第六节　展会商业智能开发 ……………………………………………… 241

第七节　广交会信息化建设 ……………………………………………… 244

第十五章　展览市场资源整合 ………………………………………… 253

第一节　展览企业战略管理 ……………………………………………… 253

第二节　展览市场资源整合 ……………………………………………… 255

第三节　展览市场项目并购 ……………………………………………… 258

第四节　展览市场项目移植 ……………………………………………… 264

第五节　组展商合作办展 ………………………………………………… 269

第六节　展览资本运作实例 ……………………………………………… 272

第五篇　展览业保障与创新

第十六章　展馆建设与运营 …………………………………………… 279

第一节　大型城市与大型展馆 …………………………………………… 279

第二节　组展商看展馆建设 ……………………………………………… 282

第三节　展馆投资运营模式 ……………………………………………… 285

第四节　会展综合体建设运营 …………………………………………… 288

第五节　大型展馆运营策略 ……………………………………………… 291

第六节　现代展馆智能化 ………………………………………………… 295

第十七章　会展业标准与规范 ……………………………………… 302

　　第一节　会展业标准与规范 ……………………………………… 303

　　第二节　最新国家标准与规范解读 ……………………………… 304

　　附件一：展览场馆运营服务规范 ………………………………… 309

　　附件二：专业性展览会等级的划分及评定 ……………………… 319

第十八章　会展人力资源管理与开发 ………………………………… 325

　　第一节　我国会展学历教育现状 ………………………………… 325

　　第二节　我国会展学历教育特点 ………………………………… 329

　　第三节　提升会展学历教育水平 ………………………………… 332

　　第四节　展览人力资源类型 ……………………………………… 335

　　第五节　会展培训与认证市场 …………………………………… 338

　　第六节　如何成为会展策划师 …………………………………… 341

　　第七节　培训课程参训体会 ……………………………………… 343

第十九章　会展研究的新课题 ………………………………………… 349

　　第一节　展览业未来关注焦点 …………………………………… 349

　　第二节　展商与客商行为变化 …………………………………… 351

　　第三节　会展平台体验经济特性 ………………………………… 353

　　第四节　发展外贸服务新业态 …………………………………… 355

　　第五节　互联网及 O2O 商业模式 ……………………………… 359

　　第六节　虚拟展会与实体展会 …………………………………… 361

参考文献 ………………………………………………………………… 365

第一篇

绪　论

第一章　会展综述

一、基本概念

会展一词顾名思义即会议与展览的统称，由于会展具有一定的经济和社会功能，产生相应效益，具备产业特征，因此会展在部分国家和地区被视作独立行业，名为会展业。中国国家统计局于 2002 年对国民经济行业分类中的商业服务业大类，新增"会议及展览服务业"小类，并赋予独立的行业编码：L7491。会展业涵盖范围较广，除会议业相对独立、具自身特点外，展览业既包括经贸类的展览，如国内绝大多数的商业展会，也包括非经济性的展览，如成果展、文物展、世界博览会等，涉及政治、外交、社会、科技、文化等各个领域。本教材论述会展业的方方面面，重点是论述商业展，因为商业展是展览的主要形式，具备展览的主要功能，是会展经济最重要的组成部分。商业展除具备会议及非经济性展览所具备的群体性活动特征外，还具备商贸功能，是市场经济中非常重要的企业营销渠道或载体。

商业展具有展示、体验、交际、交易和传播等五项基本功能，非经济性展览与之相比，缺少交易功能；会议与之相比，缺少展示与交易功能（贸易型洽谈会除外）。

二、会展主要功能

会展兼备显著的经济功能和广泛的社会功能。通过会议或展览的具体内容完成特定使命，促进信息传播和人际交往，以及推动城市建设发展等，都是会展的主要社会功能。而会展业作为一个产业，会展经济作为一种经济现象，更为重要的是它的经济功能。这种经济功能最为集中的体现是商业展。商业展是指在一定时间一定场所举办的企业和商家或供需双方的聚会，本身即是经济活动，这种经济活动产生的效益是展览经济功能的主要方面，而展览同时具有明显外部经济效应，其聚集的人流物流能带动展览所在城市的商旅服务业及其他相关产业的发展，这是展览经济功能的另一方面。

广交会作为大型和典型的经贸类展会，其作用充分体现了展览的经济功能和社会功能。在改革开放前广交会的现场成交额长期占中国一般贸易出口额的 2/5 左右，最高时超过 1/2。改革开放后外贸政策的放开与展览业的多元化改变了广交会一枝独秀的局面，但目前每届广交会的成交额仍高达数百亿美元，对数以万计出口企业接受订单安排生产继续发挥着巨大的经济促进作用。而每届广交会聚集的庞大海内外客商群体和展品货流，对广州市的经济发展持续产生着巨大的拉动作用，这种拉动效应达到 1∶13.6。另外，广交会作为中国对外开放的窗口、标志和缩影，作为展示中国经济建设成就的平台，作为中国与世界各国友好交往的桥梁，同时发挥着强大的社会功能。在较间接的意义上，广交会对提升城市知名度，推动城市基础建设也发挥了重要作用：广交会是广州市的"城市名片"，广交会展馆是广州市标志性建筑之一，广交会的发展带动了城市尤其是展馆所在区域的路网等交通设施和酒店、餐馆、写字楼等商旅设施的建设。广交会从流花地区搬迁至琶洲地区，使琶洲地区旧貌换新颜，成为广州市新的商务中心区域。

三、政府对会展业发展的作用

世界各国基于国情不同，发展阶段不同，对会展业的地位和作用认识不一，政府对会展业的管理也千差万别。一些国家和地区正确认识到展览所具备的强大商贸功能，主动、有为地发展展览业，促使本国本地区展览业发展处于领先地位。德国和香港政府在这方面走在前列。德国各地方政府普遍由州政府与市政府共同出资建设展馆，并设立国有展览公司开发运营展览项目，这促使德国成为全球大型展馆和大型展会最多的国家之一。香港政府专门设立贸易发展局负责展览项目的开发和运营，培育和发展了若干个在亚太区域乃至全球顶尖的专业展会。而另外一些国家则对展览业采取无为而治的做法，政府不直接介入展览业发展，放手让自由市场机制调节行业兴衰。美国是这方面的典型国家。美国将会议、展览与节庆活动、体育赛事等大型群体性活动等同视之，会展业没有独立行业地位，政府没有专门管理机构，不将会展业纳入国民经济统计类别，不举办商业展览项目。在充分竞争的市场环境与高度细分的产业体系中，形成美国展览业展会数量多、规模小的特点，总量上居于世界前列，但以单个品牌展会而论却逊色于欧洲展览强国。

更多的国家其政府对会展业的作用介乎德国与美国之间，政府既不刻意扶持会展业发展，也不对其放任不管。整体而言，展览业较为发达的国家都是自由市场国家，政府受相关法律法规约束，对会展业的介入主要是为了维护市场秩序而进行必要管理。新加坡政府将会展业的管理纳入旅游管理部门，旅游局下设会议及展览署，可见新加坡政府主要将会展业视作群体性活动或人员商旅活动，没有将其纳入商业管理部门。新加坡政府会展业管理的基本特点是只认证不审批，只建馆不办展，政府对会展业的介入程度弱于德国（如不办展），但强于美国（如对展会进行官方认证）。必须指出的是，不直接干预市场、保证竞争避免垄断是几乎所有市场经济国家都遵守的基本原则，德国的国有展馆及展览项目都是实行市场化运作的，展览公司自主经营并自负盈亏，不存在政府财政补贴展会项目的情况。香港政府在通过贸发局举办展览推动贸易的同时，不另设会展管理部门，对社会企业举办展会完全视作市场行为不予干预。

四、政府对会展业的重视和支持有力地促进了中国会展业的发展

改革开放以来尤其是进入 21 世纪后，中国会展业实现了持续高速增长，目前已成为世界上展览数量和展览面积最多的国家之一，奠定了与世界第二大经济体相适应的展览大国地位。取得这样成就的根本原因在于中国经济的蓬勃发展。展览是经济的"晴雨表"，展览的繁荣反映着经济的发达。另一方面，经济发达是展览繁荣的必要条件而非充分条件，中国各级政府和社会各界的重视和支持也是中国展览业超常发展的重要原因。欧洲展览界惊讶于中国展览业异乎寻常的发展速度，只用了 5～10 年左右时间即走完欧洲国家半个世纪的发展历程。中国展览业界普遍认识到展览本身所具有的商贸功能及作为一种大型群体性活动对展览举办城市的经济拉动作用，各地方政府为此出资建设展馆、出面举办展会并制定扶持展览发展的各项政策包括财政补贴政策，在市场自发力量之外以政府"有形之手"有力地推动了展览业的发展。

"中国第一展"广交会的发展历程和示范效应是中国特色展览业发展道路

的最佳例证。作为政府主办的展会，广交会强大的贸易功能在中国改革开放后引发全国各地仿效，上海、昆明、哈尔滨、乌鲁木齐等地综合性的"小交会"应运而生。随着政府对展览业发展规律认识的提高并因经济发展需要，深圳、厦门、大连、上海、广州、珠海、义乌等地出现了高新技术博览会、文化产业博览会、投资洽谈会、服装博览会、工业博览会、中小企业博览会、航空航天博览会、小商品博览会，从综合性向专业化迈出了探索的步伐。这些展会举办的前提条件是要有合适的展馆，这催生了各地展馆建设热潮，而展馆作为展览业发展的必要基础设施，它的建成又大大地促进了所在城市展览业的发展。广交会因其本身的规模，流花路老展馆最早成为中国最大的展馆，这为广州商业展在改革开放后率先起步发展创造了其他城市少有的有利条件，而广交会展馆迁移到琶洲后，作为当时亚洲最大的展馆为展会的发展壮大提供了足够空间，使中国展会百强的1/4出现在广交会展馆（依据商务部服贸司2013年会展业年度报告）。

事物是利弊或矛盾的辩证统一体，由于一些业内协调、配套措施没有及时跟上，政府有形之手在推动会展业发展的同时也带来一些弊端，主要表现在一段时期展馆建设与同类展会举办过多过滥，展览题材雷同，展馆空置率高，全行业无序竞争现象严重。造成这种现象的根本原因在于没有尊重市场规律，一些地方政府没有从本地实际出发，不具备条件而主观期盼通过会展业带动本地经济发展，结果事与愿违。十八大以来新一届中央政府着力理顺政府与市场的关系，进一步简政放权，发挥市场对资源配置的决定性作用。在会展业中，政府与会展市场的关系有待进一步理顺并规范化，以适应新常态下中国经济的转型升级，这将有利于促进中国由展览大国向展览强国的转变。

五、中国展览业的发展阶段

中国展览业与中国经济共同发展，与中国经济一样呈现不平衡的发展特征，东部沿海地区展览业发展处于领先地位，上海、广州和北京等城市成为中国主要展览城市，整体水平已不低于世界展览强国，而中西部地区的发展水平则差距较大。根据产业周期理论，任何产业均有初创、成长和成熟等发展阶段，展览业亦不例外。中国展览业从总体上看，正处于从成长阶段向成熟阶段的转变，中西部地区处于起步或成长阶段，而东部已进入成熟阶段，代表了中国展览业的发展水平，也凸显出中国展览业的存在问题。这种成熟阶段的显著特征是产生了相当数量的业界领先的世界知名品牌大展，涌现出一批如中国对外贸易中心般的实力强大的展览企业，同时展览市场竞争充分，展览产值总量大，展会数量多且展览题材饱和。这种发展阶段基本与中国作为展览大国的地位相适应，但要成为展览强国则需要更多的世界级品牌展会、更国际化的大型展览企业和更平衡的展览业整体发展格局。

六、中国展览业的国际地位

历经多年高速发展，截至 2013 年，中国共举办展会 7 319 个，展览面积 9 391 万平方米，成为世界上展会数量最多、面积最大的国家之一。在产值、展馆数量、展馆面积、展会数量、展会面积、世界商展百强等六项主要指标上，中国在展馆面积和展会面积两项指标上居世界第一，其他指标位居前列，是名副其实的展览大国。同时，中国展览市场国际化程度很高，成为国际展览机构普遍关注及重点发展的市场，并成为国际展览机构业务增长的主要来源国。

七、中国会展业的发展方向和政府管理模式

中国会展业要坚持市场化、专业化、信息化、产业化、法制化和国际化（"六化"）的发展方向。市场化即遵循市场规律、根据市场需求去管理和发展会展业，是其他各化的基础。市场主体如没有海外销售的需求，展会的国际化自然会受影响；市场主体如倾向选择专业展会、要求专业服务，综合性展会和粗放管理的展会自然易被淘汰。在市场对资源配置起决定性作用的新时期，理顺政府与市场的关系，实现政府管理既到位又不越位，是会展业市场化的关键。专业化包括展览题材的专业化与展览服务的专业化，是行业由粗放走向集约的必由之路。信息化是互联网时代展览技术手段的与时俱进。产业化的标志是会展业拥有相当数量专门从事展览及相关业务的市场主体，包括独立的组展公司和从事展览工程、物流运输、展会服务等配套服务的企业，

以此增强产业地位并提升会展业产值在国民经济中的比重。法制化在政府简政放权、激活市场活力的政策背景下更显必要，应通过法制化使中国会展业的市场活力、行业规范与企业自律同时兼备，实现产业健康持续发展。国际化则要走转型升级之路，由过去单向、被动的国际化转向双向、主动的国际化，从向国际展览企业开放市场转为引入国际厂商和买家，从国际资本并购中国展览项目转为中国展览企业通过并购与合作等形式开拓国内外展览市场。

中国会展业近年来的"六化"进程一直没有停顿，为实现建设展览强国的目标，今后应争取更全面的市场化、更深入的专业化、更先进的信息化、更强大的产业化、更完备的法制化与更自主的国际化。

在"六化"建设过程中，政府应改变原有的会展业管理模式，一是应从直接介入办展转向宏观调控，着重建立健全市场规范，为会展业发展创造公平的市场环境；二是应从无所不办转向侧重引导新兴产业发展，对展览项目的介入应集中在战略新兴型的潜力题材；三是应从行政力量办展、综合性办展转向市场化、专业化办展，对由政府主导的涉及国家产业导向的展览项目，也应交由企业进行市场化运作；四是对会展业的扶持政策应从无限转向有限，财政补贴应有明确额度与期限并公开化、透明化，不应无休止补贴经过扶持仍无法实现市场价值的项目。

八、国际展览业发展趋势

经济的全球化以及传统发达国家和新兴市场国家在经济发展上你追我赶、此消彼长，使近些年来国际展览业呈现以下发展趋势。

（一）组展机构集团化

展览业的市场竞争引致优胜劣汰和行业集中，欧美发达国家展览业历经多年发展已产生一批全球化、集团化展览企业，包括英国励展博览集团、博闻集团和德国法兰克福展览公司等，成为展览发达国家在世界各地开拓市场的主要力量。

（二）展览市场多极化

以中国和金砖国家为代表的新兴市场国家的快速发展改变了世界经济格局，同时也改变了世界展览业格局，新兴国家的展览市场发展速度普遍快于传统发达国家，成为新的市场热点，全球展览业呈现多极化发展态势。

（三）新兴市场中心化

中国展览业发展在新兴市场国家中处于领先地位，展览产值、数量、规模均居世界前列，中国成为国际展览企业海外办展最集中的国家，也是国际展览企业业务增长的主要来源地，中国已成为除欧洲、北美之外全球第三个会展中心。

（四）展览手段信息化

以互联网为核心的信息技术的迅猛发展和电子商务的兴起，没有颠覆商业展的经济地位，但改变了传统实体展会的运作方式，实体展会在组展、招商和客户服务等方面广泛应用信息技术手段，有效提升了展览运作效率。未来实体展会将跟随信息技术发展的步伐，进一步在展示、交易和传播等方面提升功能手段。

九、展览业发展基本规律

（一）经济发展水平决定展览业发展前景

展览是流通领域的经济活动，直接受整体经济发展水平的影响，经济弱则展览弱，不发达的经济体不会产生发达的展览业。而经济强未必展览强，展览业发展同时受社会经济制度、政府政策、商业传统、人文等其他主客观因素影响。

（二）政府政策影响展览业发展效率

市场经济是自发性经济，具有趋利避害、追求回报的本质特征，展览业因其自身特点，发展依赖展馆这一产业基础设施，展馆建设投入大，回报低的特性直接影响市场机制作用的发挥，很大程度上制约着展览业的发展。视展馆为公共产品的国家和地区比视其为商业设施的，更重视也更能投入建设展馆并扶持展览业发展，直接影响产业发展效率和水平。

（三）展馆规模影响展览业发展高度

市场竞争的趋势之一是优胜劣汰、行业集中，对展览业而言是产生集团化展览企业和大型化品牌展会。而展馆规模决定了展会的规模，世界级大型或超大型展会只能在与之相匹配的展馆产生，展馆规模直接影响到展览业发展所能达到的高度和整体实力。

（四）中心城市是最合适的展览举办地

展览有商贸活动与群体活动两重特性，从商贸活动角度看适宜在市场中心和产业基地举办，前者是销售市场，有利于就近邀请买家，后者有产业集群，有利于就近邀请生产厂商并吸引产业链上下游客户。从群体活动角度看，展览举办城市应有畅达的交通和完善的酒店商旅设施，更进一步说还应有吸引人的城市魅力，因此作为一个地区经济中心、交通中心、旅游中心、文化中心的中心城市，最适宜成为展览举办地。

十、展览与电子商务的关系

以互联网技术为支撑的电子商务自诞生以来发展迅猛，迅速成为一种革新性的商业模式，因其与展览同属流通领域的营销渠道之一，因而引发是否将会替代展览的争议。事实表明电子商务高速发展这些年，展览业仍在健康发展并继续其增长态势。中国对外贸易中心通过对国内外知名展览企业的广泛调研，展览企业众口一词认为电子商务不会取代展览，以互联网为核心的信息技术将提升组展、招商、展会服务等各方面的效率，新技术将完善展览手段而非取而代之。

实体展会与电子商务有类似的商业营销特性，也有本质的区别，在商业展的展示、体验、交际、交易和传播等五大功能中，电子商务具备虚拟展示、网上交易和信息传播的功能，但不具备体验和交际功能，缺乏面对面的真实感，也缺乏亲身接触，体验交易标的物的机会。这种区别导致电子商务更适合 B2C 而非 B2B，即适合针对终端个体消费者的零售，而不适合交易额较大的批发交易或常规贸易。电子商务发展实践表明，电子商务发展最好的模式是 B2C，受电子商务冲击最大的是百货业、家电卖场等零售渠道。以目前展览业与电子商务各自的发展态势而论，在可预见的将来电子商务暂不具备取代实体展会的可能。

第二章 展览概述

本章导读：关于展览的起源，展览的定义，展览的类型，以及国际经贸类展览等。

第一节 展览活动起源

古往今来，会展活动一直在地区经济交流中发挥重要作用。国外的会展活动最早出现在希腊的集市。最初的希腊集市是买卖或交换奴隶的场所。到了古奥林匹克时期即公元前 800 年至公元前 700 年，希腊有了常规的集市，与奥林匹克运动会同时举行。在中世纪时代，作为展览前身的贸易集市就定期或不定期地在人口集中、商业较为发达的欧洲城市举行。

欧洲的集市规模较大，周期较长且功能较齐全，其中最著名的有中世纪的法国国际贸易集市——香槟集市。它由法兰西的香槟伯爵建立，在其领地内的 4 个城市轮流举行，成为法、意、德、英等国商贾云集之地。香槟集市的形成和发展，是社会分工和生产力发展的结果，是古代会展活动较为完善的形式。

到 15 世纪末 16 世纪初，由于"地理大发现"的进展，世界各大洲的经济文化交流密切起来，形成连接大西洋、太平洋、印度洋的国际市场，国际展览业形成萌芽。18 世纪英国工业革命和后来美国、德国、法国和比利时的产业革命，推动了世界科技迅猛发展，在伦敦、法兰克福、巴黎等城市，贸易集市发展成为了较大规模的国际展览会或博览会。

1851 年在伦敦举行了第一届世界博览会，标志着现代会展的开始。1895 年莱比锡第一届国际样品博览会，满足了当时资本主义生产方式和市场交易的需要。自从 1851 年英国伦敦举办首届世博会以来，国际会展业已经走过一个半世纪的历程。如今的展览会已今非昔比，不论是展会规模，还是科技水平，都有了极大的提高。

第二次世界大战结束后不久，一批因战争停办的展览会和博览会重新焕发生机，例如世界著名的米兰博览会、莱比锡博览会、巴黎博览会，这三个博览会后来被誉为连接各国贸易的三大桥梁。

在商品经济高度发展、市场瞬息万变的今天，国际展览会不仅作为各国厂商的集聚地和经济贸易与科技交流的中心，更作为重大的经济活动平台而被世界各国政府所重视。国际展览会与博览会是经济全球化的产物，大大促进了国际间的经贸合作与交流。与此同时，国际展览业的形成，又反过来对经济全球化形成强大推动力。

然而，关于人类会展活动的起源尚在探讨和研究中，尚未形成完整统一的定论。认识比较一致的说法大体有以下三种：

一是市集演变说。这种学说认为：贸易性的展览无论在中国或外国，都由市集演变而来。欧洲是由城邦的传统市集发展演变而成，这一演变发生在15世纪，莱比锡市集演变为莱比锡样品市集（即莱比锡博览会）是贸易性展览起源的代表。

二是巫术礼仪与祭祀说。这种学说认为：展览作为一种艺术形式，来源于原始人的万物有灵观念，原始人对自然神和祖宗神的崇拜祭祀活动，是展览艺术的雏形和起源。

三是物物交换说。这种学说认为，展览的起源可以追溯到原始社会产生物物交换的初期，在物与物进行相互交换的初级方式中开始存在"摆"和"看"形式逐步从物物交换扩大到精神和文化的领域。

欧美展览界普遍认为展览会起源于集市，因为集市已具备了展览会的一些基本特征，如地点固定、定期举行等。然而，集市只是松散的展览形式，规模一般较小，并具有浓厚的农业社会特征，还处于展览的初级阶段。

展览是随着社会的经济、社会与文化的进步而产生和发展的，是围绕着人们物质和精神两个方面的需要而存在和发展完善的。那么，商业集市是如何演变为现代展览的呢？

具有商业性质的集市最早出现在古代中国的奴隶社会。中国的"集"大约形成于公元前11世纪。与"市"相比，"集"的地点比较固定，举行时间有比较明显的周期性，参加者主要是农民和手工业者，且彼此之间的交易活动实质上是生产者之间的产品交换。

欧洲古代集市的产生时间比中国稍晚，但它在发展过程中表现出明显的规模性和规范性。一方面，欧洲集市在规模上相对集中，举办周期较长，且功能相当齐全；另一方面，各国政府先后制定了有关集市管理的法规。在 14 世纪左右，德国和法国等国家出现了众多由官府管理、颇具规模的集市，其中一些还有货币兑换、交易仲裁等功能。到了 17 世纪，欧洲的一些集市开始向专业化方向发展。工业革命后，集市的作用逐渐变小，一些集市为了适应工业发展的需要而转变成样品博览会，这便是现代展览会的雏形。

值得一提的是，国际商会于 1924 年在巴黎召开了国际展览会议。在此基础上，国际博览会联盟 UFI 次年在意大利米兰成立。该组织的成立对提高国际展览会的质量标准、维护全球展览业的正常秩序做出了重要贡献。

综上所述，展览起源于集市是公论，缘于集市是在一定时间、一定场所内进行的买卖双方交易活动，已具备商业展的时间、空间和交易三要素。但集市广泛存在于各文明古国，如中国、埃及、希腊和两河流域的巴比伦。德国展览重镇法兰克福，在中世纪（11 世纪）即产生展览业的萌芽——政府授权的有专属场所的产品交易集市。

现代展览直接源于中世纪欧洲的贸易集市，这种集市已具备博览会雏形，由最初的区域性零售市场转变为货物来自不同地区（须经长途运输）的跨地域定期交易活动。这种贸易活动由官方认可（皇室特权），按一定商业规则运行并依法纳税。工业革命后产品的批量生产改变了博览会参展产品的结构，看样成交取代了易货贸易，1895 年的莱比锡博览会也因此成为世界上第一个样品博览会。

展览业界还有一种观点，认为现代展览业的起源是 1851 年在英国举办的"万国博览会"。实际上万国博览会的形态与现在的世界博览会更相似，应该是现代世博会的最早雏形。真正的商业性展会起源于德国法兰克福。早在中世纪罗马帝国时期法兰克福即为手工业和小商品经营者理想的贸易中心，第一届法兰克福秋季展贸会创办于 1240 年，这是典型的买卖双方看货交易的形式，具有现代商业展的雏形。

具有商业性质和作为早期展览会雏形的集市在中国有着悠久的历史。集市是市、集、庙会等多种市场交换形式的统称，在我国不同时期和不同地区有多种形式和名称，如集、市、草市、村市、墟、场等。2000多年来，集市一直是我国商品流通的重要途径。

中国会展的起源，最早可以追溯到原始社会和奴隶社会时期出现的悬挂图腾、物物交换等活动。到了封建社会出现了更为丰富的庙会、祭祀、敬天、集市等形式。贸易性展览就出现了街市和庆会，尤其是庙会和集市。它们不仅定期举行，还伴有文艺表演如歌舞、杂耍、戏剧等。到了半封建半殖民地社会，展览开始走向多样化，功能也日益扩大。

真正意义上的中国会展业产生于20世纪初。当时为了抵制洋货而推行国货，北京、上海等地曾先后举办过几届"国货展览会"。主办者租借私家别墅、商店、旅店、寺庙等进行布展。清末和民国初期，中国举办过几次具有一定规模和近代特征的展览会，如1903年成立的《劝工陈列所》，它是当时国内外工业新产品的展销和推广中心；1910年在南京举办的《南洋劝业会》，它是晚清举行的一次规模最大的博览会；1929年的杭州《西湖博览会》，据称参观人数达2 000万人次。

我国会展史上第一个具有全国规模的大型综合性博览会是西湖博览会，共开设了八馆两所。此后，随着社会生产力的不断进步，经济社会的不断发展，会展活动日渐增多，形式日趋多样化，会展业也逐步发展起来。

新中国成立后，中国会展业的发展主要经历了三个阶段：1949—1965年是初步发展阶段，新中国会展业在会展规模、办展形式、展览场所和展出范围等方面取得较大进展，其发展雏形初步奠定；1966—1977年是曲折发展阶段，会展业在"左"的思想影响下，发展受到挫折，但中国参加国际博览会取得了较好的反响；1978年改革开放以后是迅速发展阶段，尤其以北京、上海、广州三大会展中心城市最为活跃。我国在加入世贸组织的协议附件中，已经把会展业作为服务业承诺对外全面开放。

从2002年起，国家统计局在国民经济行业分类中在商业服务业大类中，增加了"会议及展览服务业"一小类，其行业编码为L7491。这表明国家正式承认会展产业和会展经济的形成。

第二节 历史发展阶段

在人类历史的长河中，展览也是分阶段发展起来的。根据产生时期、举办形式、活动目的、组织方式等的不同，会展活动大致可分为原始、古代、近代和现代四个发展阶段。

一、原始发展阶段

人类社会的展览活动萌发于原始社会的祭祀活动。直接以农畜产品、手工业产品作为陈列手段的展览可称为祭祀品展览，往后有宗教艺术展示，再发展到古代物品交易集市的商品陈列展销。一般说来，原始社会和奴隶社会出现的具有会展形态的活动，如悬挂图腾、物物交换等，属于会展的萌芽时期。

二、古代发展阶段

展览伴随着社会生产力的发展而发展。原始社会生产力极其落后，展览只能是原始形态的展示。到了封建社会，宣传性展览便有大型洞窟绘画、华丽的壁画、武器陈列、绣像陈列等。宗庙和祭祀展览也更为丰富和隆重，次数也更为频繁。贸易展览就出现"列肆十里"的街市和庆会。随着货币的发展和流通，这种贸易展览也由物物交换上升到货币结算，使展览发生了质的变化。

三、近代发展阶段

到了资本主义社会，生产力更加发展，也就出现了大型博览会，甚至是世界性的博览会。还到处出现各种不同类型的博物馆、陈列馆。随着科技的发展，展览的形式与内容都有了重大的革新的突破。例如融声光电于一体的综合表现手法，甚至出现列车展览、汽车展览、轮船展览、飞机展览等。

公元17～19世纪，这一时期的欧洲展览会发生了革命性的变化，出现了纯展示性的艺术展，纯宣传性的国家工业展。

例如 1798 年，法国举办了世界上第一个由政府组织的《工业产品大众展》（Exposition PubliquedesProduitsdeI'Industrie）。西方学者倾向于将这次展览作为近代工业展览会的开端。

再如 1851 年，英国在伦敦举办了《万国工业展览会》（The Great Exhibition of the Industries of All Nations）。这是世界上第一个真正具有国际规模的展览会。它标志着人类发现了一种国际大规模文明交流的新形式。这种展览会逐渐演变成全面反映人类科技与文化进步的独特的展览会——世界博览会。

四、现代发展阶段

世界展览的现代阶段表现为贸易展览会和博览会应运而生，成为产品流通的重要渠道，其标志是 1894 年的德国莱比锡样品博览会。

第二次世界大战后，综合性质的贸易展览会和博览会逐步朝专业化方向发展。到了 20 世纪 60—80 年代，它们在世界范围内迅速发展并形成完整的体系，成为一个庞大的行业。

现代贸易展览会和博览会的发展经历了两个阶段：第一阶段是两次世界大战期间综合性贸易展览会的发展，第二阶段是第二次世界大战后专业展览会的出现与成长。

第三节　展览活动定义

改革开放以来，中国会展业以年均近 20％的速度递增，行业经济规模逐步扩大，已成为国民经济发展的新亮点。但对于什么是会展业，国家尚无统一的标准，也没有准确的定义。目前，国内主要流行以下几种观点：

第一种，会展业是会议业和展览业的总称。

第二种，会展是会议、展览、节庆等集体活动的简称，是指在一定地域空间范围内，由多人参加形成的定期的、制度或非制度的集体性活动。

第三种，会展是指会议、展览、大型活动等集体性活动的简称。其概念内涵是指在一定地域空间，许多人聚集在一起形成的、定期或不定期、制度或非制度的传递和交流信息的群众性社会活动，其概念的外延包括各种类型的博览会、展览展销活动、大型会议、体育竞技运动、文化活动、节庆活动等。

第四种，会展是指围绕特定主题多人在特定时空的集聚交流活动。狭义的会展仅指展览会和会议；广义的会展是会议、展览会和节事活动的统称。会议、展览会、博览会、交易会、展销会、展示会等是会展活动的基本形式，世界博览会为最典型的会展活动。

国外对会展活动也有类似的解释。美国解释说会展就是特殊活动，会展是指围绕特定主题，在特定时空举办的交流活动。

而在作为全球会展发源地的欧洲把会展解释为 M&E（meeting&exhibition）或者把 meeting 换作 convention。

究竟何谓会展？事实上，国内外至今未能在业界与学界形成一致的观点。

中国学者一般把会展定义为 MICE，另一方面又特别强调会展的经济性，把会展业称为会展经济。会展经济是一种形象说法，它指的是利用一定的地域优势、经济特色、资源优势，由政府或社会团体组织，召集供需双方按照事先确定的时间和地点，举行专业性的或综合性的产品布展、宣传、交易和服务为内容的特色型经济活动。会展经济是通过举办各种形式的会议和展览、展销，带来直接或间接经济效益和社会效益的一种经济现象和经济行为。

从会展活动所发挥的功能上分析，会展是人们进行信息交流、洽谈商务合作、开展市场营销以及满足人们某种精神需求的一种活动形式。会展活动主要包括会议和展览两个基本组成部分。其一，在西方，人们一般称会展业为会议与展览业，他们将会议（convention and conference）与展览（exhibition）区分开来。其二，展览场地大都兼有接待会议和举办展览的功能，因而大多数被称为会展中心。

可以认为，会展业既包括会议、展览和展销活动，也包括各种类型的博览会、交易会、体育竞技运动、文化活动、节庆活动等。它是由举办各类大型会议、大型展览和大型社会活动所产生的一系列社会效益与经济效益而形成的产业形态，是现代服务业的重要组成部分。

现代会展主要包括三种类型的活动：一是展销活动，例如各种展会、博览会、交易会等；二是各种类型的国际与国内会议；三是体育盛事、文化活动、大型节庆活动、民俗风情活动等大型活动。

一、关于会展的定义

如前所述，狭义地看，会展就是会议与展览等集体性活动的简称。而广义地看，会展包括各种类型的大型会议、博览会、展览展销活动、体育竞技活动、集中性商品交易活动以及节日或纪念日庆典等。

而展览或展览会，就是通过物品或图片的展示，集中向观众传达多种信息，实现双向交流，扩大影响，树立形象，达到交易、投资或传授知识、教育观众的目的。

美国《大百科全书》对展览会的定义是："一种具有一定规模、定期在固定场所举办的，来自不同地区的有组织的商人聚会。"

中国《辞海》关于"展览会"的词条是："用固定或巡回的方式，公开展出工农业产品、手工业制品、艺术作品、图书图片以及各种重要实物、标本、模型等，供群众参观、欣赏的一种临时性组织。"

《简明不列颠百科全书》中"展览会"词条是："为鼓舞公众兴趣、促进生产、发展贸易，或者为了说明一种或多种生产活动的进展和成就，将艺术品、科学成果或工业制品进行有组织的展览。"

学界还有另外一种定义是：在固定或一系列的地点、特定的日期和期限里，通过展示达到产品、服务、信息交流的社会形式。

以上定义从不同角度诠释了展览会的内涵。总而言之，展览业既包括经贸类的展览，如国内绝大多数的商业展会，也包括非经济性的展览，如成果展、文物展、世界博览会等，涉及政治、外交、社会、科技、文化等各个领域。本教材论述会展业的方方面面，重点是论述商业展，因为商业展是展览的主要形式，具备展览的主要功能，是会展经济最重要的组成部分。商业展除具备会议及非经济性展览所具备的群体性活动特征外，还具备商贸功能，是市场经济中非常重要的企业营销渠道或载体。

商业展具有展示、体验、交际、交易和传播等五项基本功能，非经济性展览与之相比，缺少交易功能；会议与之相比，缺少展示与交易功能（贸易型洽谈会除外）。

二、展览会基本词义

展览会的基本词义可表述为：在固定的地点，定期或临时集中做买卖的市场。

一是集市。集市是由农民以及其他小生产者为交换产品而自然形成的市场。集市有多种称法，比如集、墟、场等，一般统称作集市。集市可以认为是展览会的传统形式。在中国，集市在周朝就有记载。目前在中国农村，集市仍然普遍存在。在集市上买卖的主要商品是农副产品和土特产品。

二是庙会。在寺庙或祭祀场所内或附近做买卖的场所称作庙会。庙会也是传统的展览形式。庙会在唐代已很流行。庙会的内容比集市要丰富，除商品交流外，还有宗教、文化、娱乐活动。目前，庙会在中国仍然普遍存在，是城镇物资交流、文化娱乐的场所，也是促进地方旅游及经济发展的一种方式。

三是展览会。展览会是在集市、庙会形式上发展起来的层次更高的展览形式。在内容上，展览会不再局限于集市的贸易或庙会的贸易和娱乐，而扩大到科学技术、文化艺术等人类活动的各个领域。在形式上，展览会具有正规的展览场地、现代的管理组织等特点。展览会的内容一般限一个或几个相邻的行业。

四是博览会。一般认为博览会是高档次的，对社会、文化以及经济的发展能产生影响并能起促进作用的展览会。展览会和博览会在汉语中作为名词，中国的《辞源》和一些古汉语词典中并无记载。

三、展览会英文词义

英文中关于展览会一词的基本含义与中文不尽相同。

在英文中，Fair 指的是传统形式的展览会，也就是集市与庙会。Fair 的特点是有商人也有消费者，有农产品也有工业品。

集市和庙会发展到近代，分出了贸易性质的专业性展览，被称作 exhibition。而规模庞大的内容繁杂的综合性展览仍被称为 fair。在英文中，Exhibition 是在集市和庙会基础上发展起来的现代展览形式，也是被最广泛使用的展览名称，通常作为各种形式的展览会的总称。

Exposition 起源于法国，是法文的展览会。在近代史上，法国政府首次举办了以展示和宣传国家工业实力为主的展览会。由于这种展览会不做贸易，主要是为了宣传，因此，exposition 便有了"宣传性质的展览会"的含义。

由于其他国家也纷纷举办宣传性质的展览会，并由于法语对世界一些地区的影响，以及世界两大展览会组织国际博览会联盟和国际展览会局的总部均在法国，因此，不仅在法语国家，而且在北美等英语地区，exposition 被广泛地使用。

Show 的原意是展示，但是在美国和加拿大等国家，show 已替代 exhibition。在这些国家，贸易展览会大多称作 show，而宣传性质的展览会被称作 exhibition。

综上所述，要精确定义展览必须明确区分广义展览与狭义展览，前者泛指一切以展示为手段达到各种目的的活动，包括政治、教育、文化、艺术等多个领域的展览。而狭义展览仅指商业性或商务展览，即我们通常所说的商业展。

政策性与公益性展会，与商业展有本质区别，不能单以经济效益衡量成败。本教材研究论述对象主要是商业展，而其他形式的展览因其特点、规律及运作方式与商业展有所不同，故不在本书作重点论述。

世界各国对展览的定义中，英国与中国的定义属于广义展览的概念。美国《大百科全书》的定义最符合商业展本质："展览是一种具有一定规模、定期在固定场所举办的、来自不同地区的有组织的商人聚会"。

第四节　展览活动类型

根据展览的性质、内容、规模及地点等不同，可将展览划分为不同类型。

一、按展览项目性质分类

据此可分为贸易类会展项目和消费类会展项目。区分展览项目是贸易性质还是消费性质，主要标准是观众的组成，即观众是贸易商还是一般消费者，而不是以展品，即工业品或消费品来反映。

贸易类会展项目是指为产业及制造业、商业等行业举办的展览活动，参展商和参观者主体都是商人，参展商可以是行业内的制造商、贸易商、批发商、经销商、代理商等相关单位，参观者主要是经过筛选邀请来的采购商，一般的观众被排除在外，展览的最终目的达成交易。

消费类会展项目是指为社会大众举办的展览活动，这类会展项目多具有地方性质，展出内容以消费品为主，通过大众媒介如电视、电台、报刊、网络等吸引观众。观众主要是消费者，消费者需要购买门票入场，这类项目非常重视观众的数量。

二、按展览项目内容分类

据此可分为综合类会展项目和专业类会展项目。如以展览内容为标准，国际展览会联盟（UFI）将展览会分成综合性展览、专业展览会与消费展览会三大类。综合展览是指包括全行业或数个行业的展览会，也被称作横向性展览会，如重工业展、轻工业展。专业展览指展示某一行业甚至某一项产品的展览会，如钟表展。消费展览如前所述。

三、按展览项目规模分类

据此可分为国际性展览、区域性展览、地方性展览和独家企业展览等。

国际展览联盟（UFI）对展会国际化设定的标准是，国外企业参展面积超过20％，国外采购商超过20％，且有20％以上的广告宣传费使用在国外，才给予国际展会认证。

境外参展商和采购商的比例，历来是衡量展会国际化的指标。在德国举办的展会海外参展商的比例超过50％，境外采购商达25％。

四、按展览主办机构分类

据此可分为政府主导型展览与商业化展览两大类。

另外，按UFI的标准，作为组展商的商业展览公司也分为三大类别，即专门的展馆经营商、专门的展览项目经营商以及展馆兼展览项目经营商。

五、按行业题材类别分类

根据 UFI 的分类标准，大型展会按行业可分为以下 17 个类别：

1. 建筑/五金/装潢/家具类；2. 工业/工程/机械/加工类；3. 汽车/配件/交通工具类；4. 食品/饮料/酒类；5. 办公/文教/艺术/玩具类；6. 通信/通讯/电子/科技类；7. 服装/服饰/皮革/纺织类；8. 旅游/休闲/体育/娱乐类；9. 海洋/航空/航天类；10. 农/林/牧/渔类；11. 贸易/商业/零售类；12. 生物/医药/保健类；13. 化工/能源/环保类；14. 陶瓷/玻璃/塑料/橡胶类；15. 印刷/包装/纸业类；16. 综合类；17. 其他类。

在以上 17 大类题材中，有三种类别的展览会需求量最大。

在世界各地举办的商业展览中，建筑/五金/装潢/家具类展会次数最多，工业/工程/机械/加工类展会排在第二，紧接其后的是汽车/配件/交通工具类展会。结合不同类别展会的总展览面积情况来看，排在前三位的仍然是这三类展会。这也意味着目前世界参展市场对这三类展会的需求最大，它们属于世界参展市场最为活跃的行业类别。

六、按境内境外办展分类

走出国门赴境外举办展览或是参加展览统称为出国展。中国企业出国参办展会作为中国会展业的重要组成部分，成为中国经济"走出去"的重要载体和渠道。

此外，还可根据其他标准如按时间、空间等，将会展项目分为实体展与虚拟展，室内展与室外展，单年展与双年展，定期和不定期举办的展览等。而在几个地方轮流举办的展览会被称作巡回展。

第五节 中国的国际经贸展览

中国现有的展会大多为商贸类展会。以促进贸易成交、技术交流、经济合作、项目投资、服务推广等商业性目标为主的商贸类会展，最能代表会展业的国家竞争力。据不完全统计，2013 年中国举办商业贸易行业展览约 2363

场，展会的总面积为 7015 万平方米。

经济贸易类展会是会展经济的主要组成部分，也是拉动地方经济贡献最大的展会类型，更能代表会展经济发展的核心内容。经济贸易类专业展览会作为促进市场透明化、优化产业结构、鼓励科技创新、开拓贸易新市场的有效渠道，对于帮助企业走出危机，促进经济复苏发挥着重要的催化器的作用。

据商务部会展业典型企业调查统计，2013 年全国共举办各类展览 7319 场，展览面积 9391 万平方米。展览面积增长快于展览项目增长，单位项目规模扩大，展览效益向好，10 万平方米以上的大型展会达到 100 个。

一、广交会是中国商贸流通领域最有代表性的展览会

广交会经过五十多年来风雨无阻的发展，已经构建了一个大型国际化展会完整的业务、服务与管理体系。相关研究表明，被称为中国第一展的广交会是目前世界上规模最大的展会，每年能为广州带来超过 326 亿元的经济效益。广交会销售收入与经济效益总和之比约为 1：13.6，高于全球展览最先进国家德国的平均收益水平。

二、面向周边国家和地区的国家重点区域性展览会相继开办

为贯彻外贸市场多元化战略，进一步开拓周边国家市场，加强与周边国家和地区的经贸合作，推动区域经济一体化进程，一些针对周边国家和地区的展览会相继开办。其中有中国东盟博览会、中国—亚欧博览会、中国哈尔滨国际经济贸易洽谈会等。这类经贸洽谈会针对各自的重点国际市场。

三、各地方政府主办以出口为导向的商品交易会和贸易洽谈会

随着国家经济的持续快速发展，先后涌现出大批这类展会，包括中国大连商品出口交易会，这是在广交会以外第一个由地方政府主办的出口商品交易会。由华东九省市人民政府在上海联合举办的中国华东出口商品交易会。此外还有河北经贸洽谈会、兰州经贸洽谈会和浙江投资贸易洽谈会等。

四、招商引资类展会与科技成果展示交易会随之发展起来

利用外资政策是中国改革开放的重要内容。随着改革开放进程的加快，

以吸收外资为主要目的的招商引资类展会也随之发展起来。首届中国国际投资贸易洽谈会于 1996 年 9 月 8 日在厦门举办。它以"引进来"和"走出去"为主题，以突出全国性和国际性、突出投资洽谈和投资政策宣传、突出国家区域经济协调发展、突出对台经贸交流为主要特色，是中国目前唯一以促进双向投资为目的的国际投资促进活动。主要内容包括：投资和贸易展览、国际投资论坛及系列投资热点问题研讨会和以项目对接为载体的投资洽谈。

随着知识经济的到来，为配合国家科技兴贸战略，以高新技术产品、尖端技术展示和科技成果交流为主题的交易会应运而生。最有代表性的是创办于 1999 年的中国国际高新技术成果交易会。高交会集成果交易、产品展示、高层论坛、项目招商、合作交流为一体，通过"官产学研资介"的有机结合，为海内外客商提供了寻求项目、技术、产品、市场、资金、人才的便捷通道，成为中国高新技术领域对外开放的重要窗口，在推动高新技术成果商品化、产业化、国际化以及促进国家、地区间的经济技术交流与合作方面发挥了重要作用，是我国目前规模最大、最具影响力的科技类展会，被誉为"中国科技第一展"。

本章思考题：

1. 浅谈展览活动的源流与演变。

2. 现代展览都有哪些主要类型？

3. 会展与展览的定义有何区别？

4. 国家重点商贸类展览有哪些？

第三章 国际会展业概况

本章导读：国际会展业及其发展，欧美先进国家或地区会展业成功经验与启示等。

第一节 全球会展业发展现状

根据国际市场调研机构 AMR 的测算，2008 年全球会展业产值达到 289 亿美元。金融危机爆发后，全球经济陷入衰退，有"经济晴雨表"之称的会展业同样遭受重创。2010 年全球会展业产值减少到 240 亿美元，直到 2013 年才逐渐恢复到 280 亿美元，接近金融危机前的水平。所以，全球会展业仍处于金融危机后的复苏期。

后金融危机时期，全球会展业格局发生了较大变化。北美市场继续独大，国际展览业东移趋势明显。国际著名会展业咨询机构 AMR 从全球会展业产值的角度进行统计，2010—2013 年北美市场占全球份额一直稳定在 42％左右，原因是每年美国举办超过 13000 场展会，并收取高于全球平均价格的每平方米展位费。欧洲展览市场份额由 20％降到 17％，新兴国家市场份额则由 14.6％提高到 17％，与欧洲市场持平[①]。

2010—2013 年全球市场份额示意图

单位：%

	2010 年	2011 年	2012 年	2013 年
北美	42.6	42.2	41.3	42
新兴市场	14.6	16.1	16.9	17
欧洲	20	18.7	19.1	17
英国	5.9	6	5.7	6

---

① 注：本节所写的全球会展业产值及市场份额数据均来源 AMR International 发布的 THE GLOBAL EXHIBITION ORGANISING MARKET ASSESSMENT AND FORECAST.

续 表

	2010 年	2011 年	2012 年	2013 年
其他	16.9	17	17	18

新兴市场主要指：中国、巴西、印度、泰国、新加坡、印度尼西亚、马来西亚、菲律宾、墨西哥、阿联酋等

纵观世界会展业的发展状况，我们可以发现，一国的会展业发展水平是与该国的综合经济实力、经济规模和发展水平相适应的。各国经济处于不同的发展阶段和发展水平造成了全球会展业发展的不均衡。欧美国家率先完成工业化进程，在由工业经济向服务经济过渡后，会展业出现了高速增长，成为全球会展业的先行者，处于行业主导地位。新兴市场大部分处于工业化的中期甚至是初期，新兴国家的会展业伴随着工业化的发展特别是制造业的腾飞而处于高速增长阶段。因此，全球会展业是呈"西高东低"梯度发展的。

欧洲是世界会展业的发源地，经过 100 多年的积累和发展，欧洲已成为世界会展业实力最强的地区，其中德国、意大利、法国、英国都已成为会展大国。实力最强主要来自三个方面：一是全球大型的专业性贸易展会集中于欧洲。德国是欧洲乃至世界会展强国，每年全球著名的国际性、专业性贸易展览会中，有 2/3 在德国举办。二是从展览设施看，在全球十大展馆规模排名中，欧洲占 7 席，其中德国占 4 席，意大利、法国、西班牙各占 1 席。三是从展览公司的实力看，在全球十大展览公司的营业额排名中，属于欧洲的展览公司占 9 席[①]。相比于西欧国家会展业的繁荣，中东欧国家会展业起步较晚，这主要是受制于经济规模和发展水平。近年来随着经济全球化步伐的加快，中东欧国家对会展业逐渐重视，越来越多波兰、匈牙利、斯洛文尼亚等国的企业开始参加德国、法国的大型展览会。同时，波兰、捷克、匈牙利等国的会展业也保持了良好的发展势头，形成了区域内的会展中心城市。目前，国际著名展览机构还未大举进入中东欧会展市场，其会展业运营主体仍以本国的展览公司为主。

北美是全球会展业产值最高的地区，经过多年的发展，形成了拉斯维加斯、多伦多、芝加哥、纽约、奥兰多等一批会展中心城市。北美国家在认识

---

① 数据来源：AUMA 发布的 German Trade Fair：Review 2013.

会展业的内涵时更偏向于"事件管理"这一概念。"事件产业"（event industry）包括会议、展览、体育赛事和旅游业。由于北美国家基本都实行自由市场经济，商品的展示与流通过程、采购商的参观与采购行为自然地与会议、旅游结合起来，走出了一条不同于欧洲会展业的"北美模式"，这种集展览、会议、旅游于一体的模式尤以拉斯维加斯为代表。相较于欧洲大型贸易展会的聚集，北美市场多以小型展会为主。例如美国展会大多是为了满足美国各个州之间的贸易来往，交易大多发生在本国批发商和零售商之间，所以规模不大。这种特点是由北美特别是美国的贸易结构决定的。北美的会展基础设施也与其发展特点相适应。北美会展场馆分布呈现明显的金字塔结构，10 万平方米以上的场馆有 6 个，而且都在美国，5000～20000 平方米可供展览场地的数量约 300 个①。随着美国"再工业化"战略的实施，并依托庞大的消费市场，北美会展业市场已开始迸发新的活力。

亚洲是近年来全球会展业增长速度最快的地区，会展经济规模和水平仅次于欧美。亚洲会展业的腾飞主要是因为经济规模总量和发展水平的提升，特别是东亚、南亚和东南亚地区国家在承接欧美发达国家的产业转移过程中，加快了自身工业化进程，促进了制造业的发展。东亚的中国和日本、东南亚的新加坡、西亚的阿联酋，或凭借广阔的市场和巨大经济发展潜力，或凭借发达的基础设施、较高的服务业发展水平、较高的国际开放度以及较为有利的地理区位优势，分别成为该地区的展览大国。

作为亚洲地区的代表国家，中国会展业始终保持高速发展态势，2007—2013年展览面积年均增速 17%。根据 AMR 对会展产值的测算，中国于 2013 年已经超过法国、英国，成为排在美国、德国之后的第三大会展经济大国。而根据中国商务部服贸司的统计，2013 年中国会展经济直接产值 3870 亿元人民币，按照 1∶9 的会展经济拉动效应，中国展览业直接产值为 430 亿元，折合为 69 亿美元，占 AMR 全球会展业产值统计数的 24.6%，成为仅次于美国的全球第二会展大国。

东南亚国家的会展业近年来保持良好增长势头。除了新加坡之外，泰国会展业在政府的大力推动下发展迅速，成为东南亚会展市场有力的拉动者。BSG 的统

---

① 数据来源：UFI 发布的 2013 Global Exhibition Industry Statistics.

计显示，2013 年东南亚展览面积增长率为 6.6%，泰国和新加坡增长均超过地区平均水平，其中泰国增长 9%，新加坡增长 6.8%①。西亚地区会展业主要以阿联酋和伊朗为中心。阿联酋每年举办近 180 个展会，其中超过 100 个展会在迪拜举办。阿联酋的会展场馆设施完备，室内可供展览面积达 22.9 万平方米。伊朗每年在 6 个城市举办近 220 个展会，但受制于场馆设施条件，大多规模较小②。

中南美洲国家随着地区局势的稳定和金融危机后国内经济强劲的发展势头，经贸展览会也逐渐发展起来。巴西、阿根廷、墨西哥属于中南美洲地区的会展大国。除这三国外，其他中南美洲国家的会展经济规模很小，很多国家甚至处于起步阶段。巴西是南美洲第一大国，在巴西，外交部贸促司和发展工商部外贸秘书处是巴西展览会的政府主管部门，巴西展览公司联合会为其行业协会。从主管部门的职能即可知，巴西的展会主要以进出口贸易为导向。每年巴西举办 700 多个展览会，南美大陆知名展会主要集中在圣保罗举办。这不仅是因为圣保罗拥有完善的场馆等基础设施，更在于圣保罗贸易中心的地位，其进口商品额约占巴西全国的 35%③。

非洲大陆的会展经济发展情况基本上与中南美洲相似，主要集中于经济较为发达的南非。凭借其雄厚的经济实力和对周边国家的辐射能力，南非会展业在整个南部非洲地区处于遥遥领先的地位。南非会展业协会把南部非洲国家的展览会组织者吸纳为会员，成立了非洲南部会展业协会（Exhibition&Event Association of Southern Africa）。南非每年举办约 112 个展览会，拥有 15 个展览场馆，室内可供展览面积达 21.37 万平方米。非洲北部的会展经济相对落后，突尼斯在 5 个城市专门建设了 7 个展览馆发展会展业，室内可供展览面积 8.3 万平方米。阿尔及利亚、摩洛哥、埃及等也是非洲北部重要的会展国家。受经济发展水平和气候影响，非洲东西部国家会展经济规模很小，展览基础设施十分有限④。

---

① 数据来源：BSG 发布的 The Trade Fair Industry in Asia 2013.

② 数据来源：UFI 发布的 The Exhibition Industry in the Middle East&Africa.

③ 相关数据出自《中国会展》杂志与 2014 年第 13 期文章《不只是世界杯——巴西会展业概览》。

④ 数据来源：UFI 发布的 The Exhibition Industry in the Middle East&Africa.

第二节 全球会展业发展趋势

经济的全球化以及传统发达国家和新兴市场国家在经济发展上你追我赶、此消彼长，使近些年来国际展览业呈现以下发展趋势：

一、组展机构集团化

展览业的市场竞争引致优胜劣汰和行业集中，欧美发达国家展览业历经多年发展已产生一批全球化、集团化展览企业，包括英国励展博览集团、博闻集团和德国法兰克福展览公司等，成为展览发达国家在世界各地开拓市场的主要力量。组展机构的集团化在于实现全球展览资源的高效整合，提高规模经济效益。在集团化的过程中，以励展、博闻为代表的英系展览公司以收购展会股权或成立合资公司为主要手段，在实施并购后会依托展会题材不断向该产业的上下游延伸。在延伸过程中，利用自身资金优势提升股权比例，最终实现对公司和展会资源的控制。以法兰克福、科隆、杜塞尔多夫等德系公司的扩张主要依托当地的行业协会或展览公司，以品牌注入、项目合办的方式，共同培育展览项目。目前国际展览公司的增长动力主要来自海外市场尤其是新兴市场，未来组展机构集团化的趋势将会更加明显，展览公司全球布局的步伐将会更快，行业集中度有望提高。

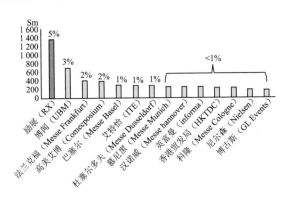

2012 年行业总收入和市场份额

数据来源：AMR International 2013 全球市场报告。

二、展览市场多极化

目前世界会展业仍呈现"西高东低"的格局，欧洲、北美仍是传统的会展业中心。然而，欧洲会展业经历了增长期后，现已逐渐进入成熟期。与此同时，以中国和金砖国家为代表的新兴经济体国家对内产业转型升级，对外积极承接国际产业转移，在金融危机中表现出了较高的经济弹性。良好的经济表现也促进了本国会展业的快速发展，吸引了国际会展企业投资本国展览市场。目前，新兴市场已经成为国际会展公司开拓国际市场的热土。励展集团在新兴市场举办的展览项目由 2010 年的 99 个增长到 2013 年的 192 个，翻了近一倍①。博闻集团近年来的并购大多发生在新兴市场（详见后面附件一）。目前，亚太地区、中东地区、南美洲已经成为新崛起的会展经济带，对全球会展业发展的贡献呈上升趋势。其中亚太地区目前成为全球会展经济最活跃的地区。受国际产业结构调整的影响，国际产业重心的转移催生了全球会展中心的东移。同时，亚太地区国家重视和支持会展业的发展，不断加大会展基础设施建设投入力度，在 AUMA 公布的全球最具竞争力的 50 强展馆中，亚太地区已占 10 席②。所以，从产业基础、展会和展馆的数量和规模等指标看，未来全球会展业将呈多极化发展趋势，有望形成欧洲、北美、亚太地区三足鼎立的会展格局。

三、新兴市场中心化

中国展览业发展在新兴市场国家中处领先地位，展览产值、数量、规模均居世界前列。中国商务部会展业典型企业调查统计显示，2013 年我国共举办各类展览 7319 场，展览面积达 9391 万平方米。2013 年，全国在建会展场馆 13 个，面积 154.49 万平方米。全部建成后，全国会展场馆总数将达到 329 个，可供展览面积将达到 1391.49 万平方米③。与国际会展业相比，我国会展业在展会、展馆数量和规模上已经超过德国；在会展业的国际化方面，中国已成为国际展览企业海外办展最集中的国家，也是国际展览企业业务增

---

① 励德爱思唯尔集团 2013 年财务报告。
② 数据来源：AUMA 发布的 German Trade Fair：Review 2013.
③ 数据来源：商务部服贸司发布的《2013 年中国会展产业年度发展报告》。

长的主要来源地。2013 年博闻集团在新兴市场的展览收入为 2.15 亿英镑，其中在中国大陆收入达 0.95 亿英镑，占比 44%[①]。中国会展业经过多年的高速发展，目前已经建立了集展览策划、展馆经营、展览工程、外包服务于一体的庞大的会展产业链条，培养了大批人才，后续发展动力强劲。中国已成为继欧洲、北美之外全球第三个会展中心。

四、展览手段信息化

以互联网为核心的信息技术的迅猛发展和电子商务的兴起，没有颠覆商业展的经济地位，但改变了传统实体展会的运作方式，实体展会在组展、招商和客户服务等方面广泛应用信息技术手段，有效提升了展览运作效率。目前，国际知名展览公司已经利用信息化方式改进展会服务、完善客户体验，并通过电子网络技术采集信息数据，掌握客户信息，了解客户需求，进行贸易匹配，分析市场趋势。米兰集团的电子网络技术应用既包括服务环节，如为采购商提供展会电子门票、为参展商提供展台布置装修服务等，也包括贸易或商务环节，如买卖双方电子配对。香港贸发局的线上服务，从小到展位一桌一椅的租用与费用支付，大到将展会、产品杂志和小批量采购专区等业务揉合到一起的贸发网，也是服务与商务兼备，应有尽有。而博闻、励展等公司，似乎更侧重于建设垂直型的行业网站，根据公司举办的展会项目及对行业资讯的掌握（借助拥有专业传媒的优势），分别设立不同的行业网站。未来实体展会将跟随信息技术发展的步伐，进一步在展示、交易和传播等方面提升功能手段。

第三节　国际著名会展国家

一、德国

德国是世界会展强国，是大型商业展最集中的国家之一，在 21 世纪以前全球近 2/3 的重要展会在德国举办。在会展业管理上，德国属于政府主导型，体现在由地方政府投资建设展馆，并设立国有展览公司，举办展览项目。在行业管理

---

① UBM 集团 2013 年财务报告。

上，德国政府授权德国展览业协会（AUMA）进行协调管理。AUMA 具有半官方性质，对内是准政府机构，对外是民间团体，在德国具有唯一性和权威性。

在自由市场国家中，德国政府最重视和支持会展业的发展，也因此形成了会展业中的"德国模式"。德国政府高度重视展览业对贸易的促进作用，视展览业基础设施为公共产品，由各州政府和市政府投资兴建展馆。同时，德国各地方政府组建专门的国有展览公司，分别负责展馆经营和展览筹办。目前，德国大多数会展企业依然依靠政府持续注资以维持正常运营，即便是个别盈利企业也从未向股东上交利润，而将大部分利润用于场馆维护和展览发展，政府只从会展业带动的税收中得到回报。德国政府除直接投资场馆建设之外，还投资改善场馆周边停车等配套设施，建立发达的公路和轨道交通网。这种独具特色的"德国模式"成就了德国会展强国的地位，形成了大型展馆数量多、大型展会聚集的格局。在 AUMA 公布的全球 50 大最具竞争力的展馆中，德国占有 11 席。德国会展业实力地区分布较为均衡，36 万平方千米的国土上拥有 70 个会展城市，包括汉诺威、法兰克福、柏林、科隆、慕尼黑、杜塞尔多夫、莱比锡等多个国际著名的会展城市。

在会展经营方面，德国实现了在产权国有的前提下，展馆与展会经营一体化，即展馆经营者也是展会组织者。受这种经营管理方式的影响，德国展馆中举办的展会多以自办展为主，如杜塞尔多夫展馆中自办展的面积占年度展览面积高达 85%。而励展集团作为全球最大的展览公司，在德国境内却鲜有作为。

德国部分展馆股权结构表

	展馆名称	市政府（%）/州政府（%）
1	法兰克福展馆	法兰克福市（60%）/黑森州（40%）
2	科隆展馆	科隆市（75%）/北威州工商会（25%）
3	汉堡展馆	汉堡市（100%）
4	汉诺威展馆	汉诺威市（49.83%）/下萨克森州（49.83%）/不来梅市（0.21%）/汉诺威地区（0.13%）

二、美国

美国是会展经济规模最大的国家。在会展业的管理上，美国是典型的自由市场国家，采取无为而治的管理方式。美国没有专门的部门通过行政手段管理会展业，而是由会展行业协会负责协调和规范会展业发展。对会展项目也不需要审批，而是由市场来主导和协调。

在 AUMA 公布的全球 50 大最具竞争力的展馆中，美国占有 6 席，分别是麦考密克展览中心、奥兰多橙县展览中心、拉斯维加斯会议中心、亚特兰大佐治亚世界会议中心、休斯敦 Reliant 中心、新奥尔良厄尔斯特 N. 莫里尔会议中心①。美国多以小型贸易展和会议为主，所以美国也拥有数量众多的小型会展举办场所。美国的场馆经营模式基本上实行"馆展分离"，展览组织者不拥有展馆，展馆拥有者不举办展览，这有别于"馆展结合"的德国模式。美国会展业最具特色的是"拉斯维加斯模式"，这种模式因为拉斯维加斯会展业的繁荣发达、后来居上成为美国会展中心城市而独树一帜，不同于以往有关展览举办地应依托于产业或市场中心的传统认识。所谓拉斯维加斯模式，即会展城市通过发达的旅游业或有特色的休闲娱乐业吸引人群，依托以酒店为核心的会展综合体的建设，引领本地会展业的发展。与德国的展馆建设都是与商业配套设施分离的情形不同，拉斯维加斯是以酒店为中心配套建设会议、展览设施的，通过会议、展览与商务旅行食宿安排的关联互动促进会展业与旅游业全面发展。拉斯维加斯会展中心、金沙博览中心、曼德勒海湾会议中心都是这种模式，而且相当成功。博彩业曾是拉斯维加斯吸引会展游客的最重要的因素之一，而目前旅游业、会展业已超越博彩业成为拉斯维加斯最重要的支柱产业。

美国的会展业起源于专业协会的年度会议，受历史渊源影响，美国展会策划组织者以行业协会最为居多，其次是媒体机构，再次是少数专业展览公司。由于举办展会的多数是各相关行业组织或跨界的媒体机构、综合经营的公司，缺少完全以展览为本业的专业公司，这对美国会展业的产业化进程或赢得独立产业地位造成不利影响。与德国、英国等欧洲国家相比，美国几乎没有类似法兰克福展览公司、励展博览集团的跨国展览公司，有限的美国专业展览公司主要立足本国市场，极少如欧洲展览公司那样进行国际化扩张。国际展览公司以励展、博闻为代表的英系展览公司在美国市场则较为活跃。

---

① 数据来源：AUMA 发布的 German Trade Fair：Review 2013.

2013年，励展集团的业务收入16％来自北美地区，而博闻集团这一比例高达26％[①]。

美国属于内需主导型的会展经济体，所以其展览会的国际性不及欧洲。在大多数情况下，美国展览会更多地是为了满足美国各州间贸易往来的需要。在美国展览会上，最活跃的交易是在批发商和零售商间进行，外国参展商的成交常常是小批量的，单个合同成交额一般都小于欧洲。同时，因美国展会起源于专业协会的年度会议，展览只作为年度会议的一项辅助活动，所以长期以来美国展览会的贸易成交和市场营销功能也不及欧洲展会，因此贸易展会在欧洲企业开展市场营销和贸易促销中所发挥的作用大于其在北美所发挥的作用，从而导致欧美企业对展览会的重视和利用程度也存在较大的差异。据统计，欧洲企业编制市场营销费用年度预算中，用在参加展览方面的费用约占其总预算的50％，而美国企业用在这方面的费用只占其年度市场营销费用预算的16.5％[②]。

三、法国

法国同德国在会展业管理方式上都是政府主导型的，不同的是法国采用的是"政府牵头、多协会管理"的模式。法国会展行业协会众多，政府授权行业协会，与政府一起共同承担管理会展业的职责。展览行业标准和相关管理法律和法规的制定由法国政府工业部及下属的商业、手工业、服务和自由职业总局来直接主导和操作。

法国会展业的特点是巴黎一城独大，法国最大的两个展馆——凡尔赛展览中心和维勒班展览中心都在巴黎，巴黎集中了法国会展业总量的约40％，其他城市展览规模很小。巴黎的展馆和会议中心都是由政府投资建设的。2008年之前，巴黎在会展经营方面是馆展一体化的。巴黎有两大会展巨头：巴黎工商会（CCIP）和尤尼柏－洛丹科集团（Unibail－Rodamco），其中巴黎工商会拥有高美司博展览集团（COMEXPO），尤尼柏－洛丹科拥有爱博展

---

① 励德爱思唯尔和UBM集团2013年财务报告。
② 转引自《欧洲展览会的办展风格与特点》，http：//expo.ieexpo.com/News/Detail/112767.

览集团（EXPOSIUM）。两大巨头还拥有巴黎的九个展览馆和会议中心。2008年1月28日，经法国财政和经济部批准，巴黎工商会和尤尼柏－洛丹科集团将各自的展览业务按照场馆和组展两个板块进行重组。在场馆板块方面，两大集团把各自在巴黎地区的九个展览馆和会议中心整合在新品牌"巴黎展览馆集团"（VIPARIS）旗下，这其中包括了北郊维勒班展览中心、凡尔赛展览中心和巴黎会议中心。这九个会展场馆的室内展览面积达57.5万平方米，室外展览面积为42.6万平方米。重组后，巴黎展览馆集团每年可实现收入约3亿欧元，跻身世界十大展览公司行列。在组展方面，两大集团将旗下高美司博和爱博合并组成高美爱博展览集团（COMEXPOSIUM），拥有巴黎工程机械展（INTERMAT）、法国巴黎国际食品展（SIAL）等国际知名展会。自此之后，巴黎的会展经营模式变为了馆展分离。

相比于德国会展城市相对封闭的展览竞争环境，巴黎市场主体更加多元化，有60多家展览公司举办展会，高美爱博和法国励展公司是目前巴黎市场最为活跃、最有实力的组展商。

四、意大利

意大利是欧洲会展大国，在会展业产值上次于德国而领先于法国。在会展业管理上，意大利属于较典型的政府主导型，体现在政府不仅投资建设展馆，同时对展览项目还有审批管理制度。意大利国家工业、商业和手工业部主管全国展览项目的审批、协调和管理等工作。各级政府负责公布展览项目各方面的统计数据以及一些相关信息。意大利政府对展览管理较为严格，展览审批体系对举办展览的办展者资格、展览规模、名称、内容都有详细的规定。

意大利展览协会（AEFI）是会展业的全国性组织，意大利所有的会展中心都是其会员。AEFI统计显示，意大利每年组织举办1000多个展览会（包括国际性和全国性），约20万个意大利企业参加展会，意大利的展览场馆吸引超过2000万名来自意大利和世界其他国家和地区的观众参观展览会，每年在展览会上的成交总额达 600 亿欧元[①]。

意大利拥有较为丰富的展馆资源。在 AUMA 公布的全球 50 大最具竞争力的展馆中，意大利占有 5 席，分别是米兰展览中心、博洛尼亚展览中心、维罗纳展览中心、巴里莱万特展览中心和罗马展览中心。意大利大型国际展览会举办地点主要集中在米兰和博洛尼亚，马契夫国际消费品及礼品展（Macef）、米兰国际家具展（Salone Internationale del Mobile di Milano）、博洛尼亚国际建筑业博览会（SAIE）等展会享誉全球。在会展经营方面，意大利与德国相似，实行馆展一体化，会展公司既经营场馆，也组织展览。但与德国不同的是，作为基地展览机构如米兰、博洛尼亚展览公司的业务重点放在场馆经营，而非展览策划和组织。同时意大利展览公司国际化进程相对缓慢，大多数展览公司主要在意大利境内举办展览会。

意大利展会与法国展会都存在国际化程度偏低的问题，特别是国际参展商的比例不高。出现这种情况与当地工商会的影响有一定关系。巴黎工商会、米兰工商会、博洛尼亚商会都属于实力很强的协会组织，虽然其代表当地政府进行展馆投资且不参与场馆管理与经营，但这些工商会的宗旨是保护本国和当地企业的利益。所以，在意大利和法国的展会中，当地工商会有意识地限制海外参展企业的数量。这种现象在西班牙、希腊都有所体现。

五、香港

香港是亚太地区重要的展览举办地。香港政府将展览视作重要的贸易促进平台，专门成立半官方机构香港贸发局，通过贸易展会和推广活动，提高香港对外贸易水平。所以，尽管香港政府对会展业没有专门的管理机构，但对会展业的支持力度非常大。在建设会展场馆方面，香港政府除了资金投入，还无偿提供土地。每年从场馆经营利润中提取上缴政府的资金，由香港贸发局留作会议展览中心基金，作为今后会展场馆维修和开拓展览市场用途。另外，政府每年从进出口报关费收入中提取

---

① www.aefi.it

一定比例的资金拨给香港贸发局，作为其进行运营、对外推广宣传和招商招展等活动的经费。

香港拥有香港会议展览中心和亚洲国际博览馆两座现代化展馆。在会展经营方面，香港实行馆展分离。香港会议展览中心的部分产权属政府所有，由香港贸发局代为业主，并委托新世界集团旗下的会展中心管理公司经营管理。

在香港会展市场上，香港贸发局和环球资源是主要的展会策划组织者。香港贸发局的展会集中在香港会议展览中心举办，而环球资源的展会则都在亚洲国际博览馆举办。香港一地两馆的情况与巴黎较为相似，大股东同为当地政府或商会。不同在于巴黎两馆的经营管理都由巴黎展览馆集团负责，两馆协同效应强。香港两馆无论在展馆营销还是展会题材方面，都是直接竞争关系。4月和10月间相同或相似题材在两馆举办的情况屡见不鲜。从好的方面看，展会正值广交会期间，同期展可以共享采购商资源；不好的方面是香港会展秩序在一定程度上遭到破坏。另外，从制度上看，香港政府采取自由市场制度，不干预任何私营机构举办展会，但在实践上由于香港贸发局和环球资源在香港会展业的重要地位，香港有限的会展场地供不应求，对其他市场主体有挤出效应，这是雅式公司等众多香港民营展览公司主要在中国内地和其他地区举办展会的重要原因之一。

六、新加坡

新加坡会展起步较晚，但发展迅速。自80年代初会展业兴起至1996年，新加坡首次进入世界会展城市前10名，到2000年新加坡已成为继巴黎、伦敦、布鲁塞尔和维也纳之后国际第5位会展城市。根据国际大会和会议协会（ICCA）的全球排名，新加坡连续10年高居亚洲会议城市之首。所以，新加坡会展业发展的侧重点是会议大于展览。目前，新加坡会展业每年带来超过150万来访者，给新加坡带来超过22亿新元的收入[①]。

新加坡会展业管理模式是政府与市场结合型，其会展业的主管部门是新

---

① 转引自《香港和海外会展业借鉴与深圳会展业的思考》。

加坡旅游局的，与传统的政府主导型有所不同的是新加坡展览会议署不是一个管理部门，其主要任务是负责对外介绍和推广新加坡旅游和举办国际会展的优越条件，吸引海外客商到新加坡办展参展，并免费协助、配合会展公司开展相关工作。而在对国内会展管理上新加坡政府对举办会展没有任何管理法规，举办展会也不需要任何审批手续。这种管理方式既符合新加坡自由市场国家的形象，也与新加坡旅游与会展结合的会展经济模式相契合。

在市场经济条件下为提高会展业发展水平，新加坡政府对展会采取认证制度。认证采取自愿形式，由展会组织者提交展会详细资料和统计数据，经审核后由新加坡旅游局发出认证。经政府认证的展会具有良好商业信誉，因此受到大多数会展企业的重视。

新加坡拥有新加坡博展中心、金沙会展中心、新达城会展中心等现代化场馆设施，场馆只负责承接会议和展览。新加坡博览中心是传统的大型展馆，室内展览面积 10.9 万平方米，主要承接大型贸易展会。新达城以举办小型展览及会议、创意研讨会、音乐会等为主。金沙会展中心坐落于金沙娱乐城中，其经营模式与拉斯维加斯相似。

新加坡会展策划组织主体主要以国际展览公司为主。励展、科隆等公司的亚太区总部都设立在新加坡。

第四节　国际著名会展中心

会展场馆是会展业发展的基础和载体。在会展业发展的过程中，许多国家和城市都把构建世界一流的会展场馆和相应设施作为迈向会展强国和国际会展中心城市的重要一步。2014 年全球展馆规模统计显示，世界前十大会展中心德国占 4 席，中国占 2 席，意大利、法国、美国、西班牙各占 1 席。会展中心的规模和分布在一定程度上也展示了各国会展业不同的发展阶段和特点。例如，欧洲是传统的大型投资类贸易展会的聚集地，对展馆的规模需求较高，所以大型会展中心主要集中于欧洲；美国虽是会展强国，但多以小型零售类展会为主，所以前十大会展中心中美国只有芝加哥的麦考密克展馆；中国的展览特点与欧洲相似，而且目前仍处于中高速的增长期，对中心城市的大型现代化展馆有很强的市场需求。

世界十大展览馆

排序	展览馆名称	国家和城市	室内展览面积（平方米）
1	汉诺威展览馆 （Hannover Exhibition grounds）	德国汉诺威	448 900
2	国家会展中心（上海） 〔National Exhibition and Convention Center（Shanghai）〕	中国上海	400 000
3	法兰克福展览馆 （Frankfurt/Main Exhibition grounds）	德国法兰克福	358 913
4	米兰展览馆 （Fiera Milano）	意大利米兰	345 000
5	中国进出口商品交易会展馆 （China Import and Export Fair Complex）	中国广州	338 000
6	科隆展览馆 （Cologne Exhibition grounds）	德国科隆	284 000
7	杜塞尔多夫展览馆 （Duesseldorf Exhibition grounds）	德国杜塞尔多夫	262 407
8	巴黎北郊维勒班特展馆 （Paris—Nord Villepinte）	法国巴黎	242 582
9	麦考密克展馆 （McCormick Place）	美国芝加哥	241 549
10	巴塞罗那格兰维亚展览中心 （Fira Barcelona—Gran Via）	西班牙巴伦西亚	240 000

下面介绍一些具有代表性的会展中心。

一、国家会展中心（上海）

国家会展中心（上海）由国家商务部和上海市政府合作共建，由上海博览会有限责任公司负责投资建设并运营，总建筑面积147万平方米，地上建筑面积127万平方米，是目前世界上面积最大的建筑单体和会展综合体。国家会展中心（上海）可展览面积50万平方米，包括40万平方米的室内展厅和10万平方米的室外展场，室内展厅由13个单位面积为2.88万平方米的大展厅和3个单位面积为0.97万平方米的小展厅组成，各展厅周边配套了充足的会议设施，由 60 多个大小不等的会议厅组成，可以分别组织几十人至三千人大小不等的会议。国家会展中心（上海）是上海国际贸易中心建设的加速器，将成为我国"调结构、转方式、促平衡"的大平台，成为国内外交流合作、互利共赢、商机无限的大舞台。

二、汉诺威展览中心

汉诺威展览中心是由德国萨克森州和汉诺威市政府于 1947 年投资建设，由汉诺威展览公司管理。目前展馆拥有 46.6 万平方米的室内场馆，5.8 万平方米的室外展场，其中室内展厅包括 26 个展馆和一个拥有 35 个功能厅的会议中心构成。每年在此会展中心举办展览的面积约 250 万平方米，汉诺威工博会（Hannover Messe）、汉诺威消费电子、信息及通信博览会（CeBIT）、汉诺威农业机械展（AGRITECHNICA）等一批享誉世界的大型展会在这里举办。

三、中国进出口商品交易会展馆

中国进出口商品交易会展馆（简称广交会展馆）坐落于中国广州琶洲岛。展馆总建筑面积 110 万平方米，室内展厅总面积 33.8 万平方米，室外展场面积 4.36 万平方米。其中展馆 A 区室内展厅面积 13 万平方米，室外展场面积 3 万平方米；B 区室内展厅面积 12.8 万平方米，室外展场面积 1.36 万平方米；C 区室内展厅面积 8 万平方米。除举办一年两届的中国进出口商品交易会，展馆还吸引了中国广州家具博览会、中国（广州）建筑装饰博览会、中国（广州）汽车展览会、广州国际照明展览会等一批超大型展会在此举办，每年有近 100 场展览和活动在此举办，展示面积超过 600 万平方米。

四、芝加哥麦考密克会展中心

芝加哥麦考密克会展中心是北美地区规模最大的会展中心，由伊利诺伊州政府和芝加哥市政府共同投资建设，由大都会码头和博览会管理局（MPEA）经营管理。会展中心经过数次扩建，目前由北楼、南楼、西楼和湖畔中心组成，拥有 9 个室内展厅，室内展览面积 24.1 万平方米，室外 0.5 万平方米。每年在麦考密克会展中心举办的大型国际会议和专业展会超过 100

个，展示面积约 260 万平方米。美国历史最久的芝加哥车展（Chicago Auto Show）和世界最大的家庭用品展芝加哥国际家庭用品博览会（International Home＋Housewares Show）都在此举办。

五、香港国际会展中心

香港国际会展中心坐落于香港湾仔，由香港政府委托香港贸发局投资建设，并委托新世界集团旗下的会展中心管理公司负责会展中心的管理及营运。会展中心总建筑面积 30.6 万平方米，室内展览面积 66000 平方米，多功能场地总面积 20000 平方米，辅助场地总面积 5500 平方米。香港国际会展中心经营结构多元化，主要营收比例是：展览收入占总营业额的 42%，餐饮收入占 29%，会议收入占 22%。香港国际会展中心从规模上看仅属中等，但每年举办各类活动 2000 多次，接待国际旅客 320 万人次。

第五节 国际品牌展览公司

世界十大展览公司

排序	公司名称	国家	2013 年营业额	2012 年营业额	2011 年营业额
1	励展集团	英国	10.17 亿欧元	10.51 亿欧元	8.13 亿欧元
2	中国对外贸易中心（集团）	中国	47.35 亿元		
3	博闻集团	英国	5.46 亿欧元	5.39 亿欧元	4.75 亿欧元
4	法兰克福展览公司	德国	5.45 亿欧元	5.37 亿欧元	4.68 亿欧元
5	瑞士 MCH 展览公司	瑞士	3.86 亿欧元	3.23 亿欧元	2.66 亿欧元
6	慕尼黑展览公司	德国	3.53 亿欧元	2.98 亿欧元	2.23 亿欧元
7	杜塞尔多夫展览公司	德国	3.23 亿欧元	3.81 亿欧元	3.73 亿欧元
8	汉诺威展览公司	德国	3.12 亿欧元	2.51 亿欧元	2.93 亿欧元
9	巴黎展览馆集团	法国	2.97 亿欧元	3.28 亿欧元	3 亿欧元
10	科隆展览公司	德国	2.81 亿欧元	2.27 亿欧元	2.35 亿欧元

数据来源：AUMA 发布的 German Trade Fair：Review 2013.

附件一

博闻集团在新兴市场并购情况

时间	事件	收购对象简介
2011 年 10 月 1 日	收购 Index Furniture Private Limited 七成股权	Index Fairs 是印度最大型家具及室内装饰展会。Index Fairs 是巡回展，每年 9 月在孟买、2 月在班加洛、12 月在海德拉巴举行。规模较大的孟买展已举办逾 20 年，2010 年展会净面积 8000 平方米。规模较小的班加洛展于 2008 年首办，2010 年展会共总面积逾 2000 平方米
2012 年 2 月 28 日	与上海展星展览服务有限公司成立合资公司上海博星展览有限公司。博闻公司占合资公司的七成股权	上海展星展览服务有限公司是中国国际口腔器材展览会暨学术研讨会的主办者。中国国际口腔器材展览会暨学术研讨会于 1994 年首办，是中国举办的第一个同类型展会，在中国口腔业处于领先位置。2011 年展会在上海世博展览馆举行，展览净面积 12000 平方米。同期举办的学术研讨会是当地口腔业界的重要活动，业内的资深牙医、专业医护人员及重要人士皆有出席，参会代表共逾 2000 人
2012 年 2 月 28 日	向 Exhibitions India Pvt Ltd 收购印度再生能源展	印度再生能源展每年于新德里举行。展会集中于非消耗性及环保可再生能源，如太阳能、风能、生物质能、水能、废热发电及地热能。展会于 2007 年创办，2011 年展会展览净面积逾 10000 平方米，展会收入约为 230 万美元
2012 年 2 月 28 日	收购马来西亚家具展 (MIFF)	马来西亚国际家具展是马来西亚最大型展会，也是东南亚最大型的家具展。展会于 1995 年创办，主要针对家具出口市场。2011 年展会净面积达 30000 平方米。共三成参展商和四成观众来自海外逾 100 个国家。展会收入约为 2000 万马币（660 万美元）
2012 年 7 月 12 日	上海博华收购上海高登商业展览有限公司收购上海国际葡萄酒及烈酒展览会 (Winexpo)	Winexpo 创办于 2005 年，每年分别于 5 月和 11 月在上海举办。2013 年起，Winexpo 将与博闻的上海国际酒店用品博览会同地同时举办

时间	事件	收购对象简介
2012年10月18日	收购位于伊斯坦布尔EFEM公司的七成股权，成立合资公司UBM ICC，合力发展EFEM的婴儿用品展，并进一步开拓博闻全球性的婴儿用品产业	EFEM是土耳其知名母婴用品展（MBCP）和秋冬婴童时装展（Wintexpo）的主办方。位于伊斯坦布尔的MBCP展会于1992年首次举办，现已成为欧洲第三大婴儿用品展。MBCP 2012展会在伊斯坦布尔CNR国际展览中心（CNR Expo）举行，展场面积达30000平方米
2012年11月19日	收购国际绿色建筑暨建筑设计展（Greenbuild Asia）的Eco Exhibitions Sdn Bhd公司六成五股权	Greenbuild Asia是东南亚地区规模最大的可持续发展建筑、设计及建展。2012年2月在吉隆坡举行的展会汇集超过12000名商贸买家及98家来自该地区的参展商
2013年2月25日	与PT Dyandra Media International Tbk签订协议成立合资公司，合力在印尼主办商贸展会	PT Dyandra Media International Tbk公司总部设于雅加达，自1994年成立以来在雅加达、泗水、日惹、巴厘岛、望加锡、棉兰及印度尼西亚其他主要城市主办超过500个展览会。Dyandra是领先印尼市场的专业展会主办商，旗下展览每年吸引超过1000家本地和国际展商参加
2013年3月8日	收购由NOVO Mania主办的上海国际品牌服饰展览会——NOVOMANIA。交易完成后，博闻与NOVO Mania即成立合资公司UBM Novomania，2013年起主办NOVOMANIA。博闻将持有UBM Novomania的六成股权	NOVO集团于2010年首办一年一度的都市时装展会NOVOMANIA，集团以零售和时装业务为主，经营及分销50个国际知名品牌，总部设于香港，在中国45个城市开设专卖店。NOVO集团的合作伙伴之一Focus Workshop是中国一家创新全方位服务机构，其专业领域涵盖美容及健康、时装、地产和快速消费品等名牌

本章思考题：

1. 简述全球会展业及其发展。

2. 欧美展览业有哪些成功经验？

3. 哪些要素影响未来全球展览业发展？

4. 试论世界展览业重心向新兴市场转移。

第四章 中国会展业概况

本章导读：中国会展业发展现状与格局、发展特征与趋势，以及待解难题等。

第一节 中国会展业发展现状

国民经济和对外贸易的快速发展，为我国会展业的兴起和健康发展打下了良好基础。会展业以其强大的关联效应和经济带动作用，已逐渐发展成为促进我国经济和社会发展新的产业亮点。

一、中国会展业基本情况

近年来，我国会展业快速发展，为开展多层次、多渠道、多领域的国际国内合作，促进我国国民经济社会发展发挥了积极作用。基本情况如下。

（一）境内展会数量和规模快速增长

据商务部统计[①]，2013 年全国共举办各类展览 7319 场，同比 2008 年的 4490 场增长 63%；2013 年展览面积 9391 万平方米，同比 2008 年的 4517 万平方米增长 108%。近年来，我国展览面积的增长快于展览项目增长，单位项目规模扩大，展览效益向好。展览范围涵盖机械、化工、印刷、家电、家具、服装、通信、生物医药、汽车、珠宝、建材、美容、文化等各个行业。

（二）出国展览市场稳定发展

2013 年全国 102 家组展单位共赴 75 个国家实施经贸展览会计划 1492 项，比 2009 年的 1183 项增长 26%，其中参加国际博览会 1422 项，占实施总量的 95.3%，单独举办展览会 70 项，占实施总量的 4.7%。2013 年出展项

---

① 商务部 2013 年中国会展行业发展报告。

目净展出面积 64.7 万平方米，比 2009 年 42.64 万平方米增长 51％。2008 年全球金融危机以来，虽然欧美仍是我出国展览的主要目标市场，但新兴国家市场表现更为活跃，2013 年我国出展项目排名前 10 位的国家中，新兴国家占 7 个，其展览项目占全年总量的 39％，参展面积占全年总量的 33.3％，参展企业数占全年总量的 35.9％。

（三）展馆规模全球领先

会展业显著的经济效益使越来越多的地方政府对其予以高度重视，各地竞相投资建设会展场馆设施。据商务部统计，截至 2012 年年底，全国拥有 5000 平方米以上会展场馆 316 个，可供展览面积 1237 万平方米。2013 年，全国在建会展场馆 13 个，面积 154.49 万平方米。预计全部建成后，全国会展场馆总数将达 329 个，可供展览面积达到 1391.49 万平方米。单体会展设施大型化趋势明显，在建、待建场馆单个平均面积均超过 10 万平方米。

（四）地域分布较为集中

我国展馆建设和展览会主要集中于经济发达的环渤海、长三角和珠三角地区，上海、广州、北京位列前三甲，引领全国发展；北京、上海、广州三个城市 2013 年举办展会 1696 场，占全国展会项目总数的 23％；展览面积 2584 平方米，占全国展览总面积的 27.5％。我国会展业东部、中部、西部分布不均，东部地区主导地位明显；展会举办相对集中，七成以上展会聚集在十个会展强省（市），全国四分之三的展会集中在 24 个主要城市。

（五）办展主体呈多元化发展

在办展主体方面，我国形成了政府、商（协）会、事业单位、国有企业、民营展览公司、中外合资展览公司以及外资展览公司等多层次、多渠道办展的新格局。据商务部开展的专题调研，全国 5000 平方米以上展会中，各类企业和行业协会举办展会约占全国展会总额的 77％（其中，企业办展占 57％，行业协会办展 20％），已成为行业主流，为各行业企业提供了产品展示、信息交流、贸易合作的平台，对扩消费、促流通、推动对外经贸发展发挥了积极作用。

（六）社会经济效益明显

会展业是连接生产与消费的桥梁和纽带，各类展会汇聚人流、物流、资金流、技术流，有效拉动餐饮、住宿、交通、零售、旅游等众多服务业增长，促进城市完善基础设施和配套服务，对于转变经济发展方式、增加服务业在国际经济中的比重、推动经济社会全面协调持续发展具有重要意义。会展业带动就业效果显著，据商务部统计，2013 年我国会展行业带动就业人数达2777 万人次，综合拉动效益日益凸显。

二、中国会展业发展阶段

总体而言，我国会展业与我国经济共同发展，经历了由萌芽、积累到飞跃的发展过程，数量由少到多，规模由小到大，类型由综合到专业，举办地由国内到国际，逐步成为国民经济的亮点之一。目前，中国会展业总体上处于从成长阶段向成熟阶段转变的时期，与我国经济发展现状基本一致，当前我国各地区的会展业发展并不平衡。一线城市如上海、北京和广州等中国主要展览城市，已经与世界会展强国水平相当，正处于成长期向成熟期过渡阶段，其显著特征是展览产值总量大，展览市场竞争比较充分，展览数量多且题材趋于饱和，涌现了一批实力强大的会展企业，产生了相当数量的行业领先的品牌大展。其他二三线会展城市的会展业发展则处于引入期或成长期。

中国会展业的主要发展阶段如下：

改革开放前，新中国成立之初的 20 年（20 世纪 50 年代到 70 年代）是我国会展业的起步阶段。我国会展的主要表现形式①是各类产品展销会、物资交流会等。这些展会的举办目的主要是宣传新中国的经济成就，以政治宣传为主，经济交易为辅。1957 年春，在面临复杂而严峻的国际形势下，首届中国出口商品交易会（因其固定在广州举办，又名"广交会"）经国务院批准在广州举办。广交会的举办不仅打破了帝国主义对中国经济的封锁，而且还直接扩大了中国的商品贸易范围和影响，对我国会展业发展有着深远的意义。

改革开放之初至 80 年代末是中国会展业的萌芽阶段。改革开放为会展业的发展带来了先机，在这个阶段，中国会展依附性较强，不具备独立产业的

---

① 韩娜．当代中国政府在会展业中的职能研究．南京大学硕士论文．

发展条件，会展业的主要功能主要是配合我国政府的外交政策，以展览展示新中国经济建设和成就为主要目的和形式。我国开始组织企业到国外参展、观展，邀请外商来华观展、参展、办展，这都是通过政府部门或有官方背景的民间组织具体执行。1978 年在北京举办的"十二国农业机械展览会"，是改革开放以来我国首次举办的国际性展览会。1982 年，我国关于规范展会管理规定出台，是由对外经济贸易部、中国贸促会和外交部共同出台的《关于出国举办经济贸易展览会若干问题的规定》以及《关于接待外国来华经济贸易与技术展览会若干问题的规定》。

20 世纪 90 年代是中国会展业的快速提升阶段。这一阶段，北上广等一线城市的会展企业蓬勃发展，率先成为我国会展区域中心城市，深圳、厦门等城市都把会展业作为当地经济的重点项目。随着改革开放的深入和市场经济体制的完善，我国会展业的发展核心逐步从作为外交手段之一为政治服务，转变为服务于对外贸易、工业发展、科技进步等。1995 年，中国会展业首家合资公司问世，由德国慕尼黑国际博览集团亚洲公司和中国国际展览中心集团公司共同组建的京慕国际展览有限公司成立。我国会展业开始与国际接轨，展会强调贸易性与专业性，市场化程度有所提高，具有商贸意义的展会得以蓬勃发展。

21 世纪以来，中国会展业进入了迅猛发展的阶段，连续多年保持了年均20％的增长速度，展馆建设规模、展会总规模、展会数量和档次都不断提升。一线城市开始承办国际化大型展览，如汽车展、机床展等，不仅在国内、亚洲和全球范围都产生了较大的影响，广交会在此期间分二期、三期举办，第104 届广交会规模达 111.5 万平方米，展览面积居世界第一。2004 年，商务部出台了《设立外商投资会议展览公司暂行规定》。这一阶段，许多国外企业选择来华办展、参展、观展，越来越多的大型国际会议选择来华举办，如博鳌亚洲论坛、APEC 会议等。许多国外会展公司选择来华与中国本土公司合作打开中国的会展市场。与此同时，我国会展业具备了以价格战、品牌战基础上的同业整合也即资本运作的基本条件。因此，我国会展业进入成熟期的地区如上海、北京和广州等城市，出现企业间收购、兼并、重组、联合等资本运作方式，这种提高行业集中度的方式是必然的趋势，符合事物发展逻辑。[①]

党的十八大以来，会展业去行政化的效果显现，市场化运作的力度在不断加大。随着中国经济步入"中高速、优结构、新动力、多挑战"的"新常态"，会展行业将迎来增长方式的大变革，将告别多年来高速、两位数增长的发展，进入了高位、平稳发展的阶段，呈现"增速减缓、结构优化、竞争加剧、治理细化"的"新常态"，未来业界将着重提高会展经济的发展质量和效益。

从发展阶段来看，我国会展业的发展阶段与我国展览大国的地位基本相适应。20世纪90年代以来，中国展览业部分年份曾出现超过20％的年增幅，而国际金融危机以来，2008—2013年，中国的展览数量年均增长约10％，展览面积年均增长约15％，增长速度有所放缓。2013年与2012年同比，展览数量仅增长1.8％，展览面积仅增长4.5％。中国会展业的发展与中国经济和对外贸易的发展基本同步，发展阶段也与我国作为展览大国的地位相适应。伴随中国经济进入新常态，会展经济也将步入新常态。我国要成为展览强国还需规范会展市场、提高会展质量，培育更多的世界级品牌展会，以及更多国际化的大型会展企业，打造更趋平衡的会展业发展格局。

三、中国会展业国际地位

经过持续多年的高速增长，中国已成为欧洲、北美之外全球最重要的会展市场，是国际会展界共同关注的新兴市场，已经发展成为名副其实的展览大国。在会展产值、展馆数量、展馆面积、展会数量、展会面积、世界商展百强等六项主要指标上，我国会展业位居世界前列，其中在展馆面积和展会面积两项指标上位居世界第一。

在会展业产值上，据商务部统计，2013年中国会展经济直接产值3870亿元，约占全国国内生产总值568845亿元的0.68％，占全国第三产业增加值262204亿元的1.5％。按有关数据进行同口径比较，中国展览业直接

---

① 陈建国，章学强．试论我国会展业资本运作的趋势和策略．2014中国会展经济研究会学术年会论文集，P42～43．

产值为 430 亿元（折合约 69 亿美元），占 GDP 的 0.075％，已超过欧美发达国家。根据 AMR 统计，2012 年德国 GDP3.5332 万亿美元，展览业占GDP 比重 0.059％，推算德国展览业产值 20.85 亿美元；美国 GDP 2013年 16.1632 万亿美元，展览业占 GDP 比重 0.072％，推算美国展览业产值116.38 亿美元。中国会展业用较短的时间走过了欧洲国家半个世纪的发展历程。

在展馆数量和展馆面积上，据商务部统计，截至 2013 年年底，全国会展场馆 329 个（含在建），可供展览面积达 1391.49 万平方米。其中室内展览面积超过 20 万平方米的展馆主要有：上海国家会展中心（40 万平方米）、中国进出口商品交易会展馆（33.8 万平方米）、上海新国际博览中心（20 万平方米）、重庆国际博览中心（20 万平方米）。根据 AUMA 统计，截至 2013 年年底，德国展馆 23 个，可供室内展览总面积 277.7 万平方米。中国展馆面积是德国的近 5 倍，居世界第一。

在展会数量和展会面积上，根据商务部统计，截至 2013 年年底，中国共举办展会 7319 个，展览面积 9391 万平方米。而根据 AUMA 统计，德国举办展会 139 场，净展览面积 669.7 万平方米①。中国举办的展览规模已超过德国，居世界第一。

在世界商展百强方面，根据《进出口经理人》统计，2014 年德国和中国分别有 53 场、19 场展会入围，其中排名最后的是德国科隆国际健身健美及康体设施博览会，展览面积 11.6 万平方米。鉴于商展百强的统计基于 UFI认证展会，而中国许多规模超过 10 万平方米的大型展会并未加入 UFI 因而未被统计在内。对比商务部发布的 2013 年中国展览项目 TOP100，中国共有55 场展览超过 11.6 万平方米。据此推算，中国在大型商展上已与德国并驾齐驱，并略超德国。

同时中国会展业市场的国际化程度在逐步提高，成为国际展览机构普遍关注及重点发展的市场，也成为国际展览机构业务增长的主要来源国。中国有坚实的产业基础和极具潜力的消费市场，是国际会展企业深入发展的重点

---

① 德国一般统计净展览面积，一般而言净展览面积与我国统计的展览面积的比例为 1：2。

区域之一。不少外资机构采取独资、合资等方式进入中国市场。德国法兰克福公司 1995 年进入中国市场，2000 年在上海成立独资公司，目前在华举办的展览 10 余个，其中中国市场占其市场份额超过 10%。英国励展博览集团目前在中国共有国药励展、励展华博等 9 家合资公司，其当前的会展市场增量主要来自中国等新兴市场。2014 年我国会展业标杆企业——中国对外贸易中心（集团）与励展博览集团正式建立战略合作伙伴关系，这是我国实力最强的展览机构与世界最大的展览主办机构的强强合作，这也表明国际会展巨头越来越重视我国会展企业市场。

从产业来看，目前中国的钢铁产量、电力工业、化工工业、造船工业、铁路产业、电子产业、汽车产业、机床设备、计算机产业等均排名世界第一，经济总量位居世界第二，进出口总额位居世界第一，消费总量均位居世界前列。我国会展业的发展得益于中国经济的发展，也因此获得了巨大的发展空间，成为全球增速最快的新兴市场，奠定了与世界第二大经济体相适应的展览大国地位，可以预见中国会展业在国际会展业的重要地位未来将更加突显。

一是未来仍具有巨大发展潜力。金融危机以来，中国经济的增速放缓，但经济基本面依然强劲。中国的经济总量已步入世界前列，但依然是发展中国家，具有后发优势和巨大的制度红利。中国的工业化、信息化、城镇化、农业现代化尚未完成，在转型升级的过程中将释放出更多市场容量，具有极大的发展空间。

二是制造业为展览业发展提供坚实基础。在未来相当长的时间内，中国要完成向发达国家的演进，必然会坚持发展制造业，完成工业化的升级。而制造业是会展业发展的必要条件，德国的会展业发展也是来自制造业的支撑，所以我国制造业的转型升级将会给会展业带来更大的发展空间。

三是将吸引更多的国际资本进入。随着经济开放程度的提高，中国 13 亿人口的市场以及经济地位的不断提升，将吸引更多的展览业国际资本跨国流动到中国市场，兼并与收购将成为大型展览企业扩张的主要手段。从全球角度看，这将使国际展览业的比较优势得到较为充分的发挥，也会给中国展览市场带来新的增量。

汉诺威展览公司总裁劳尔曾说，随着全球生产向亚洲转移，亚洲将会诞生一批世界著名展览企业，而中国将占据最重要的角色。然而，中国展览企业要进入全球品牌展览企业第一梯队，还有一段很长的路要走，尤其是中国组展商的国际化程度，走出国门办展的广度与深度，还需要向跨国展览企业集团学习。

第二节　中国会展业发展趋势

为了顺应国际会展潮流，预计中国的会展业将逐步进入以市场化、专业化、产业化、法制化、信息化和国际化等"六化"为发展方向的新阶段。

一、广泛的市场化

市场化即遵循市场规律，根据市场需要发展会展业。党的十八届三中全会通过的《中共中央关于全面深化改革若干重大问题的决定》提出市场在资源配置中起决定性作用。在市场对资源配置起决定性作用的新时期，理顺政府与市场的关系，实现政府管理既到位又不越位，是会展业市场化的关键。在未来发展趋势的"六化"中，市场化是基础。

随着行政体制改革不断推进，我国各级政府支持会展业发展的手段开始转变，各地开展清理规范政府主办展会和论坛活动，会展业的去行政化效果显现，开始以更符合现代展览业发展规律的方式对展览会提供政策、公共服务等方面的支持，积极推动展览会的市场化转型。一些政府主导型展会近年开始引入市场机制，政府不再"大包大揽"，尝试官方与非官方机制并重。预计随着政府的简政放权，未来中国会展业的竞争将是更广泛的市场化竞争，市场在会展行业的资源配置中起决定性作用，市场在会展经济增长中发挥基础性作用，政府原来的审批权取消或者下放。展会由市场主体办、因市场需求办、按市场规律办，同时政府会加强对市场的监测、监管。展馆的建设、展会的组织、展商的邀请、展位的价格等方面将引入更自由竞争的市场机制。

二、高度的专业化

专业化包括展览题材的专业化和展览服务的专业化，是会展行业由粗放走向集约的必由之路。在过去相当长一段时期，我国会展业的历史格局是政府高度参与举办展会，倾向大而全的展会，追求的都是综合化，并希望以此吸引更多层次、更多类型的参展商，结果造成展览会特色不鲜明、行业较杂、吸引力不强，因此我国展会普遍大而不强，国际知名展会相对比较缺乏。

近年来，国内会展界已在专业化方面做了大量有意义的探索：一是展会题材内容的专题化。随着社会分工和产业的进一步细化，大而全的综合化展会逐步向专业细分转变，通过专业化突出个性，吸引特定的参展商和观众，扩大规模，提高质量，形成品牌。二是会展场馆的专业化。展览场馆在层高、承重、配电、消防等方面有特殊要求，有别于体育馆、歌剧院、酒店等其他公众设施，专门为大型展览而设计的专业展馆最适合举办展会。专业展馆与专业展会相辅相成，互为促进。在会展发达国家，一些国际性的品牌展会总是固定在某个或几个场馆举行，这样既便于会展公司和场馆拥有者之间开展长期合作，又有利于培育会展品牌，我国会展企业也在吸取其中的成功经验，场馆已有比较清晰的主导功能定位。三是会展组织的专业化。随着中国会展业的发展尤其是与国际会展市场的进一步接轨，国内会展业将在展会策划、整体促销、场馆布置、配套服务等方面走上一个新台阶，各类专业会展人才也会越来越多，组展过程将呈现出专业化，会展配套也更趋专业化。未来，我国会展业专业化发展主要体现在专业的主办方，依托专业会展企业，借助专业的会展场馆，举办专业题材的展会，共同推动我国会展业的专业化水平。

三、成熟的产业化

产业化的标志是会展业拥有相当数量从事会展业务的市场主体，包括组展公司、展览工程、物流运输、展会服务等会展配套组织机构。会展经济在我国作为一个新兴的经济形式已经日益显现出其强大的生命力，会展经济所具备的产业化趋势也日益明显，并逐渐发展成熟。首先，会展行业已具有正式的行业编码。从2002年起，国家统计局在《国民经济行业分类表》商业服务业大类中，增加了"会议及展览服务业"小类，行业编码为L7491。这表明国家开始正式承认会展产业，会展经济正式进入我国认可的整个国民经济的分类范围。其次，多地政府出台会展业发展规划，并将会展业作为当地重点发展的产业之一，包括一线城市、省会城市，以及区域中心城市。再次，会展业各类主体完备，会展经济的产业内涵将不断延伸，我国产生了大量以办展为主业的专业展览公司，进一步推动了我国会展经济产业发展。目前，服务会展经济的主体机构围绕展览、会议、活动为中心，延伸到物流、搭建、设计、布展、宾馆、餐饮、航空、旅游等众多行业，形成了全产业链布局，实现对产业经济的带动作用。

总体而言，我国会展经济产业效益快速增长，会展经济产业规模持续扩大，促使我国会展产业化基本成型。会展经济创造的直接和间接价值在国民生产总值中的比重将日益增大，2013 年我国会展经济产值占全国 GDP 的 0.68%，占全国第三产业增加值的 1.5%，这个数据比 2000 年会展业占 GDP 比重的 0.1% 增幅巨大，预计未来我国会展的产业化进程将进一步提速。

四、完备的法制化

在会展业形成一定规模后，我国会展业在法制化方面已经迈出了新的步伐。但我国会展立法主要散见于国务院各部委颁布的一些管理规定，包括关于举办者主体资格的规定、关于展品进出关、运输等的规定以及地方政府规定等。总体而言，我国会展业的立法层次不高，体系还很不完善。

法制化在政府简政放权、激发市场活力的政策背景下更显必要，法制化可以保障中国会展业健康持续发展。随着十八届四中全会关于全面推进依法治国决定的出台，中国会展业的法制化发展趋势会更加明显。政府对会展经济的直接干预将会转为逐步建立公平的法制法规，会展法制体系将逐渐健全，将通过法规来规范会展市场秩序，创造会展业发展的良好环境。简而言之，政府依法办事，会展市场经营者依法经营，政府与市场各在其位、各司其职、各行其道。

五、先进的信息化

信息化是互联网时代的展览技术手段。会展业的信息化主要是指在会展业中充分利用各种信息技术，提高行业管理和活动组织的效率，具体包括在会展业中积极推广现代科技成果，逐步实现行业管理的现代化、会展设备的智能化和活动组织的网络化；充分利用互联网和移动互联技术，推动国内会展业的信息革命，如开展网络营销、同步举办网上展览会等。一方面，会展业信息化，是当今信息化社会的时代要求和未来发展趋势，也是不断提升服务质量，满足日益发展的会展服务需求的必由之路。另一方面，信息技术的广泛应用能使会展活动中复杂的资金、商品和信息流动更加顺畅合理，降低运营成本，改善管理结构，增强行业综合竞争力。例如，利用大数据技术可以搜集展会期间展馆人流变化，观众参观路线、停留时间等多渠道数据，再进行加工分析，合理推导，可以挖掘出各方潜在实际需求，进而改进服务质量、提升策划水平以及发现新商机。

当前，一些会展企业注重研究信息化时代如何办展，如何创新办展方式，如何遵循现代化发展的主流，引入信息化和高科技理念作支撑和补充，联通会展的方方面面，并辐射相关产业，比如通过信息技术发挥在会展前宣传促销、会展中销售管理和会展后客户跟进中的巨大作用，运用移动终端向展商发布参展信息以及一些新技术和产品开发的信息，在展会期间打造垂直社交媒体，更好地连接起主办方、展商和观众等。预计信息化的发展，将进一步促进会展业的发展。

六、自主的国际化

会展业作为中国服务贸易的新业态，正在不断加快自身的国际化步伐，积极应对经济全球化过程中所带来的激烈竞争。一方面是开放会展市场。与其他行业相比，中国会展业壁垒相对较少，国外会展企业进入中国市场给国内会展业带来先进的管理经验和办展技术，并使国内会展市场竞争日趋国际化发展。以英国博闻、励德展览、德国法兰克福展览公司为代表的一批全球著名专业展览公司已经陆续进入中国，积极兼并收购在华项目，加速布局中国市场。另一方面是出国办展参展。中国作为贸易大国，外贸在推动中国经济社会发展的过程中发挥着不可替代作用。越来越多的中国企业借助出国展览平台走出国门，开辟国际市场。

当然，我国会展业的国际化发展存在许多不足，特别是在国际化进程中不能争取"以我为主，为我所用"，以市场换技术、换取国际资源不够，国际展览进驻中国市场多，但国际观众相对较少，迄今只有国内会展项目被外资并购，而尚未有国内企业收购外资项目。随着中国会展业由大到强，会展业的国际化将是升级版的国际化，未来将进一步转型升级，由过去单向、被动的国际化转向双向、主动的国际化，从向国际展览企业开放市场，转为分享其国际展览资源，更多地引入国际参展商和买家，从国际资本并购中国展览项目，转为中国会展企业通过资本运作、收购兼并、合作经营和开辟二三线市场等形式开拓和占领国际、国内市场。

第三节　中国会展业发展特点

中国会展业在快速发展过程中呈现出以下主要特征：

一是政府高度重视和支持。从中央政府到地方各级政府的支持，成就了中国会展业的跨越式发展，这是中国会展业发展的一大特点。与世界各国对会展业的扶持往往体现在某些方面不同，中国各级政府对会展业的支持通常是全方位的，表现在政府直接投资建展馆、政府直接主办展会、政府对展览项目给予行政支持和财政补贴等。第一，政府投资建设展馆。基于会展业对城市经济的巨大拉动作用，我国有 40 多个[1]城市把会展业作为当地的支柱产业和新的经济增长点，把建设展览场馆作为城市形象工程来抓，政府投入巨大。目前已经逐步改成支持发展商按照城市规划，采取商业方式建设会展城。第二，政府直接参与办展。政府直接办展体现在政府作为主办单位或者承办单位、由政府投资和组织举办展览会，旨在贯彻国家政策、引领市场经济活动和交流传播文化文明，这类展会[2]的主办机构是政府，项目投资方是政府，一般采取特殊的管控模式。这类展会在我国会展经济中占有重要的地位，它的存在和发展也成为会展经济的中国特色之一，"广交会"的发展历程和示范效应是中国特色展览业发展道路的最佳例证，随后发展起来的"高交会"、"投洽会"、"东盟博览会"、"博鳌亚洲论坛"、"夏季达沃斯"等展览和会议，也都有力地带动了当地经济发展。第三，政府行政支持会展举办。政府对会展项目动用新闻宣传、交通旅游、工商管理、治安消防等资源予以支持，促

---

① 中国会展．中国会展业的第一支基金在哪里？2014（1）．
② 中国会展经济研究会．中国政府主导型展会研究报告（2009 年）．

使会展项目一路绿灯，顺利举办。四是政府对会展进行财政补贴。中央对会展业的补贴在国家商务部，主要是鼓励展览会做大做强；地方各级政府对会展业的补贴更多是吸引巡回展，或鼓励新办会展项目。目前，我国大部分省会城市都出台了扶持会展业发展的专项资金政策。

二是中国会展业的发展与改革开放同步。中国以经济建设为中心的改革开放取得举世瞩目的伟大成就，而展览业作为经济的"晴雨表"，也伴随中国经济成长实现了跨越式发展，由缺乏产业地位的微弱经济成分成长为一个在国民经济中占一定比重、社会公认的新兴产业，奠定了中国作为会展大国的地位。作为新兴的朝阳行业，目前会展业已渗透到各个经济领域，从机械、电子、汽车、建筑到纺织、食品、家具各行各业都有自己的国际性专业展。会展业在贸易往来、技术交流、信息沟通、经济合作诸方面发挥着日益重要的作用，在中国经济舞台上扮演着越来越重要的角色。中国会展业已经形成了百舸争流、千帆竞渡的发展态势，各类为展会服务的运输、搭建、广告等公司如雨后春笋纷纷涌现，形成了百花齐放、春色满园的喜人局面。

自中国加入WTO、中国大陆和港澳CEPA实施以来，外商越来越看好中国会展业，中外会展企业的合作呈现多层次、全方位态势。德国、英国等会展业发达国家的一些著名公司都在寻找与中国的合作项目，或合作建立企业、或合作办会展，形式多样。外资会展公司不仅带来了新的资金和投入，也带来了新的经营方式和经营理念，进一步推动我国会展业更好地发展。随着中国国内生产总值跃升世界第二、货物贸易世界第一，中国会展市场备受瞩目；而随着中国经济的加快转型，国际市场和中国市场的双向需求将推动世界会展业加速"东移"。

三是中国会展业的发展形成了鲜明的区域格局。中国幅员之辽阔与区域经济发展之不平衡，造成中国会展业区域特征明显，东部沿海区域已经形成了以上海、广州、北京为中心城市的三大会展经济带，即长三角、珠三角、环渤海三个会展经济带。这与德国全国遍布多个会展中心城市、法国则以巴黎为会展中心城市的情形不同，反映出中国会展业依托于经济发展、与发达经济共生共荣的特征。中国会展经济带以区域经济为依托，以产业优势为特色，以一体化交通为基础，彼此竞争，相互协作，既依靠集体的力量吸引更多的会展资源，共同把区域市场做大做强；又强调优势互补，在差异化经营中避免恶性竞争和重复建设。

四是中国会展业发展速度快，国际地位突出。中国经济的快速发展为会展业的繁荣提供了基础，而政府的重视和支持则对会展业发展产生推动、加速作用，使中国会展业在十多年时间里完成了自由市场国家需要几十年才能完成的发展历程。九五、十五和十一五期间，我国会展业逐步实现了年均增长率20％以上的快速发展。近年来，大型场馆的投资建设，接二连三的展会市场并购，以及大型国际会议相继在中国的举办，中国的会展市场备受全球关注。在不断实践和摸索中，中国组展商实力不断得到增强，诸多大型品牌展会崭露头角，成为全球会展业大格局中不容小觑的力量。目前中国已有55个大型展会足以跻身世界商展百强行列，与德国并列成为全球大型和超大型展会最多的国家。截至2013年年底，国际展览业协会（UFI）的中国会员达到84个，我国已经成为拥有UFI会员数量最多的国家。经UFI认证展会共69个，其中境内认证展览66个，境外认证展览3个。

五是会展教育体系领先世界。目前，我国高校会展教育体系基本形成，并走在世界前列，是全球在高等院校中设立会展学科最多的国家之一，领先于欧美传统会展强国。一方面，在国家学科体系调整中，会展教育正式进入国家学科体系，列属旅游学科门下，高校不断增设会展专业，成立会展院系。2001年，浙江经贸职业技术学院设立会展与广告专业；2003年，北京第二外国语学院正式成立会展管理系；此外，会展策划师等传统培训项目有序开展。另一方面，会展业的校企合作不断深入，会展教育更加向实践靠拢。我国会展教育已走在展览王国德国前面。德国目前仅两所高校开设会展教育，其一是瑞文斯堡合作教育大学设立了会展系，以实践操作为主，其二为科隆大学的经济学院设有会展经济方向硕士课程，以理论研究为主。相对而言，我国会展教育系统颇有成效。据商务部统计[1]，截至2013年年底，全国共有220所大专院校设有会展专业或相应研究方向，其中本科院校57所，专科院校163所，在校学生达到1.3万人；十年来累计出版各类会展专业教材近500

---

[1] 商务部.2013年中国会展行业发展报告.

种，已经毕业的会展专业或方向的毕业生近 5 万人。会展教育为未来会展产业的更大发展奠定了学科基础，储备了专业人才。

第四节　中国会展业发展格局

UFI 报告认为，"一个城市或地区如果基础设施相对完备，人均收入在世界中等以上，服务业在 GDP 的比重超过制造业且过半，外贸份额占 GDP 的比重接近或超过 100%，行业协会的力量相对较强，那么会展经济就会在该城市或该地区得以强势增长并发挥积极作用。"正因为如此，我国会展业率先在以北京、上海、广州为代表的经济发展水平高、基础设施完善、服务业发达的中心城市迅速崛起，并且形成了以这三大会展中心城市为核心，向周边地区辐射的长三角、珠三角和环渤海会展经济带。这三个会展经济带的会展业发展相对成熟，并形成了各自的经营特色，对周边地区会展业的发展有辐射带动作用。

为了进一步推动三大会展经济带的发展，优化我国会展业的战略布局，国家商务部按照国家十二五商务规划进行了会展业战略布局，由中国对外贸易中心（集团）分别在上海市、天津市建设运营国家会展项目，希望在十二五期间将初步形成我国广州、上海、天津三大国际会展集群，每个集群辐射半径 1000 公里，珠三角、长三角、环渤海空间格局上遥相呼应，错位经营，联手合作，合力推动中国形成新的全球会展中心。需要指出的是，上海、天津国家会展中心将极大地改变中国展览业的现有格局，不仅上海未来将成为中国会展中心，而且全国大型和特大型展会项目向上海与天津的国家会展中心与广州的广交会展馆集中，将使中国出现相当一批在世界上首屈一指、行业领先的顶级展会项目。

一、长三角会展经济带

长三角会展经济带地处长江下游，经济实力雄厚、对外开放程度高、国内外贸易发达、会展硬软件健全，已成为中国实力最强、最具发展潜力的会展经济带，是国际会展业的重要参与者和竞争者。长三角会展经济带的空间发展格局基本上是以上海为龙头，以沿江、沿海为两翼，即以上海为中心，杭州、南京、苏州、宁波、温州、义乌、南通、常州等会展城市为依托。

（一）长三角会展经济带发展概况

长三角地区是中国目前经济发展速度最快、经济总量规模最大、最具有发展潜力的经济板块，该产业带起点高、展会国际化、专业化和现代化程度高，门类齐全，受区位优势、产业结构影响大，其会展业呈现出集中发展的态势。从整体上看，长三角会展经济带主要集中在南部和中部，即以上海、杭州、苏州为核心的长三角中部核心会展圈和浙南商品经济圈，尤其是中小企业、民营企业比较发达的城市和地区，以及江苏省长江沿岸的部分城市。

长三角地区经济基础好，市场化程度高，城市规划布局合理，贸易目标明确，具有明显的区位优势和良好的产业结构，会展业发展潜力很大。在不同的水平和层次上，上海与其他城市实现错位发展。通过梯度转移逐步缩小不同城市间的差距，从而实现长三角会展业均衡一体化发展。

长三角地区大型展会较多，经济效益显著。如在上海举办的中国华东进出口商品交易会，是中国规模最大的区域性国际经贸盛会，中国国际工业博览会已成为亚太地区乃至全球具有相当权威的、国际化、市场化的高水准大型博览会。此外，上海国际汽车展、国际建筑贸易博览会等都具有较高的美誉度和经济效益。2010年在上海举办的世博会加快了上海和长三角地区基础设施的完善和提升，也加快了长三角会展业的区域合作，推动了长三角地区会展业的一体化进程。同时，该区域各城市纷纷投入到"会展经济"的大潮之中。杭州的"西博会"、苏州的"电博会"、常州的"中小企业商品博览会"以及宁波的"旅游商品展览会"、义乌的小商品博览会等展会已崭露头角。

作为长三角会展的龙头城市，上海主要在品牌塑造、管理理念、项目策划、人才支持等方面对周边城市予以带动，并积极帮助周边城市招商引资。周边一些会展城市主动接受上海的辐射，做好接待服务工作，为上海的展会提供更多的参展商和观众，同时在资金方面为上海做好后盾，切实保证上海展会的成功，亦即保证了各自的基本生存需要。长三角地区必须基于城市差异现状要求各会展城市充分考虑自身实力，在继续突出上海的龙头地位的基础上，从城市间的联系性、差异化、产业链衔接等角度加强会展业的分级定位，最大限度地激发不同级别城市之间的协同力，培育同等级别城市之间的协作型竞争，最终实现长三角会展城市的共同发展。

（二）上海会展业发展现状

上海发展会展业的最大优势体现在城市国际化程度高，金融环境优越，有利于引进世界知名国际性展会、吸引外资展览企业投资发展。按商务部的统计分析，上海市的"中国城市会展业发展综合指数"为 276.64，在中国所有城市中排名第一。

上海已经形成较大规模的会展经济。上海会展业的整体运营水平，包括企业经营管理、会展项目质量、经济社会效益、政府及协会的政策与管理水准都达到了一定高度，会展业已经从 20 世纪 90 年代开始的跑马圈地式的粗放式发展阶段，转变到注重项目质量和效益的集约化管理阶段。2013 年上海市展览会项目数量 798 个，展出总面积 1200.8 万平方米[①]，办展数量与面积位居全国第一。与 2010 年举办 642 个展会项目、804 万平方米展览面积相比，分别增长 24% 和 49%。经过十余年快速发展，近年来上海展览会的总体数量增长速度呈现减缓的趋势，上海会展业发展态势已从以数量增长为主演变为以规模增长为主。

上海举办的国际性、专业性展览会的数量和面积居全国第一。上海 2013 举办国际展览会项目 247 个，展出面积 874.5 万平方米，占比 73%。上海国际展境外参展商的比例居全国领先水平，2013 年上海国际展览会的境外参展面积 235 万平方米，境外参展比例为 27%，每个国际展览会平均面积 3.54 万平方米，展出面积在 3 万平方米以上的国际展览会项目有 85 个，总展出面积 684 万平方米。上海展览的专业化程度高，2013 年中国展会百强（TOP100），有 24 个在上海，其中 7 个展览面积均超过 20 万平方米。

上海现有主要展览场馆 13 个，可供展出的室内面积达 55 万平方米（其中室内面积 45 万平方米）。主要展馆中，2013 年办展项目最多的是上海光大会展中心，举办展览会 159 场；办展规模最大的是上海新国际博览中心，举办展览规模 622.5 万平方米。相对其他省市，上海市场馆设施比较齐全，但

---

① 龚维刚，杨顺勇. 上海会展发展报告 2014. 经济日报出版社.

是上海的场馆建设与展览项目的发展不同步，大型场馆稀缺，限制了大规模展会落户上海。

为了推动上海"四个中心"的建设，商务部与上海市于 2011 年 1 月 9 日签署合作框架协议，决定在上海虹桥共建国家会展项目。该项目由中国对外贸易中心（集团）和上海东浩兰生集团作为投资主体，建设以内外贸结合、进出口结合、货物贸易和服务贸易结合为发展模式的会展综合体项目，由展览场馆、综合配套设施和后勤保障设施组成，项目总建筑面积 150 万平方米，其中室内展馆面积 40 万平方米，室外展览面积 10 万平方米。项目建成后将是目前世界上规模最大、水平最高的国际会展中心，能有效缓解上海会展业发展没有超大型场馆的矛盾。预计项目 2015 年建成后，上海将有超过 100 万平方米的场馆面积（其中室内面积超过 85 万平方米）可供使用，届时浦东浦西将形成"东西联动、错位竞争、优势互补"的会展业发展格局，上海将成为全球场馆规模总量最大的城市。

上海具备全国范围内最为完整的会展市场和会展产业链，已经形成以主承办为核心的展览配套产业链，围绕展览项目、展示工程企业、场馆企业以及物流咨询等配套服务都有了进一步的发展。这些企业通过市场化运作，不断拓展项目的内涵，打造项目亮点，向品牌化、规模化发展。办展主体涵盖了国营、民营、合资、外资以及社会团体、事业单位等各类经济实体。其中多家国际展览巨头在上海经营多年，以上海新国际博览中心为依托，以慕尼黑、汉诺威、法兰克福、杜塞尔多夫四家德资企业为龙头，带动了上海展览业的国际化。

总体而言，上海会展业的运营与管理呈现出市场化程度高和行业自律性强的特点。上海市在会展业管理方面领先于全国其他城市，初步形成了较为有效的联动管理机制。在政府管理方面，政府积极转变职能，调控会展业发展方向，通过展览联席会议制度，牵头协调与会展业密切相关的政府各职能部门，共同参与对会展业的管理与服务。为了适应新形势需要，上海市 2013 年对展览业管理办法进行了修订，规范管理，创建了国际展览会项目网上申报平台。在行业自律方面，上海成立了会展行业协会、国际服务贸易行业协会等行业组织，这些组织在引导行业自律和发展方面发挥了较大作用。

根据《上海市会展业发展"十二五"发展规划》和《上海建设国际贸易中心"十二五"规划》，上海到 2015 年要初步建成国际会展中心城市，2015 年上海展览总面积达 1500 万平方米。上海市会展业将着力提升国际化水平、专业化水平、市场化水平，在国际化方面，力争到 2015 年举办的国际展览会面积占总面积的比重达 80%，境外参展商占总的参展商比重达 30%。在专业化方面，力争 2015 年展会专业化程度提高到 95%，加快培育一批专业化程度较高的精品会展项目，重点突出对节能、低碳、环保、新材料等新兴产业的扶持。到 2015 年力争形成一个产业种类较为齐全、覆盖范围较为完整的专业化展会体系。在市场化方面，力争到 2015 年展会市场化程度提高到 98%，展会直接收入达到 200 亿元，拉动相关行业收入力争达到 2000 亿元。

二、珠三角会展经济带

珠三角地区是中国改革开放的先行地区，在全国经济社会发展和改革开放大局中具有突出的带动作用和举足轻重的战略地位。珠三角会展经济带以广州为中心，依托香港、澳门，以广交会为助推器，包括深圳、珠海和东莞等地。该会展带贸易色彩浓厚、展会规模大、会展产业结构特色突出、产业分布密集。广州则侧重于发展以广交会为核心的进出口贸易展和电子、礼品等具有地域产业特色的专业展。

（一）珠三角会展经济带发展概况

珠三角会展业起步比较早，20 世纪 80 年代中期就已进入高速发展时期。该区域会展业的发展主要得益于它的市场优势，商业文化传统悠久，民间经商办实业风气浓厚，同时由于改革开放早、政府优惠政策多，市场机制在经济运行中发挥主要作用，因此市场运作模式多样，既有国家级的广交会，也有纯粹的国外来华展业展，还有民营展览机构所办的各类展会，市场化程度高，市场规则相对成熟。作为该地区的中心城市，广州更是凭借其产业优势培育了一大批知名展会，每年举办的各种展会中有超过 1/3 的是国际展。

珠三角经济区作为世界上最密集的城镇群，崛起了 100 多个支柱产业突出、产业定位明确、以"一镇一品"产业集群模式为特色的专业镇，优势产业造就优势会展。香港、澳门、广州、深圳和东莞等城市凭借各自的优势，都拥有各自的国际知名展会品牌。除中国第一展——广交会外，还有中国中小企业博览会、深圳高交会等大型综合展，以及广州国际家具博览会、广州建博会、广州照明展、广州汽车展、广州酒店展、珠海航空展等位列世界前列的专业展。

珠三角各大城市在发展会展中合作紧密，粤港澳展览合作全面深入。2005 年广州与香港、澳门会展行业协会签订了《穗港澳会展业合作协议》，每年由三方协会轮流举办"穗港澳会展合作论坛"。越来越多的港澳展览企业与广东展览公司以合资或参股的形式开展业务，提升了广东展览业的国际化水平。2011 年，广州、深圳、珠海等市签署了"珠三角城市会展联盟合作协议书"，旨在利用珠三角的产业基础、会展设施、会展资源等方面的优势，融合港澳地区在会展营销网络、资金、人才和管理经验上的优势，形成珠三角城市群会展优势互补的市场结构，促进珠三角城市会展业的发展。各城市依据自身特色开发各类展会，将形成多层次互补的会展市场结构。

《珠江三角洲地区改革发展规划纲要（2008—2020 年)》明确指出，"建设以现代服务业和先进制造业双轮驱动的主体产业群"、"发展一批具有国际影响力的专业会展"、"打造世界一流的会展品牌"等。《广东省国民经济和社会发展第十二个五年规划纲要》提出，提升发展专业会展，打造亚太重要会展经济区，充分发挥广交会、高交会、中博会、外博会等展会平台作用，推动企业参加各类境外品牌会展，深化粤港澳合作，共同推介大珠三角国际会展品牌。为此，广东将加快培育会展市场，培养一批龙头会展企业，创立一批规模大、知名度高、在国内和周边国家与地区有影响力的品牌会展，把珠三角建成中国最有影响力的会展中心之一。广州作为中心城市，以继续举办广交会这样的大型综合性展览为主；深圳以举办高科技专业展会为主；其他珠三角城市依托特色产业，举办具有鲜明产业特色的展会如虎门的服装节。

（二）广州会展业发展现状

广州是千年商都，会展业发展条件得天独厚，会展市场呈现高度市场化的特征，与上海、北京共同被称为全国三大会展中心城市。广州会展产业规模大，经济效益好[①]。2013 年，广州市重点场馆举办展览 480 场次，展览面

---

① 广州市经贸委. 广州市推进会展业发展三年行动计划.

积 832 万平方米，较 2008 年的 382 场和 369 万平方米，五年间分别增长了 25.7％和 125％。广州共有 25 场展会进入 2013 年中国展会百强（TOP100），展览面积均超过 10 万平方米，其中展览规模世界第一或亚洲第一的展会 5 个。2013 年年底广州市会展机构 215 家，从业人员 5894 人。2013 年广州市会展活动经营收入 77.52 亿元，广州市会展活动机构实现增加值 49.66 亿元。

广州市会展拉动效应强劲增长。2013 年，广州市各展会项目共接待参展参观者 1971.82 万人次，同比增长 3.7％。其中，接待市外（国内）参展参观者 517.53 万人次；境外参展参观者 130.86 万人次；接待会展活动人员达 1866.98 万人次，会展业综合拉动消费达 255.95 亿元，其中，由展览拉动 238.94 亿元，由会议拉动 17.01 亿元，分别占 93.4％和 6.6％。拉动外汇收入 18.75 亿美元，充分体现了会展对关联产业的拉动效应。

广州市会展主体逐渐多元化和市场化。215 家会展业企业（单位）中，民营企业和外资企业达 178 家，占企业总数的 83％。

广州市的场馆规模处于全国领先水平。其中规模最大的是中国对外贸易中心的中国进出口商品交易会展馆（室内展览面积 33.8 万平方米）；此外，还有保利世贸博览馆（室内展馆面积 6.6 万平方米）、广州市岭南集团的白云国际会议中心。另还有由民营企业、外资企业运营的展馆，如香港南丰集团的南丰汇、澳门越秀展览公司的中洲中心等。

广州展会品牌化和专业化水平稳步提升。广交会单展面积展览规模世界第一，是广州市的一张亮丽名片，据中山大学调研，2008 年一年两届广交会为广州带来超过 326 亿元的经济效益，占广州市全年 GDP 的 4％，对广州经济的拉动作用为 1∶13.6。此外，广州市的品牌展会还有：展览面积位居世界同类展会第一的中国（广州）国际家具博览会、广州国际照明展；以及中国（广州）国际汽车展览会、中国（广州）国际建筑装饰博览会、广州酒店用品展等大型展会。从数量上看，广州市专业展总体比例不断上升，占比已超过九成。从面积上看，家具展、建材展、橡胶塑料展等大型专业展会面积占总展览面积的 30％左右。广州市会展业行业模式发展正在不断创新，主要表现在：数字会展发展迅猛；通过"展览＋峰会"，推动展会与招商相结合；通过"展览＋奖项"，推动展会与专业奖项相结合等方面。

根据《广州建设国际会展中心城市发展规划（2013—2020)》，广州正处于从国家级会展中心城市向洲际级会展中心城市快速迈进的阶段。未来广州的会展业发展分"两步走"战略，推动广州会展业实现"三年品质提升，八年国际一流"。用 3 年时间打造成洲际会展中心城市；用 8 年时间促进会展业实现"五个转变"。努力建设展览、会议、数字会展三大会展功能中心，构建以展览业为主导、会议业为增长点、节事活动为亮点的"3＋9"广州会展特色产业体系。

该《规划》提出广州会展业未来将形成一主三副发展格局。即以广交会和国际专业展为核心的琶洲会展总部功能区，分步建设空港、番禺、增城三个特色鲜明、展贸结合型会展副中心。广州会展业的发展将进一步依托广交会，做大做强广交会。未来重点任务主要如下：一是发挥广交会的龙头带动作用，发挥广交会的平台优势，推动广交会发展再上新台阶。二是着力培育优势独特、专业突出的会展品牌。三是打造具有世界竞争力的会展企业。四是大力推动会议、节事活动繁荣发展，五是加快发展以数字会展为主的新业态，六是建设会展人才梯队，七是加大会展配套服务设施建设力度。

三、环渤海会展经济带

环渤海地区是我国港口群和产业群最为密集的区域之一，也是我国最大的工业密集区和重化工业基地。环渤海会展经济带以北京为中心，包括天津、河北、辽宁、山东半岛城市群等地，其会展业发展早，规模大、数量多，专业化和国际化程度高，门类齐全，政府支持力度大，知名品牌展会集中，辐射面广。

（一）环渤海会展经济带概况

环渤海具有独特的地缘优势，为该地区经济发展和开展国内外多领域会展合作提供了有利的环境条件。近年来，高新技术产业和先进制造业规模化发展，成为环渤海地区会展经济发展重要的产业支撑。依托原有工业基础，环渤海地区不仅保持了诸如钢铁、原油、原盐等资源依托型产品优势，同时新兴的电子信息、生物制药、新材料等高新技术产业也发展迅猛。环渤海地区交通便利，陆海空运输十分畅通。区域内拥有 40 多个港口，构成了中国最为密集的港口群，区内海运、铁路、公路、航空运输线路密集，形成了以港口为中心的陆海空立体交通网络，成为沟通东北、西北和华北经济进入国际市场的重要集散地，为会展业搭建了优良的交通物流平台。

京津地区在直径不足 100 平方公里地域内集中了 2 个超大型城市，拥有各类研院所、高等院校近千所，是全国知识最密集、科研实力最强的区域。北京作为中国的首都，凭借强大的政治、科技、文化优势成为环渤海会展经济带的核心，具有得天独厚的优势，同时以其强大的区域辐射功能，带动天津等周边城市会展经济的发展。天津作为北京的门户，利用处于环渤海经济中心和与北京毗邻的区位优势，近年开始通过整合会展资源，希望将天津培育成中国的会展中心城市。2012 年 3 月 12 日，商务部与天津市人民政府签订共建国家会展项目的框架协议，由中国对外贸易中心（集团）和天津城投集团共同投资建设国家会展中心（天津）项目，拟建设 120 万平方米的会展综合体，其中一期室内展馆面积为 20 万平方米。作为商务部和天津市共同打造的商贸促进平台，该项目建成后将成为第三个国家级大型国际会展中心。随着该项目的投资建设，预计天津将与北京并列成为环渤海会展经济带互补的两极，其中北京以举办大型国际会议、论坛和服务贸易类展会为主，天津则以举办工业类和经贸类展会为补充。

此外，大连、青岛、烟台、济南、石家庄、廊坊等地的会展业也有很大程度的发展。烟台是国家重点开发的环渤海经济圈内的重要城市，亚太经合组织多次在此举办重大经贸活动；青岛作为港口城市和知名工业名牌城市，会展业发展优势显而易见，啤酒节、青博会、海洋节等展会享有较高的声誉。

但制约环渤海会展经济带的因素也存在，主要是各大城市距离会展中心城市较远，难以产生聚集效应，目前环渤海会展经济带区域合作松散，基本没有合作项目，区域整体竞争力较弱。相比长三角、珠三角两个区域，京津冀地区会展城市硬件和管理一直处于发展赶超阶段。当前，京津冀一体化区域发展已经上升为国家战略，在此大好环境和机遇下，为了推动京津冀一体化发展，2014 年年底，北京市贸促会、天津市贸促会、河北省贸促会在京共同签署《京津冀贸易促进协同发展合作备忘录》，意在通过打造国际性经贸交流活动和会议展览协同发展。预计未来北京会展业侧重往"高精尖"发展，天津、河北则相应着手匹配做出对应承接。

（二）北京会展业发展现状

北京的优势在于集聚众多全国性行业商、协、学会和国有大中型企事业单位，有利于汇聚行业力量、整合产业资源发展会展业。首都经济的发展为提高北京会展经济的魅力、吸引力，创造了一个很好的机遇和平台。凭借着优良的区域位置、国际影响以及人才优势，北京目前是我国最适宜发展会展业的主要城市之一，北京接待国际会展的数量、规模、质量和水平以及城市综合功能与城市影响力等均处于全国领先地位，以举办会议为主要目的会展场馆占相当比例，享有"会都"美誉。

依托首都和总部经济优势，北京会展业正从单纯的会议业和展览业走向集会议、展览、节庆活动、奖励旅游等多业态融合发展的新阶段，呈现提升发展的良好态势。根据商务部统计，2013年北京举办展览数量418场，展览面积552万平方米。在各省（自治区、直辖市）排名中，北京2013办展数量位居全国第8；在办展面积方面，位居全国第6。在城市比较中，北京的办展面积位居上海、广州之后，名列三甲。在北京举办的展览，仅双年在北京举办的汽车展超过20万平方米，超过10万平方米的展览还有机床工具展、门业展、汽车用品展、服装服饰博览会、公共安全产品博览会、冶金工业展、建博会等。

北京政府主导型展会产业引领作用明显。从会展主体来看，北京大型品牌展会的组织者多为国有单位，以行业协会为主。经过多年培育和发展，北京形成了以中国北京国际科技产业博览会、文化创意产业博览会、旅游产业博览会和节能减排技术博览会等一批政府倡导或有关政府主管部门发起，符合北京产业结构发展方向，政府引导与市场运作结合，具有一定市场生命力的展会项目。但近年北京会展市场运行有所放缓，展会规模停滞不前，一些展会开始向上海转移。究其原因主要有：一是大型展馆不足；二是因政治活动需要，北京有时对商业展的举办时间有所限制；三是2012年年底出台的"中央八项规定"对政府主导型展览会的数量有一定的影响。在展览发展放缓的同时，北京会议业发展势头强劲。以国家会议中心为例，2013年共接待会议及活动862个，展览89场，其中1000人以上的大型会议占会议总数的

12％，地面展厅出租率保持在 64％以上。

北京现有主要会展场馆 16 个，总展览面积 68 万平方米。据《中国展览经济发展报告 2013》统计显示，2013 年北京主要展览场馆中，中国国际展览中心举办了 230 场展览会，占总量的一半以上，和往年情况相同；国家会议中心和全国农业展览馆举办的展览会也占有较大比重。中国国际展览中心新馆是北京展览规模最大的展馆，室内展览面积 10 万平方米，室外展览面积 15 万平方米。会展的举办需要硬件设施和城市配套政策来支撑，北京会展业的短板主要是展览面积小、交通环境差，相比上海、广州等城市，北京市缺乏大型展馆。

近年来，北京市政府对会展业发展给予了高度关注和重视。《北京市"十一五"时期旅游业及会展业发展规划》将北京定位为亚洲主要会展城市，同时把会展业定位为北京第三产业的支柱产业之一。《北京城市总体规划（2004—2020 年）》明确提出，要大力发展会展业，要把北京建设成为亚洲最有影响力的国际会展城市。在大力发展第三产业需要重点支持发展的七大行业中，将会展业排在需要重点发展的七大行业的第六位，位列旅游业之前。《北京市"十二五"时期会展业发展规划》确定了"亚洲会展之都"的发展目标，2015 年实现会展业收入达到 300 亿元以上。这为北京会展业的稳步发展创造了良好的环境，同时也提出了更高的要求。

然而，新出台的《北京市"十二五"时期旅游业发展规划》并没有提及将会展业作为北京市第三产业的支柱产业之一。结合新的形势和实际情况，北京的整体发展进入了一个新的阶段，特别是习总书记视察北京发表的"四个中心、一个目标"的重要讲话后，整个首都经济社会的发展进入了一个新的方向。北京作为中国的首都经常会有不少政治活动举办，不太适合密集举办大型展会，加上北京当前缺乏一流的会展硬件设施，大型展馆旁边还缺乏完善的交通、餐饮、住宿配套，为此北京市会展业宜与北京的城市定位紧密结合，进行转型升级。北京会展业要以更广阔的视野，通过京津冀一体化区域的连带作用，突出自己的优势，获得北京会展业发展的更大的空间。建议北京可以选择适合自身城市定位的会展项目，逐渐向高端转型，做好小而精的展会；同时发挥北京会议论坛的优势，增强北京的吸附性，把周边具有规模的会议引进北京。

总体而言，我国会展经济发展格局是与我国区域经济发展同步的。随着近年来沿海地区产业的转型升级，我国产业逐步从沿海地区向中西部地区转移，长三角、珠三角、环渤海三个会展产业带将崛起一些新的展览题材，而这三个产业带的展览将出现向其他地区转移的动向。未来，这种动向还将继续，而且转移的规模可能进一步扩大，东北、中西部的一些二线会展城市将拥有发展会展业的良好机遇。预计经过展览与产业的不断融合发展，我国会展业将逐步形成平等互动、均衡协调、各具特色、梯次发展的中国会展经济大格局。

第五节　中国会展业待解难题

中国经济持续稳定健康发展，对外开放进一步扩大，全球制造中心地位的形成，居民消费结构不断升级，形成了巨大的现实和潜在的市场，这些都将极大丰富会展产品，为会展业的发展提供广阔的发展空间。然而，我国会展业目前尚处在"大而不强，多而不精"的阶段。与欧美会展强国相比，我国会展业发展模式不清，产业规划滞后，资源相对分散，发展方式过于粗放，中国会展业的可持续发展面临各种问题与挑战。

一、缺乏整体统筹协调管理机制和全国性行业自律组织

从制度层面看，我国会展业管理体制不健全，缺乏统一、权威的管理机构。实际工作中，我国对展会实行分类管理和分级管理相结合的办法，即由各级商务、科技、文化、教育等部门和中国贸促会对经贸、科技、文化、教育等领域展会进行归口管理。工商、公安、消防、城管等多个部门也从各自职能角度参与展会的管理。由于尚未形成上下一致，统一协调的行业管理体制，全国会展业政出多门、多头管理，职能交叉、监管缺失，阻碍了展览业的健康快速发展。此外，会展业监管体制与法律法规建设严重落后于市场发展实际，政府部门进行行业管理和市场监管无法可依，导致部分展会重招展轻招商，重创收轻服务，扰乱市场秩序、侵害展商观众的事件时有发生。不健全的组展商管理体制造成市场无序竞争。以政府名义举办的会展活动过多

过滥，造成我国会展市场无序竞争，重复办展以及骗展现象层出不穷。现行的展览管理体制与办法则导致了多头批展，重复办展。展览门槛放低，办展主体鱼龙混杂，无序竞争愈演愈烈。

我国会展行业自律组织发展滞后，缺乏全国性的统一行业组织发挥相应作用。为了加强会展行业自律，经商务部批准，在商务部及贸促会的共同指导下，全国性会展业行业协会——中国会展业协会自2012年开始筹建，由中国对外贸易中心（集团）作为主要发起单位。目前，中国会展业协会筹备成立的基础性准备工作已经完成。作为具有权威性、代表性、广泛性的全国会展行业组织，待中国会展业协会正式成立后，将承接、完善政府职能转变过程中转移、下放、缺失的行业管理职能，并且承担起规范市场秩序的职责。同时，中国会展业协会将着力加强行业自律和协调，鼓励行业适度、有序竞争；利用协会资源，培育会展专业人才；提高展览会的组织水平和质量，为提升我国会展业的国际竞争力发挥积极作用。

二、会展业发展政府与市场的关系不顺

从运作层面看，我国会展市场秩序较为混乱，不少地方对会展业的发展方向不明确、定位不准确、资源配置不合理，具体表现在：首先是展馆总量过剩，展馆布局和档次不合理，资源分布不均，重复建设和恶性竞争的现象较为严重。各地盲目提出展馆发展计划，场馆建设贪大求全、竞相攀比，造成展馆利用率低下，负担沉重。展馆建设投资巨大，运营成本昂贵，单靠场馆出租入不敷出。据了解，世界上绝大多数展馆都是不盈利的。全德国仅法兰克福和杜塞尔多夫两个展馆略为盈利，世界最大的汉诺威展馆已经拆除部分展馆，以维持运营平衡。其次是政府办展过多过滥。一些地方和部门动用大量行政资源举办展会，重形式、轻效果，以出席领导级别和外国政要数量为评价标准，占用政府资源，使用财政资金，通过行政手段要求企业参展，大多主题重复、效果不佳，靠财政资金支撑。再次是不公平的市场竞争环境造成民营企业发展受到掣肘。民营展览公司缺少办展资源，在与政府展会竞争中处于不利地位。尤其是举办相同题材的民营展览公司面临不平等竞争而难以为继，发展空间受到限制。

十八大以后，市场将对资源配置起决定性作用，我国会展业的市场化进程正在有序推进。在会展业市场化的过程中，政府和市场的职责边界需要厘清。政府需要改变原有的会展管理模式，着重建立健全市场规范，创造更加公正公平的市场环境，要从大包大揽自办展览转向侧重于举办新兴题材展览，其余展览均交由市场运作，行政力量逐步退出，转向市场化、专业化办展，不要无休止补贴一些经过多年扶持仍无法实现市场价值的展览项目。

三、国际竞争力不强，难以适应国际会展业发展新趋势

作为完全开放的领域，我国会展业应对国际会展巨头竞争的经验与实力不足。我国展览业总体经营粗放，国际竞争力不强，处于重数量、轻质量的粗放型发展阶段，展会数量、展馆面积虽居世界前列，但具有较强国际竞争力的品牌展会不多，大多数会展企业竞争力与国际先进水平存在明显差距。中国会展业产业组织化程度不高，中国会展业大而不强，缺乏国际竞争力。中国组展商的国际化程度，市场影响力，经营规模和效益，大都无法与欧美国家相比。中国组展机构主办的国际性展会的展出面积、展览营业额，都与国外同行相差甚远。与此同时，一些外资展览机构通过大举并购在中国市场圈占展览题材，这将压缩和挤占我国展览品牌的生存空间，影响我国会展企业生存环境和长远发展。为此，中国会展业要与时俱进，寻求突破，确保我国会展业健康发展。

首先要规范市场。我国会展业全面深化改革、转型升级的核心问题是处理好政府和市场的关系，使市场在资源配置中起决定性作用和更好发挥政府作用，让市场发挥在会展经济增长中的基础性作用，在资源配置中的抉择性作用。其次是提高质量。我国的展会和展会主办方需要深挖自身优势，确立属于自己的市场空间，在专业化方面深耕细作，举办展会时注重提高效果、提高效率、提高效益。最后是打造品牌。中国亟须打造一批国际化、专业化的世界级品牌专业大展，推动我国会展业做大做强。

四、专业人才不足导致国内组展商难与国际同行抗衡

我国会展企业人员相当一部分是从外语、外贸和企业管理方面转到会展业的，缺乏对会展行业的整体了解，专业知识缺乏，造成会展企业从业人员

资质差，办展水平普遍不高。

综上所述，当前我国会展业发展存在管理体制机制不畅、法律、法规建设滞后、市场主体活跃度不够、人才短缺等问题，已成为制约会展经济健康有序发展的瓶颈。造成这种现状的原因是多方面的，改变现状也需要有一个长期的过程。为此，需要进一步明确会展业在国民经济中的地位和作用，理顺会展业管理体制，加强行业自律组织的建立，积极培育市场主体，重视会展人才培养，引领我国会展业健康发展，在巩固中国展览大国地位、推进展览强国进程中发挥主导作用，推动我国向会展强国目标迈进。

中国骨干展览企业

中国会展业经过多年发展，已经初步涌现出一批具有知名品牌的会展项目或骨干企业。这些企业在中国会展市场上努力打拼且长袖善舞，共创中国会展业辉煌。

一、中国对外贸易中心（集团）

中国对外贸易中心（集团）隶属于中国对外贸易中心。中国对外贸易中心是商务部直属事业单位，自 1957 年随中国进出口商品交易会（又称广交会）创办而成立，主要负责指导承办一年两届的广交会。中国对外贸易中心（集团）是我国会展业综合实力最强的大型会展企业集团，集团资产总额在全球会展企业中排名第一，营业额排名第二，并于 2012 年、2013 年入选中国服务业 500 强、广东省企业 500 强，连续多年被列为广东纳税百强企业、信用等级 A 级企业。该集团主要经营广交会、展览经营（包括来华展览、出国/境展览和国内自办展览）、展馆租赁、围绕会展产业发展的电子商务、广告、进出口贸易、旅游、酒店、餐饮、物业等业务，形成了以展览业为主的全产业链发展格局。

中国对外贸易中心（集团）承办的广交会，经过 50 多年的发展，已经成为促进世界贸易发展的一个重要的平台与纽带，被誉为"中国第一展"。2014

年第 116 届广交会面积达 118 万平方米，是世界最大规模的单年展。一年两届广交会出口成交额 600 余亿美元，到会外商 40 万人，创造了中国外贸和会展历史上多个第一。

中国对外贸易中心（集团）是全球最大的展馆资源拥有方，在广州、上海、天津三大会展中心城市拥有展馆。

中国进出口商品交易会展馆（又名"广交会展馆"），位于广州海珠区琶洲地区，是目前亚洲规模最大、设施最先进、档次最高的多功能、综合性、高标准的国际会议展览中心，是广州地区的标志性建筑。展馆总建筑面积 110 万平方米，室内展厅总面积 33.8 万平方米，室外展场面积 4.36 万平方米。其中，展馆 A 区室内展厅面积 13 万平方米，室外展场面积 3 万平方米；B 区室内展厅面积 12.8 万平方米，室外展场面积 1.36 万平方米；C 区室内展厅面积达 8 万平方米。每年广交会展馆举办展览 100 余场，其中 2013 年展馆租赁面积 647 万平方米，展馆利用率为 43.8%，是全国展览租赁面积最大的会展场馆。

国家会展中心（上海）是国家商务部与上海市人民政府根据部市合作协议共建的国家级大型会展项目，由中国对外贸易中心（集团）与上海东浩兰生（集团）按照 6∶4 比例合资建设运营。该项目位于虹桥商务区核心区，占地 0.86 平方公里，建筑面积达 147 万平方米，包含会展、会议、商业、办公、酒店、活动等六大业态，是世界上最大的建筑单体和会展综合体，拟于 2015 年 6 月竣工。该馆室内展厅 40 万平方米，室外展场 10 万平方米。其中室内展馆由 13 个单位面积为 2.88 万平方米的大展厅和 3 个单位面积为 0.97 万平方米的小展厅组成，货车均可直达展厅，可以满足大部分展览的需求。国家会展中心（上海）的建成为上海会展业发展注入强劲动力，预计该馆 2015 年总展览面积将达到 400 万平方米。

国家会展中心（天津）是国家商务部与天津市人民政府根据部市合作协议共建的国家级大型会展项目，由中国对外贸易中心（集团）与天津城投（集团）按照 6∶4 比例合资建设运营。项目将以内外贸结合、进出口结合、货物贸易和服务贸易结合为发展模式，立足环渤海、辐射东北亚、面向全世界。该项目为会展综合体项目，规划建筑 120 万平方米，包括展馆、商业和写字楼等业态，其中室内展厅 40 万平方米，一期室内展厅 20 万平方米。

中国对外贸易中心（集团）旗下拥有全资子公司 4 家，控股参股公司 7 家。其中中国对外贸易广州展览总公司主要负责集团的自办展业务和出国组展业务。该公司每年自办展览 400 余万平方米。旗下的中国（广州）国际家具博览会是世界规模最大的专业家具展，2015 年展览规模将达 112 万平方米，近 20 万专业观众；广州建博会雄踞亚洲同类型展会之首，致力于为建筑装饰行业提供完整解决方案，展出面积达 34 万平方米，超过 13 万名海内外专业观众到会。

除自办展业务外，中国对外贸易中心（集团）沿会展产业链纵深延伸，实现多业态发展，奠定了以展会为核心的酒店、商业、展览工程、电子商务、专业市场的多业态格局。具体包括：广州广交会展览工程有限公司，主要从事展览工程服务。中国对外贸易广州物业开发公司，辖下广交会威斯汀酒店在会展酒店行业占领先地位，该公司还从事物业管理和开发、贸易以及设计服务业务。新大地宾馆，主营服装批发市场、展会饮餐等业务。

二、中国国际展览中心集团公司

中国国际展览中心集团公司隶属于中国国际贸易促进委员会暨中国国际商会，是中国展览馆协会的理事长单位、国际展览业协会（UFI）成员和国际展览会管理协会（IAEM）成员。

该集团现已发展成为集展馆经营、国内组展、海外出展、展览工程于一身，业务范围成龙配套的集团企业。中国国际展览中心集团公司拥有北京两处展馆，一是中国国际展览中心新馆（室内展览面积 10 万平方米），是目前北京最大的展馆；二是中国国际展览中心老馆。两座展馆均由中展集团下属的北京国展国际展览中心有限责任公司经营管理。

中展集团旗下拥有 7 家全资子公司。北京华港展览有限公司是专业展览和会议主办机构，目前拥有北京国际印刷技术展、北京国际汽车展、中国国际石材展、北京国际门窗幕墙博览会、中国（北京）国际建筑装饰及材料博览会等十几个国际专业性定期展览会。北京中展海外展览有限公司专业从事出国展览业务，在全国的出展排名持续保持前 3 位。中展海外展览公司与德国、美国、意大利、法国、英国、俄罗斯、日本、韩国、巴西、波兰、澳大利亚、印度、泰国、马来西亚、阿联酋十多个国家和地区的众多国际著名博览会机构建立了密切的合作代理关系。中展海外出展项目涉及消费品、礼品、玩具、办公用品、纺织服装、食品、鞋及皮革制品、五金、卫浴、汽摩配、家用电器、建材、机械、乐器以及 IT 等行业。中展国际展览工程有限公司是目前国内具有一定规模，历史悠久的从事展览工程设计、制作和施工的国有企业。中展工程公司多次代表国家设计施工世界博览会、国际贸易博览会中国馆，以及在国外举办的大型中国贸易展览会的设计施工。中国国际展览中心集团公司海外业务已扩展到五金、卫浴、汽摩配、电子、建材、机械、乐器、劳保、能源等二十多个行业。

中展集团还有 5 家合资公司，如：北京皇家大饭店、北京中展投资有限公司、中国国际展览运输公司、京慕国际展览有限公司等。此外，中展集团还在一些国家和地区设有海外机构：华港香港公司、华澳国际会议公司、美国太平洋国际展览公司、中展集团驻法兰克福代表处。

本章思考题：

1. 简述中国三大会展经济产业带特征。

2. 行业商（协）会办展具有哪些优势？

3. 中国展览业目前处于哪个发展阶段？

4. 中国展览业发展还有哪些待解难题？

第二篇

会展基础理论

第五章 商业展基本特征

本章导读：商业展的概念、基本特征及商业展之国际化。

20世纪尤其是第二次世界大战结束以来，商业展在世界范围内得到长足发展。这与世界整体上长期处于和平状态，人口激增，各国经济得到蓬勃发展直接相关，也与经济全球化、国际贸易繁荣直接相关。

AUMA 统计的每年在德国举办的 130～150 个国际性展会都是商业展。经过 UFI 认证的 600 多个展会，绝大多数是纯粹商业展，少数是政府参与的商业展。由此可见，商业展成为所有展览活动中最常见、最重要的一种形式。

世界性展览组织，除了国际展览局是为举办世博会而设的纯官方机构，国际展览联盟（UFI）、国际展览管理协会（IAEE）、德国展览业协会（AU-MA）、美国独立组展商协会（ISO），都是商业性展览的非官方行业组织。

第一节 商业展概念

展览，也称"展览会"、"展会"，是广义概念，一切以展示为形式或手段的群体性活动均可纳入展览范畴。按办展目的划分，展览业既包括经济性的展览，如国内绝大多数经贸类的商业展会，也包括非经济性的展览，如成果展、文物展、世界博览会等，涉及政治、外交、社会、科技、文化等各个领域。其中，商业展是经济性展览最常见的形式，是会展经济最重要的组成部分，也是本书重点论述的形式。

从形态上来看，商业展是以展示为主要手段，在一定时间和场所内举办的供需双方从事买卖、交易的商业活动。从功能上来看，商业展是企业市场营销的平台，具备展示、交易、信息、体验和交际五大基本功能。这与企业通过广告、实体商店、网络、直邮等方式营销一样，同属于营销要素中的渠道之一。商业展的展示功能面对参展商，体验功能则面对专业观众或买家，其他功能则是展商与客商共享的。电子商务之所以无法替代实体展会，主要是因为展会具有较强的体验和交际功能。从商业展的功能看，其与非经济性展览的本质区别在于它是市场营销活动的一种形式，具有天然的市场经济属性。企业参加商业展，无论是展示产品、服务，还是宣传形象、传播品牌，最终都带有经济目的，是企业的市场行为。对组展商而言，商业展同样是以营利为目的市场行为，是通过策划、组织、招商等方式以出售展位和服务，为企业搭建展示形象与产品、获取市场信息和购货订单的平台。

商业展通常是市场主体组织举办的，它与办展主体为政府展会的最大区别在于，它以经济效益为主，追求投资回报，兼顾社会效益；而政府展会以社会效益为主，追求社会效益与经济效益相统一。

商业展或展览业经历了三个发展阶段。第一阶段以贸易成交为核心诉求，重点关注买家和订单，例如广交会。第二阶段以贸易洽谈、品牌展示、潮流发布、行业交流为主要内容，强调品牌、产品和参展企业市场推广的综合需求，例如国内主要的大型专业展。第三阶段以行业信息中心为主要特征，占领行业制高点，突出市场信息、设计概念、模式创新和沟通传播，重点关注行业黏度、原创概念和企业认知，例如米兰家具展、汉诺威工博会、拉斯维加斯消费电子展等。

第二节　商业展的基本特征

商业展的基本特征包括市场特征、专业特征、品牌特征。

一、市场特征

商业展的概念本身即包含市场特征，市场特征是商业展的本质特征。商业展的市场特征首先是办展主体的市场化。商业展的主办方主要是市场竞争主体，如行业协会、国有企业、民营企业和外资机构等，主办方对行业和企业的需求有较充分的了解，因而商业展的策划和举办完全是从市场出发，不断寻找参展商与采购商的利益对接点，以各种方式来满足参展企业的展示和贸易需要。第二点，也是更重要的一点，是办展机制的市场化。市场需求对商业展项目起着决定性作用。展会作为企业市场营销平台，企业是否参展取决于展会是否符合企业的需要。企业参展出于自愿，展会发展源于市场竞争。因此，发现、切合、满足企业需求是展览市场化的题中应有之义，也是商业展成功的关键。一个展览企业能够成功办展不是因为它比政府拥有更大权力，掌握更多资源，而是因为它只能从市场中求生存求发展，只能目光向下关注参展企业需求。以德国为例，其展馆和展览公司大多数是国有性质，但是展会项目运作却是市场化的。在大力发展市场经济的中国，举办的一些展览走政府主导加市场化运作之路，实践证明也是行之有效的。

商业展的市场化运作模式使其不仅成为中小企业最常用的营销方式之一，甚至也是拥有广泛渠道和营销网络的大型企业集团（如海尔、华为等）常用的营销方式。海尔每年参加的展会数十百计，不仅有国内的广交会和本地的青岛家电展等，而且还有国外的各类专业展。海尔的电视及电脑产品在美国拉斯维加斯和德国柏林的消费电子展展销，热水器及洗衣机产品在上海的厨卫展参展，空调产品在上海的制冷展参展，手机产品在北京、天津的通讯展、手机展等展出。

商业展发展遵循一般产业发展阶段性规律。影响商业展兴衰的原因很多，主要原因一是基于行业自身特点，产业变迁直接冲击着展会题材的兴衰。二是受宏观经济影响，商业展作为企业市场营销活动，反映着经济形势的晴雨变幻，与宏观经济共进退同荣枯。三是受其他营销方式竞争，如门店直销、媒体广告、电子商务等。根据 AUMA2012 年的调研数据，在 B2B 的各种商业联系方式中，其重要性依次如下：互联网主页（89%）、贸易展会（84%）、销售队伍（79%）、直接邮寄（54%）、推介会（41%）、商务行程（40%）、互联网销售（40%）、公共关系（39%），商业展的重要性在各种方式中位居第二，有 84% 的企业认可它的重要性。

从各类市场营销方式看，门店直销、媒体广告、邮寄宣传品、促销活动等其他传统营销模式一直与商业展并存，相互无法替代。新的营销模式电子商务虽然对实体展会造成一些冲击，但并不会造成颠覆性影响。商业展的传统优势在于买卖双方的面对面看样成交，实体展会所具有的集聚效应与现场的互动与体验，不是电子商务可以替代的。商业展与电子商务说到底是企业市场营销的不同方式，各有其生存与发展的空间。并且随着O2O（线下到线上）等模式的兴起，两者的结合也将成为一种新兴的发展趋势。

二、专业特征

第二次世界大战后，随着科学技术的发展，劳动分工越来越细，产品更新速度明显加快，综合性的传统贸易展览会已难以全面、深入地反映工业水平和市场状况。在此背景下，现代贸易展览会开始朝专业化方向发展，并在20世纪60年代成为展览业的主导形式。

在全球商贸类展会中，综合性商展日渐式微。与一般的会展相比，专业展览具有针对性强、参展观众质量高、参展效果好等特点，能够最大限度地吸引专业生产商、采购商与消费者。近年来许多大型综合性展会都在向专业化转型。如汉诺威工业博览会已经分化为机器人展、自动化立体仓库展、铸件展、低压电器展等专业化程度更高的展会。

题材越专业，市场定位越明确，越利于清晰界定买卖双方群体范围，方便招展招商，并有效匹配采购商与供货商，展会因而容易取得成功。

展会定位走专业化道路，从市场供需角度看，是随着市场化的深入，对展会匹配效率的要求不断提高的结果。具备明确展览主题和市场定位的展会，一方面能够符合采购商的专业采购需求，另一方面也使参展企业更容易找到营销定位。专业人员带着专业产品，进行专业信息交流，推动专业品牌传播，引领专业领域消费新潮流。即便是综合性展会，往往也划分多个专业，是由数个专业展会或展区组成的。广交会和上海工博会是综合性或以工业为主的综合性展会，如若展会内部不分设专业展区是不可想象的。德国汉诺威的专业化之路，先是区分工业品与消费品两大门类，将消费品剥离出来交由法兰克福举办，随后再将工业品逐渐细分专业，分设许多单独举办的专业展会。

展会从综合性向专业化转变，展馆硬件条件受限也是重要原因，如广交会和广州家具展的分期举办。另一例子是上海家具展。上海家具展最初拥有民用家具、办公家具、家饰等题材，在规模逐渐扩大，展馆无法满足其发展的需要时，其主办方主动选择做大民用家具题材，只保留少部分的办公和饰品题材。

展会走专业化趋势的另一原因是展会客商对提供尊享服务的需要。英国励展集团总裁曾解释励展旗下有举办许多规模较小的展会，原因在于客户要求越来越高，专业对口的有效客户要求展会"小而精"，甚至要求展会组织者为买卖双方提供贸易配对的一对一服务。一些展会题材如珠宝展、钟表展，比较能够体现这种专业化特色。亚洲博闻办的专业珠宝展，规模在1万平方米左右，采购商只有几十人，但依然是珠宝行业最顶尖和最专业的展会。

专业化要求展会专注于某一行业或某一市场的客户，努力把握行业或市场发展的脉搏，展示行业的最新成果，以新技术、新产品、新观念的不断推出，占据同类型展会的制高点。并且，专业化成功与否关键不仅是题材的专业化，除提供专业产品之外，成功的专业展还需提供包括前沿技术、新颖设计、市场动态、行业潮流等大量信息服务。业内各方人士通常都会出现在专业展上，包括政府官员、专业媒体、研发部门、专家学者等领域相关方。好的专业展是全行业的盛会，是行业动态的风向标，而不仅仅是产品的展出。此外，专业化需要展会运营机构建立科学的管理体系，拥有专业化的人才队伍，实行完善的操作规范，并且形成优秀的企业文化。

如本书前面提到的，商业展是市场活动，成功与否取决于市场；商业展的市场特征也是其本质特征，因此展会的专业化是建立在市场化的基础之上的。在专业化趋势的背景下，处理展览题材的综合性与专业化的关系，应把握专业化发展方向，但在实现路径选择上，要一切从实际出发，根据市场变化与企业需求来决定展览题材的分合、综合性和专业性展会的弃留。首先，应根据行业关联度强弱等因素来考虑是否将综合性展览拆分为专业展。一些综合类的专业展如家具展，部分专业展区有明显产业链关系，如木工机械厂商和民用家具厂商的供应商，它们同期参展便于家具厂商采购。另外，办公家具与民用家具通常由不同厂商生产，买家群体仅有少量交叉重叠，可以各自独立成展。其次，综合性和专业性展会并存的原因之一在于参与主体的不同，因此应综合评价两者的效果。对参展企业来说，选择参加什么展会最主要的是看展会的买家群体代表了一个什么样的市场。广东许多家具企业既参加专业家具展，也参加广交会这样综合性展会。对这些家具厂商而言，广交会的买家主要是低端市场的，订购的是放在大型超市或MALL里的批量化的低价家具,而专业家具展相对高端,通常是陈列在家具专卖店里的。总之,商业展的专业化发展必须坚持以市场为导向,从实际需求出发,具体问题具体分析。办展要提高专业化水平,应从产业链的上下游入手,着力分析同一产业链上不同产品之间的关联度、市场容量和客户群体,挖掘题材潜力,不断拓展专业展区数量并增加、细化展品种类。

三、品牌特征

商业展的市场化是它的天然属性,专业化是其发展趋势,而品牌化则是其获得长期成功和持续发展的必要因素。成功的商业展会都会注重品牌认知。例如享有"亚洲建材第一展"美誉的广州建博会,是建筑装饰行业的专业性展会,举办方非常注重打造展会的品牌影响力,通过邀请行业品牌企业参展、优化观众结构、丰富品类、整合题材提高展会的专业化程度,使广州建博会的品牌特征得以突出。

处于垄断竞争市场条件下,随着市场竞争化程度的提高,现代会展活动将会更加注重品牌功效。品牌与产品差异有密切的关系。一个品牌是通过某些方式将自己与满足同样需求的其他产品或服务区分开[①]。首先,品牌是产品差异的必然产物。因为每个企业生产的产品或提供的服务都与其他企业有或多或少的差异。其次,品牌本身也是产品差异的重要体现。一个品牌是一个复合体,它反映了产品的市场定位、开发理念、文化以及综合品质等方面。一言以蔽之,产品品牌的实质是产品的差异化,这种差异化使产品在市场中具有更显著的竞争优势。展会作为一种服务类产品,其品牌的实质是展会项目的差异化,这种差异化,是建立在定位清晰、形象鲜明、满足参展商及客商需要基础之上的。品牌的价值往往通过品牌忠诚来体现。拥有品牌忠诚的顾客很容易再次选购,因而品牌忠诚使公司对需求更具有可预测性、更有把握,它创建的壁垒使其他公司难以进入这个市场。忠诚度也可以解释为顾客支付更高价格的意愿,通常与竞争品牌相比多支付 20%~25%。一个成功的商业展往往能够产生良好的品牌效应,使参展商和客商对品牌展会产生信赖

[①] 科特勒,凯勒.营销管理.中国人民大学出版社,2012.

和忠诚感①，如德国工博会、美国的 CES 电子展、广州家具展和上海宝马展等、都是在业界具有品牌知名度和美誉度的品牌展会。

综上所述，中国展会实施品牌战略，应以差异化表明品牌特征，引发良好的品牌联想，在客户关系管理上信奉"客户即市场"，将客户忠诚度作为品牌建设的重要环节加以精心培育。

第三节　商业展之国际化

商业展国际化的范围及内涵，包括展会举办地的国际化、展会参展主体构成的国际化及展会经营管理理念以及技术手段的国际化。更常用的展会国际化概念是指展会内部展商与观众构成的国际化。国际展览联盟（UFI）的标准是国外展商参展数量或面积达到展商总数的 20％和国外观众达到观众总数的 4％，即可将展会定义为国际化展会。

在全球经济一体化时代，企业生产与销售不能独立于国际市场而存在。从理论上来说，商业展会作为企业市场营销平台，其国际化是必然的。但在实际上，不同国家或地区之间，不同性质和提出的展会，其国际化程度存在较大差异。

欧洲经济发展在 20 世纪 90 年代处于停滞状态，德国的展览企业纷纷进军海外市场尤其是中国市场，而同时期的法国、意大利等展览强国的海外扩张步伐则相对缓慢。

作为全球最大经济体，美国是市场开放度最高的国家之一，但美国的展会主要是内需驱动型展会，国外展商与客商的与会比例远低于德国的同类展会。许多展会甚至就是美国国内不同州之间的厂商聚会，几乎没有海外客商。作为世界第三大经济体的日本，在长达 20 年的经济停滞中，却鲜有开拓海外展览市场。

比较各国展览业的国际化情况可以发现，所谓的国际化，与其说是一种必然，不如说是一种选择。同商业展的专业化一样，商业展的国际化同样是

---

① 科特勒，凯勒. 营销管理. 中国人民大学出版社，2012.

建立在市场化基础上的，是对市场需求的反映。参展企业销售市场如不在海外，空谈国际化既无价值也无意义。房地产展览通常不仅不是国际化的，甚至也不是全国性而只是区域性的，参展楼盘主要是本地的，销售对象也主要是本地市民。而出口导向型展会的观众或采购商构成自然是国际性的。如果根据 UFI 的标准，广交会甚至不能算国际化展会。即使在设立进口展区后，海外企业参展的数量和面积也达不到 20%。但实际上广交会的国际化不体现在参展商的国际化，而是体现在采购商来源的国际化。

德国展览公司在 20 世纪 90 年代以前没有在海外办展，德国展会的所谓国际化，更大程度上是欧洲化，展商与观众更多来自欧洲。德国展览公司随后转而向海外扩张，是因为本土和欧洲市场逐渐萎缩，必须通过国际化争取发展空间。而美国由于本土即有广阔的市场和旺盛的消费需求，美国展览业的国际化程度远不及德国等欧洲国家。美国展览企业海外扩张的冲动不大，美国展会的国际化构成也不高。例如美国是世界上最重要的飞机生产国，国内航空业也是世界上最发达的，机场、航班之多冠绝全球。美国本土全年约有 160 多个航空展，但却没有一个像巴黎航展、新加坡航展这样国家级和国际性的航展。

总体上看，国际化为展览业的发展带来正面推动力，也为组展商拓展了新机会。在经济全球化时代，一直奉行对外开放方针的我国展览业，展会国际化也逐渐成为趋势。这种国际化反过来又促进中国商业展的发展。国际化程度越高的展会，就会有越多的海外参展商加盟，越多的先进产品和技术参展，越多的信息参与交流，国内企业接触的海外客户越多，贸易成交的机会就会越多。就组展商而言，拥有海外招展招商的网络，与海外行业协会、商会保持密切的联系，能提供国际化的服务体系和手段，才会使得国际性展会项目越办越好。

整体而言，我国展览业的国际化进程存在区域与结构两个不平衡，区域不平衡体现在东部沿海发达地区国际化程度较高，中西部地区国际化程度较低，结构不平衡体现在组展商、采购商国际化程度较高，而参展商国际化程度较低，产生这种状况的主要根源在于中国经济所处的发展阶段。从国际组展商看，作为发展中国家中国的商业展是在向欧美发达国家学习借鉴中发展起来的，对外开放中引入国际组展商及其主办的展会是成长所必需，这种现象较普遍地存在于发展中国家，如目前的东南亚国家、中东国家和拉美国家，较有实力的是励展、博闻等国际展览机构，本土组展商相对弱小。从国际采购商看，中国通过改革开放发展经济，逐步确立了全球制造业中心地位，出口导向政策及外贸的高速发展促使世界各国均向中国采购商品，这提高了中国商展的国际买家构成。从国际参展商看，中国产品较强的竞争力与中国消费市场结构的特点，制约了海外企业对中国市场的占领，进而影响到中国商展海外展商的构成。中国商展海外展商较少的另一重要原因是知识产权保护问题。拥有差异化产品作为企业的核心竞争力是市场经济条件下企业生存发展的根本，而一段时期内中国企业强大的模仿能力和低价仿造生产能力，导致国际展商对缺乏知识产权保护的中国展会望而却步。

中国贸促会曾对全国 42 个主要展览馆举办的 1064 个展览会进行统计分析，这些展览会中参展商总量为 34 万，其中国际参展商 3.1 万，约占参展商总数的 9％；参观总人数 1.2 亿人次，其中国际参观者人数为 55 万人次，占参观总人数的 0.44％。这些数字反映出我国展览业的国际化程度普遍不高。

中国展览业的国际化进程应从实际出发，从展览业发展阶段出发，从企业市场拓展需要出发。中国既有庞大的国内市场，又是货物贸易出口大国，对中国组展商而言，国际化应从市场需求出发，目标市场在哪里就去哪里办展，客户需要什么买家或厂商就组织相关厂商与买家参会。以闻名海内外的"中国第一展"广交会为例，每届展会海外客商云集，在 101 届之前，它只有国际买家而无国际展商，这点虽与一般国际贸易类展会尤其是国际博览会明显不同，但从历届举办效果来看，广交会的这种国际化是成功的。随着我国对外贸易进入发展新阶段，从 2007 年 4 月第 101 届广交会开始，广交会设立进口展区，引进海外厂商和产品，使得单向的国际化向双向的国际化转变，丰富展会的国际化内涵并与国际博览会接轨，这既是中国政府实现进出口贸易基本平衡的政策体现，也是广交会主动寻求国际化发展新机遇的努力。可见，展览的国际化发展战略要因地制宜，随需而变，与时俱进。

总之，国际化是衡量展会品质的重要标志之一。国际化无疑是中国商业展的发展方向。就商业展的构成而言，应不断提高未来展商与观众的国际成分。但对具体的某个展会而言，国际化并非就是必然选择。是否国际化关键看市场需要，要根据行业特点和企业营销需求来决定。

本章思考题：

1. 简述商业展的概念。

2. 简述商业展的特征。

3. 如何理解商业展的国际化？

第六章　会展经济与城市发展

本章导读：会展经济概念与特征，会展经济与城市发展，品牌展会对区域经济发展的贡献等。

第一节　会展经济概念内涵

会展业属于新型经济形态，它将同体验经济、创意产业、情感消费等业态一样，成为超越传统第三产业的新的经济亮点。作为城市区域现代服务业的重要成分，现代会展业兼具绿色、无烟、环保、兼容、朝阳的基本特性和产业优势。因此，无论是企业生产经营的要求，还是人们生活方式的改变，甚至是城市功能的升级，会展经济将成为人类社会生活发展进程中的一个必然选择。

一、现代会展业属性

会展业是指会展相关服务企业、机构、部门形成的产业体系。会展经济是指由会展及相关产业构成的经济范畴。会展服务内容非常丰富，涉及领域和行业十分广泛，除了展览项目的策划组织外，还涉及会展场馆和设备租赁、现场设计与布展、会展物品运输与采购、受托方人员交通与食宿、项目宣传推介与广告等多方面的服务。2002年起，国家统计局在国民经济行业分类中的商业服务业大类中，增加了"会议及展览服务业"类别，行业编号为L7491。这表明国家正式承认会展业这一业态的存在。

2011年出台的国家税改政策文件规定中，会展服务被纳入现代服务业项下的文化创意服务。文化创意服务包括设计服务、商标注册权转让服务、知识产权服务、广告服务和会议展览服务。会议展览服务指为商品流通、促销、展示、经贸洽谈、民间交流、企业沟通、国际往来等举办的各类展览和会议的业务活动。

不同于制造业和一般服务业，会展业具有非常明显的旅游行业特征。代收代支项目较为普遍：场馆租赁、现场布置、交通食宿、广告宣传等都属于代收代支项目。会展业从本质上看属于代理服务行业，应当认定为大量代收转付或代垫资金行业。

二、现代会展经济概念

国务院发展研究中心于 2000 年 10 月首次提出"会展经济"概念。我们来看看国内外学界对会展经济做出的诸多界定，其中具有代表性的主要有以下几种：

（1）会展经济是以会展业为支撑点，通过举办各种形式的展览会、博览会和国际会议，传递信息、提供服务、创造商机，并利用其产业连带效应带动相关产业，如运输业、电信业、广告业、印刷业、餐饮业、旅游业、咨询业、礼仪服务业等发展的一种经济。

（2）会展经济是伴随着人类会展经济活动，会展产业发展到一定历史阶段形成的跨产业、跨区域的综合经济形态。具体来讲，就是通过举办各类会议、商品展示和展览等活动在取得直接经济效益的同时，带动一个地区或一个城市相关产业的发展，达到促进经济和社会全面发展的目的。

（3）会展经济是以会展业为依托，通过举办各种形式的展览会、博览会和专题会议，形成信息流、资金流、物流、人流，创造商机，拉动相关产业发展的一种经济。

（4）会展经济是人类会展活动发展到一定历史阶段形成的，以会展业为中心、以相关产业为依托的，跨产业、跨区域的经济产业，是国民经济的重要组成部分，具有消费数额大、持续时间较长、计划性较强、抗风浪性较大、联动性较强、组织安排较为方便的产业特点。

综合以上观点，会展经济概念应表述为：会展经济是以会展业为依托，借助各种会展活动的举办拉动城市及其所在地区相关产业发展，并能带来巨大经济和社会效益的一种经济形态。

第二节　现代会展经济特性

现代会展是服务贸易的一种，属于生产型服务业。如前文提到的，作为一种产业形态，会展活动分为非经济性和经济性两种类型。非经济性会展活动不以赢利作为其开展活动的依据，它考虑的是社会性、公共性利益，如成果展、公益活动、嘉年华等，主要体现会展的社会功能；而经济性会展活动通过市场化运作，以获取利润为主要目标，如贸易展等，主要体现的是会展的经济功能。因此，作为经济性展览的主要形式，商业展自身固有特征和市场运作规律决定其作为产品和服务所具备的经济特性的。经济特性主要体现在：一是商业展通过为买卖双方提供交易或贸易平台，促进商品流通，带动企业生产。会展作为企业之间的一个有效的营销平台，为企业展示产品、收集信息、洽谈贸易、交流技术、拓展市场起到了桥梁和纽带作用，会展在企业市场营销战略中的地位日显重要。

据英联邦展览业联合会调查，通过推销员推销、广告、公关等手段的一般营销渠道找到一个客户，平均成本219英镑；通过会展寻找一个客户，平均成本35英镑，仅为前者的1/6。会展营销成本低已成为现代工商企业的共识。

会展活动为举办地区域内的企业提供了一个充分展示自己的舞台。

一是企业可以借机宣传自己的经营理念与品牌产品，加强同行之间的交流与合作，从而将产品推向国际市场。"中国第一展"广交会和浙江义乌小商品市场，通过举办展览会使其产品遍及世界各地，是会展活动营销效应的最好例证。

二是产业关联带动性强。据有关资料显示，国际上展览业的产业带动系数大约为1∶9，这样高的产业关联度使得会展经济成为带动城市和区域经济发展的新增长点。根据上海市的测算，上海展览业带来的相关经济效益，直接投入产出比为1∶6，间接的可达到1∶9，对该市 GDP 的拉动效应非常明显。会展业具有强大的产业带动效应，不仅能给举办地带来场租费、搭建费、广告费、运输费等直接收入，还能创造住宿、餐饮、交通、旅游、购物、贸易等相关收入。更为重要的是，会展能汇集巨大的信息流、技术流、商品流和人才流，会对一个城市或地区的国民经济和社会进步产生积极的影响和推动作用。

三是助推城市建设，增加就业机会，促进经济社会发展。从国际上看，在瑞士日内瓦，德国汉诺威、慕尼黑，美国纽约，法国巴黎，英国伦敦，新加坡和我国香港等这些世界著名的会展之都，会展业都为其带来了直接的收益和经济的繁荣。美国一年举办200多个商业展会带来的经济效益超过38亿美元。法国展会每年营业额达85亿法郎，展商的交易额高达1500亿法郎，展商和参观者的间接消费也在250亿法郎左右。在我国，珠江三角洲是全国改革开放最早的地区之一，也是会展业最发达的区域之一。以广州为例，据中山大学调研结论显示，2008年一年两届广交会给广州带来直接和间接经济效益占广州市全年GDP的3.96%，会展业的快速发展给城市和区域带来了巨大的经济效应。

会展经济的产业带动作用首先明显反映在对城市基础设施和其他相关硬件设施建设的拉动方面。1999年我国在昆明主办的世界园艺博览会，218公顷的场馆群及相关投资总计超过216亿元，使昆明的城市建设至少加快了10年。2008年，仅北京市用于奥运会的投资就达2800亿元，其中64%用于扩建机场、修建地铁、建设场馆、绿化道路等城市基础建设，城市的管理理念、管理机制不断创新完善，北京市民素质不断提高，城市的整体发展水平、影响力和软实力得到显著提升。会展业也有助于提高城市的就业水平。业内估算，每增加1000平方米的展览面积，就可创造近百个就业机会。1996年在德国汉诺威举办的世界博览会，创造了10万个就业机会。在德国汉诺威市第三产业中，会展业的就业人数占到2/3以上。在香港，一年的会展活动可大约为香港居民提供9000多个就业机会。通过推动城市建设、增加就业机会、提高城市影响力，会展兴市成为促进城市经济社会发展的重要举措。

此外，值得注意的是，会展业还具有另外一种经济特性，即反周期特性。当经济增长处于旺盛期时，会展经济通常会比较活跃，企业因为销售收入和利润同步增长而容易接受展会的邀请参加展会。当经济形势处于低迷期时，企业因为需要寻找市场和洞察行业形势与同行动向时，在经济条件允许的条件下，通常也会积极考虑参加展会。

第三节　会展经济与城市发展

会展业是一个关联度极高的产业，虽然其本身的产值并不高，但对产业的促进和对经济文化生活的拉动给城市所创造的整体效益是其他任何经济形式都无法相比的，所以人们将其称之为产业和城市经济的倍增器。

会展业日益与城市发展血脉相连。在现代城市经济体系中，会展活动已成为经济活动的重要方式之一，甚至成为城市经济发展的主要推动力。由于会展业所发挥出的独特作用，越来越多的城市将它作为重点发展产业之一而加大了政策扶持力度。

一、会展经济是城市经济发展的新引擎

作为生产性服务业，会展经济已经成为新的经济增长点。大型和专业性品牌展会往往是产品或技术市场的晴雨表或风向标，对区域经济的繁荣和总量的提升贡献巨大。据中山大学调研结论显示，2008 年一年两届广交会给广州带来直接和间接经济效益占广州市全年 GDP 的 3.96%。有关数据显示，香港展览业一年为香港本土经济带来 358 亿港元的进账，相等于香港本土生产总值 2.1%，同时创造了约 6.5 万个全职职位，并为特区政府贡献了 11 亿港元的税收。

二、会展业作为现代服务业的龙头，在带动产业发展、优化产业结构方面作用突出

首先，会展业带动了第三产业综合发展。会展属于现代高端服务业，它的集聚与辐射力强劲，可带动酒店、餐饮、旅游、物流等行业发展，对一个城市或地区经济发展和社会进步产生重大影响和催化作用。据统计，美国一年举办 200 多个大型商业展览，经济效益达 38 亿美元，带动当地服务业产值超过 300 亿美元。而广交会对广州关联产业经济拉动效应明显，达 1 : 13.6。其次，会展业对第二产业起到引导与服务的作用，促进产业结构优化升级。

会展平台能为企业提供一个庞大的销售、展示的载体，为产品的宣传和推广提供综合性服务，能够综合检验产品的市场价值。同时，展览会通过先进技术和产品的展示，可以带来技术的示范和模仿效应，可以促进优势生产要素的异地移动组合，提高生产效率，催生新的产业，加速产业现代化进程。[①]

可以说，会展业不仅是经济发展趋势的晴雨表，也是优化产业结构的助推器、

三、会展活动有助于城市重新定义与发展

会展活动推动创新驱动和转型发展，促进基础设施建设、公共秩序卫生、公民伦理教育，实现大规模、高效率、可持续的城市转型升级。会展的规划和建设，会进一步改善城市生态系统，加快基础设施的建设。现代会展对城市的影响主要体现在：创造新的发展机遇，完善基础设施和服务能力，培育创新生态，推行环保措施和可持续发展教育，提供国际化途径，结成全方位、立体化、多层次的城市渠道合作关系。[②]

四、会展业推动名城建设

纵览世界各大会展名城，著名展会是城市名片，大型展馆是城市地标。一个大型展会的成功举办可以使一个城市闻名遐迩，获得国内乃至国际的知名度和美誉度。如2013年世博会的成功举办，使上海这个国际大都会再次成为全世界的焦点。再以广东珠海为例，珠海市本身并不是一线城市，也不是区域经济中心，却因为每届中国航展聚集了各国航空领域的军方、龙头企业和飞机迷，获得海内外的关注。世界会展名城各具特色，有的以产业、市场集中为背景，有的以休闲娱乐产业为依托，有的借助厚重的历史文化沉淀，有的以自然风光和美食做吸引，有的则纯以优良服务取胜。但他们的共同之处都具有优良的会展设施和完善的会展服务体系。目前随着国内城市之间在经济实力、综合影响力等方面竞争日益白热化，城市规划者应主动利用会展

---

① 储祥银．城市展会与城市经济．2014中国会展经济研究会学术年会论文集，P85～89．
② 张敏主编．中外会展业动态评估年度报告（2012）．社会科学文献出版社，2013：3．

做好城市发展的这篇文章，从全球视野出发定位自身未来发展方向。会展经济对城市经济社会等方面的发展影响卓远，对我国会展城市而言，谁能以更好的软硬件会展服务环境抓住国内外会展业变化带来的机遇，谁就将在未来现代会展市场竞争中占得先机。

广交会区域经济贡献

广交会作为外贸出口平台，直接促进了企业尤其是中小企业的出口，许多品牌外贸企业也是通过广交会走向世界并不断成长壮大起来的。广交会自1957年春季创办首届以来，一直承载着发展国家对外贸易，服务国家经济社会发展的使命，是展示我国社会主义建设成就的窗口，是中国企业、产品、品牌走向世界的重要平台，是贯彻落实国家各项外经贸发展战略的重要阵地，为促进我国对外经济贸易发展做出了重要贡献。

由中国对外贸易中心（集团）（广交会的承办单位）和中山大学合作开展的研究项目表明，广交会对区域经济影响深远，对广州市社会经济全面协调与可持续发展贡献巨大。

一、每年为广州带来 326 亿元经济收益

《广交会区域经济影响评估报告》显示，以 2008 年秋季第 104 届广交会和 2009 年春季第 105 届广交会的现场调查和数据为依据，每届广交会给广州带来的直接经济效益，即境内外访客和商务机构在广州的直接消费支出为 55.25 亿元，间接经济效应为 107.97 亿元，合计约 163.22 亿元。一年两届合计为 326.44 亿元，占广州市全年 GDP（8215.82 亿元）的 3.96%。

其中，广交会销售收入与经济效益总和之比约为 1：13.6，即广交会对广州经济的拉动系数约为 1：13.6，高于全球展览王国德国的平均水平。

每年两届广交会的境外采购商带来 145.74 亿元的经济效益，占44.65%；境内外参展企业带来 148.5 亿元，占 45.49%；参展代表个人带来20.36 亿元，占 6.24%；全国各省市交易团团部带来 2.6 亿元，占 0.8%。

二、每年为广州带来 4.28 亿元税收

以第 104 届、第 105 届广交会为依据，一年两届广交会给广州带来的各相关行业的营业税收入合计约为 4.28 亿元。按单届计算，各行业因广交会举办上缴的营业税分别为：交通运输业 487.83 万元，文化体育业 526.27 万元，娱乐业 2592.38 万元，邮电通信业 227.89 万元，服务业 11357.31 万元。结合 2008 年第 104 届广交会中国对外贸易中心（集团）上缴营业税额约 6180.00 万元（预测值），一届广交会带动的营业税收入约为 21371.68 万元。广交会对广州餐饮业、交通业、零售业的税收具有明显的影响。广交会举办期间的 4 月和 10 月，分别是广州综合税收收入的 4 个高峰点之一。

三、广交会强劲拉动广州人口就业

以 104 届、105 届广交会为依据，通过直接与间接方法估算一届广交会对就业人数的带动分别为 5.4613 万人、97.078 万人。广交会间接拉动就业人数的辅助性行业包括零售、酒店、餐饮、交通、货运、展位搭建和广告。带动岗位最多的分别是餐饮业、零售业和酒店业。

四、广交会访客含金量高

参加广交会的境内外客商、参展商与日常境内外的访穗游客相比，逗留时间长，日均消费多。广交会采购商人均每天消费 4068.8 元，日常入境游客人均每天消费仅是广交会境外采购商的 29.47%，为 1199.2 元。广交会参展商人均每天消费 2956.4 元，日常国内游客人均每天消费为 882.3 元，参展商人均消费为国内游客的 3.35 倍。

五、访客对广州服务评价优良但仍需改进

广交会采购商对广州市的服务设施和基础设施，包括酒店住宿、餐饮、休闲娱乐、交通和展馆服务五个方面，普遍表示比较满意。采购商对五项主要服务的满意度平均值分别为：展馆服务 4.41，酒店住宿 4.08，交通 4.05，餐饮 3.73，休闲娱乐 3.66。广交会是中国第一展，它是广州市乃至中国的一个代表符号，城市基础设施、卫生、安全，展馆硬、软件配套及交通、住宿、餐饮、商业等各方面的服务水平都影响着采购商和参展商的满意度，关系城市及国家形象，在这些方面的服务提升仍需改进。除在经济领域的贡献，广交会作为中国对外开放的窗口、标志和缩影，作为展示中国经济建设成就的

平台，作为中国与世界各国友好交往的桥梁，同时发挥着强大的社会功能。在较间接的意义上，广交会对提升城市知名度，推动城市基础建设也发挥了重要作用。

经过不断深入改革，从做大到做强，广交会逐步完成了由综合展会向综合性与专业性兼具、由单一出口平台向进出口双向交易平台的转变，整体规模与水平实现了跨越式发展。

在新的历史条件下，广交会作为国家重点贸易促进平台，需要根据我国商务政策目标的发展变化，不断调整自身的职责任务。首先需要明晰自身定位，进一步优化组展管理模式，在组展方式、办展模式和市场化等方面不断开拓创新，提升展览质量，实现转型升级。此外，还应结合国家产业政策调整，不断发现和发展新的展会题材。

本章思考题：

1. 现代会展经济的定义是什么？
2. 会展经济如何促进城市发展？
3. 简述现代会展的经济特性。
4. 如何建立完善会展业统计标准？

第七章　会展经济运行规律

本章导读：会展经济一般规律，城市会展业发展规律，国际品牌展会运行规律，国际组展商运营模式等。

辩证唯物主义认为，世间一切事物的发生、发展乃至消亡都是有规律的。规律是事物固有的、本质的、必然的、稳定的联系。规律根本内容包含自然规律、社会规律和思维规律。

然而其中，经济规律作为一种社会规律，与自然规律有所不同，它存在客观性与人的主观性。

第一节　会展经济运行规律

会展属于市场经济活动，是市场经济发展到一定阶段的产物，必然遵循一般经济和市场规律。但作为国民经济中的一个产业部门，会展业又有自身的发展特点。我们认为，国内外会展业的发展大致有以下五大规律值得遵循：

一是会展产业的发展水平往往与该国综合实力与经济总体规模及发展水平相适应。

二是政府政策影响展览业发展效率，视展馆为公共产品的国家和地区比视其为商业设施的，更重视也更能投入建设展馆并扶持展览业发展。

三是展馆是基础设施和条件，展馆规模影响会展产业的规模。如德国、美国的场馆面积在世界上一直居于前列，为这两个国家会展产业的发展提供了条件。

四是拥有品牌会展资源是产业成功关键因素之一。如德国有汉诺威计算机与通信博览会（CEBIT）、法兰克福消费品博览会等，对本地区培育展览、发展会展业起到良好的示范作用。

五是中心城市，如经济中心、市场中心、产业中心、交通中心、旅游中心、文化中心等是发展现代会展经济基础条件之一。一般来说，经济大环境与会展业发展密切相关且呈正相关。作为生产性服务业，当经济不景气时，投资类产品展会会萎缩，刚性需求产品类展会保持平稳，而劳动密集型产品展会发生转移。但也会出现同经济大环境逆相关的情况或现象，即越是经济不景气，企业越是依赖展会平台寻找商机。

在我们看来，现代会展作为一种市场活动，它符合一般经济规律尤其是商品市场供求规律；作为生产性服务业的一种，它又符合现代服务业特殊规律。

一、宏观经济与市场状况对会展业发展起基础性作用

纵观世界会展经济发展情况不难看出，一国会展经济实力和发展水平往往是与该国综合经济实力和经济总体规模及发展水平相适应的。传统展览大国和强国同时都是经济大国和强国。商业展览是经济活动，与经济发展相伴相生，是国民经济的晴雨表。

美国经济总量位居世界第一，展会数量在 10 年前即超过 10000 个，以13000 多个的总量居世界第一。德国是欧洲最大经济体，拥有世界商展百强中过半数席位，是名副其实的展览强国。法国、英国、意大利、日本等经济强国，展览业主要经济指标如数量、规模与产值均位居世界前列。

中国展览业在之前的三个五年规划期间，规模和产值均实现年均两位数以上的增长，与同期中国经济发展的整体趋势保持一致。就具体产业和展览题材而言，在全国范围内家具展、建材装饰展、汽车展等办得红火、展出规模位居世界前列的展会，与中国房地产业的高度繁荣和中国成为全球汽车产销大国直接相关。中国经济的快速发展是中国展览业高速发展的最主要原因。

尽管在宏观经济不景气时部分展会依然会逆势飞扬，但这依然与题材所处的行业的市场状况密切相关。绿色产业与战略性新兴产业如太阳能光伏产业，因为近年来的高速发展，在短短几年内就造就了一个规模 20 万平方米的上海太阳能光伏展。

会展业的发展离不开产业和市场两大要素。中国的机床展、电信展、纺织机械展、印刷展、冶金展、汽车展等一批专业性会展在短时间内迅速发展起来，并且跻身于世界同行业发展的先进行列，依靠的都是中国相关制造业规模整体

提高这一产业背景优势。如广州家具展规模位居世界第一，这得益于广东家具产业的雄厚基础——相当一段时期内广东家具业产值占全国1/3、出口占1/2。

宏观经济环境与市场状况对展览业发展具有基础性作用，这对组展商的启示就是，要高度重视对宏观经济与行业市场的研究，密切关注涉及国计民生的热门产业，开发或收购有充分市场潜力的展览项目，规避市场风险，争取跨越式或可持续发展。

经济环境对展览行业发展起基础性作用，但展览与经济并非一一对应关系。首先，展览强国必是经济强国，但反过来，经济体量最大的国家未必就是展览业最强的国家。

在更倾向于用市场手段发展经济的美国，其展览业的发展速度尤其是特大型展会的数量上不及德国和中国，这与美国政府对展览业采取无为而治的政策不无关系。美国虽然是展览数量最多的国家，但其每年的展览面积，在规模上已比不上中国。在美国举办的知名商展数量，也低于德国、中国、意大利和法国，排名世界第五。日本虽为世界第三大经济体，尽管拥有东京汽车展、礼品展等知名大展，但日本展览业在整体规模和最强商展上却落后于德国、意大利等欧洲国家。其次，经济增长是展览业发展的必要条件，但未必是充分条件。以德国为例，2001—2011年，德国的GDP从18926亿美元增长到36073亿美元，但德国大型国际性展会净展览面积自2001年创下710万平方米的历史纪录后，一直未能再创新高，2010年的数据是683万平方米。

由此可见，展览业发展不仅依赖于经济，而且与历史渊源、商业文明、经济地理、政府作用与主观努力等因素有关。展览业与宏观经济这种不完全匹配性，既反映了经济活动的复杂性，也反映出展览业发展存在制约因素。宏观经济变迁、城市或场馆硬件设施不足、市场容量限制、竞争分流等诸多因素都会制约展览业发展。

二、政府与市场互动关系决定展览业的发展速度与格局

政府与市场的关系一直存在诸多争议，无论中国还是外国都是如此。德国是政府介入展览业较多的一个国家，其国内对展览业私有化的呼声也一直不绝于耳。不过最终德国人认识到，政府与市场是两种资源和两种力量，它

们之间的有机结合与良性互动，为展览业提供了更为有利的发展环境。

德国地方政府视展馆为公共或准公共设施，投资建设了规模位居世界前列的许多大型展馆，客观上为大部分世界级展会项目形成于德国创造了条件。德国的展馆和展览公司至今仍是以国有为主。这些国有性质的展馆与展览公司，使得德国的展览业强劲发展，其展览业的发达程度超过了美国和日本。中国与德国类似，各级政府投资兴建展馆，使得中国的展馆数量与规模在较短时期内就进入世界前列，这也为中国办展数量居世界第二、展出面积实现世界第一，成为名副其实的展览大国创造了硬件条件。

政府对会展业的重视及兴建展馆，鼓励会展业发展，不仅使得会展业的发展提速，而且还影响了会展业的发展格局。商务部与上海市合作建设的将成为世界最大展馆的上海国家会展中心，不仅迎合了上海展览市场的发展需要，推动上海成为国际会展中心城市，并将大大改变中国展览业的发展格局。

英国励展公司总裁 MikeRusbridge 认为，中国展览业的发展超乎想象，只用了 5 至 10 年时间就走完了欧美发达国家需要 30 至 40 年才能走完的路。产生这种奇迹的原因，市场自身的动力是根本的，但政府这只有形的手也发挥了巨大的推动作用。

三、世界展览业呈现多极化、集团化的行业集中趋势

展览行业进入门槛低，属于竞争性行业，但由于受到展馆设施等硬件条件限制，展览业的发展又存在一定的行业壁垒。有限的展馆资源决定了展览业的发展空间与展会项目分布格局，这就为行业集中提供了条件。市场竞争的一般规律是优胜劣汰，行业趋向于集中，形成少数行业巨头与多数中小企业并存的格局。

世界展览业经多年发展，行业集中的趋势已相当明显。就国家或地区而言，20 世纪末是向欧洲尤其是德国集中，就展览企业而言，是向英国的励展和博闻加之德国的主要展览公司集中。上述公司新世纪以来纷纷在中国等新兴国家市场收购兼并展览项目，则是全球展览市场热点转移，行业巨头为保持自身发展和开阔发展空间的战略举措。

纵观全球会展业发展，一方面世界级品牌展会和创新技术型、设计创新

型的展会将继续在欧美展览强国举办；另一方面，中低端产业、战略新兴产业的展会将逐步向新兴经济体转移。会展行业的全球性竞争将日益激烈，行业内兼并整合速度加快，国际会展业呈现出多极化、集团化的格局。

在全球会展业这种新发展态势下，中国会展业将从数量粗放型增长向品牌集约型增长转变，并呈现会展企业集团化、会展功能多元化、定位精细化、主题专业化、服务系统化的发展趋势。

第二节　城市会展发展规律

城市经济是城市展会的必要前提和条件。城市会展是以城市会展基础设施为依托，以城市产业结构、消费结构和文化传承为条件的经济活动和经济行为。一般而言，城市特定产业基础和市场消费需求是城市会展发展的决定性因素。

一、会展经济属于城市经济的范畴，是城市经济的有机组成部分

一般认为，会展作为一种部门经济是城市经济独有的产业形态，具有发展必备的前提条件和自身发展规律，不同的城市具有不同的会展优势和展览资源，应该因地制宜发展自己的特色会展经济。

二、城市会展基础设施是会展业发展的必要条件但不是充分条件

举办大型会展不能没有大型场馆设施，但不等于有了大型场馆就一定能推动会展业发展。没有必要的经济、产业和市场支撑，展会很难打造，即使强力打造也难以长期维持下去。因此，城市在规划自己会展基础设施特别是场馆建设过程中，一定要量体裁衣，将建设规模控制在自身会展资源基础上，而不能寄希望于所谓的"招商引展"之上。同时要避免重复建设和资源浪费。

三、城市经济发展水平是展会经济的基础和前提

会展经济规模与城市经济总量、发达程度与发展速度、市场规模、开发程度密切相关。一般条件下，商业展会受制于城市经济规模与市场总量。城

市经济总量与市场规模大，会展的规模就可能大；城市经济增长速度快，展会发展前景就好；城市开放程度高，展会的国际化程度就可能高。

四、城市产业结构和市场结构决定城市展会类别构成

如果没有特定产业基础或消费市场支撑，很难吸引到足以支撑展会持续发展的采购商规模。所以，城市展会依托城市的产业结构和消费结构生存与发展。在策划和引进展会过程中，一定要考虑当地的产业集群基础和市场需求基础。否则，犹如无源之水或无本之木，城市展会就难以为继。

展览有商贸活动与群体活动两重特性，从商贸活动的供需角度看，特定商品、技术、服务的集散中心是举办国际展会的理想目的地。一般有三种表现形式：一是主要生产基地，亦即产业聚集地区有利于就近邀请生产厂商并吸引产业链上下游客户。二是主要消费需求集中地区。消费创造市场，需求拉动展会。三是依靠城市实力或辐射能力打造而成的特殊商品、技术、服务集散中心，即销售市场，有利于就近邀请买家。广交会和义乌小交会堪称这方面的典范。广交会经过几代人的努力，将全国进出口贸易资源和世界各地的采购商聚集到广州，形成了一个庞大的国际商品交易市场，办成了世界著名的展会。义乌通过小商品博览会的举办，逐步打造成为重要的国际有形商品集散中心，成为全球最大的小商品批发市场。从群体活动角度看，展览举办城市应有畅达的交通和完善的酒店商旅设施，更进一步说还应有吸引人的城市魅力，因此作为一个地区经济中心、交通中心、旅游中心、文化中心的中心城市，最适宜成为展览举办地。美国拉斯维加斯会展业的蓬勃发展即得益于其便利的交通、完备的基础设施和发达的博彩业、旅游业，近年来拉斯维加斯会展业发展迅速，涌现了CES电子展等品牌展会，成为著名的会展之都。

第三节　品牌展会运行规律

品牌化是会展业发展的方向，世界上主要会展城市和整个会展产业，实际上都由品牌会展所主导。品牌展会是城市发展会展经济坚实的基础，也是组展商赖以生存和发展的根本。一般来说，国际品牌展会呈现如下运行规律：

一、依靠权威协会的支持

在国外，在大多数市场经济国家，政府一般不直接参与展览行业的组织和管理，而是对会展业的发展提供必要的支持，如场馆建设的投入、支持企业出国参展、协助和配合会展公司开展国际推广等。行业协会发挥了重要的管理、质量维护等功能，成为政府和展览业之间沟通的桥梁。没有行业协会的支持，会展公司无法深入了解行业动态，也很难有效开展对参展商和专业观众的营销工作。会展企业若能得到权威行业协会的支持和合作，就会为其举办的展会带来信誉、巨大的宣传效果和影响力。一些会展专家认为，有行业协会背景的展会更具发展潜质。德国贸易展览业协会是由参展商、购买者和博览会组织者三方组成的联合体，对德国展览业实行统一、权威性的管理。在其统一调控下，德国所有博览会目标、市场十分明确，基本上没有重复办展的现象发生。法国的主要展览公司组织了法国国际专业促进委员会，其宗旨是推进法国展业的发展以及吸引和促进海外专业买家。虽然国外各国的展览业管理模式不尽相同，但注重发挥权威展览行业协会在规范市场、培育品牌等方面的重要作用，这是国外品牌展会成功的重要保障。

二、准确把握市场动态

品牌展会都注重了解所属行业发展的最新动态，掌握参展商和参观商的各种新的需求，并及时调整展览会题材和展品结构，从而使展会顺应市场的新变化，这是品牌展会始终保持旺盛生命力的关键所在。针对大零售商、品牌批发商的需求，美国拉斯维加斯国际服装服饰博览会 2003 年首次推出了生产及加工展区，由于定位准，其成为展会增长速度最快的展区，企业参展效果良好。德国杜塞尔多夫国际服装博览会原为专业女装展，应各大国际知名品牌及广大参展商、参观商的要求，从 2002 年 8 月开始增加了男装系列，使展会内容更加丰富，成为欧洲最大、覆盖面最广的综合性服装服饰博览会，进一步奠定了该展会在服装业界的权威地位和影响力。春季法兰克福国际消费品博览会是世界上最大的消费品博览会之一，从 2004 年开始，博览会新增了展品种类，包括花园家具和各种新潮小饰品在内的各种实用和美观的家居装饰用品，从而将展品范围拓展为 16 大类，进一步奠定了该展会在国际同类展中的权威性。立足市场，针对市场需求办展，这是国外品牌展会成功的基本前提。

三、重视提高创新能力

创新能力，并以此来吸引更多的客户，不断扩大市场份额。法兰克福国际图书博览会是世界上最大的图书博览会。走过半个多世纪的历程，面对形形色色的图书展览，博览会魅力依旧。2005 年第 55 届法兰克福国际图书展创新性增设了"文学与电影"的主题影展，现场绘制了世界上最长的连环画，同时还举办了各种专业论坛、研讨会、朗诵会、画展、摄影展、颁奖仪式等活动超过 3000 场。此届博览会吸引了来自 104 个国家和地区的 6600 余家出版商，观众达 30 多万人次，获得了良好反响。不断创新，并紧密结合新的形势和环境对展会进行有效调整，是国外品牌展会成功的关键所在。

四、依托专业会展机构办展

许多品牌展会由实力雄厚的展览公司如汉诺威展览公司、慕尼黑国际展览集团主办，法国展览市场上，主要的展览集团有励展集团、爱博展览集团、博闻集团、巴黎展览委员会等。英国的展览组织者很多也是大型的展览公司。英国也是国际上最大的会展公司励展集团每年举办的国际展览超过 500 个，每年主办的会展吸引来自全球的十五万多展商以及 900 多万家买家参会。在美国，主要的展览大都由行业协会与大型商业展览公司举办，如计算机方面的专业展 COMDEX 是由 IDG（一家有很强专业性的媒体出版公司）与 K3M 公司联合主办。紧紧依托会展公司的专业化经营，这是国外品牌展会成功的组织保证。

五、重视新闻宣传工作

强化对外宣传是塑造品牌的一个重要环节。一个品牌展会虽在本行业具有一定的知名度，但强大的宣传攻势，能进一步扩大展会的辐射面和影响力。世界上许多国家的会议或展览业之所以能取得巨大成功，并在国际上享有盛誉，在很大程度上得益于整体营销活动的高效。为树立自身品牌，德国展览组织者不断在世界各地开展宣传推介。对于参展潜力比较大的国家，都专门派代表前去做宣传，介绍相关展览，并向感兴趣者提供相关咨询。即使品牌展会的展位供不应求，他们也会继续投入力量做宣传，以强化品牌。德国大型展览会的宣传材料特别详细，内容一般包括历届展会介绍、参展费用、行业的发展动态以及住宿等。为促进法国质量最好的品牌展会的发展，法国国际专业展促进会把从属于不同展览公司的品牌展会的部分促销经费集中起来，组成一个有效的国际展会促销网络，在全球进行强势宣传推广。重视新闻宣传并不断扩大推介渠道，是国外品牌展会成功的重要因素。

第四节　国际组展商运营模式

目前，全球会展市场形成多种组展商运营模式，即以展馆与展览项目经营一体化为特色的"德国模式"，以投资与并购一体化为特色的"英国模式"，以及以综合经营为主的"美国模式"等。此外，还出现了一种以多业态协同复合经营为主的运营模式，在此不作展开论述。

一、展馆与展览项目经营一体化（德国模式）

会展德国会展盈利模式的典型是杜塞尔多夫展览有限公司。作为典型的国有化展览公司，它的股权结构由市、州两级政府主导，工商总会和协会占很小部分。它拥有自己的展览中心，负责展馆的营运。展览集团还拥有完善的国际服务网络，12 个子公司和控股公司，68 个海外代表机构，为 127 个国家提供全方位的服务。公司每年在本国举办的 40 多个专业展览会中，有 23 个属于业界第一大展会。并且，作为行业创新领袖，杜塞尔多夫展览公司还擅长品牌输出与移植，不断推动着更高的行业标准。通过集团网络，它每年在世界各地举办 120 个展览会，成为展商与观众高度信赖的展览品牌。

此外另一个典例是米兰国际博览集团。在成立合资公司之前，意大利米兰国际博览集团是展馆经营盈利模式的典范。博览集团拥有米兰新展览中心和市内展览中心两处场馆。其中，米兰会展中心是目前意大利最大的会议中心,它共有 10 个多功能厅,室内展出面积 47 万平方米,室外展场 6 万平方米,另拥有酒店客房逾 2000 间。集团财政年度营收达 3.75 亿欧元,利润达 6000 万欧元。德国汉诺威展览公司和意大利米兰展览公司正式签约成立合资公司后,米兰博览集团的主营业务就从单纯的展馆经营转向展馆与展会组织管理的双重营利模式。

二、投资与并购一体化（英国模式）

会展英国会展盈利模式的典型是励展博览集团。其母公司 ReedElsevier 是全球领先的出版商和信息提供商,也是 FTSE100 上市公司。励展不拥有展览场馆,但通过组织和承办高质量的展会项目,并在全球网络兼并与收购,英国励展集团现已成为世界领先的展览及会议主办机构。励展全球网络每年在 39 个国家主办 500 个展览及会议活动。展览项目涵盖 52 个行业,专注于航空与国防、建筑与施工、设计、电子、能源、石油与天然气、餐饮、食品与酒店、礼品、保健、信息与通信、珠宝、营销与商业服务、制药、房地产、出版、安全、体育与娱乐、运输与物流、旅游等核心行业。励展在全球各地设立了 30 多个代表机构,使世界各地的客户均可受益于励展集团的全球资源、行业网络和数据库。它的分支或代理机构对当地市场有着精辟的认知,并与当地政府、商业团体及媒体建立了密切的合作关系,能对客户的需求作出迅速响应并提出合理的解决方案。在亚洲,励展集团在 8 个国家举办 12 场高质量的电子展会,如日本电子展、中国电子展、印度电子展、韩国电子展和新加坡电子展等。

三、综合经营模式（美国模式）

与欧洲不同,美国是内需主导型会展经济体。它主要立足于本国市场。其中参展企业 90％以上都是美国企业,产品也坚持美国化。美国自身有个十分庞大的国内市场,各行业间的交流与采购就可以形成各种展览会。此外,美国展览业还有一种特殊的企业叫作总体服务合同商,它可以为参展商和专业观众提供展位搭建、展品运输、家具租赁、餐饮休闲等全方位服务,极大提升了服务效率。

以拉斯维加斯为代表的美国模式被认为是市场主导型模式，即展馆私人投资、专业公司管理、立足美国本土、融合会展、餐饮、娱乐、购物、观光、酒店等为一体的综合经营模式。由于在美国大多数会展中心本身并不盈利，这种模式的优势在于走出了以展馆为主导的德国模式的运营困境，弥补了展览淡季的运营空档期。以长期、短期展览项目和完全不同的商业业态相结合，保证展览企业的盈利能力的同时，集食、住、展、娱、游、购于一体的一站式服务，更好地满足了客户特别是高端客户多方面的需求。

本章思考题：

1. 浅谈会展经济一般发展规律。
2. 试论城市会展经济发展规律。
3. 简析国际品牌展会运行规律。

第三篇

政府与会展

第八章　会展业的宏观管理

本章导读：借鉴欧美先进国家会展业管理模式，探讨我国会展业管理体制创新。

世界各国基于国情不同，发展阶段不同，对会展业的地位和作用认识不一，政府对会展业的管理也不尽相同。一些国家和地区认识到展览所具备的强大商贸功能，主动、有为地发展展览业，促使本国本地区展览业发展处于领先地位。德国是此类管理模式的代表。而另外一些国家则对展览业采取无为而治的做法，政府不直接介入展览业发展，放手让自由市场机制调节行业兴衰。美国是这方面的典型国家。更多的国家其政府对会展业的作用介乎德国与美国之间，政府既不刻意扶持会展业发展，也不对其放任不管，新加坡为此类管理模式代表。

整体而言，展览业较为发达的国家都是自由市场国家，政府受相关法律、法规约束，对会展业的介入主要是为了维护市场秩序而进行必要管理，而不是直接干预市场，保证公平竞争避免垄断是几乎所有市场经济国家都遵守的基本原则。

第一节　会展业管理模式

世界各国政府会展业管理模式主要有三种：即政府主导型、市场主导型和政府市场结合型。这三种模式体现各国政府对会展业不同的介入方式及介入程度。其中市场主导型模式政府介入最少，最突出的特征是政府对会展业既不参与也不进行特别管理，不参与指政府不直接举办商业会展，完全将其视为市场行为交由市场主体负责；不进行特别管理指政府没有专门针对会展业的特殊法规和政策，商业会展遵循一般商业法律、法规即可。政府与市场结合型模式最突出的特征是政府对会展业不参与但进行管理，管理办法有会展项目审批、会展项目认证、竞争项目协调等形式，分别针对市场准入、项目资质、竞争秩序等方面进行管理。政府主导型模式最突出的特征是政府直接参与会展业活动，主要体现在举办商业会展项目，投资建设并运营管理展馆，以政府资源支持商业会展发展。

一是政府主导型。以德国为代表的政府主导型模式的主要特征是：设立全国统一的会展管理机构，对每年的国内外博览会、展览会进行组织和协调；展览业协会与政府展览业管理机构密切配合，管理本国的会展业；大型的会展公司及会展场馆多是由地方政府控股，展览公司既是展览中心的管理者，又是许多大型博览会的举办者和实施者；政府对会展业进行政府扶持资助政策，并建立完善的人才培养、引进、培训机制。

二是市场主导型。以美国为代表的国家对会展业的管理实行市场主导，政府仅提供间接支持的管理模式。与政府主导型模式不同，市场主导型国家不存在会展审批制度，任何商业机构和贸易组织都不需要特殊的审批程序就可以进入会展业；政府将会议、展览与节庆活动、体育赛事等大型群体性活动同等看待，会展业没有独立的行业分类，不将会展业纳入国民经济统计类别；会展市场主体众多，且具有较强的会展行业自律性，行业由市场来主导和协调，政府不直接介入会展业的管理，没有专设的管理部门，而是由行业协会负责协调和规范会展业发展；政府主要通过间接的手段，从宏观层面对会展业进行支持，如编制产业规划、开展行业统计、制定政策法规和提供配套服务等。

三是政府市场结合型以新加坡为代表的国家对会展业的管理实行政府市场相结合的模式。一方面，政府不刻意扶持会展业发展，另一方面也不对其放任不管。新加坡政府将会展业的管理纳入旅游管理部门，旅游局下设会议及展览署，以此而论新加坡政府主要将会展业视作群体性活动或人员商旅活动，没有将其纳入商业管理部门。新加坡政府会展业管理的基本特点是只认证不审批，只建馆不办展，政府对会展业的介入程度弱于德国（如不办展），但是强于美国（如对展会有专门的管理部门）。

必须指出的是，上述三种模式只是概括某一国家或地区其会展业管理最主要的特征，并不能描述其错综复杂的全部内容。例如欧洲展览业发达国家的管理模式基本属于政府主导型，但德国、法国与意大利各有差异。法国基地型展览公司远少于德国，且近年已实行"馆展分离"，运营展会与管理展馆完全分开，而德国仍坚守"馆展结合"的基地展览模式。意大利地方政府参与举办展会不及德国普遍，但却有德国所没有的展会项目审批制度，在展会项目市场准入方面设立了较高的门槛。美国会展业管理模式是典型的市场主导型，但是各州市地方政府对作为会展业基础设施的会展场馆的性质认识不一，承认其公益性的会在一定条件下投资建设展馆，如伊利诺伊州议会募集资金建设芝加哥麦考米克展馆，而将展馆视同商业设施的则鼓励私营企业投资，如金沙集团在拉斯维加斯投资建设金沙会展中心。

第二节　德国会展管理模式

德国历来是中国会展界竞相探究和学习的对象。德国会展业的发展离不开政府主导。汉诺威、法兰克福、科隆、杜塞尔多夫、慕尼黑等德国最大展览城市的展馆，均是由地方州政府与市政府共同投资建设，这些投资庞大的展览基础设施建设，促进了德国展览业的发展，尤其是促进了德国超大型展会的形成，使得德国成为全球大型展馆和大型展会最多的国家之一。德国每年约举办130多场国际展会，世界上位居领导地位的各种专业类展览中有2/3在德国举办。德国之所以能成为会展强国与其对会展业的管理模式密不可分：强大的行业协会管理和地方政府的重视与支持。

一、AUMA 负责德国会展业管理

AUMA 具有半官方性质，对内是准政府机构，对外是民间团体，在德国具有唯一性和权威性。

1934年，德国工业常设展览业委员会正式更名为"德国展览业协会"（AUMA）。协会的主要职责是增加政策透明度、对组展商实施统一管理、限制展览项目的过多过滥。

第二次世界大战后，德国展览业进入大规模的重组，展览业的竞争愈发激烈。法兰克福、汉诺威和科隆对于莱比锡的展览资源进行了激烈的争夺。

1949 年，AUMA 重新组建。在 AUMA 的努力下，20 世纪 50 年代初成立了针对大型贸易展的展商顾问委员会。展商顾问委员会的成立标志着在展览业界各展览公司和展商的合作进一步加强。

至 1956 年，各展览公司及协会也投归 AUMA 麾下。至此，AUMA 开始逐步在业界树立起其权威地位。

AUAM 的首要职能有：

首先，是代表会展业整体利益，就会展业发展事项游说欧盟、政府议会、州和联邦政府的立法和行政机构。

其次，是协调德国官方出国办展活动，牵头制订德国每年的官方出国办展计划；协调所有在德国举办的展览及德国在国外组织的展览活动。

最后，规范德国国内会展业秩序，防止重复办展和恶性竞争。在防止恶性竞争方面，由于 AUMA 成员不仅包括德国各组展机构，也包括代表参展商和观众利益的各行业协会，故而在 AUMA 的统一旗帜下，协会各成员之间的联系广泛而密切，这使得成员间的"不信任感"降至最低，有效保证了良性竞争。

二、政府重视与支持会展业发展

第二次世界大战以后德国政府高度重视展览业发展，将其视为以贸易立国、输出德国制造产品、重振战后经济的重要形式。德国各地方政府纷纷投资兴建展馆，成立国有展览公司，市场化运营，打造富有特色的品牌展会。迄今为止，德国大多数会展企业依然依靠政府持续注资以维持正常运营，政府只从会展业创造的税收中得到回报，即便是盈利企业也无须向股东上缴利润，而将大部分利润用于场馆维护和展览发展。此外，德国政府还投资改善场馆周边停车等配套设施，建立发达的公路和轨道交通网。

为吸引外国企业参展，德国展会从 2011 年 1 月 1 日起免收外国企业高达 19% 的参展增值税，以降低企业参展成本。同时，为鼓励德国企业开拓国际市场，德国政府运用财政资金支持企业参加国外展会。具体措施包括：由德国展览业协会（AUMA）确定下年度官方出国参展计划，由德国经济与劳动部招标确定一批项目执行公司，授权负责出国参展的具体承办工作。财政资金补贴不直接拨给参展企业，而是提供给授权公司统筹使用，参展企业间接受益。

总体而言，德国会展业的发展是政府看得见的手和市场看不见的手两种模式有效协调配合的产物，实现了展会和展馆的和谐发展。

在私营经济高度发达的德国，不仅仅展馆是政府所建，甚至连会展公司也是政府投资设立。但不同的是，德国鲜有重复办展和展会撞车的现象，几乎每个展览城市都拥有其差异化的全球知名展会。德国的展馆建设也并非一蹴而就，而是在相当长的历史过程中，随着展会的发展壮大相应扩充展馆规模而成。与之同步，展会亦随着展馆的扩大而获得更大增长空间。展馆与展会相得益彰，和谐共生，形成了良性循环。

会展公司和展馆的日常运作则充分按照市场规律运行。在实际运营过程中，德国政府奉行不干预政策，通过多种形式实施间接管理。中央和地方政府各司其职，致力于营造有利于会展业整体发展的大环境。从而避免了恶性或过度竞争，形成了不同会展主体各有所长、适度竞争、共同发展的良性局面。

第三节　法国会展管理模式

法国的展览行业标准和相关管理法律和法规的制定由法国政府工业部及下属的商业、手工业、服务和自由职业总局来直接主导和操作。法国工业部在制定和修改法律、法规之前，会与国民议会和参议院等立法机构以及国内展览业的主要协会、展览会和博览会主办企业、展览服务公司和展览场馆等行业的参与者进行协商和讨论。

法国政府工业部及下属的商业、手工业、服务和自由职业总局，对于展览组织者资质评定体系、展会评估体系、展览服务标准体系以及展览立项、投融资、招展、组织实施、人员培训等方面的相关标准和法律规定展开全面而系统的改革和修订，大幅放宽和简化企业在参展方面的法律规定和手续。

一、政府牵头实施多协会管理

法国会展行业协会众多。政府授权行业协会组织，与政府一起共同承担管理会展业的职责。

法国会展业的主要协会组织有：法国企业国际化发展组织（UBI-FRANCE）、巴黎工商会（CCIP）、法国展览协会（FSCF）、法国国际专业展促进会等。其中，法国企业国际化发展组织、巴黎工商会具有半官方的性质，协助政府承担一部分管理职能。

法国企业国际化发展组织（UBIFRANCE）是公共工商事业机构，隶属于法国经济工业及就业部国库与经济政策总司。该机构承担组织法国企业参与国际大型展览会和博览会、协助法国企业加强与外国企业的接触、在国外举办技术研讨会和产品介绍会等职能。

巴黎工商会既代表和维护企业利益的公共事业机构，同时也直接参与展览中心的管理。巴黎工商会对法国会展行业的立法和修改具有相当大的影响力。法国展览协会（FSCF）、法国国际专业展促进会则基本上代表业界，为会展业利益服务。

法国会展协会（FSCF）是展览业中最重要的行业机构，由法国展览协会和法国会议中心于2001年合并组成。法国会展协会由三大类企业组成：会议和展览主办机构、场馆、各种服务公司。它的主要职能是大力游说政府制定和简化各种有利于展览活动的立法和政策规定；对展览工业以及不同类型的会员企业进行调查研究；对会展协会成员的展览和会议进行宣传和促进；促进会员企业的专业化发展；组织培训和研讨会，提供法律协助等，为法国会展业的发展创造一个良好的外部环境，为会员企业提供优质的服务。

为了在展览行业中建立公平的竞争环境，法国16个专业展览会和23个大众性质的博览会于1967年共同发起了成立法国商业性展览会统计认证办公室（OJS）。该机构与1970年得到法国财政部的认可和支持，成为政府认可的展览统计数据认证机构。该机构成立的目的是为了对展览会的统计数据进行来自外部的、公正的认证，防止展会主办机构对展会的主要统计数据进行夸大。这样，不仅能够保证同类展览会之间能够进行公平的竞争，而且为广大参展企业和参观企业提供一个可靠的展会质量信息,以便其对展会进行选择。

二、政府所采取的支持措施

法国的展馆设施也由政府投资建设,同时它还要负责大型展馆设施的改建和扩建。例如法国巴黎凡尔赛南北展场的改建和扩建资金都由政府承担。

与德国不同的是,法国的展馆经营与展会业务是分离的。由国有场馆公司负责展馆的经营管理。展览公司则既不拥有展馆也不参与展馆经营,而主要从事会展项目经营。

对于国有场馆公司和展览公司明确划分各自职责,法国行业主管部门认为这能够促进会展公司之间的公平竞争,也有利于场馆专心做好自己的场馆服务工作,体现出比德国模式更细的社会分工,有利于提高会展服务专业水平。

第四节 美国会展管理模式

会展业管理模式是市场主导型模式的代表。美国政府没有设置专门政府部门管理会展业,没有或极少针对会展业制定专门的法律、法规,不用行政手段管控会展业,主要依靠行业自律。美国的会展业管理具有由市场主导的特色,这造成美国展会数量多、规模小的特点,总量上居于世界前列,以单个品牌展会而论却逊色于欧洲展览强国。

由市场主导的好处是创新驱动。这种创新使得建在沙漠之上的拉斯维加斯在美国会展业异军突起,取代芝加哥、纽约、亚特兰大等传统会展城市,成为美国最强的新会展中心城市。

没有产业也没有市场的城市也成为会展中心,这就颠覆了传统的观点。拉斯维加斯的成功说明城市环境对会展人群的吸引力,也说明创新可能产生的巨大经济效益。

一、美国会展业管理特点

20 世纪中期，美国商务部曾直接介入会展业管理甚至直接干预展览活动。鉴于这种管理模式有缺陷，美国政府于 80 年代初放弃了直接干预的管理方式。

目前美国没有专门的部门通过行政手段管理会展业，而是由会展行业协会负责协调和规范会展业发展。对会展项目也不需要审批，而是由市场来主导和协调。

尽管美国政府不直接管理会展业，但在会展业发展中也不是不作为，而是通过一些间接手段进行扶持。例如，通过实行"贸易展认证"计划和实施"国际购买商项目"等措施，对组织美国企业集体出国参展或组织美国国家馆出国参展活动进行审核、监督，实现对展会质量和展会组织水平的监控。美国各主要城市都设有会议与观光局，主要职能是编制产业规划、开展行业统计、制定政策法规和提供配套服务。

美国政府的"贸易展认证"和"国际购买商项目"就其实质而言，是对企业的扶持而非对会展业的扶持，贸易展认证是为美国企业选择成功展会出国销售产品而设，国际购买商项目是为海外买家到美国参展购买美国产品提供宣传推广支持，但这些措施客观上有利于美国的海外出展及本土的国际性展会。

与德国和法国不同的是，美国的行业协会完全是自律组织，行业协会与政府关系并不紧密。按照行业协会、政府、市场和企业之间的关系，美国展览行业协会的运行模式被称为"水平运作模式"。该模式的特点是：协会组织是由会展企业自发形成、自愿参加的。会展相关企业只要存在相同的利益，就可以建立一个行业协会，政府对此既不干预，也不予以资助。

美国会展业协会分工细致，展览行业有国际展览管理协会（IAEE）和独立组展商协会（SISO），两者的主要会员分别是举办展览会的各类协会和独立办展的展览公司。它们通过培训、职业认证等工作服务会展企业，为美国及全球会展业的发展提供人力资源保障。总之，市场化加行业自律是美国会展业管理的突出特点。

二、政府支持会展业发展

美国半数以上的展馆由各州各市的展览旅游局进行投资建设或由国有企业投资建设。

例如，芝加哥的麦考米克展览中心是由伊利诺伊州议会创立的"都市码头"展览机构来建设和运营。该展览机构的董事会由伊利诺伊州州长和芝加哥市长任命。"都市码头"通过政府金融债券融资，支付麦考米克展览中心建设和扩建费用，并通过四种税收偿还债券。

再如拉斯维加斯会展业的经营模式是将会展、酒店、旅游和娱乐业整合为一体。为支持拉斯维加斯展览中心运营，拉斯维加斯会展和观光局每年从9％的酒店客房税中提取12％补贴其运营拉斯维加斯会展中心的费用，2010年客房税占其经营收入的77％。

在更信奉市场经济力量，努力减少政府对经济干预的美国，政府不会轻易花纳税人的钱去建设他们认为并非公共设施的大型展馆，因此除了传统经济重镇芝加哥拥有社团法人投资的24万平方米的超大型展馆外，在拉斯维加斯展览业崛起前，美国各地普遍缺少大型展览场馆，仅奥兰多等极少数城市拥有约10万平方米的较大型展馆。

美国展览业比不上德国的另一原因是展览起源与欧洲不同，政府、商界对展览对经济的作用，认识也不一样。美国起初没有会展业的概念，经济统计上通常是将会议、展览、演出、体育赛事等群体性、公众性活动，一并放在"节事活动"范畴。

美国本土的展览起源于行业协会的年度会议，是为商界会议或贸易洽谈配套的产品展示活动，居于附属地位。当今美国最重要的展览城市拉斯维加斯，本身也是采取以丰富多样、极具特色的娱乐业吸引展会，以展览业带动酒店业的发展模式。

对美国会展业的管理制度及促进政策进行分析如下。

（一）美国会展业的管理主要靠行业自律

美国会展业的管理属于企业推动型的协会管理模式。以企业自愿参加为特点，具有较强的民间性，主要通过自律机制和自律规范相对独立地承担管理责任，没有专门的政府部门通过行政手段来直接管理会展业。任何商业机构和贸易组织都不需要特殊的审批程序，即可以进入会展业。会展项目基本上不需要审批。

（二）美国会展行业协会具有协调职能

会展企业出于维护自身利益和市场秩序的需要组建行业协会，尝试用行业自律的方式规范市场秩序，如美国展览管理协会（IAEM）。政府对成立行业协会既不干预，也不予资助。行业协会为企业提供技术与信息服务，协调政府、企业、消费者之间的关系，同时实力强劲的行业协会，如美国商会及美国制造商协会与联邦政府和国会都保持着密切联系。当政企发生矛盾时，行业协会会寻求国会的支持与介入，以制衡为原则，处理政府与行业协会的关系。

（三）美国政府对会展业提供间接支持

美国政府对会展业的间接支持主要体现在对出国会展项目和对国内展览会进行审核认证，这两项工作均由美国商务部具体负责。主要目的是通过对展览会的质量和组展水平进行认证和监督，以保证美国企业无论是出国参展还是参加在美国国内举办的展览会都能取得较好的参展效果。

1. 贸易展认证计划（TFC）

该计划运作方式是：如果某一商业协会组织或专业展览公司拟组织美国企业集体出国参展或组织美国国家馆出国参展，则该组织或展览公司可以向美国商务部申请"贸易展认证"证书；美国商务部对拟参加的国际贸易展览会、组织企业出国参展的组展单位、组展实施方案进行审查，然后对审查合格者授予"贸易展认证"证书；组展项目获得认证的组展单位可以在各种招展材料和组展宣传材料中使用美国商务部授予的贸易展认证徽标；美国商务部通过其在国内外分支商务机构宣传获得认证的展览会项目，鼓励和支持企业参展，并对企业参展和出口业务洽谈提供各方面的服务和支持。

2. 国际购买商项目（IBP）

该项目旨在促进国内展会产出积极成果。运作方式是：展览会举办者向美国商务部提出对某一展览会实施"国际购买商项目"的申请；美国商务部进行审查后决定是否实施"国际购买商项目"；对批准同意实施"国际购买商项目"的展览会，展览会组织者可以在招展宣传材料中使用美国商务部提供的 IBP 徽标；美国商务部把批准实施 IBP 项目的展览会正式通知其驻外使领馆商务机构，各商务机构接到通知后立即进行展览会促销宣传，从世界各地邀请高质量的采购商、批发商和贸易代表，或组织贸易代表团，赴美参加展览会洽谈；美国商务部在展览会现场设立国际商务中心，对参展商和特邀客户提供支持和服务。通过该项目，美国商务部把大批高质量的专业观众带到展览会现场，使美国参展企业不出国门就能有效接触到来自世界各地的潜在客户，企业参展效果和参展积极性大大提高，展览会越办越好，规模越来越大。

第五节　英国会展管理模式

从 20 世纪 70 年代开始，英国政府认识到会展业不仅本身极具经济价值，并且对旅游、贸易和投资、外汇增长及就业等产业有很好的拉动作用，于是英国政府将会展业作为重要产业予以扶持。

一、行业协会准则是约束会展企业的主要力量

英国政府对会展业不直接进行管理，也没有制定专门的相关法律、法规和管理规定。与美国一样，英国会展业不设市场准入，任何商业机构和贸易组织不需要经过审批便可进行展览业务，展览公司的商业注册和普通商业公司条件相同，没有额外的条件。

对于没有准入和审批所带来的重复办展问题，英国会展业遵循的原则是优胜劣汰的自然法则。由于英国的场地和人工费用很高，经营展览是具有较高商业风险的行业，经济效益不好的展览会将很快被放弃，而在选择新的展览项目时展览公司则十分谨慎，一般都要经过周密的市场调研后才做出决定。

英国会展业的行业准则通过行业自律完成。会展行业协会在行业管理上发挥了重要作用。会展业务链上的主体，如会展组织者、场馆提供者、会展服务提供商都有自己的协会。英国会展业行业协会主要有：

英国展览服务商协会，是英国展览行业最早成立的协会组织，该协会对会员资格进行严格审查。在成为会员之前，申请公司必须经过为期一年的审查，必须有良好的安全纪录。在成为会员之后，必须严格遵守协会指定的行业准则。

英国展览组织者协会，协会的会员分为两类，即直接会员和关系会员。直接会员全部是在英国注册的展览组织公司，而关系会员则是为展览提供配套服务的公司，如施工公司，家具租赁公司等。该协会现每年举办展览最佳服务评奖活动，即由展览组织单位评选出当年的最佳展览配套服务公司，奖项共分为8类，包括摊位施工、电力安装、展品运输、保安、展馆管理、家具租赁、工业服务和特殊成就奖。目前AEO的颁奖大会已成为英国展览行业一年一度最重要的活动。

展览场地协会（简称AEV），目前有会员24家，主要是室内展出面积在3000平方米以上的展览场馆。协会除向会员提供信息、协调业务活动等常规服务外，还专设机构进行展览市场的调研活动，每年均出版UKExhibition-Facts专题报告，内容涉及展览行业发展情况、展览项目数量及观众人数等内容。

上述各类协会制定规范，对会员起指导和约束作用。例如英国展览服务商协会规定，任何会员施工单位不能因为和客户发生纠纷而中途停止服务，影响客户正常展出。展览组织者协会则规定会员单位发布的展览会统计数字、展览会介绍必须真实、准确，不能夸大，误导参展公司和观众。所以，英国会展行业协会发挥了维护展会质量的重要职能，明确的行为规范有利于企业自律和用户监督。协会除为会员提供基本服务外，另一重要功能是代表会员企业利益，向政府部门、新闻媒体和有关产业部门反映会员的意见，并游说政府实行有利于展览行业发展的政策和法令。

二、政府对会展业提供政策支持

英国政府在20世纪80至90年代在场馆建设方面给予资金支持。当时英国地方政府对会展场所建设的财政补贴达到其公共补贴的37.5%，其中33%的补贴投向了私营会展场所的建设。

英国政府历来重视展览对于扩大出口的推动作用，一直通过财政手段，给予针对性的费用补贴鼓励英国企业海外参展。英国政府还对境外办展企业给予资助，展览公司如有外展计划则需在政府预算制定前一年提出申请。

第六节　新加坡会展管理模式

新加坡会展起步较晚，但发展迅速。自 80 年代初会展业兴起至 1996 年，新加坡首次进入世界会展城市前 10 名，到 2000 年新加坡已成为继巴黎、伦敦、布鲁塞尔和维也纳之后国际第 5 位会展城市。根据国际大会和会议协会（ICCA）的全球排名，新加坡连续 10 年高居亚洲会议城市之首。所以，新加坡会展业发展，会议业更先于展览业。

新加坡会展业管理模式是政府市场结合型模式。新加坡政府会展业管理的基本特点是只认证不审批，只建馆不办展，政府对会展业的介入程度弱于德国（如不办展），但是强于美国（如对展会进行官方认证）。在新加坡举办展会项目没有许可准入制度，任何人办展都无须审批登记，但是旅游局有认证制度，展览相关企业向政府报送资料申请认证，是一种品质保证，受到企业普遍重视。新加坡旅游局作为会展业主管部门，更侧重于对外宣传新加坡，宣传新加坡的旅游、会议和展览的优越环境，宣传新加坡的会展项目。而在对内管理上则是以间接手段为主，不直接干预会展事务。

一、新加坡管理模式特点

新加坡政府很早就意识到 MICE 即 Meeting（会议）、Incentives（奖励旅游）、Conventions（大型会议）和 Exhibitions（展览）在旅游发展中的重要作用。

1974 年，随着会议旅游的兴起，新加坡政府设立了新加坡旅游局展览会议署。该机构从成立之初就定位为起催化作用和媒介作用的政府管理部门。主要职能是：向世界各地介绍新加坡旅游会展方面的情况，介绍新加坡搞国际会展的优越条件，宣传在新加坡举办的各种会展项目；负责协调和配合会展公司开展工作，不插手会展公司管理等。

1979 年，新加坡会议和展览业协会（SACEOS）成立，协会成员主要来自于展览组织者、会议组织者和 MICE 的设备服务供应商三个方面。这一民间组织以促进专业化会展服务为宗旨，鼓励成员积极参与，共同规范新加坡会展业市场,确保其正常有序地发展。

新加坡对举办展会不实行申报审批制度,无论本地或国外的展览公司在新加坡举办展会都无须向政府登记。新加坡政府重视会展业数据的统计,主要通过两个方式进行:

一是有偿发包给中介公司,获取总体统计数据和部分分享统计资料。具体由政府招标,与中标公司签订协议。中标公司根据协议在会展公司、会展场所、酒店等地进行有关的抽样调查和问卷调查。根据调查所得资料结合政府提供的出入境行政记录,测算出总体统计资料及分项统计资料,再委托另一家中介公司进行第三方审计后,按月向新加坡旅游局提供报告。

二是取得新加坡旅游局认证的企业向政府有关部门报送报表。展览企业在向政府申请认证前必须上报企业相关资料。认证后政府也要求每期展会上报报表。新加坡企业普遍重视政府的认证,绝大多数会展公司,宾馆酒店都自觉向政府上报相关数据。新加坡会展业统计的核心指标是人次、人均花费、人均停留天数三大指标。此外,还按国别、参展商、买家、会议代表、媒体等项目进行分组统计。

二、政府对会展业的支持措施

与德国和法国的做法相似,新加坡注重政府直接投入,除斥巨资兴建展馆设施外,在推动会展的过程中侧重运用多种手段支持和培育会展业的发展。一是在税收、土地使用以及在招商引资等方面对会展业给予优惠的政策;二是对大型会展场馆进行投资和土地投入,减轻投资商的投资压力,并通过展馆及展馆经营来对会展业进行市场调控。

新加坡政府通过立法,要求展馆周边酒店和餐饮拿出10%的收入补贴场馆。这一做法使场馆与周边酒店、餐饮形成利益共同体,相互促进,良性循环。

对出国参展办展的企业,新加坡贸发局会给予一定资金支持。对外来办展企业,新加坡旅游局会有条件地给予一定赞助,一般是一个展览会海外宣传费用的30%。另外新加坡政府还从财政收入中拿出补助基金支持展馆运营,有的展馆每举行一次展览就可以获得2万新币的补助。

第七节　香港会展管理模式

整体上看香港会展业是政府主导型管理模式。香港政府于1966年成立了半官方的机构贸易发展局，其法定职能是促进、协助和发展香港与香港以外的贸易，但不具有会展业管理职能。香港贸发局是香港会展业的奠基者和领军者。在每年香港举办的展会中，无论展会数量还是面积，香港贸发局都占主导地位。另一方面，香港作为前英国殖民地，在政府与市场的关系上受到英美传统影响，尤其是20世纪80年代以来盛行的撒切尔主义与里根主义，对会展市场基本采取自由放任政策，香港政府对举办会展没有任何限制，也不干预私营机构的会展活动，而半官方的香港贸发局只能举办展会，本身并没有行业管理权限。香港回归后，目前特区政府仍沿用这一管理模式。不过，香港会展业发展受制于其展馆的数量和规模，供不应求，贸发局强大的展览业务对本地其他私营企业的展会产生了一定的挤出效应。

香港贸发局同时也是香港会展中心的拥有者，但它不直接参与管理，而是指定专门的管理公司来经营，即使是贸发局自身办展也要全额交纳租金。香港贸发局只是按出租的展馆面积提取很小一部分数额作为其投资回报。香港会议展览中心要求同类展览前后三个月不得冲突，一旦出现这种情况，也是由会展中心进行协调。所以，香港会展行业主要靠行业自律。

创立于1990年的香港展览会议协会在香港迅速发展的展览及会议行业中发挥着较大的影响和作用。其主要职能是：代表行业向政府部门、立法及法定机关、传媒及公共机构争取应有的权利及保障；透过精心策划的培训及教育课程，提升从业人员的专业知识和操作水平；作为行业的咨询机构，与其他相关团体组织紧密合作，从而促进和提高会展行业的声誉和地位，并推动香港成为亚洲及全球主要的国际展览及会议之都；加强会员间的沟通，协助收集和发行行业内的咨询和数据，以促进会员间的商业利益等。

第八节　会展管理模式比较及启示

对各国会展业政府管理模式进行比较，我们可以看出，会展业自身规律决定了各国会展管理模式部分趋同或类似之处。但同时也能看到，各国政府的会展管理模式亦存在较大差异。大多数国家都是将展览场馆作为公共或准公共产品，由政府投资建设，并在展馆维持运营上予以一定的政策扶持。即使美国这样有自由市场传统的国家，半数以上的展馆也是由地方政府筹资兴建的。这说明展馆作为会展业基础设施，投资大回报慢是普遍共识，不能完全按市场模式运作。新加坡政府以立法方式将展馆周边酒店业、餐饮业收入的 10%作为场馆补贴，美国拉斯维加斯会展和观光局将酒店客房税的一部分拿出来补贴会展中心，都是因为认识到会展对相关产业的拉动作用或这些产业之间的互惠关系。

同属于政府主导模式，德国与法国也存在不小差异。德国的 AUMA 在会展业的地位具唯一性和权威性，而法国工业部作为会展业主管部门，有权威性，但不具唯一性，其会展业管理模式是政府牵头的多协会管理，并不是完全集权，巴黎工商会等组织也具有强大的影响力。德国与法国相比，更具集体主义传统，公民的规则意识极强，这可能也是德国的会展管理更具集中性，而法国则较为分散的原因之一。

对会展业管理采取自由放任的美国，也并非一贯如此。第二次世界大战以后由于凯恩斯主义盛行和罗斯福新政效果的影响，世界各国都有加强政府对经济干预的倾向，这在当时是一种潮流，美国的会展业因此也受影响，改变了原来自由放任的做法，政府开始介入会展活动。20 世纪 70 年代中后期资本主义国家经济普遍出现前所未有的滞胀局面，因此 80 年代初又提倡自由竞争、国退民进，里根主义、撒切尔主义因此大行其道，美国会展业再次回归自由放任的传统。

中国对会展业的管理是典型的政府主导模式。这主要体现在举办展会的许可准入和政府直接介入办展两方面。美国、英国、新加坡、中国香港都没有办展准入制度，展览作为一种商业活动遵循一般的商业法规即可举办，无需审批。中国的展会审批制度源于计划经济时代，改革开放以来已逐步简化乃至取消，但目前在出国办展和在国内举办国家级或省市级的展会，仍需各级政府审批。这与同是政府主导型的德国与法国不同，德、法是通过行业协会牵头制订出展计划，并以协调方式解决展会争端。在政府办展方面，德国地方政府介入展会主要体现在宏观指导和政策扶持上，不会干预展会的展区设置、展位分配等微观运作，这与我国政府直接介入办展的模式不同。作为会展大国，我国应充分借鉴会展业发达国家的管理经验，并根据国情特点构建我国会展业管理模式和管理体系。

一要理顺政府与市场关系，让市场在资源配置中发挥决定性作用。十八届三中全会指出，经济体制改革是全面深化改革的重点，核心问题是处理好政府和市场的关系，使市场在资源配置中起决定性作用和更好发挥政府作用。虽然政府主办展会由于有财政资金的支持和行政资源会带来短期繁荣，但从长期看这种直接运作一定是一种资源配置效率较低的运作方式，而且偏离市场规律，不能形成良性发展。我国应该借鉴政府主导型会展业管理经验，尊重行业自身规律，明确政府与市场的边界，使政府最大限度减少对微观事务的干预，做到宏观管理不失位，微观管理不越位，把主要精力放在加强会展业发展的规划、指导和管理上，建立与国际接轨的公平、公正、公开的竞争秩序，营造规范有序的会展业发展环境。

二要明确会展业主管部门，防止政出多门。迄今为止，国务院办公厅、商务部、国家工商总局、中国贸促会等相关部门已经颁布了 20 多部会展方面的行政法规，但这些法规中存在交叉重叠的现象。规范和标准不一经常让会展经营者无所适从。会展作为商业活动，应由国家商务部进行统一管理。在我国会展较为发达地区，地方商务厅、经信委都具备会展管理职能，而在一些会展刚起步的省市，甚至没有专门管理会展业的政府机构。所以，我国亟须明确从国家到地方的会展主管部门，防止职责不明、多头管理、相互推诿的现象出现。

三要建立健全会展行业法律、法规体系。发达国家在长期的会展业发展过程中制定了一整套完整的法律、法规，保障了会展业的正常发展。自 2010 年我国取消了《展销会登记证》的行政审批后，"搭车展"、"同期展"等不正当竞争愈演愈烈,严重扰乱了市场秩序。作为国家会展主管部门,商务部应牵头组织相关部委,建立和健全会展行业法律、法规,对会展业进行有效的监控和规范,使会展业逐步走上法制的轨道,使我国的会展业有法可依,有章可循,建立起公开、公平、公正的会展环境和竞争秩序。

四要通过行业组织来加强行业自律与管理。从国际管理经验看,行业组织可以提高会展业管理水准,加强行业自律。各国在会展业的发展中都鼓励行业协会发挥作用,促进会展业健康有序地持续发展。应借鉴德国及 AUMA 的会展管理经验,由政府授权行业协会进行管理。中国会展业协会可以承担起行业主要的管理职责,发挥协会的组织作用,加强行业自律和协调;制定行业管理规范和行为准则,协调、规范和指导企业办展行为;为会员提供公平竞争平台,建立会展业统计制度,保护名牌展会;制定行业自律管理办法,为会员提供信息服务与人才培训服务;加强行业内的信息交流和与国内外同业的联系,不断提升我国会展专业化、国际化、市场化水平。

五要加大对会展业的财政扶持力度。从各国扶持会展业的出发点可以看出,各国政府希望依靠会展业拉动经济,增加税收。同时,政府也拿出财政资金帮助会展业发展,形成良性循环。国际会展业经验表明:场馆作为公共设施,应由政府投资建设。目前我国会展场馆投资主体较为复杂,但作为地方公共设施,地方政府应对场馆建设方在土地、税收等方面提供优惠措施,对场馆经营的前几年实施财政补贴,培育会展市场环境。

六要推动展览企业积极应对和参与国际竞争。展览是完全竞争性行业,在竞争环境中,中国展览企业既要虚心学习和借鉴国外展览业的先进经营管理理念和做法,同时要与跨国展览公司同台竞技,"与狼共舞"。利用拥有场馆等资源优势,在竞争中求生存求发展。

本章思考题:

1. 分析比较会展业各国政府管理模式的异同。

2. 如何看待中国会展业政策与体制环境变化?

3. 欧美先进国家会展业管理模式的借鉴意义。

第九章 中国政府主导型展会的
发展与改革

本章导读：政府展会的历史地位与主导作用无可替代。然而，作为国际经贸促进平台，政府展会正面临严峻挑战，转型升级与创新发展势在必行。

政府主导型展会主要指由政府为主举办，引导发展方向，并提供一定政府资源支持的展会活动。政府主导型展会的存在和发展已成为中国会展经济发展的一大特色，每年举办的政府主导型展会数量世界第一，其作为政府的政策工具与手段，所发挥的独特作用及形成的历史地位无可替代。在中国的各类办展主体中，各级政府部门一直扮演着重要角色。然而，在社会主义市场经济环境中，特别是在党的十八届三中全会明确指出，经济体制改革是全面深化改革的重点，核心问题是处理好政府和市场的关系，使市场在资源配置中起决定性作用和在更好发挥政府作用的前提下，客观认识政府直接介入办展存在的弊端，理顺政府和市场的关系，规范政府行为，定位政府作用，将有利于促进中国会展业在中国经济新常态下的转型升级，促进会展业协调发展，促进中国由展览大国向展览强国的转变。

第一节 政府展会类型

一、政府主导型展会主要类型

根据展会举办的性质不同，政府主导型展会可分为以实现一定商业价值，带有经济目的的经贸类展会，和以宣传、教育、文化交流等为目的的非商业类展会。

（一）经贸类政府主导型展会

经贸类政府主导型展会，其举办是为了实现一定的经济目的，参展主体是企业厂商，也是企业市场营销活动的一种形式。与一般商业展的最大区别是办展的主体是政府，这就是所谓"政府搭台、企业唱戏"的政府主导型展会。此类展览根据展出产品的种类不同，又可分为综合性经贸类展会及专业性经贸类展会。如"中国第一展"广交会是综合性经贸类展会的典型代表；武汉国际光电子展览会是专业性经贸类展会的典型代表。

（二）非商业类政府主导型展会

非商业类政府主导型展会，其举办是为了知识普及、文化教育、艺术交流、政治宣传等为目的，涵盖的范围非常广泛，一切由政府主导举办的以展示为形式或手段的活动均可纳入这个范畴。此类展览根据展览的目的不同，可细分为多种类型：一是成果展示类的政府主导型展会，如改革开放30周年成就展、新中国成立60周年成就展、十一五国家科技重大成就展等；二是工作汇报类的政府主导型展会，如863计划汇报展、重大技术装备研制成果汇报展、节能减排工作汇报展等；三是城市名片类的政府主导型展会，如上海世界博览会等；

上述这些展会均非商业类展会，没有特定的经济目的，也不是企业自发自愿参与的营销活动。这些广义概念的展览活动不属于本书论述的对象。本书以下章节论述的对象主要为经贸类政府主导型展会。

二、国家重点商贸类展会项目

"中国第一展"广交会的发展历程和示范效应是中国特色展览业发展道路的最佳例证。作为政府主办的展会，广交会强大的贸易功能在中国改革开放后引发全国各地仿效，上海、昆明、哈尔滨、乌鲁木齐等地综合性的"小交会"应运而生。这些政府重点展会平台的功能定位各不相同，但共同为实施国家商务事业发展战略发挥各自独特的作用。

针对重点国际市场的国家级大型综合性展会项目如下：

（1）中国义乌国际小商品博览会（义博会）创办于1995年，是经国务院批准的日用消费品类国际性展会，由商务部、浙江省人民政府等联合主办，已连续举办19届。义博会以"面向世界、服务全国"为办展宗旨，已成为目前国内最具规模、最具影响、最有成效的日用消费品展会，是商务部举办的三大出口商品展之一。

（2）中国—东盟博览会于 2004 年在广西南宁创办，是由中国国务院总理温家宝倡议，由中国和东盟 10 国经贸主管部门及东盟秘书处共同主办，广西壮族自治区人民政府承办的国家级、国际性经贸交流盛会，每年在广西南宁举办。博览会以"促进中国—东盟自由贸易区建设、共享合作与发展机遇"为宗旨，涵盖商品贸易、投资合作和服务贸易三大内容，是中国与东盟扩大商贸合作的新平台。

（3）中国—东北亚博览会于 2005 年在吉林长春创办，是由中华人民共和国商务部、中华人民共和国国家发展和改革委员会和吉林省人民政府主办，以"面向全世界，服务东北亚，谋求和平、和睦、合作与共识、共享、共赢"为宗旨，以"开放互信，共谋发展，开创东北亚合作新愿景"为主题，已成为东北亚区域各国开展经贸交流合作、高层对话和文化交流并面向全世界开放的重要平台。

（4）中国—亚欧博览会是乌洽会的继承和升华，2011 年将连续举办十九届的乌洽会升格为中国—亚欧博览会，是新形势下党中央、国务院着眼于进一步扩大我国沿边开放和向西开放步伐，加快将新疆建设成为我国向西开放桥头堡，确保新疆实现跨越式发展和长治久安的一项重大战略举措。由新疆自治区人民政府、新疆生产建设兵团、国家商务部等 29 家单位联合主办。

（5）中国西部国际博览会（西博会）创办于 2000 年，它服务于国家西部大开发战略并由国家发改委、商务部、工信部、住建部、环保部、贸促会共同主办。

（6）中国中部投资贸易博览会由商务部、税务总局、工商总局、广电总局、国家旅游局、中国贸促会、全国工商联、中国工业经济联合会；山西、安徽、江西、河南、湖北、湖南六省人民政府联合主办，每年举办一次，是为了落实中央政府关于促进中部崛起的重大决策而举办的区域性经贸活动，是推动中部六省扩大对外开放和加强区域及国际交流合作的重要平台。

（7）中国宁夏国际投资贸易洽谈会暨中阿经贸论坛现已更名为中国—阿拉伯国家博览会。由国家商务部、贸促会、宁夏回族自治区政府共同主办。

三、国家重点专业性展会项目

随着政府对展览业发展规律认识的提高并因应经济发展需要，政府主导下的专业展会项目也得到迅速发展,深圳、厦门、大连、上海、广州、珠海、义乌等地诞生了高新技术博览会、文化产业博览会、投资洽谈会、服装博览会、工业博览会、中小企业博览会、航空航天博览会、小商品博览会,从综合性向专业化迈出了探索的步伐。

此外还有在中心城市举办的汽车展、国际机床展、国际工程机械展、石油技术与设备展、印刷机械展、冶金铸造展、电子展、光电展、酒店用品展、家具展等。其中不少展会项目已跻身国际同行展的前列,被参展企业列入全球行业展览计划,参与全球行业展览竞争。

这些专业展会几乎涉及经济发展的各个部门和主要行业,吸引了一大批专业买家,成为该专业领域国际经贸合作的重要平台,在中国需要进一步调整进出口贸易结构和扩大高新技术产品出口的时候,作用更显突出。

在我国目前的体制环境下,能得到政府支持的展会,往往能获得良好的社会与经济综合效益。展会运营机构在政府的支持和帮助下,能整合更多的社会资源,从而能为参展客商提供更为便捷的条件,展会的品牌影响力更容易扩张。与此同时,也应该认识到事物是利弊或矛盾的辩证统一体,由于一些业内协调、配套措施没有及时跟上,政府有形之手在推动会展业发展的同时也带来一些的弊端,主要表现在一段时期展馆建设与同类展会举办过多过滥,展览题材雷同,展馆空置率高,全行业无序竞争现象严重。造成这种现象的根本原因在于没有尊重市场规律,一些地方政府没有从本地实际出发,不具备条件而主观冀盼通过会展业带动本地经济发展,结果事与愿违。十八大以来新一届中央政府着力理顺政府与市场的关系,进一步简政放权,发挥市场对资源配置的决定性作用。因此,我们需要进一步加深对政府主导型展会的认识,切实减少展会形式化内容,注重展会实效,尊重办展规律,坚持市场化运作与专业化服务,使其越办越好,实现创新发展。

第二节 政府展会特征

政府展会具有权威性与综合性,同时具有政策导向与引领示范作用。与市场化运作的商业展会相比较,政府主导型展会并不完全是一个经济活动平台，而是综合展现政府业绩、延伸政府服务职能、作为政策工具、提升城市形象等多维载体。各级政府不惜投入巨额财政资金，直接策划主办旨在宣传本地形象、扩大本地产业影响、带动本地产业发展的各种综合性展会并配套举办各类旅游文化活动。政府的直接补贴加各种支出，少则几百万元，多则上千万元。这类活动大多由政府牵头成立临时机构或组建事业单位来承办。政府展会的组展工作惯用行政摊派手段或提供免费摊位，会务组织和保障工作则实行全市总动员。本地新闻媒体都会对这类展会进行密集宣传报道。

归纳起来，政府主导型展会所具有的基本特征如下：

（1）政府主导型展会以政策目标与社会效益为主要目的。中国的展会特别是大型展会，长期以来被视为政府经贸与投资活动的主要载体和促进手段，特别是在展会培育期，政府投入大量资金，以提高本地综合实力形象和促进本地产业发展，但往往忽视了展会本身的经济效益实现。

（2）政府主导型展会享受政府会展资源扶持。这类会展资源包括政府提供展会运作资金，财政补贴，利用政府关系进行招展招商，获取国内主要媒体宣传支持，展会举办期间当地政府提供诸多保障，如：周边配套设施建设、治安、交通、食宿等。

（3）政府主导型展会多以综合性为主，正是由于政府主导型展会在特定经济目的实现的基础上，还具有政策导向，社会效益实现等附加目标，因此政府主导型展会多以综合性为主，并同时举办各类旅游文化节庆活动。

（4）政府主导型展会依靠政府"看得见的手"来弥补市场失灵。政府根据展会发展所依托的产业与市场，区位与配套条件等，根据地方经济社会发展的实际，加强展会规划，引导产业发展。

第三节　政府角色定位

在会展业没有完全市场化的条件下，也许政府比企业站得更高看得更远，也能更好地借助展会平台宣传贯彻行业政策与标准，促进地方经济发展，但同时也须看到，政府展会因其以计划手段介入会展的市场化运作，也存在着一定的弊端。政府要进一步简政放权，在新形势下找准定位。

（一）要理顺政府与市场的关系，正确履行政府职能

党的十八届三中全会指出，经济体制改革是全面深化改革的重点，核心问题是处理好政府和市场的关系，使市场在资源配置中起决定性作用和更好发挥政府作用。虽然政府主办展会由于有财政资金的支持和行政资源会带来短期繁荣，但从长期看这种直接运作一定是一种资源配置效率较低的运作方式，而且偏离市场规律，不能形成良性发展。我国应该借鉴政府主导型会展业管理经验，使政府最大限度减少对微观事务的干预，做到宏观管理不失位，微观管理不越位，把主要精力放在加强会展业发展的规划、指导和管理上，建立与国际接轨的公平、公正、公开的竞争秩序，营造规范有序的会展业发展环境。

（二）从引导战略新兴产业发展、扶持公益产业的角度介入，弥补市场失灵

市场不是永远有效。政府要在总体发展战略、规划布局、政策导向等方面综合运用经济、法律和行政手段，加强对会展市场的宏观调控和产业引导，促进会展业健康发展。

（三）正确认识会展业的发展规律，扶优扶强

根据产业周期理论，从中国会展业的发展阶段和国情出发处理政府与市场的关系。在市场的培育期，政府主导有利于行业从成长期走向成熟期。行业发展到成熟期，再进行过多干预，直接办展或直接补贴某些展会，会形成不公平竞争；根据会展基础设施投资大、回报期长及会展产业链长、具明显正外部效应的特点，扶持会展基地企业尤其是大型会展基地企业的发展；根据展览强国必然是品牌展会强国的规律，重视国家级领先的标杆企业和符合我国产业发展的品牌展会，设立专项资金补贴或采取税收减免优惠鼓励其发展，扶优扶强，发挥其引导作用。

（四）是加强会展经济统计，建立会展业统计评估体系

会展业具有内容复杂、涉及面广、带动行业多等特点，因而统计调查难度大于其他产业的统计。为全面准确反映城市会展经济的发展情况及对国民经济的拉动作用，应抓紧建立会展业统计指标体系，为政府制定规划与发展

政策提供依据。在此基础上对展会进行评估，评定等级，提高质量，使得会展业健康有序发展。

（五）是完善行业法规，建立有效的协调机制

借鉴发达国家和城市先进的行业管理经验，制定和完善会展行业法规，建立有效的协调机制。为此，要进一步完善展览行规，加强行业自律与信息交流，协助管理机构加强对展览市场的监管，通过法律和行业规范来约束会展企业的行为。此外，还要积极培育会展市场主体，加大会展专业人才培养力度，使会展业保持持续稳定发展。

毋庸讳言，政府主导型展会具有行政力量强势干预市场的特质，一直处于"有悖于社会主义市场经济发展要求"的争议之中，而且越来越成为业内关注热点。需要指出的是，政府办展并非纯粹的中国特色。对涉及国家安全或战略性重大产业的展览题材，通常只适宜由政府组织举办。即使在更奉行自由市场原则的英美等国家和地区，例如香港，其所有重要的贸易展会几乎完全由半官方的香港贸发局主办。政府办展最典型的是德国，几乎所有展会都有地方政府背景。展览业市场化运作是方向，但如果政府角色定位清晰，责任明确，将继续发挥积极的促进作用。

第四节　政府展会走向

政府展会的功能及作用，一是作为政府政策工具和政府产业政策导向的风向标，二是政府进行形象宣传的载体，三是作为产业发展的引擎和经贸活动促进平台，四是对城市发展产生综合经济效益。

政府办展存在的主要问题，一是场面热闹但与市场供求关系脱节，二是计划性差且办展效率低下，三是会展项目缺乏延续性。此外，政府办展还面临如何防范与应对风险，如何加快市场化、法制化、产业化、国际化、专业化与信息化等一系列挑战。

随着政府行为日趋规范和对政府财政支出约束的提高，政府对会展活动的支持将会越来越少，中国展览业的发展要素和资源配置将更加市场化，政府退出展览市场的步伐也不断加快。

与欧美先进国家相比，中国的会展业仍处于成长阶段，政府主导型展会要进一步做大做强，承担起全面提高中国会展产业国际竞争力的历史性使命，成为带动我国会展经济发展的重要增长级。

一、政府主导型展会运行态势

政府主导型展会的未来发展，主要呈现以下运行态势。

（一）政府办展从无所不包到产业政策导向

受宏观政策和经济环境影响，政府主导型展会所倚重的政策环境发生了剧烈变化，政府展会得到进一步清理和规范，一部分一些依靠财政资金支持的展会活动出现瘦身和简化现象，甚至被取消。一部分符合产业政策导向的，专业性强，国际化水平高，具有品牌影响力的会展活动仍然健康稳定持续发展。

（二）从综合走向专业

政府主导型展会项目要做大做强，最根本的还是要靠自身的吸引力。一个真正有吸引力的展会项目，必定是那种贴近市场，抓住市场脉搏，站在行业的前端，先于市场发现行业内问题与趋势的展会。政府主导型展会提升专业化办展水平，重在以下几个方面：一是摒弃大而全的大综合办展理念，清理掉一些与展会主题无关的内容；二是设定门槛限制一些非专业展商进场，防止展会专业品质下降；三是加大展会知识产权保护力度。使得参展企业愿意拿出一流的产品和概念性的设计前来参展。

（三）从行政办展走向市场化操作

政府主导型展会去行政化有两种实现形式，一是政府主导型展会完全商业化，二是政府主导，企业市场化运作。第二种形式展会的去行政化，其关键在于明确划分主办者、承办者权限，政府可挂名主办展会，主导展会主题，而展会运作则应市场化，由企业操作。整体上看，政府宜根据宏观调控要求和相关产业政策，引导会展业发展方向并扶持相关展会，具体到展览题材调整、参展商组织、展区设置、展位分配这些微观事务，应交由企业根据市场需求运作。

（四）从无限扶持到有限扶持

对由财政补贴的政府主导型展会，制定具体扶持标准，明确补贴额度和期限，实现扶持政策公开透明、有章可循及扶持力度合理而适度。例如对政策性、公益性的国家级或区域性相关展会，设定不同期限的补贴年限，不宜长期由财政兜底办展办会。对超过期限无法实现自收自支的展会，果断清理精简，或停止举办，或转型为商业性展会。

综上所述，在现阶段政府主导型展会的地位与作用无可替代。但从长远考虑，我国会展业应走适合中国国情的政府和市场结合型模式，由政府强力推动，企业市场化运作，以会展领军企业为主导，以国家级行业组织为依托，将中国政府主导型展会变成"中国制造"最有力的生产性贸易服务平台。

二、政府展会需要破解的难题

政府主导型展会的可持续发展，仍需要破解以下难题：

一是政府主导型展会项目的总体布局。目前由政府主办的展会项目数量过多，题材与内容交叉重复，需进行宏观调控与合理布局。为此，应当进一步明确全国会展产业的主管部门，制定行之有效的全国会展业总体战略和发展规划，发挥国家对会展经济的指导与规范作用。

二是政府主导型展会的功能定位。政府主导型展会在全国会展经济中仍处于举足轻重的地位。在会展经济领域内，"国退民进"是一个需要破解的课题。作为办展主体，政府应逐步淡出。政府主导型展会在会展经济发展中的功能定位问题，尚未得到很好解决。

三是政府主导型展会的国际比较研究。像在德国、新加坡、香港特区这样完全市场经济环境下，也存在一些政府部门掌控的展会项目。德国的展会项目大多都掌控在各级政府控股的展览公司手中。而香港贸发局几乎主导了全部在港的大型出口型展会项目。

四是政府主导型展会的改革路径选择。市场化、专业化、国际化与信息化是中国政府主导型展会项目改革创新的目标，但在具体路径选择上仍有许多实际问题需要研究解决。而且每个政府主导型展会项目的经营状况与所处的环境不同，应作具体分析，因地制宜做出妥善安排。

五是各级地方政府主导型展会项目取舍。由于受到办展资源与财政条件等限制，地方政府主导型展会与国家级政府主导型展会项目相比，矛盾与困难会显得更多一些，会展项目的可持续发展问题会更加突出。这就需要相关主管部门，根据形势发展要求与地方实际情况，对地方政府主导型展会项目，以市场为导向进行取舍。

三、政府办展与市场化运作相结合

需要引起注意的是，德国与中国的政府主导型展会的成功让人觉得似乎政府之手可以代替市场之手，因此就对政府展会的市场化方向提出质疑。实际上这是没有把握展会成功的真正原因，没有将展会成功的原因与市场规律联系起来，而是简单将其与政府主办挂钩。

就西方国家而言，无论展会是民办的还是官办的，最根本的一条是所有展会都是市场经济制度下的商业活动。政府可以发起或支持展会，但是这是在自由市场法律框架下的有限行为，政府不能代替市场主体，自己运作展会和承担展会运作的盈亏。比如说各国政府都会以财政补贴中小企业参加展会甚至海外参展以促进销售，但是不会代替企业决定参加哪个展会，也不会对企业的盈亏负责。政府对展会的扶持其目的是促进经济发展和增加就业。德国个别中小型城市的政府直接运作展会项目，实质上是考虑到项目的特殊性和公益性。例如太阳能与风能等新能源是战略产业，民营展览机构从盈利考虑未必会积极举办此类展会项目，而政府此时可以行政之手代替市场之手。

总体而言，即使在德国，展会的具体运作也是按市场化模式进行，绝大多数展会是商业项目而非公共项目，政府的支持对展会的发展固然重要，但展会成功的内因是适应市场需要，得到展商与观众的认可。

中国的政府主导型展会如广交会之所以能取得成功，正是因为顺应了市场需求的不断变化。其他如高交会也逐步认识到市场规律的存在，并正向市场化方向探索出路。高交会创办于1999年，在举办了8届后财政补贴已由最初的一个亿减少至一千万。承办单位在展会策划及营销方面按市场模式操作，海外招展广泛委托中介机构，并在英国、德国、美国、俄罗斯、印度等多个国家设立代理机构，在国内也设立了约10个代理处，构建市场营销网络。尽管如此，高交会仍然不是一个赢利项目，政府办展所造成的困惑依然存在。

第五节　政府展会运作

在政府展会核心业务中，应特别注重展会危机管理，展会新闻宣传，以及展会知识产权保护的运作。

一、制订展会危机管理计划

关于危机的定义是：一个会引起负面影响的具有不确定性的大事件，这种事件及其后果可能对组织以及员工、产品、服务、资产和声誉造成巨大的损害。危机管理是会展经济内在的规律性要求之一。政府主导型展会承担着更大的社会责任，因此更要特别注重危机管理。

显然，任何的会展都有潜在的风险。首先是场地风险，它指的是那些直接与设施或展品类型有关的风险。而展览风险指的是展会管理方与参展商就展会的规章制度理解不同产生的纠纷。在人员进出馆、货物处理、设备设施、展位搭建、食品供应、物品保管等环节都存在安全隐患。

在展会项目策划之初，就应该着手制订一份详尽的危机管理计划。危机管理的诸多方面都可以列入这份计划当中。制订危机管理计划应考虑场馆及设备设施发生故障，人身安全计划，健康与卫生，自然与人为灾害，购买商业保险等方面。制订一项完备的展会项目危机管理计划有四个基本要素：

一是了解与会展有关的风险与问题。对一个展会项目来说，没有任何设施设备与软件服务是无懈可击的。

二是让会展管理团队了解危机管理的各个方面，以便制订一个具有可操作性的有效的危机管理计划。

三是预测所有可能发生的情况，确定制订会展危机管理计划的各方面都理解并同意所有细节。

四是确定危机处理预案在何种条件下付诸实施。在计划实施后要对危机管理计划进行评估，这样可以进一步反思和完善计划。

在制订危机管理计划时，通过四个基本原则，即预防，控制，调查与汇报，把以上四个要素有机结合起来。预防是建立在"事先计划从而避免发生"

理论上的一个概念。换言之，就是通过在计划和准备一个会展项目的过程中，尽可能地减少风险的出现。控制通常指的是执行和实施一系列原则和方针，以减少某种情况的发生和发展。调查指的是注意一些最微小的细节。也就是说魔鬼出在细节。一旦异常情况发生，就可以把不良影响减低到最小程度。汇报则与文书工作有关，指的是当危机出现时，如何以书面报告形式来陈述具体发生的事情。

如果在制订会展危机管理方案时能注意到这些要素和原则，就可以做到防患于未然，也许根本无须实施这个危机管理方案。[1]

二、大型国际化展会应急预案

凡事预则立，不预则废。大型展会在业务、技术与管理方面，都要建立相应的应急处理预案，以防不测。一套全面而细致的大型国际化展会的应急预案应包括但不限于以下方面。

（一）展馆设备设施应急预案

目的是通过对展馆设备设施突发与紧急事件进行管理，使大会的展馆设备设施能在突发与紧急状况下得到正确的处理，避免相关损失。应急预案的编制应符合有关法律、法规、行业及企业的有关规定要求，并从实际和切实可操作性方面考虑，编制完成后需经各操作部门确认，经审批后形成正式文件颁布实施。

正式颁布实施的《应急预案》应执行定期演练制度，按各类《应急预案》规定的演练频率进行演练，演练时应按程序执行，确保各相关人员熟知并掌握预案的操作流程和方法。根据演练及事件处理的总结情况，有针对性地改进完善《应急预案》。此外，还要注意根据故障类型来制定相应的应急预案。设备设施故障可按影响级别分为三类。

（二）应对灾害性天气应急预案

为防御和减轻突发气象灾害，加强对灾害性天气期间设备设施的管理、巡查、防护，拟制定预防灾害性天气的应急预案。根据气象台天气预警信号，

---

① 过聚荣著. 会展导论. 上海交通大学出版社，2006：229～230.

分别制定相关具体的应急处置措施。

（三）展览期间电梯困人应急处置预案

消防监控中心接到电梯应急电话或巡查发现电梯故障应立即报告当值主管和部门主管，立即解救所困人员并做好安抚工作。

（四）管理与业务系统数据库应急预案

确保展会的各类管理与业务数据库平稳正常运行。如参展备案系统、成交统计系统、海关数据系统、来宾报到系统、展材管理系统等。对大会所有的数据库系统，均要使用网络软件进行数据备份。各主要服务器均配备有备用服务器，以作应急之用。当任意一台数据库服务器崩溃时，并不影响现场的业务系统正常运行。

（五）突发安全事件应急预案

本项预案适用于展馆范围内发生的火灾、爆炸、群死群伤等各类突发事件的应急处置工作，以确保展馆内所有人员安全。具体方案包括：突发火灾应急处置预案，突发爆炸事件应急处置预案，突发群死群伤事件应急处置预案，突发政治性反动宣传事件应急处置预案等。本项预案中的突发群死群伤情况特指在暴雨、台风等恶劣天气条件下，展馆内滞留了大量人群，过度拥挤；由于个别展览吸引了大量观众，馆内人流量过大，过度拥挤；展览工程坍塌；各种自然灾害等。

（六）突发卫生事件应急预案

本案适用于展馆范围内发生的食物中毒、传染病等各类卫生事件的应急处置工作。确保发生食物中毒事故或突发传染病时能迅速查明原因，及时采取正确的处置措施，有效控制事态的发展，降低事故损失，保障参会人员与大会工作人员的身体健康和生命安全。

综上所述，应急预案的建立可有效应对各类突发事件，保证大会正常运行。而在平时工作中，应根据《中华人民共和国消防法》和公安部《关于举办大型社会活动治安管理办法》的有关规定，建立健全相关工作规程与方法。在日常展览中，如发生偷盗事件，客商报失财物，客商受伤或生病，发生吵架斗殴，对各类口头与电话投诉等，都应建立相应的处理规程与方法，以维护良好的大会秩序，确保大会安全与平稳运行。

三、政府展会新闻宣传工作

一个展会要成功举办，并发展成为品牌展会，媒体宣传报道充分与否至关重要。展会品牌的形成需要媒体的大量的正面报道。媒体的权威性和可信度有助于提升展会的知名度和美誉度。反过来，品牌展会也会在一定程度上吸引众多媒体的关注。各类展会为了争取展商与客商资源，纷纷斥巨资在国内外主流媒体的黄金时段和显要版面造势，扩大展会影响。此外，各类展会在专业化、差异化和展会服务上大做文章，在一定程度上分流了政府主导型展会的展商与客商资源。如何为政府主导型展会营造良好的舆论环境，重塑形象以增强其吸引力，已经成为一项至关重要的任务。

政府主导型展会的新闻宣传工作遇到的问题主要有：冷热不均，展会期间宣传密度高、渠道多、范围广，但会前与会后显得冷清，在主流媒体上鲜有展会的声音。而且大会的新闻与广告、国内宣传与境外宣传、展会宣传与展馆宣传、传统媒体宣传与现代网络宣传，往往都处于一种分散、多头、粗放形态，难以形成集中统一高效的现代企业制度下的新闻宣传机制。

成功的展会一靠特色赢得关注，二靠品质留住客户，三靠营销拉来客户。在激烈的展览竞争中，一个展会能否保持旺盛的生命力，从根本上取决于展会的实际效果，但成功的包装策划、宣传推广同样重要。品牌展会应加大宣传力度，创新宣传模式，最大限度地发挥宣传工作的效能，强化宣传工作的形象策划、品牌包装和营销功能，进而塑造新形象，不断提升知名度和美誉度，保持展会长久吸引力和生命力。

一是要建立科学有效的新闻媒体运作机制。设立大会新闻中心，保证宣传报道、媒体联络工作顺利运行。接待中外新闻媒体、协助记者到会采访，举办新闻发布会，及时向社会各界公告大会信息，回应记者关注的热点问题，组织安排媒体采访大会主办方、协办方及各职能办公室有关负责人，及时跟踪舆情动向，编印《舆情快报》，收录境内外媒体报道，建立大会宣传品发放管理制度，有序发放宣传品。

二是要强化政府主导型展会的出版资讯功能。编撰出版《展会通讯》，使其发挥"管理工具、服务指南"的功能。大会核心刊物《会刊》和《参展商名录》的编辑出版，提升为参展商和采购商提供资讯服务的品质。此外，《会刊》和《参展商名录》电子版在展会官网上线。传统媒体与现代媒体的融合是信息化时代大势所趋。

三是要使展会宣传及品牌建设步入规范化轨道。在网络媒体、平面媒体、机场媒体投放大会广告；组织制作展会招商宣传片等，用于招商、赠送和媒体投放；发行纪念邮票，设计制作纪念邮品，有效扩大展会在国内外的影响力。

此外，政府主导型展会还要注重构建和谐媒体关系，为展会的可持续发展提供舆论支持。具体工作包括以下方面：

（1）建立定期媒体联络机制，与媒体形成多层次、多渠道的良性互动关系。通过联谊会、座谈会、见面会等形式，与中央和地方以及境外主流商业媒体进行联络活动，将广交会重大信息和日常信息通报给媒体。及时听取媒体意见，结合报道需求捕捉新闻主题，挖掘新闻亮点，为媒体提供鲜活的报道素材。

（2）建立大会首席记者制度。从参与大会报道的媒体中遴选出 30 名记者，建立广交会首席记者库。首席记者除参与广交会期间的报道外，还利用国庆纪念日、领导人诞辰、大型公益活动等契机撰写广交会文章。首席记者覆盖中央、地方和境外三个层次。

（3）建立负面信息与错误信息补救机制。政府主导型展会在新闻报道方面稍有不慎，就有可能造成难以挽回的负面影响。应建立广交会负面信息与错误信息补救机制。一方面与各级新闻主管部门、重要报社主编建立良好关系，从事前减少负面信息与错误信息出现的可能性；另一方面，提高事后反应能力，一旦负面信息和错误信息出现，在第一时间采取补救措施，最大限度降低其负面影响。

（4）设立大会新闻发言人。大会新闻发言人制度在统一对外口径、传递大会重要信息、维护大会形象方面发挥了不可替代的作用。为进一步发挥新闻发言人制度的功能，应做好舆情分析和信息咨询服务，定期编辑《大会新闻参考资料》供新闻发言人参阅。同时，加强与外部相关部门的联系沟通，保证向外提供信息的及时性、全面性、准确性和权威性。

（5）建立覆盖会前、会中与会后的一体化宣传机制。按照重点突出，兼顾全面的原则，构建平面媒体、网络媒体、电视广播、机场车站媒体四位一体的宣传模式。全方位、多层次、大视角宣传推介展会。

（6）发挥形象广告所具有的特殊作用。形象广告具有"润物细无声"的独特作用，在塑造展会形象、提高展会美誉度方面效果明显。形象广告可采取图文、视频等形式，在内容上要能够体现广交会的作用、特色和气质。作为政府主导型展会，可委托专业机构对展会品牌进行策划包装，与商家合作，通过特许、冠名、赞助等多种形式扩大展会知名度，提升展会品牌价值。

（7）研究制定企业形象战略（CI）。企业形象战略（CI）是企业长远发展不可或缺的助推器，它包括企业理念识别（MI）、企业行为识别（BI）和企业视觉识别（VI）三个构成要素。从展览界的现状来看，国际著名组展商都已建立了自己的标志和 VI 系统。一个展会的整体 VI 战略，需要对展会项目的标准字、标准色、象征图案、企业造型（吉祥物）、指定印刷字体、事务用品、建筑空间规划设计、包装用品、交通工具、旗帜、服装制式、纪念赠品、表格单证、广告宣传、宣传媒介等系统及项目进行规范，从而塑造会展项目与会展企业在业界的全新形象。

（8）建立舆情危机应急处置机制。在会展各个环节中都有可能潜伏着危机。媒介化时代的舆情危机应对，是对企业品牌形象和声誉的管理。会展企业与媒介是合作者，要满足媒介的知情权，促进相互理解与信任。同时，企业应让自身成为核心信息源，掌握舆论主动权。再小的事件经媒介放大处理后，都有可能演变为会展企业的危机事件。

四、展会知识产权保护

现代会展中常见的知识产权问题包括：侵犯专利权，侵犯注册商标权，侵犯他人版权的行为，侵犯商号权与知名商品的行为，假冒他人商标与专利的行为等。参展中可能会涉及的知识产权纠纷，大多在专利与商标两方面。而根据我国现行的法律、法规规章，行政机关很难依职权直接有效地处理会展期间出现的各种知识产权纠纷，其中一个重要原因就是会展持续时间通常只有几天的时间，一般的行政处理和行政查处程序无法适应。但如果不能妥善处理展会期间产生的各种知识产权纠纷，将会严重影响会展业的健康可持续发展。

现以广交会为例，说明政府展会如何加大展会知识产权保护工作力度，从而增强展会的吸引力。

一是投诉有门且受理有道。大会规定，专利权人、专利实施许可合同的被许可人以及专利权的合法继承人或其代理人，凡持有当届广交会的有效证件，如发现参展摊位中有涉嫌侵犯专利权的现象，均可以向大会投诉站专利组进行投诉。投诉站经过审核投诉人提交的相关文件（专利证书及权属文件等），符合受理条件的，即立案进行处理，投诉站派出办案人员到被投诉展位进行现场检查取证。被投诉方须提交合法有效的证据及证明文件，做出不侵权举证，否则如果投诉站工作人员经过取证后认定为涉嫌侵权的，被投诉方须从展位撤出涉嫌侵权展品，并签署《承诺书》，承诺在本届广交会期间不再展出和经营涉嫌侵权展品。

二是形成展会知识产权保护机制。对于广交会这样影响力较大的国际会展，做好知识产权保护工作，不但规范了会展期间的交易秩序，树立了良好的国际形象，还有力引导了参展企业尊重自主创新、保护知识产权的意识形成，促进了我国产业和企业转型升级。因此，加强知识产权保护，不仅是广交会自身发展的需要，更是广交会应该承担引领自主创新的责任和义务。从1992年第71届广交会开展商标检查，规范商标管理算起，经过20年的探索，广交会已经建立起具有自身特色的知识产权保护机制。广交会制定了《涉嫌侵犯知识产权的投诉及处理办法》及《涉嫌侵犯知识产权的投诉及处理办法实施细则》，并从第102届开始，将参展企业承诺遵守知识产权保护和措施列入《广交会展位使用责任书》，以契约形式明确参展商维权责任和义务。

三是配置专职人员队伍。广交会业务办设立大会知识产权投诉接待站，负责处理知识产权纠纷。投诉站内设统筹、专利、商标和版权等专职小组，根据职能承担各自工作。每一届会展都有上百人为知识产权保护服务，这在世界会展中也十分罕见。在交易团层面，不仅建立了保护知识产权的机构，配置了专职人员，还聘请了专职律师随团参展，为交易团所属企业提供免费的知识产权法律咨询、纠纷协调和维权工作，得到了企业普遍欢迎。很多参展企业从对知识产权保护的不了解甚至反感，逐步变得自律，主动加入到自主创新和知识产权保护的行列中来。

广交会的知识产权保护同时也赢得了众多国外知识产权权利人的赞许。近年来，每届都有不少权利人代表，包括美国驻华大使、英国商务领事、美国宝洁公司、法国赛博集团、日本三丽鸥公司和日本贸易振兴机构等海外机构的代表到广交会给相关单位赠送锦旗或纪念品表示感谢。2006 年，国家四部委联合出台《会展知识产权保护办法》，其中很多做法均源于广交会的实践经验。2009 年，广交会被国家版权局认定为全国会展版权保护示范基地。

经过十几年的探索和创新，广交会已经建立起一套行之有效的展会知识产权保护制度和体系，广交会展会知识产权保护的模式和经验值得大力推广。保护知识产权是提高自主创新能力的重要保障，是我国经济社会发展的客观需要，加强展会知识产权保护，既有利于保护权利人的合法权益，鼓励创新，也有利于维护会展秩序，促进交易，推动国际经贸合作的健康发展。

非典时期的广交会

广交会自 1957 年创办至今，历经风雨而从未间断。第 93 届广交会 2003 年 4 月 15 日至 30 日举行，这届广交会是在非典型性肺炎带来巨大挑战的情况下举办的，这是当时国内唯一一个经特许如期举办的大型国际经贸活动。

党中央、国务院高度重视和关心抗击非典工作，要求切实做好卫生防疫，确保与会中外来宾的身体健康。在非典肆虐的时候，时任中共中央总书记、国家主席胡锦涛于 4 月 13 日到疫情最严重的广东省考察，给参加广交会全体工作人员以巨大的鼓舞。

这是商务部组建后的首届广交会，商务部党组多次召开专门会议，研究疫情对广交会可能造成的影响及对策；卫生部派出时任副部长马晓伟及专家常驻广交会指导抗击非典工作/大会建立了三级卫生防疫组织体系。一是成立了由卫生部、商务部和广东省、广州市领导参加的第 93 届广交会"预防非典型性肺炎工作协调小组";二是由广州市政府会同卫生部、广东省卫生厅和中国对外贸易中心,组成广交会卫生保障办公室;三是各交易团设立卫生防疫工作小组,各交易团、各商会、各展馆还指定专人负责卫生防疫工作。各级防疫组织明确了责任,建立了相应的应急预案。为做好卫生防疫工作,本届广交会投入的人力、物力和财力超过以往任何一届。

这一届广交会在应对挑战的同时,积极开辟多种贸易方式,努力扩大出口成交。一是设立"跨国采购区"。美国家得宝、法国欧尚、美国中央采购和美国 QVC 等 4 家大型跨国采购商首次进驻广交会"定点采购"。二是积极引导境外企业开展网上交易。"广交会网站"增设了网上洽谈平台。当届,广交会三大网站接受全球点击共计 5900 万次,网上达成意向 3 亿多美元。

本章思考题:

1. 简述政府展会基本类型与主要特征。

2. 政府展会转型升级面临哪些新课题?

3. 政府主导型展会包含哪些核心业务?

4. 政府主导型展会如何实行危机管理?

5. 试论政府展会知识产权保护的意义。

第四篇

展览会运营管理

第十章　展览策划与营销

本章导读：展览策划要素，主题与事件策划，展会项目营销，以及中外招展招商方式比较等。

第一节　展览项目策划

会展业根据业务流程和专业化分工，分别在会展产业链的上、中、下游形成了会展策划、展馆经营和会展服务三个会展业细分市场。

展览项目策划一般由上游企业进行。上游企业一般是会展项目的拥有者，由它来进行会展项目的研发，策划并组织实施。其关注内容从展会创意、整体策划、行业调查、市场分析、项目可行性研究，到会展活动范围、参与者的界定、合作单位的选择、会展活动框架和名称、题目的选定、立项，一直到注册服务商标和拥有会展项目的所有权。

展览策划就是会展企业根据收集和掌握的信息，对会展项目的立项、方案实施、品牌树立和推广、会展相关活动的开展、会展营销及会展管理进行总体部署和具有前瞻性规划的活动。它对会展活动的全过程进行全方位的设计并找出最佳解决方案，以实现企业开展会展活动的目标。会展策划涉及信息、管理、经济、旅游、建筑设计、贸易、艺术等众多学科领域的知识，具有很强的综合性。

具体而言，展览策划主要是指展览的策划与开发、会展的组织与实施、会展的宣传推广等业务环节。对会展业来说，上游、中游与下游企业之间的资源与活动存在极强的互补性。上游的会展策划、宣传推广和组织实施依赖于中游和下游的场馆规模、服务水平与管理能力。

一、展会项目策划方法

为了提高策划项目的有效性、针对性与科学性，就要首先了解现代展会系统的有机构造。现代展览是由若干相互联系的要素有机构成的一个系统，这个系统由以下五个基本要素构成：

一是展览会的主体即展览会的主办者，二是展览会的客体即指展会服务对象即参展商与专业观众，三是展览会的中介即展示场所或平台，四是展览服务机构如翻译、餐饮、物流等，五是展览会传播的信息等。

成功的会展策划源于对社会资源的有效整合。会展策划是对相关社会资源进行整合的过程，它是一个系统工程。因此，采用系统的理念与方法去认识资源，整合资源，优化资源便成为一项成功的会展策划的重要因素。

展览策划基本方法是：①成立项目策划工作小组。项目小组应做到"三结合"，由精通展会实务的行政管理、工程技术与相关业务骨干人员组成。②进行市场调查与分析。会展市场调查与分析是会展策划的基础。调研的内容主要包括产业环境、目标市场、政策法规、同类会展、自身资源等五个方面。

二、展览策划流程设计

（1）进行有针对性的市场调研。收集有关本项目的各种资料，包括文字、图片以及录像等活动资料。对收集的资料分类编排，结集归档。

（2）制订详细完整的会展策划方案及确定会展的目标市场、会展的规模、展品的选择，评估观众数量的多少和展览面积的大小以及参展的费用预算。

（3）让全体项目实施工作人员理解策划方案精神，熟悉策划方案要求，掌握实施方案的工作方法、步骤和技巧。

（4）宣传材料的设计制作。利用会展的会刊、展前快讯、媒体报道等手段来进行前期宣传，扩大会展项目的影响力，吸引更多的目标客户。

（5）提供相关的会展服务。根据参展商与客商的具体情况以及人数多少安排相应的参观访问以及衣食住行等活动。

（6）做好展会项目善后公关工作并对展会活动进行总结评估。

三、制订行动及预算方案

制订一个统筹兼顾的行动方案是会展项目顺利开展的重要前提，会展策划方案需要具体化，要有可供操作的具体措施。

需加以明确的内容有：会展项目的目标、会展项目实施环境、会展项目营销方略、会展相关活动安排、会展策划方案效果评估、会展策划方案实施条件。制定行动日程表也是必不可缺少的一环。会展项目的行动日程必须精心设计，策划方案的制作、方案的实施不得延误，每个步骤的开始和结束都应有时间的严格规定和限制，否则就会严重影响会展的成功举办。

会展项目收入来源主要包括：会务费或展位费收入，门票收入，企业赞助收入，广告位租赁收入等。而会展项目预算方案中费用部分一般包括以下几个方面：场地费用，行政管理费用包括公司行政管理人员的工资和行政办公费用等，宣传推广费用，招展、招商费用，相关活动经费等。

四、撰写项目策划方案

撰写会展项目策划方案就是将策划的最终成果整理成书面材料，即策划书，也称"企划案"，其主体内容包括现状或背景介绍、分析、目标、战略、战术或行动方案、效益预测、控制和应急措施等。各部分内容可因具体要求不同而详细程度不一。

第二节　展览策划要素

现代展览的组织策划包括展前、展中、展后的管理与服务。具体包括：展览主题与事件策划，展览会产品设计与服务，展会配套服务商的选择与管理，展会的宣传和推广，展览会效果评估与总结等。

一个优秀的展会项目策划方案应包含如下核心要素。

一、符合国家相关产业政策

策展人要充分理解和运用国家对展会项目涉及的产业发展指导意见和态

度，然后通过"引用"、"转述"、"理解"等方式，让展会策划方案合符国家政策与法规。

相关政策与法规资料来源主要有：国家和地方五年发展规划纲要，国家和地方有关展会涉及的产业发展政策，国家和地方领导在重要专项会议上做出的工作部署和重要讲话精神，国家和地方"两会"等重要会议、专项会议上政府工作报告和领导讲话，国家和地方主要领导的有关指示和批示等。

倘若会展项目不是依法依规，那它就绝对不会有生存空间。把握好这个原则，对办展单位争取政府方面的资金支持、政策支持与环境支持等非常重要。如果你所策划的项目缺乏一定的政策水平或者说涉及某些敏感问题，该会展项目就很可能被否定。比如说，宗教问题是一个敏感话题，考虑这类项目时就需要策展人认真学习并且遵守国家的有关政策法规。

二、以专业化和品牌化为取向

社会生产力的发展导致社会分工的细化，社会分工的细化又导致会展活动的专业化发展。策划会展活动要从专业化角度出发，通过专业化把相关的产品资源、人力资源、企业资源等加以整合并打造品牌。比如青岛啤酒节，就巧妙地抓住"啤酒"这个专题，把与其有关的上游、中游、下游的经销商与零售商聚集在一起，成功实现了品牌化。

注重专业化招展招商。在展览市场上，参展商最为关注的问题是，该展览项目能带来多少优质的海外买家与专业观众。因此，策展人要针对这个问题，提供全面有效的解决方案。而买家与专业观众所关注的市场问题，最核心的是能有多少专业厂家与会参展，展出的是哪类展品，有没有能满足他们需要的产品，怎么能采购到适销对路，价廉物美的产品。

三、注重创新与可持续发展

目前我国每年举办规模以上的展会数以千计，题材涉及各行各业及各个领域。展览项目繁多，展会题材趋同，只有独辟蹊径，才有望获得成功。

一个会展项目从策划起到最后落实，需要投入大量的人力、物力和财力，往往前几届处于培育期，难以实现成本效益平衡。而真正成为品牌并取得明显的经济效益，需要经过一个相当长时期的付出。因此，策划项目必须考虑好所选项目的生命力有多强，是否具备可持续发展的能力。

对策展人来说，应当选择那些造血功能强，能滚动式发展的长线项目，即可持续发展项目。一般来说，这类项目包括：以当地主导产业、优势产业为基础的专业性会展项目，以经济较发达地区流通中心、物流中心、集散中心等为基础的综合性展会，以政府重点发展、鼓励发展、优先发展产业为基础的会展项目，以较特殊行业产业为基础的展会项目如宗教类展会等。

会展项目的策划运作，一定要考虑当地产业与市场状况、科技与文化状况等多方面因素。其他地方能成功运作的展会，来到这里未必就行；而本地办得好的展会，移师到异地未必就能存活。此外，在进行会展项目策划时，是办成国际性展会还是办成区域性展会，上游会展企业要量力而行。在自身能力与条件欠缺的情况下，要有合作共赢理念，学会借力发展，方能办出展会品牌。

总之，启动任何一个会展项目都存在一定风险，策划一个会展项目时需要十分谨慎。在进行展会项目策划时，需将以上三大核心要素一并加以考虑。

第三节　主题与事件策划

现代展览策划需要关注的一个流行趋势就是主题与事件策划。会展机构为使自己的会展区别于其他地区和公司的同类会展并建立竞争优势，就要努力使会展主题、定位、模式、内容等方面发生改变，不断推出新产品，顺应行业发展的新趋势，以满足客户需要。

业界对展会主题这一概念的理解，往往只限于展会的类别或行业，通常可从展会名称获得此类展会的主题信息。而实际上，随着会展业发展成熟，展会主题有了更深刻的含义。它一般不再直接表明而是间接暗示展会的行业属性和类别属性。更为重要的是，组展商和参展商将展会主题作为一种表达对行业或产品的理解、揭示业界现状和趋势的工具。

如从这个意义上来审视展会主题，它就具备了如口号与标语一样的识别力和传播力。例如日内瓦车展，素有国际汽车潮流风向标之称。它近 9 年的展会主题中，涉及绿色环保概念的主题就有 5 次。主题背后所揭示的是全球环境的日益恶化，消费者的节能环保意识不断增强，以及汽车制造商对未来消费趋势的理解和把握。

展会主题传递了展览会和参展商的价值取向。东京电玩展是亚洲最大的游戏展会。它将游戏爱好者以及普通人对游戏的理解带到了一个新的高度。游戏不是单纯的玩乐，而是人类内心的本性、欲望、冲动与活力，成为现代人类生活的必需品。它的年度主题有"游戏是人类的天性"，"让游戏之心改变世界"等，极大地刷新了人们对游戏的理解和认知，成为电玩展最具号召力和感染力的广告语。

一、展览主题策划

不同的展会有不同的主题，而同一个展会，为了做到常办常新，每届都应策划有不同的主题。现代展会必须拒绝平庸。中国组展商和参展商对展会主题重要性的认识正在逐渐增强。

展会主题被视为一种营销沟通的有力途径。有的展会还在全国范围内发起主题征集活动。如全球规模最大的通信类展览会之一，中国国际信息通信展览会，通过全国征集，选定了"融合、变革、机遇"，"辉煌 60 年——通信改变生活"，"创新引领发展，融合成就未来"等分别作为年度主题，有效扩大了展会的影响力。

展会主题也是对展览内容的一种最具概括力的表达。如 2010 年上海国际时尚家居用品展览会的主题是"设计与材料的美学"，这一主题准确地阐释了本届展览会关注的重点即设计与材料，以此反思设计界多年来过分关注生活方式的倾向，将材料、设计与生活的关系重新厘清，为参展商提供更多的实用的、可实现的方案。

越来越多的案例表明，参展商并非展会主题的被动接受者。事实上参展商不仅需要在自己的展台设计、展示过程中融合、演绎整个展会的主题，还需要创造性地将主题扩展、延伸甚至发展出自己的展示主题。那些优秀的展台设计总是能够将展会的主题与品牌主题完美地统一起来。

二、展览事件策划

为了增加接触客户的机会，创造更多的接触点，参展商的行为出现了事件化的趋势。所谓的事件化是指参展商除了依靠传统的展台传播信息之外，还通过策划，设计出一系列与参展活动有关的事件，通过这些事件增加场内场外的传播机会，扩大企业知名度，提升品牌形象。

事件化的参展行为是企业营销公关与展示活动的结合。例如，汽车生产商荣威甚至将婚礼搬到了展厅。参展行为的事件化拓展了展会传播空间，增加了信息传播的机会，提高了参展企业的展品展示的附加值。在 2008 年拉斯维加斯美国消费类电子展上，微软主席比尔盖茨带着新上市的 XBOX360 游戏吉他，和前枪炮玫瑰乐队吉他手一起进行了现场表演。这一事件将 IT 界精英与摇滚乐精英关联在一起，赋予了游戏吉他一种艺术魅力，可算是一次成功的事件策划。

参展行为的事件化反映的是参展商传播意识的增强。归根到底，会展是一种营销沟通方式，从传播的角度来策划参展行为是提高企业参展效果的一个有效途径。从参展商的参展行为趋势来看，在展览、展示的基础上，演示的成分正在增加，以期最大限度地吸引观众的注意力。展览现场所传达的体验和认知将会越来越重要。参展效果的衡量将会从展馆内延伸到馆外，不仅体现在现场的客流量，也体现在媒体的后续传播中。

会展中心作为展览服务的提供者，应当认识到会展从本质上来说是一种营销沟通的方式，应尽可能地帮助参展商实现其目标设想，这也将成为未来服务与管理的核心，也是展会策划与组织工作的重心。因此，展览主办方要因地制宜，因时制宜，因人制宜，根据资源情况，不失时机地策划供需见面会、节庆事宜、奖励活动等。

第四节　展览项目推介

制订会展推介方案是会展策划工作的重要组成部分。会展推介方案的制订，需要对会展项目有深刻的理解和整体的把握，并能全面熟悉和掌握展会可利用的资源。

不同类型展会的招商诉求有所不同，满足诉求的方法也就不同。关键是要为展会客商带来价值。

以产品成交为主的展会，招商工作应是为参展商招揽采购商，为采购商招揽参展商，为双方进行贸易配对。而以展示交流为主的展会，就要为行业招商，为行业提供交流展示的平台，为行业创造能带来价值的交流与展示。这就不再是简单的贸易配对，而是提供平台与机会，即以"平台与价值"来进行招商。总之，要根据展会的功能定位来开展招商工作。

以产品成交为主的展会，现已受到来自新兴电子商务及专业批发市场的两大严重挑战。部分展会选择转型走向以交流展示为主，或者加大交流展示的比例。作为同时兼具产品成交与行业交流展示的商贸类展会，在制订招商方案时，既要考虑参展商与采购商的实际贸易需求，同时也要不断从行业发展趋势，提供优质的附加价值高的交流展示平台。

这就要求展会招商工作进一步贴近市场，深入行业，发掘诉求，把握趋势，创造价值。现代展会在为展客商提供价值的同时，也为自身创造了不菲的价值，从而实现互利共赢。

一、展会招商推介要点

（一）重视口碑传播

有调查显示，有40％的新客商是因为同行或熟人的推荐而得知某个展会的。因此，口碑传播不论是对参展企业还是对专业观众来说都十分重要。

（二）承诺提供服务

在宣传推介展会项目时，向潜在参展商与采购商提供相关服务承诺非常重要，它是吸引参展商与观众参加展会的重要因素之一。如果参展商与观众参加了展会并且得到了主办方在宣传推广时承诺的东西，就会感到满足，反之，会感到失望。主办者提出承诺后要做到一诺千金。如能让参会者感受到了超值服务，则会有效提升展会自身形象。

（三）强化有形展示

展会服务本身具有无形性，不易在目标受众心目中产生实在的印象，这就要求在进行展会的宣传推广时向参展商与观众描绘有形的形象。让参展商与观众感受到有形展示与服务。用具体的数据来说话，告诉他们展商的结构与规模、客商的结构与规模、成交数字等。

（四）应保持连续性

展会的宣传推广要有一定的连续性。对于展会的主题、定位、优势、特点等的宣传要一如既往，坚持不懈。除此之外，还要注意宣传推广自身的规律，如使用行业和客户熟悉的语言，选择受众喜欢的沟通方式等。

二、优化展会招展工作

招展是展览会的一项核心业务。一个展览会成功与否在很大程度上取决于参展商的数量与质量。组展商的利益主要来自参展商支付的参展费和观众的门票收入，因而，会展活动十分重视招展工作。

办展机构通过各种方法和途径邀请展会题材所涉及的企业来参展。不同类型与规模的展览会对参展商的档次要求不同，因此，在招展的策划上也应有不同侧重。按国际惯例，一个称得上是国际性的展会，境外参展商的比例应超过展位的 20％。因此，海外招展在这类展览会的拓展中要重点规划。

在专业展览会中，招展招商则更多地体现为组团形式，即通过国内外的政府办事机构或各类行业协会，集体组织参展。这种形式能有效增加展览会的可信度，提高拓展效率，所以被广泛采用。

在现代展会中，办展机构往往借用外部力量来做大做活招展业务。这就需要指定招展代理。常见的招展代理形式有：独家代理，多家代理，承包代理和排他代理。一般来说，在确定了代理商之后，办展机构必须加强与代理商的沟通和联系，并规范对代理商的管理，并提供指导与帮助，以使代理工作发挥出效益。

三、加强专业观众组织

所谓专业观众是指从事展会上所展示的某类展品或服务的设计、开发、生产、销售或服务的专业人士及该产品的用户代表。专业观众代表了生产商的目标市场。

展会招商从根本上来说就是邀请目标观众前来参观展会。而做好专业观众组织工作，需要重视以下环节：①制订工作方案，②建立客商数据库，③专业观众分析，④选择组织手段，⑤现场登记与管理，⑥展后跟踪工作。

展会结束后，便是新一轮专业观众组织工作的开始。除了常规性工作，借力行业组织招展招商亦是十分重要。当今展览市场竞争激烈，焦点已从争取参展商转为争取和组织采购商或专业观众，谁能拥有一定数量和质量的采购商或专业观众谁就能够保持竞争优势。

四、构建和谐客户关系

大多数参展商对展会的规格、知名度、同类参展商、主办者声誉、展览企业的资质等要素十分在意。因此，针对目标客户的需求，展会需要通过各种有效的传播手段向参展商及观展商报道有关信息，介绍展会项目和相关服务，并将这些信息迅速、准确地输送给客户，争取客户支持与信任，把他们吸引到自己的展会上来。

展会通过宣传将客户吸引到展览会中来后，还需要凭借高效、完备、优质的服务建立良好的口碑，赢得客户信任，进一步留住客户。展览会的生存与发展有赖于客户的支持。

作为组展机构，要巩固、加深与客户的关系，提高客户忠诚度，最重要的是提高展会的成交与宣传效果，满足参展企业和客商的业务增长的需求，这样才能保证展会不萎缩。通过开展各种联谊活动，如成立会员俱乐部等，也能有效加强展览机构与忠诚客户的联系。展览机构可通过一定的途径，向其线下与线上会员无偿提供商业信息，或者为重点参展企业提供展览咨询服务以及优先保证他们参加展览机构组织的各种培训等，以提高客户忠诚度。

五、现代展览市场营销

现代展览越来越注重市场营销的重要性，不断尝试新的市场化手段积极开拓国际买家。

一是整合营销。整合营销是一种对各种营销工具和手段的系统化结合，根据环境进行即时性的动态修正，以使交换双方在交互中实现价值增值的营销理念与方法。推介会、路演、媒体见面会、座谈会、联谊会等都是展会招商经常采用的形式。

二是数据库营销。数据库营销是会展企业通过收集和积累客商信息，经过分析筛选后，有针对性地使用电子邮件、短信、电话、信件等方式进行客户深度挖掘与关系维护的营销方式。通过客户信息录入、整理分析，将数据库中的客户分为忠诚客户、活跃客户及休眠客户等几种类别，针对不同类别的客户群体提出不同的邀请方案。通过挖掘、整理、分析和再利用，盘活现有数据，创造出大数据，从而为大营销提供强有力的支持。

三是网络营销。网络营销是以互联网为基础，利用数字化的信息和网络媒体的交互性来辅助营销目标实现的一种新型的市场营销方式。现代展会在官方建设、信息发布、搜索引擎、网络广告、竞价排名、软文发布及网站互链等方面进行了很多有益的尝试，取得不俗的效果。网络技术日新月异，传统展会需要进一步加强对网络营销知识与手段的学习与应用。

四是标杆营销。标杆营销是指通过将企业的业绩与已存在的最佳业绩进行对比，以寻求不断改善企业作业活动、提高业绩的有效途径和方法的过程。现代展会通过设立新的规则、树立新的标杆，既能掌握自身在业界的话语权与影响力，又能为展会项目在未来会展竞争时代立于潮头抢占先机。

六、激活展会招商招展资源

展会项目所拥有的招商招展资源可分为政府性资源与市场化资源两大类。

利用政府资源，积极寻求政府主管部门及行业商协会支持，寻找专业对口的采购决策者，推动招商工作开展。参加相关行业的展览或会议，设点进行招商宣传也能收到事半功倍的效果。

对市场资源而言，无论是采购商还是参展商，中小商家都有从众心理，要紧紧抓住行业内的龙头大企业或知名大买家与会，产生同边效应和双边效应，提高招展招商效果。广告投放要以行业媒体为主，大众媒体为辅。一方面吸引目标市场买家的注意，另一方面提升在展览市场的知名度。根据市场动态，结合题材的地域业态，筛选出买家集中的地区，邀请相关媒体、目标买家等进行面对面推介，激发他们的与会兴趣。而在展会期间要开展活动回馈客商及合作伙伴。

展会期间,同期举办行业新品发布、设计大赛、论坛等活动,组织贸易配对、采购咨询等商业促进活动,加强展会的展贸一体化功能,为买家带来更优质的参会体验与更多的成交机会,这样的做法有利于进一步巩固老客商和发展新客商。

第五节　招商推介方式

招商与推介工作的成效决定了会展能否吸引更多的参展商参展和更多的专业观众观展。一个成功的专业展会,招展工作是基础,招商工作是关键。没有足够多的专业观众和买家参会,不能算是成功的展会。因此,招展要下大功夫,招商更要不遗余力。

传播产品信息、宣传企业形象、寻找专业采购商、寻找商业合作伙伴等,是所有参展商想要实现的目的。所以,作为会展组织者,在邀请和组织专业买家时,就得从参展商的参展目的出发,有针对性、有选择地邀请和组织专业观众和买家,以帮助参展商实现其参展目的。

会展招商推介的主要作用一是促进招展,二是促进招商,三是树立会展品牌形象。展会招商推介主要有以下几种通用形式:

一是人员推介。展会人员推介方式主要是直接联系、发函和发电子邮件等。

二是广告推介。广告可以把信息传给许多人,它也是展会宣传的重要方式,是吸引参观者的主要手段之一。

三是新闻推介。通常情况下,新闻采访与报道是免费的,同时它的可信度大、成本低、效果好。新闻推介必须在展会之前、期间和展会之后连续进行。

四是公关活动。为扩大展会影响、吸引观众、促进成交,主办机构往往也要通过会议、评奖、演出等公关手段对展会进行宣传推介。

在展会的品牌营销与组合营销中,新闻发布会和广告推介是两种重要的推介方式。巧妙地借助媒体记者的优势资源,为展会营销和品牌推广造势。

一项国内展会问卷调查结果显示，与会客商通过同事或朋友介绍来的占比 57％，参加招商推介活动来的占比 14％，通过电子邮件来的占比 14％，通过境外广告来的占比 13％，其中网络广告 45％，报纸、杂志、户外广告大体分别为 4％，4％和 3％。

从问卷调查结果来看，老客商带新客商，采购商之间的口碑相传是一种最有效的形式；而招商推介活动，电子邮件广告也是比较有用的方式。另外，对于参展商邀请自己的客户前来参会这种形式也还需要深入研究。

如何突破现有的瓶颈，构建多渠道、广范围、分层次的大招商格局，以提高招商推介效果，是综合性国际贸易展会需要认真面对的重要课题。因此需要加强对流失采购商的行为调研分析，找到症结所在并提出有效解决方案。与此同时，进一步改善展会现场服务环境，提高对采购商的服务质量与水平，以此来巩固老客户，挖掘新客户。

为了把一个展会项目越办越好，就要不断创新招商推介形式，提高招商推介效果。

一、品牌营销与组合营销

充分利用组合营销手段来拓展招商工作的广度、深度与精准度。首先，一个成熟的国际展会，进行境外广告投放和招商推介等，是扩大展会影响力，保持采购商到会持续稳定增长的有效途径。其次，电子邮件和网络广告在开展境外广告宣传方面效果明显，应在广告内容和形式上进一步加大创新力度。再者，可将境外广告宣传与招商推介活动结合起来，达到精度招商之效。此外，宣传礼品中植入传统文化要素，也能带来事半功倍的宣传推介效果。

二、提升展会服务质量与水平

通过调研分析，新采购商通过老采购商口碑相传前来参会的占比高达 57％，说明以这种形式吸引采购商到会效果明显。进一步挖掘现场服务资源，扩大境外来宾服务范围，改善境外客商的餐饮和休闲环境，提供个性化服务，以体验营销方式并配合软文等新媒体打造口碑效应，让客商有宾至如归的感觉。此外，网络技术的迅猛发展对展会服务提出了比以往更为快捷的要求。

如实行网上拓展、网上预订酒店与机票，通过电子邮件及时回复客户，下载客户需要的关于展会的各种表格资料等。

三、充分发挥境外工商团体作用

与境外工商团体与贸促机构建立了合作伙伴关系后，应充分发挥他们的作用，利用他们的影响力，让他们尽量组织其会员企业来参会。应当与他们保持经常性的联系，向他们及时通报展会的有关情况，了解他们的需求，为他们提供整体服务解决方案。

四、研究防止采购商流失办法

在拓展新客源的同时，还要防止老采购商流失。针对这一现象进行跟踪研究，采取针对性的改进措施，吸引部分老客商重新参会。此外，还可充分利用信息化技术，建立买家管理系统和增值数据库，定期通过电邮、短信、活动推广等方式与数据库内的买家保持互动，向他们传达行业资讯，增强老客商对展会的黏性。

据展览业一项最新调查结果显示，参展商所拥有的高质量客户资源可以为展览的招商贡献至少在50％以上。一般来说，世界知名展会都拥有优质的参展商资源，参展商邀请采购商与会已成为展会招商的重要手段。采购商在其行业领域交流时还会不断接触到许多新的买家。展会主办方可以利用这点，采用各种奖励办法发动参展商对外邀请买家到会。

对中外展会招商方式进行比较研究后可以看到，中外展会在市场定位、展会规模、功能作用等方面都存在明显差异。国外知名展会在招商理念、方法、手段、渠道等方面的先进经验可以借鉴但不能照搬。

中外知名展会在招商手段上基本一致。包括纸质和电子邀请、直邮、广告、活动攻关、营销等。但国内展会的自有媒体宣传方面比不上国外展会。比如，香港贸发局每月以展品为主题如科技、五金、家具等出版不同的宣传杂志，且发行了在线电子杂志及 IPAD 版本，及时更新行业动态及展品信息。

在招商渠道方面，国际知名展览大多是自有渠道，通过设立海外办事处的形式，在当地开展招商工作。各项经营与业务工作完全可控。

展会推介是吸引参展者、推广展会主题、建设展会品牌的重要手段。从国际通行做法来看，主办方一般会将展会收入的10%～20%用作展会宣传推广的资金投入。

国外品牌展会在招商推介方面可资互鉴共享的成功经验，归纳起来主要有以下方面：

一是要充分利用展会的参展商资源，发动参展商来进行展会招商。

二是要与商协会建立战略合作关系，通过市场化运作达到互利共赢。利用行业商会的力量，协助邀请专业买家赴会。同时，与海外媒体、公共公司和旅行社等机构开展战略合作。

三是通过举办一些大型活动来吸引观众。如汉诺威信息通信展CeBIT下设了商务、政府、学术、生活等分论坛，提供专业信息和解决方案。展会要以服务促招商，利用大型活动配合招商会有更好效果。

四是通过现代化的信息技术手段，利用数据系统提高展会营销效果。

还应当看到，无论中外展会，同样都会面临一个如何提高招展招商工作的针对性与有效性的问题。

第六节　策划方案实例

我们以某市国际车展策划方案为例，来详细了解一个展览项目策划方案所包含的各种要素与方法。

某市车展整体策划方案包含以下四方面主要内容：一是展会项目立项可行性研究报告；二是展会具体执行方案；三是展会营销宣传；四是展览财务预算。

一、展会项目立项可行性研究报告

（一）市场环境分析

1. 目前国内汽车市场总体情况分析

2. 当前国内汽车行业的主要特征

3. 政府政策对汽车市场的影响

4. 当年中国汽车行业发展前景

（二）展会项目生命力分析

从 2003 年起，在国内，北京、上海、广州等地陆续举办了一届又一届大型汽车展览会。且从 2005 年起各类汽车配件展、汽车装饰展也陆续开展。至今，国内比较知名的是上海国际汽车展，北京国际汽车展和广州国际汽车展。作为附着汽车行业发展的车展，伴随着汽车行业这棵常青树，车展也将长青不倒。

随着国内外汽车行业的发展，不论是旧的燃油汽车还是新能源环保汽车，汽车作为一种时代必需的交通工具，作为身份与地位的象征受到了广大消费者的喜爱。伴随着经济的发展和社会的进步，汽车也从奢侈品慢慢转变成了生活必需品。

汽车行业是一个有强大生命力与发展潜力的行业，作为展示汽车舞台的车展也受到了广大汽车制造业、汽车装潢、汽车服务、消费者的喜爱，据统计，2009 年北京国际汽车展览会拥有将近 9 万的参与人数。且每一个展会都为举办方带来了巨大的利益。作为一个展示着时代必需品和潮流的展会，汽车展拥有强大的生命力和盈利能力。

"十二五"规划的提出，使得国内汽车行业逐步由传统汽车向新能源汽车进行结构调整。而新能源汽车的发展也需要一个展示和交流的平台，这就为车展提供了广阔的市场。

（三）风险预测

目前社会各界广泛关注的国内通货膨胀问题，关键不在于通货膨胀现象，适度的通货膨胀会推动经济发展，关键在于社会各界对通货膨胀预期敏感，一些社会现象已经比较明显，而 2009 年四季度和 2010 年汽车狂热购买现象，其中也有通货膨胀预期的影响因素。由于社会各界对通货膨胀的敏感度不同，本年度汽车市场也可能出现萧条现象，而本年度车展也可能会受到影响。

由于汽车销售、消费市场的高速发展，市场越来越成熟，消费者也越来越成熟，消费者的汽车消费观念已经发生了重大的转折和变化，对车市已经产生了巨大影响，在各种因素的影响下，消费者的消费观念、消费趋势、消费偏好仍有难以预料的状况发生。所以本年度车展也可能面临观众、参展商稀少的问题。

随着汽车行业的火热发展，各地的汽车展也此起彼伏，由于没有统一的规划，各种规模不一，定位不清的车展泛滥，容易混淆参展商和参观者的目光，会对本年度本市车展造成影响。

二、展会具体执行方案

（一）展会名称与主题

（二）办展地点和时间

（三）展品范围

整车：轿车，商务车，客车及卡车，特种车等。汽车设计及新概念产品，特色节能环保汽车。

汽车零部件：发动机系统，变速箱，排气系统，车桥，转向，制动，悬挂系统，车身及附件，电气系统，轮胎，轮毂。

汽车附件：汽车内饰部件，汽车音响，视听系统，汽车导航，车载通信系统，空调系统，汽车安全和防盗系统。汽车测量，检测，诊断设备，维修保养设备，汽车养护用品，汽车油漆，润滑油，添加剂等。

电脑控制系统及相关软件。

各类书籍，报刊及其他相关服务。

（四）办展机构

主办单位：中国机械工业联合会

中国机械工业集团公司

中国国际贸易促进委员会

中国汽车工业协会

承办单位：中国国际贸易促进委员会汽车行业分会

中国汽车工业国际合作总公司

中国汽车工程学会

中国机械工业集团公司某市分公司

策划运作：某国际组展商

（五）展会规模及定位

由于受国际金融风暴影响，国际上大汽车集团正在激烈地应对市场危机，申请破产保护、重组、兼并，国际汽车形势动荡不安，而中国汽车行业受到金融风暴的影响较小，甚至在近两年出现了购车热潮。所以此次展会定位只针对的是国内参展商和观众。此次展会将使用国际会展中心的 W1—W5 馆和E1—E 馆，展会具有相当的规模，属于中国车展盛会之一。

（六）展会进度计划（略）

（七）现场管理计划

1. 会展开幕式现场管理

2. 会展布展与现场管理

3. 会展现场风险与安全管理

4. 其他各项管理。内容包括现场广告管理，交通物流管理，餐饮管理，证件管理，新闻管理，会展资料的采集与编写，会展设备管理及旅游服务等。

三、展会营销宣传

（一）展会招展招商

（二）赞助商方案

（三）展会宣传推广

1. 电视媒体报道

2. 新闻报纸报道

3. 网站媒体报道

4. 其他宣传方式

广而告之：向国内相关行业寄发 20 万份商务请柬，利用广告、互联网、电子邮件、电话、传真及将派专人前往派发"展前快讯"与"展报"、参观券等；利用组委会庞大数据库资源邮寄请柬 20 万份、发送电子请柬 50 万份，同时也会采取公关邀请、直邮 DM、短信邀请等多种方式发布信息组织专业观众。

组委会将向各汽车协会、高尔夫协会、私营企业协会等拥有高级财富会员的协会合作，协助邀请观众。

组委会将向各高档小区、银行 VIP 客户、航空公司 VIP 会员、电信、移动公司 VIP 会员、白领阶层等拥有高消费能力的观众，寄发邀请函和消费券及短信点对点邀请。

5．市内观众组织

由本市所有杂志报纸以夹放门票的方式来组织市内爱车观众。全国各地所有车展，我公司将派遣专业人员进行适当宣传及合作。公司成立推广宣传项目组为 15 人，特为此次车展，进行大幅度宣传。

四、展览财务预算

财务支出预算包括：①展览场地及相关费用，②市场调研费，③宣传推广相关费用，④招展与招商费用，⑤筹备相关费用，⑥配套活动费用，⑦其他相关费用，⑧其他不可预见费用如赔偿费等。

财务收入预算包括：①政府拨款，②会展场馆展位费收入，③会议及相关活动收入，④赞助收入，⑤保险赔偿费，⑥其他相关收入等。

此外，本策划方案还包含四项附录，它们是：车展现场管理计划，展会赞助商方案，展会同期活动安排与车展应急预案。

广交会 CF 奖评审

现以广交会 CF 奖评审为例，来说明展会主题与事件策划的具体方法。

369 家企业 623 件优质参评产品、38 位专业的海内外评委专家、历时 17 天的甄选，共同铸就了 2014 年中国出口产品设计奖（CF 奖）的终评入围名单。据悉，今年入围终评的产品共有 156 家企业的 262 件产品，名单已于 6 月 23 日正式对外公示。

一、入围产品亮点纷呈，智能设计与用户体验设计成为主流

2014 年终评入围产品的平均品质水平有了明显提升，具体表现在：

一是贴合智能设计、注重人机互动的产品发展趋势。随着互联网技术的广泛应用，智能化操作、人机紧密互动已日渐成为主流，CF 奖的入围产品同样呈现这样的特点。譬如四川长虹在今年春季首发的 CHiQ 系列电视、冰箱和空调，正是基于家庭互联网形态而开发的一系列产品：不仅可以根据用户所处环境及其个性需求，结合云端数据计算从而采取最合适的工作模式，而且还把装置操控结合到用户手机端，实现随时随地方便控制。又如天津九安医疗电子股份有限公司开发的日常活动记录仪 AM3S，以手表的形态随时随刻追踪用户的活动状态，不仅可以精确识别走路和上下楼梯时不同的卡路里消耗，更可实现用户手臂抬起查看时表面屏幕自动点亮、缺少运动时智能震动、自动同步数据到手机等功能，赋予用户极佳的交互体验。

二是用户体验设计成为传统产品的转型突破口。当下，全球消费者对产品细节、使用便捷性和个性化创意的需求不断提升。为了把握这一趋向，生活用品、家居装饰和纺织服装等我国传统出口产品不约而同地把用户体验设计作为转型的突破口。譬如杭州福星工贸公司的 PHYLEX 弹力滑雪衣，除了强化保温、耐磨、透气等服装传统指标外，这款产品还专门配备了 IPHONE/IPOD 控制器，让用户在滑雪时不用掏出手机即可通过手臂上的按钮接听电话和播放音乐。又如山东山海玻璃制品公司的艾可维兰可计量健康油瓶，在传统的油瓶顶部加上了独创的计量仓，用户在使用时可以根据计量仓的读数准确按压抽取食用油，做到科学、健康用油。

三是拥有自主发明专利和实用新型专利的产品占多数。如广东铁将军公司参评的智能手机胎压监测器，拥有"胎压监控系统及车载取电接口监视组件"发明专利，以及"外置式胎压传感装置"、"外置式胎压计及其安装结构和相应装卸工具"等 6 个实用新型专利，不仅安装方便，而且可以通过智能手机实时监测轮胎的气压和温度，大大降低了汽车在高速公路上因为轮胎故障造成意外的风险。又如浙江创美机电公司的高速深井泵系列产品，拥有"高速深井泵"发明专利，以及"一种高效离心式水泵"、"高速太阳能井泵"、"一种潜水泵及应用该潜水泵的高速管中泵"等 6 项实用新型专利，更获得了意大利 ECM 的认证。该产品通过对控制电机、控制技术的改造革新，有效获得体积重量较传统产品降低 50% 以上，但功率提升超过 200% 的极佳效果。广交会在知识产权保护方面一直是中国会展界的表率。企业将最核心的拳头产品参与 CF 奖的角逐，体现了它们对广交会的高度信任。

二、评委团队优化扩容，重量级专家闪耀登场

为了更好地甄选优秀产品，今年 CF 奖评选办公室特意对评委团队进行了优化，不但扩大了总体规模，而且还根据去年的评审情况调整了部分评委人选。

一是初评环节，参与评选的专家共 38 人，涵盖了商/协会专家、品牌企业研发负责人、国内外设计专家和海外大买家代表等四大类，其中包括多次担任德国红点奖评委的澳大利亚 Cube Design 首席执行官 Paul Cohen、120 多次获得日本 Good Design 奖项的韩国 Moto Design 首席执行官宋民勋、跨国零售巨头法国欧尚集团首席采购代表 Pierre Cardelli、世界第四大市场咨询公司 Gfk 的代表等。他们分别从产品设计概念、目标市场适应性、产品规模生产成本等角度出发，以创新性、功能性、品质、美感性和环保性为标准，对产品给予了严谨、仔细、公正的评审。

二是终评环节，已明确应邀出席终评评选会的评委包括中国工业设计协会副会长、湖南大学设计艺术学院院长何人可教授，美国洛杉矶艺术中心设计学院原副校长、三星创新设计实验室创始人 Gordon Bruce，荷兰设计师协会大使 Peter Kersten，香港理工大学设计学院教授、人体工学专家 Roger Ball，以及中国大陆顶级工业设计院校的专家和国家知识产权局的代表等。与去年的 43 名评委相比，2014 年 CF 奖接近 50 名海内外评委的豪华阵容，更加确保了评选工作的专业性。

2014 年的 CF 奖终评评审安排在 8 月 8 日进行。届时终评专家首先通过现场观察、操作、体验和讨论的方式，给予产品准确的评价，继而按照初评和终评分数各占 50% 的比例，汇总计算出最终的获奖产品。可以预见，摘得 2014 年 CF 奖桂冠的产品，肯定是体现广交会参展企业努力自主创新、得到评委团队集体首肯的设计精品。

国际橡塑展招商推介

现以广州国际橡塑展为例，介绍国际性展会的招商推介方式方法。

一、在广告宣传策略方面

国际橡塑展科学规划广告宣传策略，利用自有媒体与专业媒体共同宣传，并积极参加海内外专业展会，招揽商机。

（一）突出重点并且科学规划

香港雅式在不同时期对不同领域市场进行有针对性的宣传。每届橡塑展结束后，雅式都聘请业内专家分析与会采购商数据，并依此规划来年招商宣传重点。在广告投放渠道方面，雅式以平面广告、电子媒体、电子邮件和行业协会为主。针对户外广告费用高、到达群体为一般大众、性价比不高的特性，该司一般不投放户外广告。此外，该司还通过电子邮件宣传橡塑展，临近展期时，软文发布频率约为每月两篇。

（二）自有媒体与专业媒体相结合

雅式主要依靠强大的自有媒体资源（如出版公司、雅式在线等）进行广告推介，同时也将部分宣传业务外包给行业媒体及公关公司。雅式与专业媒体合作的基本模式如下：一方面，雅式在专业媒体上投放广告，并在展会现场提供免费或收费摊位（摊位按行业区分，分布在不同展区，有效提高了买家、媒体及其他参展企业之间的匹配度）；现场设立媒体样刊区，方便媒体发放宣传样刊。专业媒体利用自身资源，使用内部数据库向会员发送邮件，对橡塑展进行行业性报道。另一方面，专业媒体还通过"预登记"等方法，在其他专业展会上宣传。这些措施有效提高了橡塑展在业内的知名度与美誉度。

（三）鼓励观众预先登记

大会官网开通观众预先登记系统，鼓励有兴趣与会的观众在网上预先登记；在展前1～2个月，主办方会主动为这部分观众邮寄展会的进场证。既方便了该部分观众与会，也降低了费用。此外，大会根据参展企业参展规模向其分发一定数量的门票，请其发给各自客户，客户凭票可免费办理进场证件。没有门票的观众现场办证为每天 30 元/人，整个展期为 50 元/人。

（四）海内外参展招揽商机

在海内外专业展会设展位推介是雅式的重要宣传途径。该司每年参加近 10 场海外展会，并采取"预登记"的方式预测潜在客户。如，该司在印度参加一个展会时，吸引了大量客商预登记，约占当年橡塑展总观众数的 30%。

二、在宣传媒介的选择方面

国际橡塑展还通过一站式服务网站、倒数电子报、电邮及手机短信群发服务、手机应用、有奖活动等方式进行推介。

（一）一站式服务网站

一站式服务网站 www.ChinaplasOnline.com 得到国际橡塑展、大会指定刊物《CPRJ 中国塑料橡胶》及网上媒体 www.AdsaleCPRJ.com 的大力支持及推广，网站赞助商的广告得以全方位曝光。展会现场提供电脑，方便观众浏览官网、搜索展会及展商信息。网站与全球逾 500 家媒体通力合作，对展会及展商进行全方位报道。网站还得到强大的海内外专业行业协会支持，与全球逾 90 家橡塑行业协会建立了紧密联系。

（二）倒数电子报

临近展会时，倒数电子报会发送给所有雅式橡塑业会员及预先登记的展会观众，提醒观众展会时间，方便观众第一时间掌握展会、展商及同期活动信息。

（三）电邮及手机短信群发服务

电邮与手机短信具有到达率高、性价比高的特点。客户可按产品类别、收件人职位或国家等选取会员数据，将自行设计的电邮及短信传递给目标客户群观众。逾 445500 雅式橡塑会员数据库来源包括：①国际橡塑展及逾 40 个展会的观众名单；②《CPRJ 中国塑料橡胶》读者；③雅式橡塑网登记会员。

（四）手机应用 App

该展通过手机应用 App 为观众提供全面的资讯，包括展会最新消息、实用的观众资讯（如交通及展会地图等）、行程表功能、简易快捷的观众预先登记服务、搜寻展商资料及其他资讯。

三、在招商模式方面

国际橡塑展利用其在业内的影响力，与多国政府机构、行业协会以及当地旅行社建立起招商合作关系，并在展会期间开展各类活动回馈客商及合作伙伴。

（一）市场化招商

雅式长期通过与相关政府机构、行业协会以及旅行社合作开展市场化招商，掌握当地行业及企业资源。根据我们现场调研了解到的情况，意大利贸工部、奥地利驻广州总领馆商务处、土耳其塑料工业协会、瑞士商会、新加坡塑料工业协会、UbiFrance（法国驻华使馆指定商务机构）等都是雅式的合作伙伴，它们负责组织本国优质企业参展，组建国家馆，也协助雅式邀请客商与会。

（二）开展有奖活动

展会期间，该展还举办凭宣传单换领纪念品、现场抽奖及广告设计评选等活动，让参展商及观众更全面参与。此外，雅式还与海外旅行社合作，为其设立"海外最大参观团奖"与"首次组织参观团团体奖"，鼓励旅行社组织采购商参加展会。

综上所述，选择优质专业媒体展开市场化合作，采取多维度招商模式，并且在境外参展时以"预登记"等形式进行潜在客户的现场登记，既能提高参展投入产出率，又为参展效果的评估提供有力数据支持。此外，在对采购商进行调研时，不仅要涵盖其获知参会的途径，也要侧重了解其主要接触的具体行业媒介信息。并根据展品行业及其采购季节性，对调研的方式方法及时进行有效调整。

本章思考题：

1. 展览项目策划方案包含哪些核心要素？
2. 举例说明展会主题与事件策划的功效。
3. 试比较中外展会招商推介方法的异同。
4. 国际性专业展会项目如何进行招展招商？

第十一章　展览服务与管理

本章导读：构建展览服务体系，推行现场质量管理活动，注重展览服务创新以体现绿色发展的时代要求，以展览服务的精细化与规范化提升现代展会品质。

服务是会展业的基本属性。服务竞争是一种硬件和软件相结合的综合性竞争。展览服务尤其是对参展商的服务是现代展览的核心业务，也是会展企业取得成功的关键所在。

展会服务贯穿于组展商的整个运营过程，从市场调研、主题立项、寻求合作、广告宣传、招展招商、观众组织、活动安排、气氛营造、展后服务，甚至包括所有对外文件和信函的格式化、标准化等，都须具备很高的专业服务水准，整个服务过程都要体现出严谨、高效和精细。

第一节　展览服务类型

广义的会展服务是指，会展企业及会展相关企业向会展活动的主办者、承办者、协办者、与会者、参展商、客商及观众所提供的全方位服务，包括会展策划、会展筹备、会展接待、会展文案、广告宣传等各方面的服务。

狭义的会展服务是指在会展活动中，由主办方或承办方向与会者、参展者、客商及观众所提供的多项服务，主要包括采访、接待、礼仪、交通、运输、后勤、旅游、文书、通信、金融、展台设计、制作、搭建等方面。

从主体上看，广义的会展服务主体是会展服务的外部机构，如会展场馆、广告公司、工程搭建公司等；而狭义的会展服务主体是会展活动的主办方或承办方，是会展活动的内部机构。

从形式上看，广义的会展服务是提供直接的服务项目，如宣传品印刷、展品运输、展台搭建等；狭义的会展服务主要是提供咨询、推介和沟通等间接服务。会展活动的举办方或承办方一般都是委托相关的公司或部门，如会展场馆或其他公司来提供具体的服务内容与项目。

展会服务具体内容包括：①展会餐饮，②咖啡点，③商务中心，④电子商务中心，⑤医疗服务点，⑥小卖部，⑦绿色植物出租，⑧消防器材售卖，⑨展品储运，⑩设备运行等。其他配套服务有如票务、商务旅游、邮局、银行、广告、翻译等。

国际性展会的配套服务设计，不仅包括常规性服务，还包括一些个性化服务。比如向参展商推荐运输商、展台搭建商，设立 VIP 休息室、提供茶点，设立商务中心与新闻中心，提供电话、传真、打印、宽带等商务服务，提供金融保险服务，提供住宿与旅游安排等。

一、会展服务特性

现代会展服务具有专业性、人文性、综合性、时尚性和协调性等特点。

（一）专业性

参与会展服务的人员需掌握足够的会展专业知识，如会展的业务性质与范围、工作流程、职责要求及服务标准，才能很好地完成会展服务工作。

（二）人文性

人文性强调对人的关怀及个性化服务。在会展服务中，以人为本贯穿于整个会展活动的全过程。

（三）综合性

由于会展服务对象特殊而复杂，参与会展服务的人员需要具备多方面的文化知识，并掌握现代设施及设备的使用技能。

（四）时尚性

会展服务的内容与形式都要求现代时尚，给所有参展人员留下深刻印象和美好体验。

（五）协调性

会展服务涉及面广，需各部门通力合作，协调共进，才能有效提高服务品质。

会展服务的基本要求是，以顾客为中心，细节决定成败，以真诚换取信任并树立全程服务思想。会展服务的关键词是行动、过程与表现。全程服务包括展前、展中与展后服务。展前服务包括展会的推广宣传、招展招商和观众组织；展中服务除了必备的项目之外，还包括法律、科技、信息等方面的援助；展后服务主要体现在相关信息的统计、分析、调查与反馈。

在整个会展活动中，信息交流、商贸洽谈、会议论坛、观众邀请等软性服务与场馆的水电供应、交通食宿、展品储运、展场搭建等硬性服务结合起来，为参与者创造一个自我表现的舞台，使得他们在互动参与中达到体验的升华。

二、展览服务类型

服务质量往往决定着会展活动的成效。因而，增强服务理念，提高服务水平，搞好服务反馈，为参展的各方提供优质、高效、满意的服务，是现代展会的重要课题。

现代展览服务按服务对象分，有对参展商的服务、对观众的服务和对其他参会者的服务。按会展阶段分，有展前、展中和展后服务。按提供方式分，有承诺服务、标准化服务、个性化服务和专业化服务。习惯上人们又将展会服务分为以下几类，如广告宣传类、信息咨询类、秘书礼仪类、设计制作类、运输仓储类、设备租赁类、休闲娱乐类、参观考察类和后勤保障类等。

如按功能与内容来分，可将现代展览服务归类如下。

（一）会展礼仪服务

从文化传播的角度讲，会展礼仪服务是组展商塑造品牌，提升价值的有效方法之一。会展服务礼仪是具体而外显的，它要求会展从业人员在穿着、交往、言谈等细节中表现出良好的品性。

（二）展览工程服务

展位的设计与搭建是参展成功的重要因素。展台可说是参展企业的一张名片。展台的设计与搭装既要美观，又要符合竞争标准。优秀的展台设计与搭建必须完成两个任务：一是所设计的展台模式和展示内容必须易于观众识别。二是必须赋予展台和参展企业一种精神形象和气质。

（三）电子商务服务

所谓会展电子商务是指会展企业、会展场馆、参展商、采购商通过以互联网为主的各种电子通信手段开展的一种新型会展商务服务。利用网络技术建立电子商务平台，可以提供展馆展示、服务介绍、服务预订、展会发布、展会报道、统计分析、展览论坛、新闻中心、客服中心等服务。利用互联网还能提供展前、展中和展会全程电子商务服务。打造一个永不落幕的展会。

（四）展会安保服务

在会展活动中，各种突发事件如流行疾病、自然灾害、人为破坏、突发性伤亡事故等随时可能发生。这些突发事件不仅是导致会展延期或夭折，更重要的是它将带来不可预见的严重后果。因此，及早预测，周密计划，措施得力，规避风险是对展会安保服务的基本要求。

（五）展会物流服务

整个会展物流不仅涉及会展物流服务商的选择、展品运输之前的包装、搬运及运输调研工作，而且也涉及运输过程中的保管和报关以及运达展会举办地后展品的查收和存储等活动。会展物流商不仅要保证参展商的展品在物流过程中安全、及时到达展位，而且还要承担展会结束后展品的回运。只有通过严密的组织计划，采用现代化手段与方法，才能确保展品顺畅、及时、安全地运送到展会举办地点。

第二节　展览服务理念

外资展览公司具有成熟的展览服务体系，在展览服务精细化方面优于国内展览公司。譬如德国展览公司将服务视为整个展览项目的灵魂，从展前、展中，再到展后，始终贯穿的是一整套完善的服务体系。

它们会在展前开展咨询，充分利用网络设置展览会的有关信息，进行在线预登记等。在开展期间，更是将其基本目的定义为"使展馆内的品质生活成为可能"。展后则进行数据分析，应参展商要求提供所需的产品与市场的数据分析服务。它们的整个展会服务体系，不允许有任何的疏忽。

一、国内展览服务缺陷

相对于外资展览公司完善的服务体系，目前我国展览会服务现状却令人担忧，需要在诸多方面加以改进，才能真正与国际标准接轨。

一是政府主导型展会服务。政府主导型展会服务机制严重缺失。绝大多数政府主办的展览项目，都缺少一个专门的运作部门，大部分工作人员都是临时抽调来的，服务意识非常淡漠。凡是政府主办的展览会，展前服务几乎由行政招商所代替，展中服务则充满随意性，而展后对参展商与客商的服务几乎没有。闭幕后的官方统计数据分析，无外乎是本届展会的成交额，对接项目数量与金额的同比增长情况，而这些掺水的分析数据对参展企业来说毫无意义。

二是行业机构的展会服务。与政府主办的展览会相比，行业机构举办的展览会服务意识较强，且具有行业信息资源的优势。但在整个展览会服务过程当中，服务仍尚未形成体系，使其服务有心无力。造成这种情况的主要原因是人力、物力与财力的缺乏。

三是民营展览的展会服务。民营和私营展览公司，虽具有服务意识但缺少服务资源。由于资金紧张，人力不足，在操作过程中，往往是捉襟见肘，顾此失彼。在展前、展中与展后各个服务环节，不是疲于应对，就是出现混乱。

随着会展市场日益成熟，国内各类组展商的展会服务意识也都有所增强，但由于机制体制原因，现阶段我国会展企业的服务水平与能力尚不尽如人意，难以适应会展业发展的要求。

二、精细化服务理念

因此，需要进一步增强展会服务意识，同时要以客户为中心，推行精细化展览服务。

一要导入精细化管理理念，通过增强服务意识，不断提升管理服务水平和客户满意度。

二要建立一套更加系统、完善、操作性更强的现场管理制度和标准。通过落实管理责任制，明确责任，加强对外包单位的量化考评和标准化管理。

三要在展会期间推行区域责任制，进一步整合资源，落实责任主体，提高服务效率和管理效果。

四要通过重细节、重过程、重具体、重落实、重质量、重结果的精细化管理手段，提升现场服务工作质量。

五要充分运用信息化手段，持续、系统地改进各项业务流程。

六要进一步规范业务流程、操作流程。围绕为客户创造价值的流程，改变不符合精益化生产思想的做法。

七要利用计划、执行、检查、处理等管理方法，摸索实践，总结经验和规律，在实践中持续改进、优化和创新。

八要通过个性化服务，增强客户与会体验。将个性化服务由 VIP 客商延伸至普通客商中，为与会客商提供更为丰富的个性化服务。

精细化服务能使到会客商产生一种宾至如归的感觉，从而提高客商对展会的忠诚度。如在展馆设立失散人员汇合点，供参展商采购商拍照留念的公共展示点，为参展商提供午餐送餐服务，在展馆增加顾客休息区，为客商提供行李寄存服务，增强客户的无线网络体验，在全馆建立无障碍通道等。

三、广交会精细化服务

以中国第一展广交会为例，在现有展会服务基础上，进一步提升精细化服务水平的具体路径与方法如下。

（一）网络服务方面

①提醒客商错峰使用展馆的无线网络，进一步提高网络服务工作质量和效率。②增加互补措施，分摊无线网络的使用压力。一是加大无线驿站的配备；二是通过展位配备 3G 无线固话上网；三是充分利用咖啡点、快餐点等提供网络服务。③提高服务效率。一方面，通过加强对前端服务人员的培训，及时、准确地掌握客商在网络使用中存在的问题；另一方面，加强对现场故障解决人员的服务技巧、排查技术的培训，提高问题解决效率。④针对往届展会客户反映的意见，督促外包单位制定有效的改进措施，提高网络服务的客户满意度。⑤加强调研，探讨在高密度人群中确保网速、网络稳定性的解决方案，打造展会无线展馆品牌。

（二）安保服务方面

①制定安保服务的管理、评估、考核标准和办法，包括保安人员的人数登记核查、仪容仪表和素质要求、职责等，并纳入客服中心 ISO9001 体系。

②督促保安公司加强保安人员培训，提高安保服务人员的服务意识、责任心，树立起"不仅是安保人员，更是广交会直接服务标杆"的形象；丰富培训内容，包括展馆周边及馆内位置、标识、展区分布、业务服务点等方面的知识，确保每个保安人员均能独立工作，发现问题，解决问题，为与会客商提供优质、专业的安保服务。③完善各级检查和不合格项处理流程，并保留必要的确认记录。

（三）保洁服务方面

①修订直观、可检查、量化的展厅、卫生间保洁标准。②完善保洁外包单位管理要求，特别是保洁公司入场前的确认和准备，如确认相应的人员仪容仪表和资质、设备器具的状况等，并保留必要的确认记录。③完善各级检查和不合格项处理流程，并保留必要的确认记录。

（四）设备管理方面

①降低展馆能源消耗，打造广交会展馆节能环保品牌。②完善设备维修和客户投诉事项处理流程，针对具体的不合格项，提出改进措施，杜绝同类投诉事项的重复发生。

此外，还要逐步建立 EHS 管理体系。将 EHS 认证（环境 Environment、健康 Health、安全 Safety）的标准运用在现场管理和服务工作中，共同推进会展中心环境管理水平，逐步建立职业健康安全管理体系。

第三节　展览服务体系

一般而言，展会服务除安保服务体系与餐饮服务体系外，还要建立大会业务服务体系、外事服务体系、新闻服务体系、法律服务体系等。只有这样，才能实现一方面不断提升展会常规服务水准，另一方面使得展会服务向高端与深度拓展。

服务体系建设作为展会的核心组成部分具有重要意义。而服务体系的缺失会制约展会项目的进一步发展。从展览会的实际运作过程来看，一个展会的服务体系应该包括展前、展中和展后三个阶段的内容。

一、展前阶段服务内容

按照国际展会标准，展览会开幕前的服务包括：信息咨询，网络资讯，参展商信息收集，信息预登记，观众邀请，免费培训，虚拟展览等。

（1）信息咨询指组织者结合展览会的特点提供信息的咨询服务。

（2）网络咨询便捷高效，主办方可通过网络发布展会相关信息如上届展览会的数据分析，便于参展商科学制订参展计划并确立参展目标。还可将展会日程及活动安排、展馆地理情况、酒店预定、运输和搭建、预约观众等信息，进行实时在线互动。与此同时也可利用网络广泛进行在线招展和招商。

（3）参展商信息收集。欧洲的展会将它视为最有价值的行业数据资源。获取参展商信息主要通过三种渠道，参展商参展调查表、参展发放的产品资料、参展商公司网站以及相关行业媒体的介绍和评价。

（4）信息预登记。这方面工作可以委托专业公司来完成，需要按照行业特点将参展商和展品进行分类，以便参展商信息日后得到有效利用。

（5）观众邀请。注意向进行了预登记的专业观众邮寄邀请函和胸卡。

（6）免费培训。展前为参展商和主要贸易采购商举办免费培训。有利于加深参展商与客商对展会特点的了解，更好地利用展会平台促进企业市场营销。

（7）虚拟展览。虚拟展览在欧美国家非常流行。香港展览公司在内地举办展览会中运用虚拟展览的也有很多。随着网络科技的发展，虚拟展览也会成为实体展览的主要伙伴。

二、展中阶段服务内容

在整个展会服务过程当中，展中服务是最为紧张的环节，需要建立一套有效的组织协调机制。

（1）观众登录。这一环节，目前国内的知名品牌展会已经委托专业公司负责。通过专业公司，对观众数据进行采集和分类。此外，由专业公司现场打印观众基本信息，生成个性化的参观卡，方便参展商识别。

（2）现场监控。对当前展览会的每个出入口的到达情况作详细的监控，如到达人数、到达曲线、到达人员的比例分析等，这些信息同时可在大会的信息发布处现场显示，充分体现展览会的高科技含量。

（3）细化服务。更加细化的服务包括出入口管理和进入场馆和会议室的权限控制。此外，还可以细化到提供展台服务系统、现场分析报告制作、电子会刊的制作以及市场营销的软件方面的服务。

三、展后阶段服务内容

展后服务，最重要的部分是数据分析及客户关系维护。

（1）展会统计分析报告。依据规范化的展览会数据统计，分析现场展览效果，辅助未来展览策略。通过专业的公司对展览会收集到的信息进行价值评估。

（2）展后回访。对专业观众的回访可通过邮寄、Email、传真等方式，内容包括展览会满意度调查、下届参观意向等。通过展后回访，还使得观众的各种联系方式确保有效，同时提高参展商信息采集工作的质量。

（3）建立行业信息中心。注重对参展商和观众的问卷调查，收集反馈意见，利用统一信息管理平台，开发利用行业卖家和买家信息库资源。此外，还应建立展会特定行业的信息频道，促进参展商和观众之间的展后交流。

总之，现代展览综合服务体系的建立，关系到一个展览项目能否持续稳定发展。应从以下四个方面加快建立健全中国会展业服务体系。

（一）设立会展专业服务标准

一些大型展览公司或成熟的展览项目，在长期的办展实践中形成了自己特有的展会服务方式与专项服务技能，应加以总结提炼才能延续和传承。因此，产学研应通力合作，在总结成功展会经验与服务体系的基础上，形成一套近似于标准化的、可操作的展会服务体系。而目前我国展览业的服务体系建设，不仅在实践上存在不足，在理论上也缺乏指导。

（二）形成优胜劣汰的有效机制

完善的展会服务体系的建立，既要有来自外部的激励机制，也要有行业内竞争下的淘汰机制。一些专业展览项目公司通过其比较完善的展会服务体系，在为参展商和专业观众提供了优质服务以后，自己的展会项目获得比较大的收益和相对快速的发展。反之，在一些竞争相对集中的领域，或者是同题材展会项目中，一些不具备展会服务体系，不能提供良好服务，甚至提供不了基本服务的展览公司，在竞争过程中逐渐被淘汰出局。

（三）对展会服务进行价值评估

展会服务体系建设成效如何，很大程度上又取决于相应的评估标准以及与之相适应的监督机制。例如，作为展会服务体系中十分重要一环的数据信息，就需要相关的审计和量化分析来保证其真实性和有效性。这方面目前运用最为普遍、最容易被接受的是对展览项目进行的第三方审计。通过审计，对三个主要指标进行量化分析，即展览的面积、参展商和观众。其中最重要的分析指标是观众的结构分析。观众结构分析，实际上是一项非常重要的展会成果。它可以直接服务于下一届展会的参展商。

以现代德国展览公司为例，他们多数都在潜在客户、潜在参展商决定参展之前提供一切必要的信息与协助以便最终说服客户参展。这些服务都是通过提高展览会的透明度，用以阐明一旦参展可以获得哪些收益，以帮助客户做出参展的决定。

我国展览业需要有权威认证机构，通过其权威认证来实现对展会服务体系的评估。

（四）展会现场服务能力提供

展会现场服务包含安全保卫，餐饮卫生，设备设施，信息网络，展装工程，广告促销，商务旅游等几个主要方面。现场服务关系到客户体验，关系到展会的质量和声誉，也体现出一个展览项目的核心竞争力，因此，它要朝着专业化方向努力。

国外会展中心提供的现场服务，除了有停车、买家登记、行李寄存、穿梭巴士、酒店订房、买家在线登记助手、信息咨询等，还提供无线和有线上网、展会刊物、现场广告、参展商认证、官方网站等服务。

官方网站有多语种版本，定时向外发布组展、展出和撤展等展会相关信息，以及发布免费穿梭巴士服务、当地酒店和旅游方面的信息。官方网站除发布固定信息外，还提供网上参展申请和网上观展申请等业务办理。任何观众通过官方网站提供个人信息后，展览中心均向其发放电子参观票，由观众自行打印使用。

为解决展会现场服务与客户需求差距较大的矛盾，品牌展会项目纷纷导入 ISO 质量管理体系，使各项服务工作朝着规范化、标准化和专业化的方向发展。展会服务流程与环节的衔接和协调沟通更为顺畅，使得现场服务效率显著提高，服务时效达标率和客户满意度不断提高。

综上所述，中国组展商应不断增强服务意识，提高服务能力，把参展商、采购商与观众的满意程度作为现场服务好坏、服务质量高低的衡量标准，加强精细化管理，通过质量会议、内部审核、管理评审和现场检查等形式，确立改进措施，持续改进服务，不断提升展会专业化服务水平。

第四节　展览服务创新

展览主办机构所提供的展会服务产品由两部分构成：一是展馆及展会项目，二是展会进行时所提供的服务。展会主办方的职责就是为与会者创造最理想的贸易洽谈环境。它们需要为参展商，采购商，观众与新闻媒体等不同目标群体提供各种各样的设施与服务，并且使得他们从展会中获得最大收益。所提供的服务包括信息、物流、交通、餐饮、金融、保险、法律、认证和其他日常服务。

对于在展馆举办的各类展览会，要建立统一、规范的展会现场服务程序，明确各部门职责，以确保展会现场服务工作顺利进行。为确保提供优质、安全、完善的展会配套服务，并根据客户意见不断改进服务质量，以提高客户满意度，还需要制定相应的展览服务流程与配套服务程序。

一、坚持以顾客满意为标准

顾客满意是现场服务工作的方向，也是衡量现场服务部门综合绩效的重要指标。顾客满意度是一个团队的目标，需要各部门的共同努力才能实现。因此要建立顾客满意度调查的相关规则并予以实施，并要围绕顾客满意度变化的关键因素对满意度测评系统不断进行改善。顾客满意度调查的相关数据都应得到仔细的分析，从中发现的改进机会成为现场服务部门优先解决的事项。相应地，要建立《客户满意度调查程序》与《客户投诉处理程序》。建立展览现场服务质量检查及评分规程，目的是明确展览现场服务质量的检查程序和评分办法，及时发现现场服务中的不合格项，促进现场服务水平的不断改进。展览现场服务评估与改进包括两个程序。

（一）客户满意度调查程序

目的是测量客户要求被满足的程度，为提高展览现场服务质量水平提供改进的方向。适用于对展览主办单位、参展商、采购商的现场服务质量满意度调查。

（二）服务质量检查程序

目的是识别客户感受焦点，实施有针对性的、规范的服务质量检查，提升客户满意度。

此外，还需要对现场服务各部门的经典服务案例进行收集、分析、整合，形成资源共享。服务案例主要指在现场服务工作中值得提倡或表扬的做法，以及各类经验总结或失败教训。

二、注重展会服务模式创新

在市场竞争条件下，现代展会还需要注重服务模式创新，努力实现从纯粹的场地销售者和现场服务提供者，向整体服务解决方案提供者转型升级。因此需要围绕各种展会服务需求，整合会展中心的各种服务资源，如展馆、酒店、广告、工程装搭、商旅、会议等，联合社会上各类专业服务供应商，共同为客户策划、组织和提供展览项目运行各个环节所需要的、涵盖展览产业链上下游各类项目的整体服务解决方案或个性化服务方案。

实施整体服务解决方案的工作要求：一是始终坚持以客户需求为中心，加强调研，不断满足、引导和创造客户需求；二是不断丰富方案内涵，提高服务品质，创造服务价值。重点抓好方案的落实，不断提高自身综合能力，满足客户需求，为客户提供优质服务。

展览客户需求日益多元化，对场馆供给的要求也已从最初的场地设施向专业化、多样化服务转变。为了最大限度地满足展览主办方的需求，就要洞悉展览客户的复合需求，量身定制服务组合套餐，为客户提供更多增值服务。

展览整体服务解决方案主要包含必备展览配套服务及个性化定制服务两

个方面。一方面，延伸了常规服务项目内容，从展前申报—观众邀请—宣传招商—策划设计—展位搭建—展品物流—安保—餐饮住宿—差旅—庆典策划和客商现场服务等形成完整的服务链，将其进行分类组合，纳入《展览配套服务供应方案库》，帮助展览客户有效选择符合其需要的服务供应商。另一方面，针对展会主办方的个性化需求提供定制服务解决方案。

整个服务贯穿于展览会的展前、展中、展后等各个不同阶段，由专门的项目小组跟进并解决服务项目及定制服务提供过程中的问题，确保服务质量，真正让展览客户享受一站式全方位的贴心服务。此外，现代展会服务模式创新，还要体现生态文明发展的时代要求，大力倡导电子化和无纸化的展会服务。

第五节　展览现场管理

展会现场管理的核心理念为，顾客满意和忠诚是办展企业生存和发展之本。它应以顾客为关注焦点，随需而变，为顾客创造美好感受；提供专业化服务，建立标准化流程、实施规范化运作并且持续创新。

首先是要建立展览现场质量管理推行组织，其次拟定推行方针与目标，拟定工作计划与实施方法，进行培训和宣传，推动全体员工按照质量管理活动办法进行推行实施，并进行现场检查和评比。最后再针对检查中发现的问题进行整改。

展会现场管理方针寓于管理理念当中，应充分体现质量管理方面的努力方向。展会现场管理力求以真诚之心、舒适环境和敏捷响应打造一流的会展平台，为客户提供优质、高效的展览服务。展会现场管理人员的思路与展览现场管理的理念方针务必保持一致。现代展会两项基本的现场质量管理活动为：

（1）TCS 小组活动。TCS 是英文 Total Customer Satisfaction 三个单词的缩写，其含义是：顾客完全满意或全面顾客满意。TCS 小组活动，就是顾客完全满意小组活动。TCS 小组活动是国外近几年来随着 TQM（全面质量管理）的深化和发展而诞生的一种员工参与新的活动形式。开展 TCS 小组活动其目的在于：①提高展览现场服务效率，降低成本；②改善管理，增强企业素质；③改进展览现场服务管理；④培养和提高员工应用科学方法解决问题的能力。以上活动适用于展会现场管理各部门的业务改进工作。

（2）建立 5S 管理程序。建立 5S 管理程序的目的是给客户和员工提供一个干净、整洁、舒适、安全的办展环境和工作场所，为客户带来美好的感受。该项活动适用于客服中心现场服务点、场馆内、场馆周边、餐饮区域、会议室、保卫岗亭、机房、仓库及办公室等。5S 就是整理（SEIRI）、整顿（SE-ITION）、清扫（SEISO）、清洁（SEIKETSU）、素养（SHITSUKE）五个项目，因日语拼音均以"S"开头，简称"5S"。

整理指的是在工作现场区分要与不要的东西，只保留有用的东西，撤除不需要的东西；整顿指的是把要用的东西按规定的位置摆放整齐，并做好标识进行管理；清扫指的是将工作现场保持在无垃圾、无灰尘、干净整洁的状态；清洁指的是将整理、整顿、清扫进行到底，并且制度化；管理公开化，透明化；素养指的是通过上述活动，使员工养成良好的工作习惯，自觉遵守各项规章制度。

现场管理所包含的事务很多，需要多方面的协调配合。展会现场管理工作某一方面的疏忽和失误就可能对会展造成严重影响。展会现场管理要本着客户优先、以人为本的宗旨，注重标准化、规范化、科学化和人性化。同时做到寓管理于服务之中。

一、展览现场管理主要内容

展会现场管理涉及面广，所包含的主要内容有：来宾接待管理，展位搭建管理，展场秩序管理，展馆安全管理，展览后勤管理，设备设施管理，展具展材管理等。近年来，有些展览的现场管理还增加了媒体管理、广告管理、外包管理、信息管理等新的内容。概括起来说，展会举办期间的现场管理，主要是展会现场秩序的维护，以及展会运营过程的组织与服务，以确保展会的顺利进行。

展览现场管理首先要明确现场管理人员的岗位职责，然后要制定现场管理工作的各项规程。会展现场管理规程的每一部分内容都有具体的指标要求。在开展期间，要制定专人对场馆的公共设施设备、功能服务设施、场馆环境美化及现场秩序等，进行日夜巡视和定点巡视，确保设施设备正常运转和良好的现场秩序，发现问题及时解决。

二、构建展览现场管理体系

展览现场管理是指会展项目的主办方、承办者（组展商）及会展场馆商为完成既定的会展目标，对发生在会展活动场所的会展活动所实施的一系列的组织、控制、沟通、服务等工作的过程。会展现场管理是会展项目管理的实施与执行环节。因此，要通过对现场管理体系进行策划，才能确保展会质量目标的实现。

建立展会现场管理体系的基本原则如下：

（1）展会现场管理体系运作的各个环节均以顾客满意为核心。

（2）现场管理体系的成功建立在数据测量的基础上，只有数据及事实才能说明工作的绩效。对绩效进行分析之后的改进行动是每一个员工固有的职责。

（3）不断总结展会现场管理从理念到工作程序到操作细节的成功经验及最佳实践，将其按质量管理体系的方法形成文件并不断改进是现场管理知识和管理经验积累的根本方法。

（4）展会现场管理体系建立及完善的方法是将各个过程加以细化，并考虑它们相互之间的联系形成一系列的管理体系文件。

（5）通过文件化充分、有效地展开各管理模块，同时要注意文件的简化、系统化和有效性，提高工作效率。

（6）各项改进工作的总结成果需纳入所需完善的管理体系文件，以实现改进成果的固化。

（7）对展会现场管理具有重要影响的外包服务供应商，如呼叫中心、安保、餐饮、保洁、设备运行管理等通过提出人员要求、设备设施要求以及外包方自检要求加以控制，以确保与展会现场管理体系有清晰的接口。

第六节　现场管理规程

展览现场服务与管理要尽量做到程序化。展会主办方努力做到为到会客商提供全方位的优质服务，首先需要在各项基本服务环节建立相应的规程与方法。

一、展览安全总控作业规程

展览会是公众聚集场所，衡量一个展会是否成功，安全是首要的。因此，展览主办机构都把安全视为最重要的一环，采用人保与技保相结合的办法，制定出种类繁多的严格的安防与消防规定，以确保展会的举办万无一失。

建立消防与安防总控作业规程的目的在于规范监控员岗位操作，尽可能做到会展中心安全服务工作人防与技防相结合，确保展会平安顺利进行。

（一）常见问题处理规程

适用于大会及日常展览会各类常见安全问题的处理。如，偷盗事件如何处理，如何报失，客商受伤或生病如何处理，发生吵架、斗殴如何处理，对各类口头投诉、电话投诉如何处理等。

（二）消防安全管理规程

适用于会展中心日常消防工作的开展，消防设施的管理、使用、维护保养和检查。消防设施指消防器材、报警系统、避难设备、抢救系统等。如：火灾自动报警系统、喷淋系统、消火栓系统、防烟排烟系统、应急广播、应急照明、安全疏散标志、灭火器等。

（三）展馆门卫作业规程

目的在于规范无展期门卫工作，维护会展中心安全，提供优质服务。适用于会展中心大院内各门口岗位及行政办公楼岗位。

（四）消防设备设施规程

目的是规范设备维修员岗位操作，尽可能维持消防系统的正常运作，为大会的消防安全工作提供优质保障服务。适用于大会的安全服务监控岗。

（五）展馆钥匙管理规程

目的是有效地对钥匙进行规范管理，消除安全隐患。适用范围包括所有展馆钥匙的接收、标识、保管、领用和配制。

（六）安防设备设施规程

目的是规范设备维修员岗位操作，尽可能维持安防系统的正常运作，为会展中心的安全工作提供优质保障服务。适用于会展中心红线范围内安防系统。

（七）高空作业操作规程

目的是明确高空作业程序，规范高空作业动作，细化高空作业流程，确保高空作业人员安全。适用于距离地面 2 米及以上的作业。凡是距坠落高度基准面 2 米及其以上，进行作业的均为高空作业。

另外，展会主办方通常都会与展会承办商签订一份在展馆办展的安全管理协议，主要内容包括：治安安全管理，施工安全管理，防火安全管理以及其他约定事项。

二、展览网络系统管理规程

现代展会对网络平台的依赖程度越来越高，网络信息系统的安全管理也日显重要。网络信息系统的安全平稳运行直接关系到大会的正常举行。加强会展中心网络系统安全管理，保障各类应用系统的平稳运行，不断提高网络系统运行的安全性、可靠性与稳定性，是信息化部门的重要职责所在。

网络信息系统的安全定义，包括网络安全，系统安全与数据库安全。为此，要分别制定数据库安全管理细则、系统安全管理细则，网络安全管理细则并严格遵守。

网络信息系统管理的总体目标，一是保障大会信息网络、业务系统和数据资源的稳定、安全与高效运行，二是使得客户满意度达到客户服务中心设定的目标要求。具体管理内容包括：网络硬件管理，网络信息管理，软件开发管理与数据资源管理。

（一）网络安全与数据安全操作规程

适用于信息化部门的网络管理员、系统管理员、数据库管理员。网络管理员负责整个会展中心的网络系统安全管理。系统管理员负责系统安全方面的管理。数据库管理员负责 ORACLE 数据库的安全管理。

（二）数据库系统监控管理规程

实时监控数据库系统及相关的存储备份系统，收集系统信息和数据，通过对采集的信息和数据进行汇总分析，科学评估数据库系统性能，发现数据库系统存在的问题，制订数据库系统改进方案，使数据库系统不断优化完善，提高客户服务中心内、外部客户的满意度。适用范围：适用于会展中心各类业务数据库、文件服务器、备份服务器。

（三）数据库系统故障处理规程

目的在于规范报障流程，加快排障速度，提高故障处理效率。适用于数据库系统故障处理。根据设备使用的重要程度，可将其故障分为四个等级，并根据故障现象分别做出相应现场处理。凡归属于数据库服务器硬件、操作系统、存储服务器、备份服务器等故障皆归类为系统故障。凡归属数据库服务器中 ORACLE、SQLServer 软件，与 ORACLE、SQLServer 业务相关系统，使用 ORACLE、SQLServer 数据的网站等故障皆归类为数据库故障。发现系统和数据库故障，应立即判断故障级别并通知相关人员进行处理。

三、展览布展施工管理规程

对展会特装布展施工要进行资质认证并加强施工管理。选择有实力的特装施工单位，满足参展商布展施工要求，确保展览的施工安全。特装布展资质认证适用于从事特装布展的展览工程设计及承建单位。参展企业须按照大会布展工作总体要求和布展施工管理规定安排特装布展，并须选用通过大会特装布展资质认证的特装布展承建单位具体实施。

（一）资质认证审定程序

①展会项目资质认证联席审核组负责对特装布展施工单位资质认证的评审确定。②评审内容为核实申请资料是否齐全和属实，是否全部满足必备资质条件。③资质认证联席审核组在收齐申请资料后 15 个工作日内完成初审工作，并在展会网站公示通过初审的单位名单。④资质认证联席审核组向通过初审的单位发出通知，组织召开培训会议，进行展会布展施工管理规定、消防安全知识、用电安全知识等方面的培训和考核。考核结果在展会网站公布。⑤考核合格施工单位获得大会特装布展施工资质，并须与大会主办方签订特装布展施工许可合同。⑥资质认证联席审核组在展会网站上公布获得展会特装布展施工资质的单位名单，并向参展企业进行推介。

（二）资质单位责任与义务

①严格遵守大会特装布展施工、撤展、保卫、消防安全、用电等各方面管理规定，承担所承接工程全展期的消防安全第一责任。②在公平竞争的原

则下，承接大会的特装布展工程。不得采取非正当竞争手段，损害参展商与同行的利益。③负责所承接特装工程设计图纸的初审并向大会审图组报审。④确保具备足够的人力、物力，在大会规定的筹、撤展期内完成各项布展、撤展工作，不得提前进场与滞后完工。⑤指定专人负责所承接特装展位全展期的安全维护工作。⑥不得因与客户发生纠纷而中途停止服务。上述责任及义务为特装布展单位与会展主办方签署合同书的主要内容。

此外，按照《展会特装布展施工单位评估办法》，每届展会都要对特装布展施工单位进行综合评估。若施工单位评估结果不达标，将被取消其下一届的特装布展资质及不再受理其下一年度的资质认证申请。

四、展会配套服务管理规程

（一）开幕式礼仪服务规程

为主承办单位提供简捷、高效服务，方便主承办单位完成展会开幕式相关报批手续及提供现场服务。适用于主承办单位申报展会开幕式舞台搭建方案，以及开幕式舞台需使用的相关设备的服务需求。开幕式期间尤其是大型展览会开幕式，需特别提醒展览工程公司电工以及技术设备部跟展人员现场监管舞台用电情况，以便解决涉及舞台用电的突发事件。

（二）展会现场餐饮服务规程

目的是做好展会餐饮服务工作，提升展会服务形象，提高客户满意度。适用于从主办方提出餐饮需求至完成回访的全过程。①统一公开对外招标，引进餐饮服务单位，形成餐饮服务单位目录。②参照《餐饮服务检查规程》做好餐饮服务点的现场管理，并对餐饮服务进行客户满意度调查。③参照《餐饮经营单位评价表》对餐饮服务单位进行服务评估。④总结展会餐饮服务出现的问题，限时落实整改。

（三）展区展品搬运服务规程

制定展区展品运输服务规程，目的是加强展会展区展品运输现场管理。适用于展区展品运输服务工作。①落实展区承运商，获取参展商货运需求信息；②展品进馆前登记与查验，并使展品进入展位；③协助承运商提前为撤换展准备包装物；④督导承运商撤展回运工作，所有监管展品必须有完整的监管仓出入手续；⑤各承运商提交工作总结并提出下届展会的改进意见；⑥召开总结会议，形成具体整改方案，修订原作业方案。

 小资料

展品质量监控办法

以中国进出口商品交易会为例，介绍展会展品质量及贸易纠纷的管理规程与方法。

为遏制当前广交会展品质量及贸易纠纷投诉增多趋势，提升广交会整体办展质量，维护广交会品牌形象，现就加强广交会出口展展品质量及贸易纠纷投诉的监督控制制定相关办法如下。

一、总体工作思路

通过资格审核、质量监管、组展表彰等手段加强展前控制，建立被投诉名单及纠纷责任名单制度、信息公开和共享制度等监控机制，对应承担责任的参展企业及有关单位采取严格处罚措施，并完善相关投诉处理操作流程，由交易团承担本团涉嫌企业的协查责任，全方位监控广交会出口展参展企业的展品质量和贸易纠纷投诉现象。

二、具体监控办法

（一）加强展前审核

1. 定期评估参展企业资格

各交易团、商协会须认真履行参展企业资格审核和复核职责，按规定安排展位并公示结果，严格把好准入关，从源头上控制不具备资格或有不良记录的企业参展。广交会工作领导小组办公室定期评估各交易团的参展企业达标率和更新率，抽查交易团参展企业资格条件。

2. 严格展品质量监管

各交易团要严格按照商务部办公厅《关于加强中国进出口商品交易会展品质量监管有关工作的通知》（商办广函〔2010〕1700号）要求，全面加强展品质量监督管理，积极与当地质检部门合作，主动以书面形式将初审后的企业名单一并提交当地质检部门核查，防止进入质检系统黑名单或有不良记录的企业和产品参展，并将质检部门盖章的正式核查结果书面报广交会工作领导小组办公室备案。

（二）建立监控机制

1. 建立展品质量及贸易纠纷被投诉名单和纠纷责任名单制度

被投诉名单指被广交会采购商投诉且被大会受理的参展企业和联营供货单位名单；

纠纷责任名单指：

（1）经国内质检部门、法院或仲裁机构等正式认定应承担展品质量及贸易纠纷责任，并由大会投诉接待站确认的参展企业和联营供货单位名单。

（2）在事实清楚、证据充分、责任明确，且双方均对事实责任书面认可的情况下，由大会投诉接待站确认需承担责任的参展企业和联营供货单位名单。

2. 加强监控措施

凡进入被投诉名单的企业，均作为自下届起连续十届的重点监控企业名单，对其开展展前监控和展中监控。展前监控指相应交易团应专门提供该企业所在地质检主管部门书面核查结果。展中监控指将该企业作为开展期间展品质量监管的重点检查对象。

3. 建立信息公开制度

通过参展易捷通系统添加"敬告提示"，被投诉企业通过专用账号登录后，系统将自动提示其上届被投诉情况，予以警示；一旦进入纠纷责任名单，企业被投诉情况和处理结果将通过备案系统公开。

4. 发挥组展工作表彰机制的促进作用

将"按大会规定落实展品质量监管、处理展品质量投诉及贸易纠纷"纳入广交会组展表彰评比指标，相关工作开展情况直接影响交易团组展表彰结果。

三、操作规程

（一）投诉受理条件

1. 广交会展览期间投诉，其受理条件参照《中国进出口商品交易会贸易纠纷防范与解决办法（试行）》第七条执行。

2. 非广交会展览期间的投诉，投诉方须为广交会采购商，被投诉方须为广交会参展企业或联营供货单位，并实行投诉实名制。投诉方须至少提供以下资料中的两项：

（1）对应届数的广交会证件或参展依据；

（2）广交会上签订的有效合同、协议或成交意向书等；

（3）我国驻外使领馆或经商处室等涉外政府机构出具的相关公函及书面情况说明等。

（二）受理调解流程

1. 广交会展览期间的投诉，由业务办下属的广交会知识产权、展品质量及贸易纠纷投诉接待站按《中国进出口商品交易会贸易纠纷防范与解决办法》处理。投诉接待站每届广交会后须向广交会工作部提交以下名单：

（1）被投诉名单；

（2）纠纷责任名单；

（3）第11条、第12条、第14条所涉参展企业或联营供货单位名单。

2. 广交会闭幕期间的展品质量及贸易纠纷投诉，按以下流程处理：

（1）大会业务办日常办事机构外贸中心广交会工作处负责接收投诉材料，并根据投诉材料判断是否符合受理条件。

（2）如符合受理条件，以工作领导小组办公室名义书面致函被投诉企业所属交易团，抄送相关商/协会，并转交相关投诉材料。

（3）交易团须承担本团企业（含联营供货单位）的调解处理责任，如涉及多个交易团，交易团间须协调配合；各相关商/协会协助交易团完成调查调解工作。交易团收到协查通知后，须于收到之日起30天内向广交会工作领导小组办公室书面提交调查调解情况材料，被投诉企业可在此期间书面申诉。

（4）广交会工作领导小组办公室负责将交易团调查结果书面反馈给投诉方，必要时建议其诉诸法律途径解决。

四、处理措施

1. 出现下述情况之一的参展企业，从最后一次投诉处理完毕后的最近一届起，连续2届在投诉所涉展区的展位数不得超过最近一次投诉当届相应展区的展位数：

(1) 连续 2 届共受到 2 个及以上不同主体投诉并被大会受理的参展企业；

(2) 与之联营的供货单位连续 2 届共受到 2 个及以上不同主体投诉并被大会受理的参展企业；

(3) 投诉处理过程中未在规定时间内配合调解的被投诉企业。

2. 连续 2 届共受到 2 个及以上不同主体投诉并被大会受理的联营供货单位，最后一次投诉处理完毕后的最近两届不得以联营供货单位或参展企业身份进入广交会相应展区参展。

3. 进入纠纷责任名单的参展企业和联营供货单位，取消自大会投诉站确认之日起，连续六届广交会相应展区的参展资格。

4. 对于被投诉情节较为严重，包括但不限于同一届内受到 3 个及以上主体投诉并被大会受理，且投诉方出具投诉凭据（如已付款但未按合约发货或货不对样的相关证明材料）后，被投诉方未在规定时间内举证或不配合大会调解等情形，而被大会认定为损害广交会声誉的参展企业或联营供货单位的，参照第 13 条处理，并视情予以通报批评。

5. 如被投诉企业不属于广交会官方认可的参展企业或联营供货单位，按《广交会出口展展位使用管理规定》对相关各方进行处理。如该企业或联营供货单位经认定进入纠纷责任名单，将从认定之日起连续六届禁止进入广交会参展。

6. 同时符合上述多种情形的，按处理力度较重的条款执行。

本办法由广交会业务办负责解释权，自下发之日起执行。此前有关规定与本办法不符之处，以本办法为准。

本章思考题：

1. 如何构建现代展览综合服务体系？

2. 展览服务为何要标准化与精细化？

3. 如何开展展览现场质量管理活动？

4. 为何安全总规程居各项规程之首？

5. 说明展览服务创新的意义及作用。

第十二章　展览会品牌建设

本章导读：品牌展会认定标准，品牌展会资源管理，如何走向品牌展会，国际品牌商展考察等。

第一节　品牌展会认定标准

会展业发展的一个重要趋势是市场份额越来越向最有价值的会展品牌集中。只有品牌展会才能在会展市场中获得优胜地位。品牌是会展业发展的灵魂。创立一个展会品牌，是一个长期的品牌战略管理过程，之中凝聚了组展商大量的经验与智慧。那么，用什么标准来衡量一个品牌展会呢？

通常认为品牌展会的标准为品质优良，拥有权威协会和主导企业的支持，代表行业的发展方向，提供专业的展览服务，与强势媒体合作，进行长期规划，具有规模效应等。迄今为止，国内外尚无统一的品牌展会衡量标准。

有观点认为，满足以下八项条件的展会，可称之为品牌展会。一是具有优良的办展地点及场馆。二是拥有行业协会的坚定支持。三是形成了一定的规模效应。四是代表着行业发展趋势与方向。五是呈现出一流的展会服务。六是具有科学发展规划且随需而变。七是营造良好的舆论环境。八是得到政府的关心与支持。

由于国际博览会联盟（UFI）有一整套较为成熟的资质评估制度，UFI资格认可和UFI使用标记就成了品牌展览会的重要标志。

展会品牌也可说成是展会项目之无形资产的总和。物化可视的是展会的名称、标识、吉祥物等，抽象可感受的是美好联想与亲近感。品牌通过名称、标识、标志、包装设计等属性，为顾客提供独特的价值和承诺。它同时代表着规模、信誉、形象与盈利。许多国际知名展会已经成为一种品牌象征，一种专业号召力。

概况而言，品牌展会具有一般品牌的特征和其品牌独有的特征。

一是品牌展会具有一般品牌特征。品牌是市场主体进入市场过程中区别于他人的市场标志。实现品牌化，在于建立信任，让市场主体放心大胆地来选择自己，从而占有市场份额。品牌的价值是市场经验长期积累的结晶，是值得信任的市场主体的识别符号。品牌凝聚了市场信任所必需的全部要素，包括产品的特性与功能、企业的理念与文化、交往的利益和体验、顾客的期待与情感、无形的资产与商誉。品牌成为市场竞争主体，已经成为现代市场全球化的不二法门。

首先是品牌信任。品牌信任来自于市场经验，有赖于品牌与顾客坚持不懈的长期交往，是大量品牌实践日积月累的积淀。同时，品牌信任也来自品牌的功能结构，它既是承诺，又是抵押。承诺明确信任的内容，抵押提供信任的依据。在市场交往各方的眼中，品牌由此成为市场信任的标志。

其次是品牌承诺。品牌承诺是市场活动的强有力媒介，主要包括质量、信用和公平三个层次的内容。质量是品牌的生命线，体现品牌的效用价值。信用以质量为根据，是品牌的次生承诺，体现品牌与市场体系的负责任交往。公平是品牌的衍生承诺，体现品牌对市场环境相关利益诉求的尊重。品牌抵押指的是品牌为履行承诺做信誉担保，用作抵押的企业资产被称作"品牌资产"，它主要由品牌经营长期积累起来的无形资产构成，大致相当于特定品牌的市场效益。

二是品牌展会具有其独有特征。展会品牌区别于一般品牌的特点，在于展会不同于一般的商品或服务，是一种面向规模化经营的营销渠道服务。作为一种平台式服务，其目的与意义在于让参展商与采购商互相沟通了解，建立商务合作伙伴关系。其品牌承诺通常并不针对某一特定产品或企业形象，而是为所有规模化经营的参展商和专业观众提供专业化服务，保证商业资讯服务质量，激励产品与服务创新，维护贸易促进平台的诚信与公平。其品牌担保不仅来自于现场展会平台，而且来自于组展方背后的支撑力量，包括政府、商业协会、展览馆、参展商与采购商多方面的共同努力。

与一般展会相比，品牌展会所表现出的显著特性如下：

一是具有较高的知名度。品牌展会在一定区域内具有较高的知名度和较大的影响力，普遍能得到业界的肯定和认可。

二是具有较好的规模效应。品牌展会必须有一定规模，才能吸引更多的参展商和专业观众参与。对组展商而言，也才能产生规模经济效益。

三是具有较强的示范作用。品牌展会有明确的市场和专业目标，而且能提供几乎涵盖这个专业市场的所有信息。它能代表该行业的发展方向，拥有较强的声誉和可信度。

四是具有完善功能与规范服务。同时，它也有针对性地安排一些配套活动。

五是集聚性强且具有连续性。它能够吸引行业中最具实力和影响力的生产商和营销商参加，具有专业号召力。同时，一个品牌展会应该是一个长期和连续的展示。

第二节　品牌展会资源管理

会展品牌在保持原有品质的基础上，要不断在形式和内容上进行创新，以此来满足参展商和专业观众不断变化的心理需求与市场需求。特别是在网络信息时代，品牌展会更要保护好自己的品牌资源，与时俱进更好地发展。

品牌展会的参展商与采购商通常是行业内的品牌企业，所以品牌展会既是展会的品牌，又是品牌的展会。在这样一种特定的服务平台上，品牌展会的营销沟通服务便具备了两个层次。第一层次是组展方面对参展商与采购商，第二层次是参展商面对采购商。展会平台所具有的这种属性，对展会品牌提出了不同于一般市场品牌的要求，那就是更强的专业性、更高的国际化程度和更高效的营销沟通服务。

随之而来的是对展会的品牌诚信与公平也有了更为迫切与严格的要求。这就需要展会品牌在提供常规服务之外，既为服务对象也为自身谋求发展采取一系列品牌维护策略，例如保护知识产权、保证公平竞争、维护展会品牌与参展方及采购方之间的长期合作关系，以及通过展会活动促成利益相关方的品牌资产不断增值等。

品牌展会一般都有专门机构负责管理自身与客户的品牌资产，并且形成了跟踪、收集与提供信息的机制，促进品牌维护的全面开展。品牌维护需要一批精通行业市场以及相关产品专利知识、品牌经营和市场动向，又掌握行业政策法规与商业文化的专门人才。

对于参展商和采购商来说，应当受到鼓励把展会现场当做品牌推广的重要阵地，勇于维护自身的合法权益，通过向组展方投诉或向法律部门咨询进行争端调解，为企业品牌成长营造更好的条件。行业协会和政府相关机构则须提供必要的法律法规服务，把展会活动纳入法制轨道，建立商标注册和品牌认证体系，依法保护展会知识产权。只有针对展会品牌的具体特征展开上述工作，品牌展会才有可能体现出示范效应、聚集效应和可持续效应。

各展会运营机构按照品牌展会的评价标准，扎实做好展会品牌管理的各项工作，才能保证展会取得长期的经济效益，才有助于从整体上提高我国会展业的水平。

一是强化品牌意识，制定品牌战略。培育一个品牌展会项目，首要的是展会运营机构要树立牢固的品牌观念，认识到只有走品牌化发展道路，展会才可能持续发展。树立了这样的品牌观，展会运营机构才会从举办地及场馆的选择、主题的立项、展会活动的策划、展会活动的组织与管理、展会的创新等具体方面来实施展会的品牌化发展。同时，必须认识到展会品牌的建立是一个长期的过程，展会的运营机构要制订长期的发展规划，确立展会的品牌发展战略。坚持而不是游离于品牌发展战略，才有可能获得成功。

二是研究环境变化，满足客户需要。对展会运营机构来说，参展商是客户，对参展商来说，专业观众是客户。客户满意，展会才有可能持续发展壮大。客户的需求是变化的，要做好服务，就必须尽最大努力满足客户的需求。此外，展会的外部宏观环境、行业环境、竞争环境都在变化，只有适应变化，不断创新，展会才有生机和活力。

三是发挥各方作用，有效整合资源。为打造强势品牌，展会运营机构还应充分利用各种相关资源，发挥不同利益主体，包括主办机构、承办机构、协作机构、参展商、专业观众、展会场馆、展会所在地等对展会项目运作各个环节的支持和配合。利用先进的技术手段分析、梳理、整合各种资源，并加以综合利用。在整合资源的过程中，展会运营机构必须努力寻求专业协会、行业内领导型企业、有影响力的媒体、政府等多方的支持。

四是致力专业化，展示新成果。专业化是打造品牌展会的必由之路。专业化能够形成差异化，差异化可形成展会的竞争优势。专业化使展会运营机构在市场细分的基础上，更好地把握客户的需要，从而使得招商招展和展会现场管理更加精确与高效。

五是完善场地设施，提升服务水准。场地设施是否完备，服务水准是否一流，对展会品牌形象的树立至关重要。场地设施属于展会的硬件，展会服务属于软件。硬件建设要使展会的设备设施，包括展馆的空间、水电、采光、空调通风、宽带网线、消防、电梯、通信传输、疏散通道等是安全舒适的。软件建设要保证展会服务，包括招商招展、迎送接待、通关检验、现场服务、知识产权保护、安全保卫、展后跟踪等达到国际一流水准。

六是拓展品牌空间，善用品牌资源。要扩大展会品牌影响，必须拓展品牌空间。展会品牌空间包括时间、地域和价值三个方面。时间方面主要指展会举办期的长短、举办的频率等。当展会发展到一定程度，适当延长举办时间或增加办展频率，可以提高总体效果。地域方面主要指展会的地域扩张，比如一些国外著名展会在其他国家办展，由此扩大展会品牌在世界范围的影响。价值方面主要指品牌的综合经营，品牌的物化形式，如名称、标识、吉祥物等是重要的品牌资源，要善于加以保护和利用，通过与优质客商的合作，取得品牌的综合经济效益，提升品牌价值。

七是借助新闻媒体，打造网络品牌。展会品牌良好形象的塑造，必须借助国内外有影响力的新闻媒体的大量正面宣传报道。做好新闻媒体的公关工作，善待媒体和记者，营造良好的舆论氛围，将吸引更多的媒体或记者关注和报道展会。互联网是一种新型媒体，具有实时互动功能，是展会品牌传播的重要平台。展会运营机构通过建立网站，规划网站内容，筛选和及时更新展会信息等一系列工作，在实体展会之外打造精品网络展会，高效传达品牌认知度与美誉度。

八是争取政府支持，构建良好环境。品牌的形成需要良好的外部环境。寻求政府对展会的支持是保护和提升展会品牌形象的重要一环。通过政府的力量，可有效打击重复办展现象以及品牌侵权行为，避免客商资源的分散和不良口碑的传播，从而保护品牌展会运营机构的权益。应通过政府渠道，充分利用国内与国外两个市场，聚集国内与国际两种资源，为提高展会的成效服务。

品牌展会作为文化积淀、市场积淀和消费者的认知积淀的重要载体，需要中国政府相关部门出台配套产业政策、信贷政策和宣传政策，大力支持本土品牌展会发展。

第三节　国际品牌展会塑造

国家商务部对会展业宏观管理的举措中，就有一项是加强培育品牌展会，做大做强中国会展企业。培育品牌展会，这既是展会运营机构的社会责任，也是参展企业自身发展的需要。

首先应制定长期发展规划，从场馆的设计、主题的立项、展会的规划、展览的组织与管理等方面来实施会展业品牌化发展。其次要努力提高展会组织、策划、服务的水准和经营管理水准，不断进行展会活动的创新，增创名优品牌。

品牌展会的形成是天时、地利与人和等综合要素所产生的叠加效应。展会品牌的形成一般都要历经一个艰苦的过程。一个品牌展会的塑造，需要有明确的品牌战略与具体实施方案，包括品牌定位、品牌形象、品牌经营与品牌文化等。会展品牌资产分为品牌认知、品牌联想和品牌忠诚三个维度，因此，塑造会展品牌可以从这三个层面逐步展开。

就会展项目品牌定位而言，具体工作包括以下几个方面：

一是主题定位。一个成功的会展品牌必须要有一个清晰准确的主题理念，这个主题理念是对整个会展活动的目的、功能、性质、作用等内涵的高度浓缩和概括。

二是功能定位。会展品牌所产生的社会经济综合效益是显著的，换言之就是每一个会展活动的成功举办对于社会经济发展都能发挥作用，这就是会展的功能。然而会展品牌的成功并不取决于所有会展功能面面俱到，而是对所有功能进行系统定位，强化和突出其中某些功能元素来提升整个功能体系，最终实现会展运营目标。

三是项目定位。会展项目作为一种新型的项目形式具有其自身的项目特色，主要表现在服务目标性、项目关联性、客户广泛性和效益综合性四个方面。会展品牌的项目定位与一般会展活动的区别突出表现在提供高品质的客户服务，通过提升服务品质来提升整体项目层次。

四是市场定位。会展品牌总能代表某一行业发展的最前沿，能够做到这一点，取决于具有战略性、超前性的市场定位。会展品牌的市场定位关键在于瞄准潜力市场，凸显品牌特征。同时，会展品牌确定目标市场后，在实施营销策略时，要宣传推广其会展主题的前沿性，稳固其行业地位，并且通过各种互动活动营造具有文化内涵的会展氛围。

五是价值定位。尽管会展品牌主要针对的是高端市场，但是其价值层面不是单一的产品层面，任何参展商或观众参加会展活动不仅仅是寻找单纯的产品，而且有不同的价值诉求。会展品牌在进行价值定位时就要关注于这些不同层面不同维度的价值取向。

纵观国际会展业，展会内涵与主题创新是发展的灵魂与永恒的主题。每个展会在不同时期的主题和内涵都有所侧重和调整。这就使得传统品牌展会常办常新，越办越好。例如德国汉诺威工业博览会，它已有50多年发展历史，但仍在不断调整其外延与内涵。如随着物流业概念深化和技术进步，原来的物流技术与运输系统部分就已于2004届展会中分离出来。再如杜塞尔多夫工业自动化产品展会并入汉诺威工业博览会，科隆男装展并入历史更加悠久的杜塞尔多夫女装与时装展会。这些都是展会主题和内涵的不断调整和扩充的成功范例。另外，展会表现形式的创新也很重要。展示设计中充分利用声光电等现代表现形式，形成视觉美感体验，引起受众关注，从而实现参展企业展览展示的目标。

国际品牌展会的成功经验告诉我们，结合行业发展趋势和方向及时调整展会主题，包括增加扩充展览项目，或分离展览项目成单独办展，赋予原有展览项目以时代特色，以此巩固老客户，发展新客户，这样才能保持品牌展会项目的长久生命力。

第四节　如何走向品牌展会

面对激烈的市场竞争，品牌展会展现出了旺盛的生命力。但不是任何展会都能发展成为品牌展会。那么如何克服品牌障碍，实现一般展会向品牌展会的历史性跨越呢？

一、如何克服品牌障碍

虽然我国现已拥有多个经 UFI 认证的品牌展会，但是品牌展会的基础比较薄弱，真正能与国际品牌展会竞争的寥寥无几。在商业展会品牌化进程中，还存在许多不尽如人意的地方。

一是市场主体不成熟。不成熟的会展主体阻碍了中国会展业通向品牌化。中国会展行业的发展模式与欧美截然不同。目前国内展览组织机构的主体还是国有企业，主要属于贸促会系统与各行业系统。从当前的情况看，中国会展业发展的特征无疑带有过度的政府行为。政府机构既是主要从业者，又是管理单位，而且市场的准入政策使一些有办展资格的机构长期不能进行展览的组织活动，而其他很有实力的民营会展机构又没有资格单独组织会展。办展主体的不成熟使创立品牌展会难上加难。

二是产业布局失衡。产业布局失衡是会展业品牌化的另一个发展瓶颈。从产业布局来看，按照西方会展大国的经验，一个国家创建世界级会展中心城市不应超过 2 个，否则就有泛滥或者形成过度竞争的危险。但在国内，除了举办全国性的展会由国家有关部门审批外，其他各种形式的地方性展会均可由地方政府投资举办。为了提高本地的知名度，政府部门极度热衷于举办各种形式的会展活动，而极少考虑会展活动是否经济，是否符合投入与产出原则。这种一哄而上的做法完全不符合产业布局的原理，只能使得大量的政府经费投入于间歇性、同质化的小型地方会展，大量的展会基础资源被闲置和浪费。这样失衡的产业布局很难培育出有计划、分区域、专业性的品牌展会，更为关键的是造成了会展业低水平恶性且无序的竞争。

三是市场化开放程度低。从整个行业来看，品牌展会得以发展的困难还有很多，如我国会展业的市场化和开放程度低，资本流动受到限制，会展业自身建设相当薄弱，缺少高水平的展览专业人才等。

四是缺乏高层次国际合作。品牌展会的形成必须借力于国际间的交流与合作。在国际会展业向专业化、国际化和集团化发展的过程中，欧美发达国家的许多跨国会展公司纷纷将目光投向海外，开始把自己举办成功的品牌展会逐渐移植到其他国家。我国可以借机移植或引入部分符合城市经济发展需要的境外品牌展会，进一步加快品牌展会的发展步伐。比如中国国际展览中心从美国引入的"世界计算机博览会"（COMDEX），现在也已形成了相当大的品牌效应。

二、如何实现品牌跨越

一是要取得行业协会的支持。展览会的成功与否，多取决于整个行业和企业对其的认可。展览企业若能获得权威行业协会和该行业内主要代表的支持和合作，无疑就增加了该展览会声誉和可信度，使之规模不断扩大，并带来了巨大宣传效果和影响力。

二是要代表行业的发展方向。代表行业的发展方向是品牌化的重要标志，它体现了展览的专业性和前瞻性。能代表行业发展方向的展览会就会有明确的目标市场和目标客户，就能提供几乎涵盖这个专业市场的所有信息，展会提供的信息越全面、专业，观众就越积极，参展企业也越踊跃。

三是要提供专业化展览服务。包括展览企业的整个运作过程，从市场调研、主题立项、寻求合作、言行宣传、招展手段、观众组织、活动安排、文件、信函的格式化、标准化，都须具备较高的专业水准和工作人员的严谨处事态度。

四是要获得 UFI 的资格认可。UFI 对申请加入其协会的展览项目和其主办单位有着严格的要求及详细的审查程序。由于有了这套较为成熟的资质评估制度，那么就令取得了 UFI 标记的企业成为名牌展览会的重要标志。随着我国加入 WTO，面对海外众多实力雄厚的展览企业、名牌展览会的接踵而来，加入 UFI，对规范展览运作，提高国际竞争力，有着不可估量的作用。

五是要长期坚持品牌战略思维。展览企业必须确立长远的品牌发展战略，从短期的价格竞争转向谋取附加值、谋取无形资产的长期竞争，用先进的品牌营销策略与品牌管理技术强占展览市场的制高点。品牌战略的成功关键是贵在坚持。只有在较长的时间内坚持一种战略，而不轻易发生游离的企业才能赢得最终的胜利。

六要打造会展项目的网络品牌。结合实体展会打造会展项目网络品牌。网络品牌的建立主要从企业网络形象塑造、网络展会的建设以及开展网络营销等方面进行。借助网络优势开发出形象生动、交互性能良好、功能强大的网络展会平台。

第五节　国际品牌商展考察

国际品牌展会具有先发优势，为中国会展业提供了互鉴共享的经验。例如在世界上享有盛誉的米兰国际家具展，慕尼黑国际建材展（BAU），美国CES消费类电子技术展等，都是知名国际展会品牌，代表着会展业品牌化发展方向。

一、米兰国际家具展

米兰家具展创办于 1961 年，经过 51 年的发展，已经成为一个融合了设计、家具和相关设计领域高端学术研究、顶尖商业活动的演示平台。它已逐渐演变成以米兰国际家具展为轴心、以家居产品设计为核心、以米兰设计周为外围的全方位设计展。

米兰设计周分三个层面，首先是新米兰国际展览中心的家具展，它是一个标准的商业展览，主要是以意大利品牌家具为主的国际家具商业展。第二个是散布在米兰城各个品牌陈列室与名街店里面的展览，以及集中在米兰托儿托纳设计园区的创意展。这些展览主要是以概念设计的展览形式出现，同时兼顾商业展示与品牌传播。第三个层面是米兰中心博物馆为主的倾向于设计探索的学术创意展。这三个层面一共有 400 多个不同的展览，共同构成了规模庞大的米兰设计周活动。

米兰国际家具展等于时尚创意展加设计潮流展。进入 21 世纪后，米兰家具展已经全面突破了原来家具展的概念，从家具延伸到整个生活设计领域与城市建筑商业空间。米兰国际家具展已经成功转型为时尚创意展加设计潮流展。

意大利会展体系从商业贸易，扩展到时尚创意与设计潮流，从单一的家具展览到米兰设计之都，他们可以把会展经济、创意产业和流行时尚很好地结合起来，全面提升意大利制造的附加值，这才是意大利会展产业链中最重要的部分。

创办于1961年的米兰国际家具展，从一个单纯的商业贸易展览，转型升级为一个引领全球创意设计产业的国际创意设计展，同时通过一个家具展带动米兰地区成为全球最重要的时尚设计之都。在创意产业时代到来之际，从商业贸易展到创意设计展的转型升级是尤为重要的战略举措。在中国开始大力发展会展经济与文化创意产业的今天，米兰国际家具展具有十分重要的学习借鉴作用。

二、慕尼黑国际建材展（BAU）

慕尼黑国际建材展创办近40年，是建筑行业欧洲最大的展览会，展览面积达18万平方米，每两年举办一届。该展的一个显著特点是筹备期长，准备充分，展前18个月就截止报名。

慕尼黑国际建材展展位定价合理，参展踊跃；展品目录详尽，专业性强，涵盖建材及周边配套产品细分。它的一级目录细分为10大类建材产品，在此基础上再层层细分。展示方式多种多样，特装普遍，装潢出众，实用与美观兼备，目的是吸引观众眼球和增强展览效果。现场展览的特装展位比例超过展位总数的95％，大多数企业的特装展位都超过72平方米，约8个标准展位面积。

总之，慕尼黑国际建材展展览专业化程度高，吸引到众多行业内知名企业踊跃参展。它还在展会期间举办各类论坛，并能确保论坛有良好上座率。它是同类展览中的标杆，深受全球建材类企业欢迎。

三、美国CES消费类电子技术展

美国电子消费品展览会（CES）迄今已有45年历史。每年1月在拉斯维加斯举办的这项展览，是世界上规模最大、影响最为广泛的消费类电子技术年展，也是全球最大的消费技术产业盛会。CES展会分为视听区、移动通信及无线应用区、汽车电子区、家庭生活区四大类，其中视听区品牌参展商与专业观众最多，展出效果最佳。

据统计，2013年CES展会共有3000多家展商参展，展览净面积约为17万平方米，到会观众达15万人次，其中国际观众比例超过10％。该展的主办方CEA是著名的行业协会，该会通过制定科技政策、组织大型展会、进行市场调研和建立行业战略关系来促进消费电子行业发展。该协会由2000多家会员企业组成，各会员企业的经营涉及音频、视频、移动电子、通信、信息技术、多媒体产品及各种零部件的设计、开发、生产和销售、以及各种服务。全体会员企业的年营业额超过1650亿美元。

CES被业界视为国际消费电子领域的风向标。全球最新最前沿的消费电子产品及技术都会率先在该展会上发布。全球知名的消费电子巨头如三星、索尼、松下等知名品牌都会携最新产品及技术前来参展。

CES也是全球消费电子行业的潮流发布平台，而非一个单纯的贸易交流平台。在这个平台上，其潮流新品发布秀及科技前沿探索功能，远超过其贸易成交功能。知名参展商的展台几乎全部为展示产品的区域，并没有设置洽谈贸易区。如需展开贸易洽谈，则需前往专门设立的洽谈区。

中国的同类展会也应重新定位，以引导行业的发展趋势和潮流为导向，而不应仅仅办成单纯的贸易展会，若同一个大卖场。

四、杜塞尔多夫国际鞋类展览会（GDS）

杜塞尔多夫鞋展作为鞋业中久负盛名的展览，吸引了诸多国际顶级的鞋品制造商参展。展品范围包括运动鞋、皮鞋、童鞋等功能鞋及时装鞋，皮包、手提袋等配饰。

该展的展区设置根据展商的地区划分，现场通过不同颜色的地毯进行区分。比如蓝色地毯覆盖的展厅均为亚洲地区展商，橙色地毯覆盖的展厅为国际展厅。为了均衡观众在各个展区之间的数量，杜塞尔多夫鞋展对展商位置进行了精心安排。

杜塞尔多夫展馆及展览资讯实现数字化，主入口及展厅入口处均设置了查询机器，并配备打印功能，可将包括展馆地图、服务点、交通信息等资讯直接打印带走。展商服务点设置在各个展厅的接驳位置附近，方便服务邻近展区的展商。展馆整体较少展商的广告。餐饮点设置在展厅两侧，主要以茶点及咖啡为主。

杜塞尔多夫展览公司还与市内近 150 家酒店达成合作协议，在展览推广期间同步推荐酒店预订业务，并享有展览专属折扣。各展览在其官方网站上均有统一的预订服务入口，已成为展览客商预订酒店的最主要渠道。

考察以上国际品牌展会的精细化管理与服务，有许多值得我们学习借鉴的地方。

一是以客为先的服务模式。让观众在第一步踏入展馆时就能得到清晰的指引和良好的体验。国外展馆在每个入口的主干道旁边一般都设有一个客服中心，主要是为观众提供咨询、打印等配套服务，以最快速度帮助观众找到最感兴趣的展厅。每个展厅入口都设有咨询台，主要提供所在展厅的信息咨询服务。这种设置提高了观众的观展效率，令观众切实感受到贴心和被尊重，体验感非常强烈。在展会服务规划中，我们应注重客商体验，进一步优化展馆导向、咨询等与客商接触度较高的服务项目。

二是广泛深入应用信息技术。德国展会对信息技术的深度应用令人大开眼界，在展会主通道上，一些带有二维码的指示牌显得非常醒目。观众只需用手机扫描相应的二维码，就可以找到与该展览题材相关的全部信息。充分应用信息化技术，既便于观众聚焦搜索，也便于主办方收集资讯，掌握最新的参展动态和潮流趋势。主办方可以在后台数据库收集该题材的浏览人数和热门度等数据，为接下来的市场调研和推广奠定坚实的数据基础。利用展会信息化数据挖掘技术，还可在举办下届展会之前，根据后台数据库分析各种展品的受关注程度，对展区设置进行相应调整，以获得更好的展出效果。

如何整合展览的各种服务元素，建立信息化统一客服平台，是国内展会通过信息化技术提升展览服务质量的关键所在。以展会 VIP 采购商服务为例，可在外宾证件系统中设置一个统一的数据接口，连接航空公司值机系统、贵宾专车管理系统、酒店管理系统、餐饮管理系统、旅游管理系统等，从而实现 VIP 采购商一站式服务。

三是独具匠心的展馆设计理念。从建筑学的角度出发，展馆的设计理念包含三个层次，其中，"可用"是展馆设计的基础，"易用"是展馆设计的目标，"无用"则是展馆设计的境界。世界上大多数会展中心的展馆设计理念都停留在中间层，只有少数能达到顶层。如德国科隆展馆气势恢宏，其"空灵"设计理念令人赞叹。

科隆展馆的大厅拥有高达 10 米以上的立柱以及长宽各数十米的主通道，整个大厅大气简约，极具空间感。在举办展览时，该空间的"灵动"特性尽显无遗，可随时变换功能和风格满足不同展览的需要。比如，举办乐器展时，中央大厅可成为举办中小型音乐会的临时音乐厅；举办家具展时，中央大厅可成为先锋设计的展示舞台。

以上可知，小到展览的组织和服务，大到展馆的设计和运营，欧美先进国家的展览业同行为我们树立了新的标杆。

本章思考题：

1. 认定一个品牌展会的标准是什么？

2. 品牌展会资源管理包含哪些内容？

3. 如何从一般商业展走向品牌展会？

4. 你最认同哪个品牌展会及组展商？

第十三章　展览与电子商务

本章导读：外贸电商平台特征，展会型电子商务功能定位，展会网站平台建设，广交会电子商务及其发展。

根据研究机构初步测算，2014 年上半年我国电子商务交易额约为 5.66 万亿元，同比增长 30.1％。网络零售市场交易规模约 1.1 万亿元，同比增长 33.4％。中国将超过美国成为全球第一大网络零售市场。

移动网购进入高速发展通道，拓展网购增长空间。据统计，2014 年一季度中国移动购物市场交易规模达 641.9 亿元，同比增长 140.8％，预计二季度仍会保持 130％以上的增长。

国内电子商务市场的需求既包括企业级的需求（网络批发市场），也包括个人消费级的需求（网络零售市场），未来还有很大的发展空间。以网络零售市场为例，2014 年 1～5 月典型零售企业销售额同比增长 11.1％，远低于网络零售市场 33.4％的增速。

目前网络零售市场交易规模约仅占社会消费品零售总额的 8.4％，预计到 2020 年，中国网络零售市场交易规模将达到 5.5 万亿元，社会消费品零售总额中将至少有 66.7％的交易将涉及电子商务相关服务。

第一节　外贸电子商务平台

电子商务对国民经济的影响不断加深，推动了经济活动的整体性变革，是促进商务工作跨越式发展的重要手段。

电子商务也是我国中小企业开拓国际市场的助推器。运用电子商务开展对外贸易符合国际贸易发展趋势。由于国际市场环境变化，各类商贸企业纷纷向数字化营销转型。不少企业转变传统营销方式，改向网络拓展并通过网络渠道扩大市场销售份额。

一、外贸电子商务发展

据不完全统计，2012 年小额在线外贸出口额已突破 200 亿美元，海外代购市场规模已达 483 亿元人民币。涌现出一大批如阿里巴巴速卖通、敦煌网、中国制造网、中国诚商网、环球市场和兰亭集势等出口自主品牌为主的自营外贸电子商务平台。阿里巴巴 10 年间已成全球最大的 B2B 网上贸易市场。

截至 2012 年底，我国使用电子交易平台的中小企业已突破 1700 万家，外贸网商已经超过 360 万家。中小企业成为外贸电子商务的积极实践者。利用电子商务开展对外贸易，将传统的外贸流程电子化、数字化、突破了时空限制，能有效降低成本，提高效率，创造更多贸易机会，有利于广大中小企业开展对外贸易，开拓国际市场。

二、B2B 电子商务交易规模

据国家统计局发布最新统计，2012 年中国电子商务销售额中，销售给企业即 B2B 为 29886 亿元，销售给个人即 B2C 为 4539 亿元，分别占电子商务销售额的 86％和 13％。B2B 在我国电子商务中占比超过 20％。由此可见，B2B 仍是电子商务销售主体。

调查还显示，按行业大类分，2012 年电子商务交易规模最大的是计算机、通信和其他电子设备制造业，其次是零售批发业，排第三的是汽车制造业。这些行业最热衷于做电子商务。

若按企业类别来分，电子商务交易额最大的前 100 家企业中，制造业有 69 家，批发和零售业有 27 家，服务业有 4 家。100 家企业的电子商务交易额高达 18322 亿元，占全部电子商务交易额的 63.6％。

三、外贸企业数字化转型

作为新兴的销售渠道和贸易形式，电子商务突破了展览、展销、现场对口洽谈等传统外贸营销模式所受的制约，是促进外贸发展方式转变的重要手段，有利于企业缩短贸易链条，建立自主营销渠道，开展研发设计，形成新的外贸增长点。也有利于促进内外贸融合，推动内外贸共同发展。

尽管我国企业电子商务交易增长迅速，但仍有超过9成的企业尚未涉足电子商务。电子商务发展也不平衡，东南沿海及经济发达地区电子商务规模较大，而中部、西部地区则刚刚起步。企业电子商务最活跃的是广东省，电子商务年交易额近5000亿元。

四、外贸电商平台特征

电子商务作为一个快捷高效的新平台，在外贸发展中必将发挥越来越重要的作用。阿里巴巴速卖通、敦煌网、中国制造网和中国诚商网等四家电子商务平台，成为中国商务部年度重点推荐的开展对外贸易的第三方电子商务平台。

外贸电子商务平台主要分为开展进口业务和开展出口业务两类。其中，开展出口业务的电商平台占到目前电商平台总数的90以上。

（一）外贸进口电商平台

目前开展进口业务的平台以企业对消费者交易为主，经营产品主打奢侈品和母婴用品，还涉及箱包、饰品、服装、鞋类等多种类别。经营模式分为自营型和第三方撮合式平台型。这些平台年销售额普遍在几千万到数亿元人民币不等。近年来，以海外代购为主要货源的在线电子商务增长迅速。2012年，全国代购市场规模达483亿元人民币，较上年增长82.3%。预计2013年市场规模将达到744亿元人民币。

（二）外贸出口电商平台

开展出口业务的平台分为企业对企业交易、企业对消费者交易和消费者对消费者交易三种类型。B2B平台的经营模式也分为自营型和第三方撮合型。

第三方撮合型包括信息互换式，典型代表有阿里巴巴速卖通和环球资源；营销企业黄页式，典型代表有中国制造网和中国诚商网；在线交易式的典型代表有敦煌网。

其中，阿里巴巴速卖通和敦煌网采取线上交易与线下交易相结合的方式，单笔交易金额通常从数十美元到数百美元，由物流公司邮寄、报关。中国制造网和中国诚商网主要采取线上询盘、线下成交的方式，支付和报关等流程仍按照传统贸易方式进行。另外的一些电商企业既做自营出口，也做第三方撮合，典型代表如京东商城。

此外，国外电子商务平台如亚马逊、eBay 等也都在中国开设电子商务平台，吸引中国商户利用这些平台开展对外贸易。

五、跨境贸易电子商务

国家发改委的数据表明，2012 年我国外贸跨境交易额达 2 万亿元，同比增长 25％，增速远高于外贸增速。一面是庞大的全球消费市场，一面又是不断萎缩的外贸增长，于是跨境电商零售出口被认为是一条掘金新通路。除了跨境电子商务零售出口，跨境电子商务中还包括企业对企业出口和跨境电子商务进口。

国务院已将发展跨境电子商务作为当前外贸发展稳增长、调结构的重要手段之一，并提出明确工作要求。国家商务部《关于实施支持跨境电子商务零售出口有关政策的意见》，明确出台检验、收结汇、税收等 6 项政策，扶持 B2C 跨境零售电商。

一是建立电子商务出口新型海关监管模式并进行专项统计。二是建立电子商务出口检验监管模式。三是支持企业正常收结汇。四是鼓励银行机构和支付机构为跨境电子商务提供支付服务。五是实施适应电子商务出口的税收政策。六是建立电子商务出口信用体系。

对外贸进出口企业来说，跨境电子商务构建的开放、多维、立体的多边经贸合作模式，大大拓宽了进入国际市场的路径，大大促进了多边资源的优化配置与企业间的互利共赢。而对于消费者来说，跨境电子商务使他们非常容易地获取其他国家的信息并买到价廉物美的商品。

值得关注的是，这种外贸新业态的成长是否会挤压传统出口贸易展会空间？将会对传统展会平台带来多大的冲击？跨境电商等新型贸易方式势必将进一步分流传统展会平台上的中小微客户。面对全球互联网电商的快速兴起，传统会展业也应适应市场与消费的变化，加快转型升级。

第二节　会展电子商务应用

会展电子商务可提供网上交易和管理全过程的服务，它具有广告宣传、贸易咨询、洽谈订购、网上支付、电子账户、服务传递、意见征询、交易管理等各项功能。

对于传统会展企业来说，电子商务不只是一种营销渠道和方法，而且是一种全新的商业模式。与传统的会展商务活动方式相比，会展电子商务所具有的优越性表现在以下方面：

（1）交易虚拟化。无须当面进行，整个交易过程都在网络虚拟环境中进行。

（2）交易成本低。通过电子商务平台进行交易，可做到省时、省力与省钱。

（3）交易效率高。电子商务全过程无须人员干预，整个交易便捷而高效。

（4）交易透明化。买卖双方相互核对交易过程信息，防止伪造信息流通。

品牌展会都会通过打造与现实展会相配套的电商平台，使传统展会服务从现场向网上延伸，服务时间从会中向会前与会后拓展，从而提升展会项目的综合竞争力。

一、国际展会的电子商务

法兰克福展会已完全实现面向采购商与参展商的电子化邀请报到与展会服务，并且建立了参展企业网络展示平台。汉诺威展览公司通过出版电子书刊，为客户提供网上配对以及产品搜索等服务。该公司拥有逾200万条有效客户数据，通过自有搜索引擎为客户提供产品搜索服务。

传统展会的看样成交与新兴电子商务的有机结合，不仅能拓展展会的时间和空间，提升展会的价值和优势，有效促进贸易成交，而且能进一步丰富展会平台功能，促进贸易方式转变，体现生态文明理念。现代展会项目的市场营销、展馆信息、展会信息、参展商信息、采购商信息收集处理等都可以通过网络实现。

二、展会电子商务内涵

展会型电子商务特指以实体展会为依托，为实体展会提供信息化服务手段的电子商务。而会展电子商务是电子商务多种运营模式中的一种，它能实现采购商与参展商之间的网上购物、商户之间的网上交易以及在线支付等商贸活动。

参展企业通过网络平台，可以实现包括从原材料的查询、采购、产品的展示、订购到产品制造、储运以及电子支付等一系列贸易活动。此外，网上展会已经具备了一些传统展会所不具备的功能和手段，不再仅仅是传统展会的附属品和宣传手段，而是日益成为一个相对独立的新的会展形式。

当前电子邮件、电子支付手段、网络安全认证技术、信息和数据的网上传播及自动化处理、网上商品交易系统等电子技术已经得到较为普遍的运用，而展览业务流程所有环节几乎都可以引入电子商务，展览组织者充分利用网络技术节约、高效、快捷、方便等优点，推动项目利润最大化。

展会电子商务以提升展会管理和服务水平为目标，通过完善硬件网络维护、业务软件开发、网站服务和应用、现场导向和网络展示等为参展商和采购商提供增值服务，同时，创新企业网络展示平台，是实体展会的补充和延伸，也为实体展会拓展了新的创收模式。

目前世界上几乎所有重要展览平台都在发展电子商务。从国内外知名实体展会的电子商务实践来看，发展展会型电子商务大有可为。

三、展会电子商务定位

展会电子商务全面介入展览业务环节，一是能降本增效。提高展览项目立项宣传、参展商与组展者之间的业务往来、展样品物流运输、观众统计分析等环节数据处理的响应速度和准确性，使组展、参展双方的联系实时快捷。有效降低传统会展交易中的单据费用和展会组织、交易和广告宣传等环节的业务费用。二是使得会展信息服务更有针对性和实效性。展览项目信息资料的宣传推广更为广泛深入，可减少参展商选择参展项目的盲目性。三是优化管理流程，提高展览组织管理的标准化和科学化水平，进而提升会展企业服务形象。

总之，会展企业开发利用电子商务，可进一步提高办展效率，降低经营成本，优化资源配置，从而实现企业经营效益最大化。通过会展电子商务应用，促进现代会展商业模式的创新与变革。

在传统展会平台利用电子商务提升自身品质的同时，国内外许多知名B2B网站平台为了适应市场与消费的变化，纷纷从线上走到线下，举办各种实体展会。阿里巴巴等B2B电商平台纷纷涉足线上内外贸交易、线下展览或买家见面会等领域。人们不禁要问，电子商务会成为传统展会的终结者吗？

在现代服务贸易市场竞争中，电子商务与传统会展业目前形成了一种共同生长的状态。可以预见的是，随着网络科技的迅猛发展，传统会展业正呈现出与现代电子商务深度融合之势。

一是会展企业建立一个与现场展会相配套的网上会展平台，借以提高会展企业的资讯服务水平与核心竞争力。

二是参展商建立自己的电子商务网站，通过与采购商的互动，便捷高效地开展产品市场的营销活动。

三是会展企业与第三方电子商务平台展开合作，谋求互利共赢。

贸易展会平台与电子商务平台，可利用各自不同的客户资源与渠道，宣传品牌，扩大影响，提高知名度，实现互利共赢。

目前国内像广交会、东盟博览会等大型知名实体品牌展会，在举办实体展会的同时，也积极推进网上展会运作，并取得相当成熟的经验。总体来看，目前的网络展会与实体展会呈现出一种竞合关系。

第三节　会展网站平台建设

会展网站是会展企业向参展商和采购商提供信息服务的一种形式，也是会展企业开展电子商务的基础设施平台。此外，会展网站的网址被称为"网络商标"，也是会展企业无形资产的有机组成部分。构建一个品牌会展网站平台需要重点关注以下方面：

一是网站功能。在竞争激烈的互联网营销环境下，国际上绝大多数展会平台都在努力使自己的官网变得更加友好，并具有更强的互动性。网站的主要功能应包括信息提供、行程规划、设施预订、营销调研、新闻出版、意见反馈、参会注册等。

二是网站内容。内容是指网站所能提供的信息或服务。面向参展商与客商，展会平台网站上最常见的内容要素包括住宿信息、城市及区域地图、景点信息、会议或活动日程、会展旺季、会展服务要求、供应商信息、目的地介绍、相关统计数据、展会服务介绍、酒店与会展设施信息、参会者服务信息、在线指南、新闻中心、休闲活动信息、安全与保卫信息、购物及交通信息、虚拟导游以及天气信息等。可从顾客可用性、营销效果、目的地信息以及技术功能四个层面来评估展会平台网站的表现。

三是网站设计。设计是指网站浏览者可以获得上述内容的方式。在信息系统管理、市场营销和会展业等领域有关网站评估标准和网站效果方面的研究成果表明，网站设计的主要考量有六大类：即信息与服务质量、美学设计、导航系统、交互性、可接入性以及商务过程。

四是网站质量评估。会展网站的评价标准，包括用户友好性、使用的愉悦性、内容、设计与创意、交互性、设计的一致性、交互模式、交易支持以及增值服务。其中，消费者的感知有效性和舒适性是影响网站信息质量的最显著因素。

一、展会网站设计规划主要内容

一份完整而详尽的展会网站平台规划书应该包括下列内容。

（一）建立会展网站平台的目的

这是会展网站规划中的核心问题，需要非常明确和具体。建立会展网站可以有多种目的，例如直接从事网上展位销售、作为信息发布工具、提供信息咨询服务等，不同类型的会展网站其表达方式和实现手段是不一样的。

（二）会展网站的域名与网址

一个好的域名对会展网络营销的成功具有非凡意义，而会展网站名称同域名一样重要。有些会展网站正式启动一段时间后才发现域名或网站名称不太合适，重新修改不仅非常麻烦，而且对前期的推广以及网站自身形象造成一定伤害。

（三）会展网站平台的主要功能

在确定了会展网站域名和名称后，就要开始设计网站功能了。网站功能要服从于网站整体目标的实现。一般说来，一个网站有几个主要功能模块，这些模块体现出一个网站的核心价值。

（四）会展网站平台技术解决方案

根据网站的功能确定网站的技术解决方案，应重点考虑以下几个方面：是采用自建网站服务器还是租用虚拟主机？选择什么样的操作系统？采用系统性的解决方案还是自行开发？网站的安全性措施如防黑客防病毒方案如何解决等。

（五）会展网站平台内容规划

不同类型的会展网站，在内容方面的差别很大。一般信息发布类会展网站，内容应包括会展企业介绍、会展项目介绍、服务内容、价格信息、联系方式等基本内容。而电子商务类会展网站要提供会员注册、详细的会展服务、信息检索、订单确认、电子付款、个人信息保密措施等内容。综合门户类会展网站则将不同的内容划分为许多独立的或有关联的频道。有时一个频道的内容就相当于一个独立的网站的功能。

（六）会展网站平台测试与发布

在网站设计完成之后，要进行一系列的测试，当一切测试正常之后才能正式发布。主要测试内容包括：网站服务器的稳定性与安全性，各种插件、图像、链接等是否工作正常，在不同接入速率情况下的网页下载速度，网页对不同浏览器的兼容性等。

（七）会展网站的推广与维护

在网站规划阶段就应该对将来的推广活动有明确的认识和计划，而不是等网站建成之后才考虑采取何种推广手段。网站发布之后，还要定期进行维护，主要是服务器及相关软硬件的维护以及网站内容的及时更新与调整。

除了上述各种技术解决方案、内容、功能、测试、发布、推广等应该在规划书中详细说明之外，财务预算也是重要内容。现代会展电子商务网站建设与运营，在很大程度上会受到企业财务状况的制约。

二、会展网站设计应遵循原则

进行会展网站平台设计时，还应遵循如下原则。

（一）按目标用户需求设计方案

会展网站平台的设计是展现会展形象、宣传介绍会展、体现会展特色与发展趋势的重要途径，要根据目标用户的需求、市场的状况与会展企业自身的情况等进行综合分析，以服务为中心进行设计规划。

（二）总体方案力求主题鲜明

在目标明确的基础上，完成会展网站平台的构思创意，即总体设计方案。对网站的整体风格和特色做出定位，规划网站平台的整体架构。会展网站平台应根据所服务的对象不同而具有不同的内容与形式。

（三）版式设计注重流畅和谐

作为一种视觉语言，要讲究编排与布局。版式设计通过文字图形的空间组合表达出和谐与美感。多页面站点页面的编排设计要求把页面之间的有机联系反映出来。为了达到最佳的视觉效果，应讲究整体布局的合理性，使得浏览者获得流畅的视觉体验。

（四）利用多媒体功能的优势

网络资源的优势之一是多媒体功能。要吸引浏览者的注意，页面内容可以采用三维动画或 Flash 等来表现。但由于网络带宽的限制，在使用多媒体表现网页的内容时，应考虑客户端的传递速度。

（五）网站平台测试与改进

测试实际上是模拟用户询问网站平台的过程，用以发现问题并对设计加以改进。要注意让不同地区不同类型的客户参与网站测试，提出各自的意见与建议。

（六）网站内容及时更新

会展网站开通运营后，要不断更新内容。站点信息的不断更新，使得采购商与参展商能更好地了解会展动态与服务信息，从而建立会展企业的良好形象。

（七）合理采用新技术

新的网页制作技术日新月异，要根据网站内容与形式的需要，合理运用这些新技术，切忌将网站变成一个制作网页技术的展台。用户方便快捷地获得所需要的信息才是最重要的。

具体的网站设计工作还涉及：会展网站的标志（Logo）、标准色彩与标准字体的设计，网站栏目的设计，网站目录结构的设计，网站链接结构的设计以及网站整体风格的确立等。网站栏目功能设计以及表现形式、日后网站的营销推广以及后期维护，应参考和借鉴国内外行业内公认是做得较好的那些具有人性化、科学化、艺术化和大众化的网站。

第四节　广交会电子商务

作为传统服务贸易平台，广交会积极探索展会电子商务并取得领先优势。广交会不仅完成网络硬件服务平台建设，实现企业内部办公信息网络化，而且开发应用摊位分配、证件管理等业务软件，提供核心业务信息管理系统一站式全程网络信息服务。

如以广交会网站为基础，面向参展企业推出参展易捷通平台，提供摊位配置及收费管理系统、证件管理系统、成交统计系统、一站式现场手续办理系统等；面向采购商推出 BEST 平台，完善邀请系统、来宾报到系统、电子邀请和网络办证系统、VIP 采购商管理系统等。

广交会网上会展平台功能强大，电子商务服务涵盖交易前、中、后三个阶段。客商可通过查询系统、数字地图寻找到供货方展位并现场实时洽谈；并可全程进行订单管理，跟踪物流配送及交付情况。

广交会出口成交额中，网上成交所占比例也在逐年上升。广交会作为中国会展领域电子商务应用的先行者，经过多年来坚持不懈的探索实践，走出了一条适合展会实际的发展道路。

一、展会型 B2B 电子商务

B2B 电子商务和展会都是贸易方式之一，其间必然存在一定的竞争性。但是纵观 B2B 电子商务十年来的发展，这种竞争不是替代性的、而是互补性的。传统展会和电子商务这两种业态正在相互融合和渗透。会展企业应主动将电子商务作为展会升级改造的工具，将其纳入展会的增值服务范畴，以便在未来产业竞争格局中争取主动。

与此同时，PC互联向移动互联转型，商业模式面临全面改革，各行各业均已进入互联网营销时代，企业纷纷抢占网络市场份额。从电子化商务的未来趋势及巨大商机来看，大力发展展会电子商务势在必行。

目前B2B电子商务市场份额大局已定，无论是综合型B2B市场，还是垂直型B2B市场都已呈现寡头统治的态势。它们已经给后来者在资金、技术、渠道、人才、数据库等方面筑起了很高的门槛。后来者或模仿者将付出比前者更高的成本，承担更大风险，而成功的可能性却很低。

展会型B2B电子商务主要依托实体展会，以展会采购商和参展商、以及未能到展会现场的潜在客户为服务对象，通过整合展会媒体资源并结合现场形成互动，以信息技术手段，为采供双方提供的宣传推广、贸易匹配等信息增值服务。

展会型B2B电子商务立足于自身资源与渠道优势，采取差异化竞争战略，准确定位于展会细分市场，以低成本获得切入B2B电子商务市场的机会。也只有这样才能在竞争激烈的市场上占有一席之地。而一个品牌展会所独有的优势主要集中在以下方面：优质的采购商与供应商资源、排他性的展会现场服务以及形式多样的媒体资源。

然而，品牌展会发展电子商务也具有一定的局限性。客户对象限于外贸企业为主，用户规模相对较小，远不如一般的B2B电子商务覆盖内外贸。其次，展会具有明显周期性与时效性，网站访问量在展会淡旺季起伏较大，访问时间集中，与其他电子商务网站常年均衡提供在线服务相比有一定差距。

二、展会核心业务电子化

展会核心业务的电子化是指以信息技术为手段，以互联网应用为方向，融合信息化和电子商务应用，围绕展会办展模式和核心业务开展，以提升展会管理和服务水平为目标，包括硬件网络保障、业务软件开发、网站服务和应用、现场导向和网络展示等增值服务在内的电子化、网络化综合展会业务和服务。

这种模式可称之为电子展务，它专注于展会的管理和服务的电子化和网络化。通过信息技术的应用，在招商招展、现场管理、会后服务等业务环节上发挥降低成本、提高效率、优化管理、创新服务的优势。

从国际一流展会的应用趋势来看，电子展务对于展会实现精细化管理，提升展会综合竞争力发挥越来越重要的作用，成为展会变革发展的利器。电子展务的贡献蕴含于展会竞争力的提升，以及摊位价值的升降，较难单独评估其产生的市场收益。

三、展会电商应用障碍

涉及展会电子商务应用，可能会遇到来自多方面的障碍。

（一）采购商数据资源开发

采购商数据资源对于会展企业的重要性来说远远突破了发展电子商务的范畴。目前，展会行业的核心竞争都集中在抢夺采购商资源，可以说采购商资源的优劣将直接决定今后展会的兴衰荣败。尤其是对于基地型展览机构而言，旗下展览公司的展览业务和展馆经营业务从长远而言都应直接或间接受惠于本企业所掌控的全球采购商资源。

因此，采购商数据资源收集要突破以往定位于展会招商工作的邀请发帖目标，提升到建立基地型展览机构的核心竞争力的层面。并且要从长远考虑进行采购商数据资源的搜集整理与开发利用。使之成为办展机构为会展项目、电子商务、旗下自办展提供招商支持的核心资源优势，同时为采购商提供深层次增值服务奠定基础。

以香港贸发局为例，它专门设立了一个商贸配对服务部。该部门负责贸发局采购商和供应商数据库的建立和管理，包括在全球范围内收集、处理、核实和利用采购商数据，以及开发并提供高附加值的线上线下贸易配对服务，为旗下展览和电子商务提供数据支持，成为支撑其展览业务的核心基础部门。

该部门通过网站、展会、购买等形式在全球范围内收集、录入、整理采购商资料。为保证采购商数据库的质量，该部门还通过全球各地办事处或机构合作，以电话、传真、邮件等方式对每一条记录进行真实性核对，并尽可能挖掘采购商经营细类和采购商品等详细信息。由此可见，采购商数据资源的建立是一项需要大量人力物力投入的长期性与基础性工作。

要将展会电子商务做大做强，最基础的工作就是开发和利用采购商数据资源。可通过对外购买、网络现场多渠道采集、后期核实处理等方式，建立起能支撑更多展会业务的鲜活、真实和详尽的采购商综合数据库，从而为展会招商业务和电子商务等业务发展奠定坚实的、可持续发展的数据基础。

一般认为，品牌展会拥有丰富的采购商数据资源，似乎是一座现成的露天金矿。而实际上这种看法完全高估了现有展会数据库的价值。展会的大型采购商数据库看上去很庞大，甚至有上百万条数据，但其中包括大量无效的历史沉淀数据，鲜活采购商数据占比不高。采购商数据目前也仅能提供粗放的按展区分类的 50 大类经营范围。而要开展电子商务则需要有精准经营范围的数据和采购产品的名称。

一般的 B2B 电子商务平台的产品细类至少可达 2000 类以上，方可进行贸易撮合。组展商为采购商邀请而建立的数据库，无法提供采购商品细类，这类采购商数据无法达到电子商务运营级别要求。展会平台的采购商数据资源难以直接转化为电子商务平台的客户资源。

造成这一状况的根本原因在于，现有的采购商数据资源采集定位仅仅是以展会招商的邀请发帖为目的。因此对数据质量的控制只要到达地址、电子邮件一级，就可确保纸贴和电子请帖的有效发放，无须进一步了解采购的详细采购需求。另一方面，缺少对数据库历史数据进行定期的全面整理，也造成数据库规模无效庞大。

如将展会采购商数据库中的鲜活数据投入展会电子商务运营，必将提升可用采购商数据的规模，对业务开拓和会员服务均具有积极作用。但是，采购商邀请数据无法直接商业化使用，须再加工处理。展会电子商务应用，首先要克服的一个障碍就是采购商数据资源的综合有效开发利用。

电子商务运营对采购商数据的要求是必须拥有经营范围的细类或采购产品的种类等深度信息。因此，作为展会电子商务发展的一项基础工作，采购商数据库建设方面还需要投入大量人力物力与财力，采集信息，加工处理，如具体了解采购商经营的产品类别、具体采购的产品、核实联系方式的有效性，与采购商保持一定的联系和互动等。

（二）展会内部资源有效整合

发展电子商务，展会主办方必须在内部达成一致共识，使各部门互相配合充分挖掘和利用现有资源，将电子商务融合到展会的业务链上，循序渐进地将展会电子商务打造成与展会项目紧密结合的、具有成效的、能够持续发展的、获得供采双方肯定的展会官方增值服务体系。

在面向采购商的服务之中要增加采购商信息采集和推广工作，具体包括：在采购商邀请电子服务平台增加采购商经营产品信息的填写；展会期间在来宾报到处收集采购商的采购信息；在各报到酒店设点收集采购信息；各路招商团队在海外招商时将展会电子商务作为展会基础服务之一向采购商推介；在参加国际性展会时，向到会人士宣传和推介展会电子商务，并提供相关宣传品等。

而目前会展企业内部很多资源没有进行整合，未能发挥出应有的最佳效应。因此需要进一步提升展会各主业部门对电子商务的认识，整合展会各相关业务部门的资源与力量共同推动。应在所有对外宣传渠道上如推介会、请帖上、来宾报到处、媒体通稿、大会新闻发布会、客商邀请平台等，增加展会电子商务增值服务的内容，并通过各种有效途径加大对参展企业的宣传推介力度，组织国内媒体对展会电子商务进行全面报道，这样才能整合大会的众多业务渠道对展会电子商务进行全方面地推动，从而建立从采购商到供应商的信息流通链条。

展会媒体资源整合方面，要以参展商名录为核心整合大会各种资讯媒体经营资源，包括网站展商展品查询、纸质版参展商名录、光盘参展商名录以及电子杂志参展商名录，推出名录广告资源。

电子商务增值服务必须与展会业务相结合。电子商务增值服务功能应当成为传统展会在新技术条件下现场展位服务的外延和升级，电子商务本身就应当融汇贯穿于展会始末，是展会题中应有之意。体现这一理念的做法就是整合电子商务和现场展会业务。

总而言之，发展电子商务是一项资金、技术和智力密集型系统工程，同时它又是一个高度市场化、高风险的行业，尤其是建立 B2B 第三方电子商务平台，需要人力物力资金的密集且长期投入。

（三）展会电子商务发展模式创新

目前我国展会 B2B 电子商务仍处于市场化探索阶段。而公有制企业在互联网行业的创新纪录都乏善可陈。几乎所有中国互联网行业的成功创新案例都来自民营企业。公有制企业具有政策与资源优势，但优势并未转化为成功，主要是因为这些传统企业既不乐于也不善于创新。而在互联网行业，技术创新往往是后来居上的关键。展会电子商务的发展同样需要在业务、管理、技术等方面进行模式创新。

首先，要利用电子商务技术创新网上参展服务。网上参展服务是指通过整合展会资源，紧密结合实体展会，为展会现场的、网上的采购商和参展商，提供网上摊位、产品展示、电子名录、贸易撮合以及现场匹配等增值服务。网上参展服务可为展会拓展更多未到展会现场的供应商和采购商，为采供双方增加了贸易机会，并提供更多的贸易洽谈手段，促进出口成交。

其次，将现有展会服务模式升级，线上与线下相结合，面对现场参展商、网上参展商、现场采购商和网上采购商四类服务对象，构建新的服务模式。始终围绕一个展会整体服务品牌，让市场认同电子商务服务是展会内在的一项增值服务，而不是脱离展会单独运营的一个经营单元。展会型电子商务的发展取向应有别于第三方常年贸易撮合平台如阿里巴巴 B2B 网站平台。

国外一些主流展会通过向参展企业收取电子商务服务费解决经费来源问题，使得展会电子商务建设滚动发展。德国法兰克福展览公司要求所有参加该公司自办展的参展商都必须以捆绑方式缴纳每年约 400 欧元的信息服务费，加入其主办的会展网站电子商务平台。英国伯明翰春季博览会、德国杜塞尔多夫国际服装博览会，也以在其展会网站或相关电子商务平台发布企业和产品信息等形式，与摊位费一并收取电子商务服务费。

本章思考题：

1. 论互联网电商对商品流通领域带来的变革。

2. 网络时代参展商与采购商行为有何变化？

3. 展会型电子商务的发展应如何科学定位？

4. 举例分析你经常浏览的一家品牌展会网站。

第十四章　展览与信息化

本章导读：传统展会数字化转型，展览信息化规划，信息化统一客服平台，展会核心业务应用，展会数据挖掘与商业智能开发，广交会信息化建设等。

第一节　展览向数字化转型

无线传感器、光电人数统计系统、智能标签（RFID）或其他形式的电子门票，既缩短了观众等候时间，也可使组展方即时掌握人流动态。导览系统则可通过手机网络甄别观众身份，结合参观路线和客流，利用手机短信引导参观。手机支付可以方便客商在展馆内购物消费。电子围栏对不明侵入物体能做到先锁定后报警。图像监控和环境监测系统则承担着园区内视频监控和空气监测的双重责任。如何利用移动互联网的技术和产品，更好地服务各种线下的会展活动的组织，也是大数据时代展览业竞争的核心所在。总之，信息技术在会展领域的应用前景十分广阔，信息化与传统展会深度融合，将会给现代会展业带来巨大变革。

现代展览信息化涵盖会展企业内部管理和互联网服务，围绕展会办展模式和核心业务开展，与现场展会形成互补和促进，并可实现传统展会服务的会后延伸，使展会管理趋向精细化。

一、智能展会平台优点

IT技术将更深入地应用到会展的组织、扩展、管理及服务之中，促使会展企业管理进一步规范化、科学化。近年来，我国会展企业顺应国际潮流，加快会展信息化建设步伐。国内大型展会纷纷推出智能展会平台，加速数字化转型。例如深圳高交会推出的智能展会平台项目，下载一个手机 APP 应用，参观者就能够享受参观导览、报名、掌上展会等服务，还可与 PC 端实现互通，并且能实现网络采购等功能。

智能展会平台具有三大特色：一是永不落幕，通过一个账户，就能享受参观导览、报名、掌上展会等服务。二是通过平台形成线上线下展会互动。三是通过把移动互联、PC 和移动端打通，实现智能化、虚拟化和电子商务功能。现代展会数字化应用还能显著提高参展商与采购商的满意度。

（一）展会"一卡通"服务

展会"一卡通"将手机卡与证件绑定，依托现有的客商 IC 卡资源，扩展使用功能与范围，将客商与展会关联的行为通过该卡实现记录与交易。其作用主要是：①出入展馆的身份凭证；②具备信用卡功能，实现交易消费；③与通信运营商合作，开通本地移动通信服务；④提供客服业务和商旅服务的预定；⑤实施积分管理，开展客户分等级服务等。展会一卡通还能全面追踪客户行为，掌握个性偏好和消费轨迹，并通过探索客户的价值模型来全面开展客户营销活动。

（二）展会电子商务应用

传统的看样成交与新兴电子商务的有机结合将会形成新的竞争优势，扩大品牌展会的有效时空，有利于品牌展会价值的最大化。据 UFI 的调查显示，72.7％的展览机构过去三年为其展会组织了贸易配对活动，其中，73.1％的配对活动通过网络在线实现。国外专业展会尤其注重与电子商务结合，提供线上线下的一站式服务。品牌展会以丰富的资源和坚实的发展平台为基础，发展电子化商务更具后发优势，可实现对参展商、采购商服务的无限延伸，与实体展相辅相成，相互促进。

（三）展馆数字导航系统

国外展会在其网站推出展馆数字导航软件下载，可适用于苹果、安卓、黑莓三类手机客户端，基本覆盖所有主流品牌的手机。客商可自行通过该系统，快速查找展区、展位分布图和参展商信息，准确锁定采购目标，有效提高现场采购效率。同时，还能实时接收展会现场推送的信息，方便掌握展会动态。另外，该系统还有个性化功能——在线行踪列表，记录了用户在展馆的行踪，方便查找曾到访过的展位历史记录。展馆数字导航的普及与服务功能的网络化，可有效降低现场服务人员的大量投入，改变人海战术的办展模式。

加强展会数字化应用，还可以建立更多宣传渠道，提高展商与客商的参与度。AUMA 曾经推出过一个 iphone 应用程序 MyFairs。这个手机插件可以从 AUMA 每日更新的展览会数据库获取信息。用户通过程序能够获得每一展会的核心数据，如展会日期、组展方、举办地点，还可以获取任何一个德国展会以及众多海外展会的参展商数量、观众数量和已出租展位面积。用户可以在旅途中查找全球展会的相关信息，进行数据处理并安排个人日程。

二、展馆物联网应用展望

作为现代科技广泛应用于商业领域的一大趋势，物联网被称为第三次信息技术革命的标志性技术。所谓物联网是指通过射频识别等感应设备，将周遭大大小小的物件与互联网连接起来，进行智能识别及管理。具体来说，它是指通过射频识别 RFID 装置、红外线感应器、全球定位系统、激光扫描等信息传感设备，按约定的协议，把所有物品与互联网连接起来，进行信息交换和通信，以实现智能识别、定位、跟踪、监控和管理的一种网络。

有专家指出，物联网将继计算机及互联网之后，掀起信息产业的第三波浪潮，为人类生活带来翻天覆地的转变。物联网在现代会展场馆运营中的应用包括以下方面。

（一）人员参观服务

在证件中嵌入 RFID 芯片，用以储存参展客商的信息。参展客商入场时，系统通过非接触式设备读取芯片信息，并与后台数据系统中的信息加以比对，如结果一致则放行，比目前接触式验证方式的入场速度更快。除了可提高入场速度，系统还有人流疏导和信息采集功能。主办方可及时了解各展厅的客流量，并为进一步的市场调研打下基础。

（二）车辆交通调度

在车证上嵌入 RFID 标签，在车辆进入展馆时读取车辆和驾驶员信息，与后台数据库实时交互，对于无证车辆不予放行。车辆按不同的作业类型，以对应的时间节点为标准，确定是否放行。车辆在馆内通行时，通过高精度无线传感器定位，获取车辆的各种信息。还可通过物联网传感器准确采集馆内主要道路的时空占有率、车头时距、排队长度、违规作业等信息，为馆内交通控制提供科学的决策依据，提高调度效率并降低撤换展的堵塞率。

（三）展品物流服务

馆内人员、车辆、展品三者的应用构成了物联网环境下物流服务的关键，而其中的展品是物流服务的核心。首先，RFID 和无线传感网等技术可有效监控展品运输状态，同时监控展品安全，有效降低展品丢失率。其次，RFID 技术可实现展品信息采集自动化和全程动态监控，能加快展品出入库速度和盘点速度，为快速准确地查找展品提供极大便利。可实现仓储管理的信息化和智能化，有效降低人工出错率和仓储成本。

（四）其他增值服务

RFID 技术与手机 SIM 卡绑定后，可变成移动电子钱包。RFID—SIM 卡和普通的手机 SIM 卡大小一样，内含三个账户：话费账户、现金账户、电子钱包。电子钱包相当于支付账户，含有小额支付功能，相当于"会展一卡通"。可用于地铁公交的士刷卡，馆内各式餐饮消费手机付款，还可拓展到馆内邮政、快递、洗衣、车船票购买等更多服务，免去了参展客商携带零钱的不便与烦恼。随着网络科技的发展以及应用条件的逐步成熟，物联网技术定将在现代展馆运营中发挥出更加重要的作用。

综上所述，以电子商务、社交网络、移动支付、大数据、云计算、搜索引擎等为代表的新一代互联网技术，以新的业态渗透到服务贸易各领域，给传统商业格局带来了新的变化。对传统会展平台来说，这既是严峻挑战，又是难得机遇。传统会展企业应当顺应这种时代变局，主动对接并积极参与数字化转型，否则将会被时代所淘汰。

第二节　展览信息化规划

现代展览信息化主要体现在两个方面：

一是展馆智能化系统的信息化。通过展馆先进的智能自动化系统，包括空调系统、照明系统、电梯系统、安防系统、消防系统和通信系统等，为会展提供了安全、舒适、节能、环保的展览环境。

二是会展管理与服务的信息化。应用现代智能和信息技术，既可以提高展会效率，保护展会信息数据安全与高效运用，全方位管理展会客户关系，同时也为营建会展企业长远的核心竞争力奠定基础。

一、展览信息化目标任务

信息化建设要按照整合资源、协同共享、创新驱动、注重实效的要求，明确总体目标和阶段性任务，健全信息化发展机制，优化整合信息资源，助推展览现代化。与此同时，切实加强信息化基础设施建设规划，结合大数据建设，搭建信息化共享架构。

现代展览信息化应以网站建设为龙头，以数据库为基础，深度开发展会核心业务应用系统，从而形成安全、稳定的网络硬件平台与业务管理平台，线上与线下结合的电子商务服务体系。

二、展览信息化发展规划

许多会展企业在信息化建设上投入了大量的人力、物力和财力，也建立了相应的信息系统，但并没有获得预期的效果。造成这种状况的原因是多方面的。其中一个共同点就是缺少一个科学可行的规划。如果缺乏总体规划，就会出现盲目跟风和形式主义，信息化建设任务分解成各项相对独立的应用后，就很容易出现应用系统林立，互不连通，形成信息孤岛。

现代会展企业的信息化建设，应在充分理解企业的战略目标与业务规划的基础上，分析诊断企业管理现状，优化企业业务流程，结合行业信息化实践经验和对信息技术发展趋势的把握，提出信息化发展愿景、目标和战略，以及信息化总体框架、系统架构和行动方案。

在进行信息化规划时，具体要考虑的问题主要有，信息化能否带来会展业务创新，什么样的系统架构才能满足未来会展业务增长，信息系统是集中建设还是分散建设，信息化实现方式是购买、自建还是外包等。

三、以核心业务需求为导向

现代会展企业的信息化建设，其最终目的是为了满足企业的业务需求，提高经营管理效率，从而增强会展企业自身的市场竞争力。因此，会展企业在考虑信息化建设时，首先要明确企业业务对信息化的需求到底是什么。如果对自身的业务发展战略和业务结构没有一个清晰的认识，在会展业务对信息化的需求方面把握不准，那么，它的信息化建设不仅不能促进会展业务，反而会造成负面影响。

一是从组织的战略出发而不是从系统的需求出发，从而避免脱离目标而盲目建设造成的困境。二是从业务的变革出发而不是从技术的变革出发，充分利用组织的现有资源来满足关键需求，从而避免建设的信息系统无法有效地支持组织的决策。如果脱离了这两个基本点，会展企业的信息化就可能走入歧途。

四、制定信息化规划的原则

构建展览信息化系统应坚持总体规划，分步实施，突出重点，全面推进的方针，同时要遵循以下几项基本原则：

一是要与会展企业的发展战略相结合。信息化规划应纳入到会展企业本身的发展战略中，要与企业未来的业务发展和管理需求有机结合，只有这样，才能使得会展企业信息化发展的正确方向。

二是技术规划要与非技术规划相结合。信息化规划包括两部分内容，技术规划和非技术规划。非技术规划侧重会展业务，强调会展业务对IT的需求；而技术规划侧重技术，强调信息系统的技术保证。这两种规划不可偏废。忽视非技术规划，则无法确定究竟需要建设一个什么样的信息系统；忽视技术规划，则无法确保信息系统的正常运行和无缝连接。

三是系统规划要具有可扩展性。信息化规划要注意可扩展性，要适应IT技术的快速发展，适应会展企业管理模式与会展业务模式的不断变化。要合理预测环境变化可能给会展企业战略带来的偏移，在做规划时留有余地，并根据新的情况不断加以调整。

四是与会展企业的规模相适应。不同规模的企业对信息化有不同的需求，在做规划时要从企业实际出发，结合环境的要求和企业发展现状，因地制宜做出适合企业发展的规划。

五是要站在会展企业优化升级的高度做规划。企业信息化不单是满足现有体制和管理方式的电子化。没有会展企业的优化，信息化也不会有显著效果。信息化总体规划要以发展的观点，站在企业优化升级的高度来进行规划。会展企业优化包括产业结构优化、经营过程优化、服务结构优化等几个方面。

六是坚持有效性实施原则。在对业务现状进行调查与描述的基础上，分析存在的问题并提出信息化的需求；按分系统和子系统对信息化需求逐项进行描述；找出企业经营的主要问题并由此确定实施信息化重点。

七是符合软件开发工程规范与原则。会展信息化系统开发还要遵循具有实用性与系统性，符合软件工程规范以及逐步发展的原则。在这些原则指导下，形成了结构化生命周期开发方法、原型法、面向对象的开发方法、案例法等系统开发方法。

八是注重信息与知识资源的开发利用。随着信息与知识资源日益成为企业最重要的战略资源，对信息与知识资源的开发利用正成为信息系统建设的重要目标。信息系统与供应链系统、电子商务系统的结合日益紧密，商务环境的不断变化要求信息系统不断更新。

还应看到，现代展览信息化是从低级到高级，从简单到复杂，从单项到多项，从局部到整体的一个逐步完善的过程。信息系统的规划与设计正呈现出一种新的视野与方向：从系统规划转向信息资源规划，从单一系统转向分布式系统，从信息管理转向知识管理。

第三节　核心业务应用软件

大型会展中心必须依靠专业的集成管理信息软件来进行管理。集成管理信息软件是一个将企业销售、运营和财务管理等各个部门的运作有效整合在一起，并使用统一数据库的企业信息管理系统。

会展中心管理软件一般都是以客户关系管理（CRM）为开始，以服务投放为过程，以为客户结算并生成各类分析报表为结束。专业高效的会展中心集成管理软件如一条主线，将会展中心的各个部门的营运有机整合起来。

一、展览集成管理软件

会展中心集成管理信息软件涵盖五个方面的功能：

一是市场营销，包括客户关系管理（CRM），销售渠道、机会管理和报告，市场营销活动管理；二是场地预定与使用，包括场地预订、场地预订最佳化和场地出租率报告、场地租赁的合同管理；三是会展及各类节事活动运营管理，包括事件活动环节设计和管理、服务订单和工作订单管理、库存管理、人员管理、维修管理、餐饮服务管理、垃圾清运管理、筹撤展管理等；四是会展活动登记和调查，包括事件活动的登记和报表、参加者参与和调查；五是会记和财务分析，包括采购管理、应付账款管理、应收账款管理、现金账款管理、固定资产管理、会计核算与分析。此外，这类软件还应具备查询与报表、系统管理和互联网功能。

开发集成管理信息软件的方法主要有"自主开发"和"一个专业系统＋适当客户定制"两种。两种方法各有利弊，应根据企业实际情况加以选择。展览管理信息系统全面涉及会展企业的日常业务，可以有效地管理不同的展会，分类管理展商与观众方面的数据，全面管理客户关系，防止客户数据流失，并且可以进行展会过程管理，应用统计数据辅助企业决策。

二、核心业务系统功能模块

展会应用软件系统涵盖多项展会核心业务，通过对参展企业网上申请、资格审核、展位分配、资料备案、证件申请等业务的网上办理，对采购商邀请、报到、办证等业务电子化管理，以及对现场服务、投诉、费用结算、设备等业务的网络化管理，基本实现展会参展商、采购商、现场服务三个主要方面的规范化、电子化和精细化管理。展会核心业务管理信息系统可分为以下多个功能模块：

①系统用户登录；②修改监督密码；③进行展会切换；④注销重新登录；⑤进入展会管理；⑥进入展馆管理；⑦进入展位管理；⑧租赁用品管理；

⑨进入展商管理；⑩进入合同管理；⑪生成业务报表；⑫同类展会管理；⑬酒店订房管理；⑭观众现场管理；⑮观众数据统计；⑯行政事务管理；⑰个人办公管理；⑱系统安全操作等。

三、展览协同管理系统软件

所有有助于协同的软件都可以称为"协同软件"。所谓协同，就是指协调两个或两个以上的不同资源或者个体，协同一致地完成某一目标的过程和能力。它不仅包括人与人之间的协作，也包括不同应用系统之间、不同数据资源之间、不同终端设备之间、不同应用情景之间、人与机器之间、科技与传统之间等全方位的协同。

在新的市场环境之下，会展企业的资源日趋复杂，而这些资源之间又存在着千丝万缕的关系，这就要求会展企业加强对这些资源的管理，创造无障碍、无边界的环境，从而让这些资源能够协调起来，发挥最大的价值，为企业的总体目标服务。

毋庸讳言，传统会展企业的信息化建设存在"信息孤岛"、"应用孤岛"和"资源孤岛"三大孤岛。与会展企业的管理需求产生了难以调和的矛盾。

一是"信息孤岛"与信息共享的矛盾。不同的信息以不同的结构存放在多个应用系统中，而这些信息缺乏相互连接的信息通道，数据被封存并缺乏应有的关联，从而给企业获取有用的信息带来很大的障碍。

二是"应用孤岛"和业务整合的矛盾。针对某方面管理需求而引人的各种应用系统，在单个业务领域的管理上无疑有自己的特点，但由于它们无法面向整个业务过程，各个系统之间也难以紧密集成，使得企业环环相扣的业务被这些分散的系统分割开来，造成运营效率低下和反应迟缓。

三是"资源孤岛"和资源协同的矛盾。企业运作的基本元素包括财、物、信息和流程，不能统一地被管理，不能在无屏障和无边界的工作环境下进行调配和整合，因而难以为实现企业的目标进行一致性的协作与服务。

协同管理系统软件的出现无疑为解决这些问题提供了有力的解决方案。通过建立协同工作的环境，改善人们信息交流的方式，消除时间和空间上的障碍，提高工作效率。例如，信息共享系统提供资源共享能力，电子邮件和即时通信、多媒体会议系统提供人与人之间的通信支持功能，工作流提高组织管理能力。

四、会展客户关系管理系统

客户关系管理系统是基于客户关系管理理念而设计的管理信息系统，通过对客户信息的有效集成，支持会展企业为客户提供一对一、交互式的个性化服务，进而实现商业过程自动化，并改进业务流程，从而提高会展企业的客户关系管理能力。

有关研究表明，吸引一个新客户所耗费的成本大概相当于维持一个现有客户的 5 倍。这就决定了会展企业要重视客户关系管理，要以客户关系为纽带，以客户关怀为手段，以客户数据为基础，努力提高客户关怀和客户满意度，以此增强客户对企业的忠诚度或黏度。

因此，会展企业必须处理好与客户的关系，而 CRM 就是会展企业经营管理的最佳选择。一个完善的客户关系管理系统应该具有客户管理、联系人管理、时间管理、潜在客户管理、销售与供应管理、营销管理、客户服务、呼叫中心、合作伙伴管理、知识管理、电子商务管理等多项功能。

五、展会数据库管理系统

信息资源已经成为会展企业的重要财富与资源。数据库的建设规模、数据库中信息量的大小及使用程度，也已成为衡量会展企业信息化程度的重要标志。

会展数据库主要有三种类型：一是展馆智能化系统数据库，包括展馆自动化系统数据、安防系统数据、消防系统数据等；二是会展业务系统数据，包括参展商数据、采购商数据、展览工程管理数据、会展成交统计数据以及网上会员数据等；三是会展企业日常管理系统数据，包括人力资源数据、财务数据、协同办公系统数据、企业管理数据等。

数据库管理系统（DBMS）是指数据库系统中对数据进行管理的软件系统，它是数据库系统中的核心组成部分，对数据库系统的一切操作，包括定义、查询、更新及各种控制，都是通过这个系统进行的。现代会展还必须十分注重数据安全工作，即数据处理安全与数据存储安全。威胁会展数据安全的因素很多。硬盘驱动器损坏、人为操作失误、黑客入侵、病毒感染、信息窃取、自然灾害、电源故障、电磁干扰等都会造成数据被破坏或者丢失。

第四节　信息化统一平台

在信息化推进过程中，各应用系统之间不可避免地存在信息孤岛现象，同时，客户与会展企业之间的关系变得更为松散，客户的个性化要求也会越来越多。因此，为了实现管理与服务软件的集成，实现信息资源互联互通，现代会展企业面临一项十分重要的任务即建立信息化统一客服平台。

现代会展客服呼叫中心（CallCenter）是集信息采编、知识提取、自动流转于一体的智能信息服务系统。它使得电话网与计算机网无缝结合，对语音流和数据流进行统一监控和处理。会展客户呼叫中心涉及交换机技术、计算机技术、计算机电话集成技术、数据仓库技术和管理科学等诸多方面。

作为一种能充分利用现有通信手段和计算机技术的全新现代化会展服务方式，已经引起越来越多会展企业的关注。客户只要拨通会展服务热线号码，就可以在语音自动应答系统的帮助下，自动地完成查询信息、自动交易等工作。另一方面，它也可以转接至人工台，由服务人员解答问题、受理业务，并可根据客户的历史资料提供个性化的周到服务。它能够提供语音、传真、Web 等多种接入和反馈方式，使客户真正足不出户就可以享受到优质、高效、快捷的服务。

一个完整的现代会展客服呼叫中心，一般由自动呼叫分配系统（ACD）、交互式语音应答系统（IVR）、计算机电话集成系统（CTI）、数据库系统、呼叫管理系统、业务处理系统以及坐席（业务代表）等组成。系统大致可以分为前端和后端两大部分。各种数据库系统、特服系统、决策库及其网络系统的软件整合是其关键。

通过信息化手段建立统一客服平台，将客户拜访、现场服务、客户联络中心以及官方网站等不同渠道客服业务整合到统一平台，采用标准化资讯库、统一业务流程和客户信息采集模型，集中调配内部资源，对所有业务流程进行管控。大集中式的客服平台不仅有利于整合资源，使客户服务前后台能够集中协调调度和高效运作，为客户提供全面服务，还能全程采集客户信息，为决策和业务部门提供有效的数据支撑。

此外，还可利用信息化手段整合展位设计搭建、物流、保险、通关、税务、信贷、认证等资源，从企业参展一揽子需求考虑，收集各行业资讯，对接行业业务流程，集中利用统一客服平台为参展企业提供一站式服务。通过深层次的介入参展企业的参展流程，提供专业级的智力外援、流程化管理和先进的作业指导，成为无数中小参展企业的咨询服务中心。

目前还有不少会展企业对呼叫中心的服务功能理解不够全面，没有考虑到服务在呼叫中心的重要地位与作用，更不懂得如何预期客户服务，如何创造服务流程，如何进行引领式服务，如何安排进行呼叫追踪，以致出现了种种困惑。因此，有必要加强呼叫中心的服务管理。并在服务过程中为会展企业创造财富。

第五节　展会数据挖掘

数据收集和存储技术的快速进步使得各会展企业可以积累海量数据。然而，提取有用的信息已经成为巨大的挑战。由于数据量太大，无法使用传统的数据分析工具和技术处理它们。即使数据集相对较小，由于数据本身的非传统特点，也不能使用传统方法来处理。

数据挖掘是一种技术，它将传统的数据分析方法与处理大量数据的复杂算法相结合，为探查和分析新的数据类型以及用新方法来分析旧有数据类型提供了机会。数据挖掘是在大型数据存储库中，自动地发现有用信息的过程。它用来探查大型数据库，发现先前未知的有用模式，它还具有预测未来观测结果的能力，例如可预测一位新的采购商是否会在展会期间购买一万美元以上的展样品。

借助数据收集技术，如条形码扫描器、射频识别（RFID）和智能卡技术，会展企业可以在展馆门口收集采购商的最新数据。会展企业可以利用这些信息，加上电子商务网站的日志和服务记录等数据，可以更好地理解参展商和采购商的需求，从而做出更明智的会展决策。通过对客商到会与业务成交数据的提炼和分析，挖掘各类信息数据，生成分析报告，提供决策支持。

一、会展数据挖掘任务

数据挖掘技术可以用来支持广泛的商务智能应用，如采购商与参展商分析、定向营销、工作流管理、展位分布和欺诈检测等。它还能分析出谁是最有价值的采购商，什么展会项目可以交叉销售或提升销售，并对展会项目下届的收入前景进行预测。数据挖掘分析共有七种方法：分类、估值、预言、相关性分组或关联规则、聚集、描述和可视化，以及复杂数据类型挖掘包括图形图像、视频、音频等。会展数据挖掘的任务主要是对会展涉及的数据进行关联规则分析、聚类分析、分类预测、时序模式和偏差分析等。欲使数据挖掘在会展客户关系管理（CRM）中发挥作用，首先必须将其与实际问题联系起来。数据挖掘影响会展企业决策的方式取决于商业过程而不是数据挖掘过程。

二、会展数据挖掘范围

会展数据挖掘主要用于以下三个方面：客户分类分析，客户行为分析与客户市场分析。一是客户分类分析。所谓客户分类就是将一个大的采购商和参展商群体划分为一系列细分群体的过程。通过客户群体分类，可以通过聚类和分类的方法把大量的客户分成不同的类别。会展企业可以针对不同类型的客户提供个性化的服务。二是客户行为分析。包括客户满意度、客户忠诚度、客户盈利能力、客户生命周期、客户流失、交叉销售分析等。三是客户市场分析。预测不同区域参展商和采购商对不同展会的参与趋势以及分析季节性变化、非规则变化等。对基于时间序列的销售数据进行趋势分析，预测市场的趋势变化、循环变化、季节性变化、非规则或随机变化，可以有效地指导会展企业在市场、销售与服务方面将资源分配给有价值的客户，掌握客户的行为模式，以便提前对可能发生的客户行为与市场变化作准备。

三、展会采购商数据挖掘

采购商数据资源对于会展企业的重要性不言而喻。展会行业的核心竞争都集中在采购商资源的争夺，可以说采购商资源的优劣将会直接影响到一个展会项目的枯荣成败。因此，要从长远考虑进行采购商数据资源的搜集整理与开发利用。使之形成办展机构的会展项目、电子商务运营、数字化营销的核心资源优势，同时为采购商提供深层次增值服务奠定基础。以香港贸发局的商贸配对服务部为例。该部门负责贸发局采购商和供应商数据库的建立和管理，包括在全球范围内收集、处理、核实和利用采购商数据，以及开发并提供高附加值的线上线下贸易配对服务，为旗下展览和电子商务提供数据支持，成为支撑其展览业务的核心基础部门。该部门通过网站、展会、购买等形式在全球范围内收集、录入、整理采购商资料。为保证采购商数据库的质量，该部门还通过全球各地办事处或机构合作，以电话、传真、邮件等方式对每一条记录进行真实性核对，并尽可能挖掘采购商经营细类和采购商品等详细信息。

四、构建各类增值数据库

通过网络增值数据库，参展商、采购商、组展商、观众与媒体、普通大众等都能够共享信息，参展商可以将客户资源管理、市场营销、服务管理与决策管理合为一体，将各项业务统筹协调，提高营销效率；而专业观众能够获得最新的行业动态信息，运用电子商务进行线上交易；媒体能够做到实时传播，进行品牌推广。例如德国汉诺威展览公司，就拥有自己的全球网上业务信息系统，包括数万条数据集和四万多项产品登记的信息数据库。

第六节　展会商业智能开发

所谓商业智能（BusinessIntelligence），指用现代数据仓库技术、线上分析处理技术、数据挖掘和数据展现技术进行数据分析以实现商业价值。自20世纪90年代末以来，越来越多的企业提出了对商业智能的需求，把它作为一种帮助企业达到经营目标的有效手段。云计算、大数据技术的出现，更是为商业智能的发展添加了新的动力。

成功利用企业现有信息资源所能带来的商业利益无疑是巨大的，但对于大部分会展企业而言，信息至今仍是一项未被充分开发的资源，尚未发挥出其应有的商业价值。近年来随着展会信息化应用的不断深化，人们开始思考如何借助先进的工具或者方法，将各业务系统产生的分散数据形成有效的信息，从而增进对业务的了解，保障业务经营决策的科学性。

建立完善的统一数据成为商业智能的基础，会展企业实施商业智能都将面临数据集成统一和数据质量的问题。有专家指出，在全球绝大多数的商业智能项目中，大约有80％的时间和费用花费在了统一数据上，即数据的转换集中整合的实施上。现代展会实施商业智能开发计划，特别要注重以下几个关键步骤。

一是建设展会业务应用平台，打造核心数据库。要成功地实施商业智能项目，必须将分散在各个不同系统和地方的系统数据收集、整理起来，建立完善的数据仓库或数据集市。同时要建立数据管理机制、数据定义和数据收集、变更的规范制度，在增加采集数据数量的同时，全面提高数据质量。需要指出的是，提高数据质量仅通过技术本身是难以达成的，需要相关业务部门的大力支持和配合。首先，软件的设计和开发往往由业务部门的需求来主导。其次，业务应用系统建成后，数据的采集、审核、维护、管理等后续工作，绝大部分由业务部门负责。各部门对数据维护工作的重视程度和投入决定了数据的质量。

二是选择合适的商业智能产品。在展会业务平台和核心数据库建成后，就可以考虑实施商业智能项目了。商业智能产品选型是遇到的首要问题。与其他信息系统实施项目相比，商业智能项目涉及系统接口和数据建模，往往需要比较大的工程开发量。选型时，不单要重点考虑业务部门关注的系统分析功能的易用性，包括对某个主题的分析维度选择的方便性，图表展现的丰富程度，以及一些简单的分析功能、自定义报表功能的易用性等，还要结合现有会展业务系统的实际情况，考虑每一部分组件的技术架构实现，以及成本、人员经验、成功案例和售后服务等因素。

三是确定商业智能项目范围。无论上哪种管理软件，都不能贪大求全。展会商业智能项目也一样，不能奢望其能一次性解决全部的管理需求。展会做商业智能开发，要坚持总体规划、分步实施、急用先行原则，从最迫切的采购商业务入手，由管理比较规范、业务数据有积累的部门开始。先把最紧要、最核心的业务管理起来，以便迅速响应营销的需求，做出最佳决策。当积累了一定经验后，再有计划地推广到其他部门及对其他业务进行决策分析，这样可以在一定程度上规避风险。由于部分预测模型往往需要展会业务数据多年的积累，而且需在数据质量稳定的情况下，由业务人员和行业专家共同搭建模型，最终才能在商业智能系统上实现。故在制定项目实施进度时，对展会目前部分暂时没有系统支撑、数据采集困难的业务活动，或虽有系统支撑，但存在数据采集不全、数据质量不高隐患的，均不宜列入优先考虑的范围。

四是明确商业智能项目目标。会展企业内部的各级领导和业务部门对商业智能项目的期望是不一样的。即使在一个部门内部，管理层和业务人员的需求也存在不一致。在这种客观条件下，对细节关注的程度将直接影响到商业智能数据仓库的数据抽取和模型建立。首先是粒度。如要了解展会期间每个办证人员办理的所有证件明细，与只关注每个办证点每天的办证量相比，数据仓库的数据处理量就会有很大差异。其次是维度。商业智能系统的主要功能就是多维度分析，如分析国外采购商来自多少个国家和地区，及在某段时间内的到会人数。在客商到会人数分析模型中，采购商、国家和地区、时间就构成了分析维度。业务部门总是希望能考虑尽可能多的维度，还想看到客商所属行业、所乘坐交通工具等，而这些维度的分析能否在商业智能系统中实现，取决于这些维度的信息是否在业务系统中已经录入和存在。由于商业智能系统只分析数据，并不产生业务数据，如果这些信息不存在，那么就无法实现。此外，维度还直接影响数据模型的建立，有时增加一个分析维度，给系统增加的复杂性可能是几何级数。

五是采取有效的实施方法。商业智能开发过程包括需求分析、数据仓库建模、数据抽取、建立 BI 分析报表、系统改进和完善五个步骤。实施过程中，需求分析和数据质量是最重要的两点。当展会业务平台及核心数据库建成后，数据质量有了一定保障，需求分析将是展会商业智能项目实施过程的重点。影响展会业务的因素分析问题难以解决，势必导致用户需求分析困难。目前国内会展行业商业智能项目成功案例极少，原因在于对会展领域商业逻辑缺乏相应了解，而且缺乏完善的展会业务模型。如果无法判断究竟一项展会业务涉及多少个因素，每个因素在多大程度上影响决策，就难以建立有说服力的模型。因此，业务部门在日常业务开展过程中，前瞻性地考虑未来哪些业务需要决策支持，并提前进行相关研究和探讨就显得十分重要。这样一来就可以提高未来需求分析的速度，快速建立模型，从而提高商业智能开发成功的概率。如在客商邀请工作实践中，需要通过反复修正和不断调整，才能初步摸索出来一个较为科学的采购商到会预测模型。

综上所述，展会商业智能具有极大潜能，蕴含巨大的商业价值。品牌展会的招商招展模型、展区参展效果指数、采购商到会意愿模型等，都是尚待挖掘的金矿。优秀会展企业应加大在信息化建设方面的投入，加快展会业务平台和核心数据库两项基础建设，摸索出一条品牌展会商业智能开发的成功之路。

第七节　广交会信息化建设

作为中国第一展的广交会已基本建成中等偏上规模，安全、稳定的网络硬件平台；初步建成广交会网络化、电子化业务管理平台；建立了以广交会网站为核心的电子化信息服务体系。

（一）基本建成中等偏上规模，安全、稳定的网络硬件平台

目前琶洲展馆较大规模的网络系统已采用防火墙、路由器、防病毒软件等建立多层次安全保障体系，以确保内外网网络安全。

（二）初步建成广交会网络化、电子化业务管理平台

迄今为止，广交会累计开发业务系统 42 个，基本涵盖广交会的核心业务，初步建成网络化、电子化业务管理平台。在广交会或日常工作期间，各业务系统对于提高效率、降低成本、加强管理和创新服务都发挥着显著作用。

（三）建立了以广交会官方网站为核心的电子化信息服务体系

作为广交会电子展务重要组成部分的广交会网站目前拥有 11 种语言、12个版本的信息内容，具备宣传招商、业务办理、商旅服务、电子商务四大功

能，网站已逐步形成面向参展商和采购商的两个核心业务平台。其中"参展易捷通"是广交会网站专为参展商设立的网上服务平台，实现了展位网上申请、展品登记、证件申报、宽带预订、审图查询等一系列在线功能。BEST采购商电子服务平台是基于采购商管理系统，为采购商办理电子请帖、易通卡申请、预报到等业务。

总体而言，广交会信息化作为展会的管理和服务手段，其应用已较为完善，在国际会展业中属于领先水平。

广交会承办方中国对外贸易中心不仅基本完成网络硬件服务平台建设，实现企业内部办公信息网络化，提高了经营管理效率；而且摊位分配、证件管理等业务软件均已开发应用，并以面向参展商和采购商的管理信息系统提供一站式全程贸易服务。以广交会网站为基础，面向参展企业推出参展易捷通平台，提供摊位配置及收费管理系统、证件管理系统、成交统计系统、一站式现场手续办理系统等。面向采购商推出 BEST 平台，完善邀请系统、来宾报到系统、电子邀请和网络办证系统、VIP 采购商管理系统等。

广交会网上会展平台功能强大，电子商务服务涵盖交易前、中、后三个阶段。客商可通过展商展品查询系统、数字地图寻找到供货方展位并现场实时洽谈，并可全程进行订单管理，跟踪物流配送及交付情况。广交会出口成交额中，网上成交所占比例逐年上升。

广交会现场信息服务项目主要指在广交会开幕期间，根据大会要求及本部门自身要求提供给广交会到会采购商和展商的服务项目，包括常规性工作，如上网服务、信息查询服务等；信息增值服务工作，如发展"网上广交会"会员等。还包括电子商务信息服务，不断提高贸易匹配的成功率，提高会员客户的满意度。电子商务经营项目主要是指广交会网站《贸易匹配》平台的电子商务会员业务。

广交会信息化在实践中探索并在探索中成长。信息化正与广交会深度融合，它所带来的好处也是显而易见的。具体而言，一是提高了会展信息交流速度。二是拓宽了会展信息交流的广度。三是降低了会展企业成本。四是提高了会展活动的效率。五是增加了会展活动的经济效益。六是加强了会展活动的协调管理。七是提高了会展企业的核心竞争力。

国际展会信息化服务

国际品牌展会如何运用信息化技术提升展会服务水平？美国国际消费类电子产品展（CES）、德国汉诺威消费电子信息及通信博览会（CEBIT）、德国汉诺威工业博览会（HANOVERMESSE）、德国科隆家具展（IMM）、德国法兰克福春季国际消费品贸易展（Ambiente）等，在信息化应用方面有许多独到之处，主要体现在以下几点。

一、组织丰富资讯并及时发布

（一）资讯形式内容丰富，及时通过官网发布

展会举办时间的特性和周期性，国外展会的资讯内容也具有周期性。其中，美国CES展更新频率最高，月均6～10条资讯。科隆家具展（IMM）月均2～3条资讯更新，而法兰克福Ambiente的资讯更新率最低，2013年春季展会闭幕后近一年时间几乎没有更新过新闻。资讯组织方式包括日常新闻、请业内人士撰写或通过与第三方机构合作提供调研报告或微博评论，种类较丰富甚至提供各类专业调研报告。汉诺威CEBIT展有相当一部分新闻资讯来源于专业人士或专业网站撰写的CEBITBLOG，比如TechFever. Net。美国CES展览会的行业资讯主要来源于美国消费电子协会（CEA）的专业人士撰写。

（二）重视对境外宣传招商活动的报道

除介绍展会业务、行业资讯等信息外，标杆展会都比较重视境外活动的宣传推广。美国CES展和汉诺威CEBIT在境外招商活动前，在官网提前预告国外路演活动的重要信息，吸引更多的关注和参与。同时会引用国内外媒体对展会和活动盛况的报道，以图片加视频的形式在网站发布。展会闭幕后大都发布《展后报告（FinalReport）》，公布到会人数、行业分布，以及参观者职务类型、代表团等情况。有的也会定期发布电子期刊（NEWSLETTER），介绍展会的最新热点和进展。

二、资源高度整合，业务有效集成

标杆展会对各种资源通过信息化高度整合，对业务系统有效集成，从而为客户在展前、中、后提供全方位的服务和良好的用户体验。

（一）汉诺威展览的整合服务

汉诺威整合了现场服务、最新资讯预订、贸易配对、手机 APP、科技之旅、合作伙伴计划、买家计划等方面的服务资源。而且这一套服务体系应用于所有汉诺威主办的展览，包括汉诺威消费电子信息及通信博览会、汉诺威工业博览会等。

采购商也可在展馆的所有出入口购买高级通行证（100 欧元）享受升级服务，包括免费入场、贵宾休息室、班车服务、衣柜和行李寄存服务。汉诺威网站提供展馆内外餐厅查询，可以选择不同的展会查询各展馆的餐厅，自助餐厅，咖啡点，查询结果有餐厅的图片，座位数，营业时间介绍。采购商可享受贸易配对服务，通过确认账户信息、贸易详细信息、明确参会时间、确认四个步骤完成配对档案的创建，之后系统根据采购商提供的采购意向，向采购商推荐相关参展商，并可通过系统约见参展商，系统为采购商提供在线日历，方便采购商安排时间。

（二）美国 CES 展的预订系统和指引系统

美国 CES 展对各类业务进行充分整合，通过唯一账户进行统一操作，提供全方位一站式的服务。美国 CES 展的采购商登录后，用唯一账户一站式管理个人资料、并预订展览入场券、论坛入场券、场内旅行（ShowFloorTours）、重要活动等，在流程结束后提示告知所选服务项目的总价格，并可选择在线支付。

有些常用的基础服务则多与个性化应用相整合。美国 CES 展电子地图指引系统（FloorYourPlan）是与其合作伙伴 MAPYOURSHOW 合作，将展商查询、展品查询、会议活动、个人行程规划、地图指引等服务系统进行有效整合，客户可以通过便捷互动方式提前安排行程，也可以在手机客户端中编辑。该系统实现了将展商展品查询系统、行程规划系统、地图指引系统三者集成整合。

广交会在系统集成方面有一定的成果，推出了"参展易捷通"、"采购商电子服务平台"、"展商展品查询"等系统。但在系统集成、电子支付、路线规划和方位指引方面还做得不够。

三、业务办理尽可能在网上提前完成

（一）业务网上办理的形式

标杆展会都有一个非常人性化的特点，就是将各类展览服务相关资源整合起来，服务尽量上网，通过在线服务订购系统统一进行处理。网上服务主要有三种方式：一是在网上直接订购；二是在网上直接填写表格提交申请；三是对无法简单订购服务，指定专人（附相片和联系方式）负责对接，可在线发送电子邮件或电话进行联系。不论是参展商、采购商还是新闻媒体，均可以通过其在线服务订购系统方便快捷地进行服务的订购或通过 email 与服务提供方直接进行联系。同时，由于信用卡网上支付技术的成熟运用，使得各种现场服务的申请、确认与付款等环节可全部在网上实现，可有效减轻现场服务工作压力，节省人力与时间成本。

（二）业务尽可能在网上完成办理

各展会将业务尽可能地在网上办理。下面仅以其中较好的汉诺威工业博览会（参展商服务）和美国 CES 展（采购商服务）为例。汉诺威工业博览会提供给参展商的在线订购服务项目有展位申请、申请停车服务、邀请函、参展证件、联营单位申报、广告、贸易匹配、专业旅行、展具服务（地毯，桌椅、台等）、展位专业服务（水、电、宽带、电话、电子产品等）、常规服务（展位清洁，垃圾清理、花草、保卫等）。美国 CES 展提供给采购商的在线服务项目有观众注册、证件申请（在合作酒店或机场领证）、酒店预订、展商展品查询和展馆导航、个人定制信息存储（把网站中感兴趣的参展商、产品、会议活动甚至是展馆导航信息储存备查）。此外，汉诺威工业博览会还有贸易匹配和邀请函申请功能。

相比之下，国内展会的组展筹展及采购商邀请等核心业务也已使用在线办理手段，也可进行展位申请、邀请函、证件申报、特装图纸报送（标杆展会没有这项），但在线办理的现场项目（例如展具租赁）显得比较少，目前仅有无线上网卡、有线宽带在线订购。此外，由于国内展会独特的组展和证件管理模式，证件采取实名制办理，并要核对本人证件，虽然绝大部分证件的均早已实现网上申请，但大部分证件仍需要现场办理。

四、注重数据的多方面采集与应用

在观众数据采集方面，标杆展会均以个人信息为注册单位，主要提交个人的联系信息，如姓名、职务、联系邮箱等。

欧洲展览网站更是侧重于个人快速注册，在使用展会服务如贸易配对（Match&Meet），购买门票等，才需要提交详细的公司信息（例如公司名称、地址、联系方式、业务范围等）。这种做法可以快速收集对展会感兴趣的浏览者有效信息，减少注册者对过多信息填写的反感，同时又可以有针对性地了解到真正需要展会深化服务的客户群体的详细资料，进行差异化服务。

对于参展商的信息采集方面，CEBIT 展会对展商信息收集比较详细，分参展公司数据、总经理、市场经理、展会事务联系人多项收集。这种做法利于有针对性地对指定人群进行展会信息的推送。

汉诺威旗下展会网站使用统一数据库的进行客商注册信息的记录。也就是说在其中一个展会中注册后，在其他的汉诺威展会网站均可以登录，有效实现了各展会之间的采购商资源共享。这种方式可以为今后京津沪穗展馆布局时的参考。值得一提的是，CEBIT 很多的填写项目都是以下拉菜单的形式呈现，而且内容丰富全面，便于信息的集中提交，避免无效数据的录入，为展会数据分析提供详细而可靠的依据。

美国 CES 展对观众信息的采集流程相对复杂，结合了基本联系信息、公司信息、行程安排等内容。其中基本联系信息的收集同样是与广交会类似，包括了个人姓名、公司名称、联系邮箱、地址、电话、传真等。但对个人以及公司的详细信息，CES 采取了问卷形式进行采集，如职位、决策能力、与会历史、公司行业、产品市场、年营业额等，全部为必填项目。注册者必须完成 9 项内容，并确认后才可以完成注册流程。

五、从细节入手，提供良好"用户体验"

在浏览几个境外展会网站的时候，我们深切感受到在用户体验方面展会网站切实注意到了许多细节，我们与之相比还有许多差距，这主要体现在以下几个方面。

（一）友好的界面布局，方便查找

迅速找到常用入口完成注册或预订，这对时间宝贵的商务人士来说，是体验便捷性的重要衡量指标。因此用户注册界面设计成了用户体验的第一步。例如美国CES展的注册首页面和广交会的新采购商注册的对比。对于主办单位特别重视的新参展商，用特别的反色方式将其列示出来，便于查找。

（二）亲和力的文字运用，让人倍感温馨

文字在网站中的运用，对加强"用户体验"来说，至关重要。相比较而言，我们认为美国CES展会在这方面做得比较出色。对于重要的功能（例如国际采购商注册），美国CES展善于运用类似于"面对面"交谈的方式帮助使用者了解资讯、解答疑惑和功能使用指引，多采用"主动帮助"式的语言帮助解答问题，尽管文字内容不多，可能解答的效果有限，但是让人倍感温馨。美国CES展是用"您"，并配以"需要帮助吗？"作为辅助性服务。会让人感觉人文关怀而不是冰冷的通知公告或指令式语言。

（三）丰富的指引性提示，"透明"式操作

让使用者在开始下一步操作之前，能提前被主动告知整个流程需要做几个环节，会使得整个流程趋于"透明"尽管有时距离使用者的"心理预期"（例如需耗费多少时间）有一定差距，但是应该是比较符合用户习惯。美国CES展会注册流程：在顶部以图示的方式告知整个注册流程有10个环节，且目前在第一步（STEP1：ContactDetails），接下来还有注册选项、会议论坛、关于我与我的公司、证书填报、旅程等9个项目需要填写和确认，流程设置清晰，指引提示丰富，让使用者在心里对下一步操作"有所准备"的同时，也感到操作便捷。而广交会的采购商注册流程中则缺乏类似的提示。

（四）细微之处的安全设计为用户释疑

境外采购商一般对自己填报的资料与信息视为个人隐私，担心会被骚扰，在填报信息时难免会有顾虑。展会的组织方也考虑到了这一点。例如在美国CES展中，采购商可以选择不公开资料给CES的参展商。德国工博会则会在资料填报页面中，添加小锁具标示，以表明资料填报和传输是安全的，增强资料填报人的信心，同时也表明工博会的技术安全实力。

六、充分发挥互联网营销作用

标杆展会注重通过互联网渠道进行营销，主要体现在帮助参展商通过互联网营销和展会自身的营销。

（一）通过展会网站帮助参展企业进行推广营销

几个标杆展会都善于利用新闻资讯（News/Press）板块和参展企业检索板块，通过发布企业软文和企业宣传视频等方式，帮助参展企业进行营销推广，以提升企业价值。科隆家具展在新闻板块设有参展商新闻发布（ExhibitorPressReleases）专题，并提供按参展商字母排序和关键字搜索等功能，方便用户查询企业资讯。美国 CES 展联合美国商业资讯（BusinessWire）的官网 TradeShowNews.com 发布参展企业新闻或重要信息，以及龙头参展企业 CEO 的采访，介绍企业即将在展览中推出的新产品和技术，提升企业影响力。

（二）重视社交网络对展会自身进行营销

标杆展会都很擅于利用互联网营销手段来加强自身展会的影响力、号召力，例如与 Facebook、Twitter、Linkedin、Youtube 等社交媒体合作，使展会信息能够通过这些社交平台传播。另一方面，各展会往往会与国际知名的行业研究分析机构合作，为展会的参展商客户提供信息发布的服务，帮助参展商客户创造价值，同时提升展会自身价值。美国 CES 展使用多达 9 种。但由于国内因各种原因无法接入 Facebook 等社交网络平台，目前广交会还未能使用。

在广州对境外标杆展会网站分别进行访问速度测试。美国 CES 展响应速度在 1 秒以内，德国 CEBIT 和德国 IMM 展也大都在 2 秒内。而在境外访问广交会官网平均速度达 3～10 秒，低于标杆展会网站访问效果。经过调研，我们发现，汉诺威工博会和德国 IMM 展分别制作了单独的中文站点，并通过 CDN 服务商放在中国境内，有效提高了访问速度。

由于目前我国互联骨干网络的不同运营商用户在访问属于其他运营商网站时，速度会比较慢；还有跨网络境外区域的用户访问网站时，数据被多次中转，客观上造成了部分区域的网站打开速度较慢。目前广交会官网的互联网专线由中国移动独家提供，部分区域用户访问效果不理想，可以考虑 CDN 加速、国内双线＋CDN、境外双线＋CDN 等多种方式进行优化，以便提升访问速度。

七、有待改善的现场无线网络服务

通过浏览网站、邮件咨询、与曾参会人员交谈以及现场实地体验等方式，调研了国际标杆展会和深圳高交会现场无线网络（WIFI）服务情况。美国CES展会、汉诺威工博会、德国CEBIT、德国Ambiente、科隆展会和深圳高交会等都向赴会客商提供无线网络（WIF）服务。但总体上感觉表现并不出色。也会出现访问速度慢、掉线等问题。

这些展会采用以下几种措施以尝试缓解：一是明确告知客户无线网络存在不稳定因素、服务有可能受限；二是付费的无线网络服务价格高昂，计时费用每小时6欧元以上（法兰克福），按会期则高达50欧元左右；三是只有法兰克福的免费服务和汉诺威声明无线网络服务覆盖全展馆，但服务受干扰和人流影响；四是与专业运营商开展合作，由运营商提供服务，例如汉诺威展会专业数据网络服务商T-Systems合作提供无线上网服务，深圳高交会与中国电信、中国移动、中国联通三家运营商合作。

广交会近几年已完成了无线网络的全馆覆盖，但仍然存在信号干扰、掉线、连接速度等困扰用户使用的问题。这些问题也是所调研国内外展会无线网络服务时显现的。这主要源于展馆内大量的干扰信号和短时间内众多的使用者数量（广交会无线用户数以每届25％比例递增，第114届高峰同时在线2万人）所造成的。同时，广交会使用的是早期的第三代无线网络产品（深圳高交会为第四代），在设备容量和抗干扰方面更为薄弱。因此，广交会可以考虑探索与运营商合作模式，尝试引入3G或4G网络资源，对展馆无线网络补充，提高网络覆盖和接入能力。同时，采取措施遏制馆内私建无线网络泛滥和干扰严重等问题。设立集中上网点和自助式上网区，缓解馆内无线上网压力。

本章思考题：

1. 现代展览信息化建设的重点与难点何在？

2. 如何构建现代展览信息化统一客服平台？

3. 试析几种展览业务应用系统开发建设方式。

4. 如何利用数据挖掘技术开发会展商业智能？

第十五章　展览市场资源整合

本章导读：从企业战略管理角度，探讨展览资源整合的途径与方法，以及项目并购、项目移植与合作办展等。

第一节　展览企业战略管理

企业战略管理是从全局和长远的观点研究企业在竞争环境下生存与发展的重大问题，在现代企业管理中处于核心地位。在经济全球化背景下，中国展览企业应在战略定位、市场开发、项目并购、品牌塑造、商业合作等方面，参考借鉴国际品牌展览企业的战略管理经验。

德国展览企业以展馆为依托基地，以自办展会为发展手段是一种战略选择。英国励展公司以收购兼并展会项目为手段，实现低风险高效率扩张，抢占新的增长点，这是另一种战略选择。中国展览企业在办展实践中，通过市场发现热点题材或题材热点，以此为展会定位，通过探索行业关联度进行产业链延伸，逐步扩充题材范围，以此做大展会，这又是一种战略选择。

一、企业战略管理遵循的原则

企业战略管理有助于企业走向成功之路。但是不正确的战略管理有时会适得其反。因此，企业战略管理要遵循科学的原则。

一是适应环境原则。来自环境的影响力在很大程度上会影响企业的经营目标和发展方向。战略的制定一定要注重企业与其所处的外部环境的互动性。

二是全程管理原则。战略是一个过程，包括战略的制定、实施、控制与评价。在这个过程中，各个阶段互为支持、互为补充的，忽略其中任何一个阶段，企业战略管理都不可能成功。

三是整体最优原则。战略管理要将企业视为一个整体来处理，要强调整体最优，而不是局部最优。战略管理不强调企业某一个局部或部门的重要性，而是通过制定企业的宗旨、目标来协调各单位、各部门的活动，使它们形成合力。

四是全员参与原则。由于战略管理是全局性的，并且有一个制定、实施、控制和修订的全过程，所以战略管理绝不仅仅是企业领导和战略管理部门的事，在战略管理的全过程中，企业全体员工都将参与。

五是反馈修正原则。战略管理涉及的时间跨度较大，一般在五年以上。战略的实施过程通常分为多个阶段，因此分步骤的实施整体战略。在战略实施过程中，环境因素可能会发生变化。此时，企业只有不断地跟踪反馈方能保证战略的适应性。

六是从外往里原则。卓越的战略制定是从外往里而不是从里往外。企业战略管理是企业在宏观层次通过分析、预测、规划、控制等手段，实现充分利用该企业的人、财、物等资源，以达到优化管理，提高经济效益的目的。战略管理涉及企业发展的全局性、长远性的重大问题。

深入细致分析企业的外部环境是正确制定战略的重要基础，为此，要及时收集和准确把握展览企业的各种各样的外部环境信息，如国家经济发展战略，国民经济和社会发展的长远规划和年度计划，产业发展与调整政策，国家科技发展政策，宏观调控政策，本行业和该地区的经济发展战略，顾客的情况，竞争对手的情况，供应厂家的情况，协作单位的情况，潜在的竞争者的情况等。

二、适时进行战略调整

展览企业还要根据市场变化，适时进行战略调整。建立跟踪监视市场变化的预警系统，对企业发展领域和方向，专业化和多元化选择，产品结构，资本结构和资金筹措方式，规模和效益的优先次序等进行不断的调研和战略重组，使企业的发展始终能够适应市场要求，这样才能达到驾驭市场的目的。

一是市场导向，需求驱动，尽力满足社会需求。二是依靠品牌、质量、成本取胜。三是实现系统整体优化。四是善于竞争，优胜劣汰。五是长远观点，放眼未来。六是以人为本，充分依靠和调动全体员工的积极性，去实现企业的战略目标。

需要指出的是,不同情况下的企业战略管理呈现出不同特点。国有企业、跨国公司、制造业和服务业、公共事业机构、非营利组织以及专业组织的战略管理,因企业组织情况不同而不同,因此要做到因地制宜,因时制宜和因人制宜。

第二节　展览市场资源整合

据英国《ExhibitionWorld》统计,2013 年第一季度全球展览行业共交易了 19 起并购,涉及展览项目、服务、资讯等不同领域。而且这些并购行为多数发生在新兴展览市场。

近年来在新兴展览市场,国际组展商的资源整合步伐不断加快。以博闻会展集团为例,2011 至 2012 两年间,它在全球范围内共收购 16 个展会项目,其中 11 个来自新兴市场。2012 年其财报显示博闻在新兴市场的展览收入达到 1.78 亿英镑,已占博闻展览业务总收入的 40.6%。

展览题材趋于饱和与市场总量增长缓慢是全球会展业发展态势之一。国际展览市场上项目并购风起云涌,而亚洲已成为世界展会并购最活跃的市场之一。从 2003 年至 2010 年,亚洲展会项目并购成交金额达 2.11 亿美元,并购数量达 48 个。

一、资源整合目标与方式

形成这种趋势至少有两个重要原因:一是欧美展览市场已基本发展成熟且市场份额稳定,而新兴市场发展较快。国际展览公司利用这种趋势,在新兴市场不断加强对自身优势题材资源的掌控。二是国际组展商通过整合资源扩大其所占全球市场份额,从而保持竞争优势。

从国际展览市场来看,品牌展览企业集团是全球展览资源整合的实施主体,它们采用项目并购、品牌复制与移植等方式进行全球扩张,加速了展览市场多类题材的资源集聚的步伐。国际组展商实施资源整合的目标与方式如下。

（一）资源整合目标

在抢占全球展览市场份额的过程中,英系和德系展览公司无疑是最大的赢家。英系以励展和博闻为代表，它们凭借强大的自营媒体与数据服务，支持相关题材展览发展，进而利用资本优势，在全球范围内进行展览并购。德系主要以法兰克福、慕尼黑、杜塞尔多夫、科隆等基地展览公司为代表，它们依托德国制造业的雄厚基础，培育了一批具有国际影响力的高端品牌展会，然后在新兴市场成功进行品牌复制与项目移植。

无论是英系的激进式扩张还是德系的稳健式推进，最终的目的只有一个：对某一项或某几个行业的展览资源形成相对的垄断优势。以励展为例，目前其在石油及天然气工业技术、铝工业技术、制药、采矿、航空航天等题材在全球基本形成展览资源的相对垄断，在美容化妆品、建筑施工、机械制造、水处理技术、五金工具、安防、物流等题材形成区域优势。最近励展还收购了墨西哥最大的五金建材展，加上其已拥有的美国拉斯维加斯五金展，励展在北美市场五金题材上已拥有绝对话语权。

（二）资源整合方式

英系与德系不同的资源整合方式很可能决定未来全球展览市场的格局。

英系公司的并购主要以收购展会股权或成立合资公司为主要手段，在实施并购后会依托展会题材不断向该产业的上下游延伸。在延伸过程中，利用自身资金优势提升股权比例，最终实现对公司和展会资源的控制。

英国的励展集团的并购模式为资本运作模式，追求的是并购后的展会项目的收益，其收购行为如同财务投资。兼并收购中国展会项目，励展通常只占50%股比，不要求绝对控股。而博闻与励展同为大型传媒企业，并购模式同样为资本运作模式，但它要求绝对控股，通常是收购对方70%的股份。这种完全控制并购项目的做法类似战略投资。

德系公司的扩张主要依托当地的行业协会或展览公司，以品牌注入、项目合办的方式共同培育展览项目。法兰克福公司采取的并购行为，目的是拥有展会项目，发展展览主业。德国展览公司都是纯粹的办展机构，任何展会项目并购都具有战略发展考量。此外，德方对并购项目的介入程度也明显高于励展和博闻等英国公司。

资源整合方式的不同导致了两种截然不同的结果：英系公司通过并购进入了新领域，开拓了新题材。在对收购项目的管理上，英系公司的控制力逐渐增强，并且项目运营依靠原有团队，容易实现本土化。而德系公司通过对已有品牌的复制、移植，只是加强了原有题材的优势。在项目管理上，由于项目采取合办的方式，以致德系公司在招展方面资源投入不足。德系公司在国内的多个合办项目由于招展比例不高，对展会的控制力大幅减弱。从中可以看出，项目并购相比于项目合办更具开拓性和可控性，是展览资源整合最有效的方式之一。

二、展览市场资本运作特点

中国会展业资本化时代已经到来。自 2005 年到 2013 年底，国际组展商利用其资金、技术、文化和品牌的优势，通过多种形式的资本运作，在中国会展市场大肆攻城略地。据不完全统计，外资会展企业并购或参股了内地数十个会展企业和项目，投资总额累计近 20 亿元。

随着中国展览体量的增加，国内展览市场也呈现出一些新特点：一是各类题材都已拥有一定数量和规模的品牌展会。二是近年来大量小型展会涌入市场，造成展览资源分散。可以预见的是，中国展览业的资源整合步伐也将进一步加快。

中国组展商在国际展览市场上所占份额以及国际影响力并不是很高。按目前的发展模式，未来展览业务的拓展空间和难度也都较大，业务结构的抗风险能力也不强。所以，中国组展商要借鉴国际同行的成功经验，积极稳妥地开展展览市场资源整合。

中国会展业资本运作呈现出以下几个特点：

一是外资企业在会展资本运作中扮演着最活跃的角色。已经成功实施的并购案例中几乎无一例外都以外资占主导。

二是资本运作主要发生在展会组办者之间。并且资本运作的对象都是经营良好的企业或品牌展会，优势互补特征明显。

三是我国会展业资本运作还有很多发展空间。大部分的会展组展商和会展产业链上的其他企业尚未卷入资本运作的浪潮。[1]

---

① 陈建国，章学强．试论我国会展业资本运作的趋势和策略．2014 中国会展经济研究会学术年会论文集，P44～45.

商务部发布《关于"十二五"期间促进会展业发展的意见》，明确提出鼓励大型龙头骨干会展企业通过收购、兼并、控股、参股、联合等形式组建国际会展集团，打造具有较强竞争力的会展领军企业，发挥示范和带动作用。

为了有效进行展览市场资源整合，中国组展商应以行业资源整合为目标，以地域辐射为坐标，以项目并购为主要方式，从而形成对某一个或某几个题材的相对垄断优势。整合方案应立足于展览企业自身优势，与展览主办方的迫切需求形成对接。

而作为会展中心城市大型会展场馆的拥有者，应凭借会展场馆独有的资源优势，同时借助雄厚的资金与品牌资产，大胆探索优质展会项目并购与其他方式的资源整合。

第三节　展览市场项目并购

中国展览市场普遍开发，题材逐渐饱和，竞争日趋激烈，使得外资展览机构放弃创办新展而热衷于并购现成展览项目。也许在他们看来，中国现已拥有很多值得并购的展会项目。

一、外资并购中国成熟展会项目

国际著名组展商亚洲博闻展览集团、英国励展博览集团、德国法兰克福展览、科隆和杜塞尔多夫等跨国展览公司通过合资或收购等方式，纷纷抢滩中国会展市场。

截至 2012 年，英国励展集团在中国的并购项目达到 12 个，控制了大量展会题材和品牌展会，并完成在环渤海、长三角、珠三角这三个中国会展中心的战略部署，同时开始将并购触角伸向华中地区。法兰克福收购了广州国际照明展，并在收购成功后的三年间规模年均增长 21％，成功占据了亚洲照明第一大展的地位。法兰克福展览公司未来将集中在诸如中国等市场前景较好的国家和地区发展，并且主要依靠收购方式开拓新展。

外资展览机构大规模并购中国成熟展会项目，标志性事件是 2005 年励展集团与中国医药集团总公司合资，成立了双方各占 50％股份的国药励展公司。励展集团以此控制了中国最大的六个医疗医药类展会。励展还先后收购了中国最大的上海机床工具展、中国最大的深圳礼品展、中国三大汽车用品展之一的郑州鑫达车展，中国第一的高尔夫球展等多个项目。另一标志性事件是法兰克福展览公司与广东光亚展览公司合资，入主中国最大的照明展，后发展成为全球最大的照明专业展。亚洲博闻也开展了一系列收购行动，其中仅在广州即收购了中国第二大的广告展，并与意大利博洛尼亚公司联手，收购了中国最大的美容美发展。

国际展览并购通常具有以下几个明显特点：一是并购对象一般都是展览规模居行业前三名的领先展会。二是在并购后均成立合资公司并通过新的公司来运作项目。三是并购之后双方在合资公司中多为五五股比但也有例外。四是并购方重点掌握决策与财务控制权而基本保留原团队。

虽然并购作为国际流行的企业交易行为和业务发展模式，并购成功的案例亦很多，但失败的事例也并不罕见。如广州的美容美发展在 2006 年被亚洲博闻及意大利博洛尼亚公司收购，近年来却发生了严重的利益纠纷。

外资展览机构在中国市场的并购，一是挤占中国展会市场题材，尤其是优质题材。二是控制了相当一批品牌展会。三是借助与民营展览机构的合作，布局中国展览市场。

二、展览市场项目并购特点

中国会展业持续多年扩张，各行各业的展会题材已得到充分挖掘，新创展览项目变得愈发艰难。基于展览题材趋于饱和、市场总量增长放缓的现实，中国展览业已经无法避免地进入市场并购时代。

中国展览市场项目并购具有如下特点：

一是展览项目并购高度集中在"三圈三带"上，并向二三线城市延伸。中国会展业发展已形成"三圈三带"的展览格局，即环渤海、长三角与珠三角三个会展经济圈和东北部、中西部、西南部三个会展经济带。它们在中国会展市场中占据绝对支配地位。中国的展览项目并购与这一展览格局高度吻合，呈现高度集中的特点。

据相关统计，几年间，96％的展览并购发生在"三圈三带"上，其中

72％发生在北京、上海、广州三大中国会展中心城市。值得注意的是，国际展览巨头在集中布局中国一线城市的同时，开始将并购触角伸向二三线城市。如科隆展览集团近年来致力于开拓和维护二三线市场，已率先在哈尔滨取得展览项目并购的突破。

二是外资并购居主导地位，横向一体化趋势明显。近年来在中国发生的20多起展览项目并购事件中，具有外资背景的并购占到80％。对于跨国展览公司来说，通过展览并购，可有效利用中国本土公司的管理经验、营销渠道与品牌资源，迅速提高其在中国展览市场的竞争力。从并购模式看，会展企业并购会展项目占到48％，会展企业之间的合并占到28％，会展项目之间合并占12％，联合主办会展占12％。由此可见，专业展览公司之间的横向一体化合作是并购主流。鲜有其他企业进军会展市场，或是会展企业从事其他业务的跨行业纵向一体化并购案例。

三是并购多为垂直一体化展览题材，通过优势互补带来叠加效应。并购方通过并购使展览题材向垂直一体化方向发展，从而达到延伸会展产业链条，优化展览结构的目的。

亚洲博闻依托其在家具与孕婴童等展会题材上的资源优势，并购了上海国际儿童、婴儿、孕妇产品博览会，开始不断延伸其产业链条。德国科隆展览集团利用其举办的"世界食品博览会"的强大平台效应，携手黑龙江华鸿投资集团，依托黑龙江及哈尔滨的绿色食品和粮食资源，共同打造哈尔滨"世界农业博览会"和"世界农业发展论坛"。英国励展与深圳市华博展览有限公司合作举办深圳礼品展后，将以往侧重礼品的办展方向调整为礼品与家居并重的新格局，为"中国（深圳）国际礼品及家庭用品展览会"注入新的活力。该展目前已成为亚太地区最大的礼品展会。雅森和杜塞尔多夫的结盟更是展览题材垂直一体化的典范。雅森最为人所知的是它在北京主办中国国际汽车用品暨改装汽车展览会，而杜塞尔多夫总部举办的房车展是全世界最大的房车展。改装车和房车本来就具有很强的相关性，双方充分整合各自优势资源，发挥并购所产生的协同效应。

据不完全统计，在2007—2012年的6年间，中国展览市场共发生展览并购超过25起。并购地域逐渐扩大，并购题材不断扩展，已经涵盖了汽车用品、礼品家居、文化艺术、纺织工业、电子设备、水工业、高尔夫、日用百货、机床、农业、专业音响以及儿童、婴儿和孕妇用品等众多行业。展览并购已成为国际大型会展企业扩张的主要手段。

三、中国组展商如何实施展览并购

对于大型会展综合体的经营者来说，实施展览并购尤为必要。一方面，借鉴国际组展商的通行做法，通过兼并收购展览项目，实现低风险与高效率的扩张，抢占展览市场份额。另一方面，需要通过展览并购或项目移植等资源整合的办法来支撑展馆运营。

项目并购是发展自办展业务的捷径，是抢占展览市场制高点，迅速做大做强会展项目的有效手段。首先要制定清晰的投资战略并设定目标。其次要关注政策法律风险和市场环境变化，同时还应关注企业自身财务风险、劳资纠纷与经营风险等。成功实施并购后，在产生协同效应或文化冲突、为新公司制定发展战略、制定过渡产品/品牌策略、在组织机构设置与人力资源提供等方面，也都会面临一系列问题。

展览项目并购需要在专业机构的指导下进行。对所收购的展会项目需进行行业评估。选择目标项目时，需要客观而全面地评估展会项目所处行业的发展阶段、国家相关政策、题材的行业特点、展览的竞争地位等。在对市场、行业、项目有一个综合性的良好的发展预期时，不妨大胆采用合理的溢价收购。

展览并购涉及项目评估、客户关系、展会运作及法律与会计等多项因素，需多部门协作。在并购过程中应引进第三方专业评估机构，并与第三方专业评估机构密切配合，研究制订出一套详细的方案，科学地指导并购工作，提高并购工作的专业性与安全性。

四、展会项目并购重点关注问题

同时需要指出的是，展览并购尤其是跨境与跨地域并购，需要对品牌会展企业的投资战略、风险控制、整合难题、融入当地社会这四方面给予高度重视。以专业视角来看，要特别深入了解以下几个方面：

一是该展览项目处于该行业的哪个发展阶段，该行业是否存在较大的市场发展空间和增长速度，相关企业未来发展对展会这种营销平台的依赖性，以及其他市场营销形式对于展览的替代性与关联性。

二是展会项目本身所在展馆是否可以提供更大物理空间，项目能否吸引更多的参展商与专业观众，是否存在内部整合、优化提升、改善结构的潜质，是否存在异地办展、复制品牌的可能性，是否可以延展专业题材、细分壮大子题材或分期举办。

三是在财务上采用合理的价值评估方法，尽量降低收购溢价，充分考虑远期收益的可确定性。

四是防范与控制市场风险。由于在政策、行业、消费等方面存在不确定性，造成市场需求的转移、减少或波动，使得并购项目未来收益不确定。另外，展览项目的展商与买家也是流动的，并购项目与其他展会也有可能出现竞争，这就使得收购对象具有相当的不可控风险。再者，由于被整合方的操作办法、分配体制、公司文化存在差异，在新公司成立后整合后续业务时，就容易出现效率低下的情况。最后是财务风险，由多种不确定性所带来的定价、融资、支付等方面的风险。

在具体操作层面上，展览项目并购需重点关注以下问题。

关于并购对象选择。从市场前景来看，并购题材所涉及的行业，应有较大的市场需求和长远的发展前景。对于市场范围较狭窄的产业、发展黄金期已过的夕阳产业和前景未明的新产业等题材展会，即使目前效果不错，也不予以考虑。从行业优势来看，并购项目应具备成长性好、扩张潜力大、拥有行业领先者地位等优势，具体要符合以下两项标准：一是成长性好，过去三届展览规模年均增长 15％以上。二是规模较大，展览面积排在本省或本地区同类题材展览的前三位。展览规模在国内同类题材展览中排名前三位的展会为最优。从其关联发展来看，应选择与本企业现有自办展题材相关联的展会项目，以促进现有优势展会的进一步发展或异地移植。从其竞争对手来看，与本企业现有自办展存在直接竞争关系且影响实施并购方未来发展的展览项目。从其办展主体来看，依据收购与整合难度，首选民营企业，次选国有企业，最后是外资企业。从其区域重点来看，根据天津、上海与广州展览市场的发展特点，在天津重点并购重化工业题材项目，在广州重点并购轻工业类项目，在上海的并购则轻重结合。

关于目标企业评估。目标企业的价值评估包括账面价值、经营价值、交易价值与控制价值。其中，经营价值评估需考虑目标企业的发展定位、商业模式、成长空间、竞争地位、品牌价值、渠道资源、预期盈利增幅、销售利润率、净资产收益率、财务健康状况、公司治理结构等。在具体操作中，贴现现金流量（DCF）分析方法是一种最基本的和最有效的估值方法。从展览并购实例来看，通常简化为按展览项目未来 3～5 年营业收入作为项目估值标准。并购行为有时会引起被收购方的强烈反弹，因此必须审慎确定并购策略，制定相关措施，同时注意防范法律风险，规避媒体负面报道。总的来说，作为并购方，应在稳定对方原有团队、为项目合作提供优势资源、为项目未来发展制订良好愿景和实施计划等方面，给予被并购方足够信心，同时使得项目运营管理的体制机制适应市场环境条件，促使展览项目并购与整合成功。

关于并购业务流程。首先是确定并购对象。对目标企业进行调查和评估可委托第三方中介机构进行，客观公正地评估目标企业的经营、财务与法律风险。针对展览项目并购存在的各方面风险，需进行深入而具体的风险量化分析。其次是确定并购方案。通过谈判签订合同协议，协议的关键议题包括新公司战略定位、企业估值、股权比例、投资方式、管理权限、双方承诺与违约责任等内容。然后是并购项目整合。这既包括战略、业务、制度与流程的整合，也包括人力资源与企业文化的整合。最后是组建执行团队。优秀的项目经营管理团队是确保项目并购计划获得成功的重要保证。

关于并购地域选择。实施展览项目并购需要特别注重地域选择。在并购地域上，立足北京、上海、广州等一线城市，积极挖掘二三线城市并购题材。北上广积聚了中国近一半的展览面积和大部分品牌展会。在北上广等一线城市积极寻找有合作意向的展览公司和会展项目，适时开展并购整合，为大型展馆运营提供项目支撑。另一方面，随着中西部地区的崛起和城镇化战略的实施，二三线城市的展览市场也日趋活跃，也是展览并购可以大有作为的区域。

关于并购题材选择。在并购题材上，应优先并购增长潜力大的关联展览项目形成错位发展。从以往的展览并购情况看，并购目标基本都是并购方存在市场竞争，或者是成长性良好的展览题材。优先并购与自办展相关联的优质会展项目，借以筑牢优势展览项目根基，减少同质化竞争。在成功实施并购后，可考虑将该项目与现有自办展项目优化整合，并适当调整举办时间和地点，形成错位发展格局，大幅提升展览效益。最后需要补充说明一点，展览项目并购是品牌会展企业实现快速扩张的重要途径但并非唯一途径。对优质展览项目，如经反复谈判，目标企业仍拒绝被收购，可以改变形式，采取项目合作或联合办展的模式。

第四节　展览市场项目移植

境外展览机构借助国际品牌展览的行业影响力，调动长期积累的客户资源，成功移植或嫁接品牌项目，快速抢占目标市场。

德国展览公司将本土的部分品牌展会移植中国，如汉诺威的工博会、CEBIT 和汽车展，慕尼黑的 BUMA 展，杜塞尔多夫的鞋展，法兰克福的乐曲展、家纺展，科隆的五金展、食品展等。德国慕尼黑国际博览集团相继在中国复制了环保、电子、物流及房地产等多个行业的品牌展览项目。

随着本地市场的饱和，项目自身发展遭遇瓶颈，跨区域移植项目业已成为颇具实力的组展机构实现国内业务扩张的重要途径。

一、品牌展览项目移植动因

品牌展览项目移植是借助现有成熟展览项目建立起来的品牌形象、行业资源以及影响力，复制或部分复制品牌特征及价值，在目标区域市场中建立相同或相近题材的项目，以相对较低的风险和成本进入新市场，从而实现展览业务的扩张与行业品牌地位的巩固。

项目移植策略的实质是对品牌展览价值的有效传递，包括外部形象的运用、行业资源的调动以及先进管理模式的输出。品牌展览移植的内生动力产生于展览机构对自身优势资产利用以及互补性资产寻求的意图。已拥有成熟品牌项目的组展机构更愿意利用现有展览的品牌效应、客户资源以及自身先进办展模式等资产优势，降低进入新市场的风险和成本。品牌移植的另一重要动机则是，借由跨区域移植策略聚集目标市场及辐射区域的行业资源，获取原举办地缺乏的战略性资产。

目标市场环境对项目的顺利落地有着重要影响，当地良好的经济及产业发展环境是展会项目成功移植的基础条件。举办城市完善的硬件设施、服务环境及优惠政策等外部条件也对品牌移植有着直接的拉动作用。

在会展业中心城市展览市场趋于饱和时，二三线城市必然会成为备受组展商关注的新市场，这类城市对会展经济发展所提供的优惠条件与支持也会吸引品牌展览项目进驻。

由此可见，项目移植除了发挥自身原有的优势资源的同时，更需要关注地方新的机遇和增长潜力，符合地方行业发展特点，以适当的方式与地方原有的展览因素进行有效整合。

二、品牌展览项目移植形式

项目移植的形式可分为两种，一是全面复制移植，多是一些多地巡回办展的特定展览会。二是在原有展览全系列题材的基础上，选择部分题材异地举办。

如被誉为"世界工业发展晴雨表"的德国汉诺威工业博览会，每年都在世界各地举办多场工业题材的展览会。德国国际铝工业展览会、慕尼黑国际电子元器件博览会、汉诺威国际地面铺装材料展等项目都是比较典型的移植成功的例子。以国际地面铺装材料展为例，其以德国汉诺威为大本营，先后在中国上海、中东、俄罗斯等地进行了移植。移植展会紧扣目的地的行业发展情况，对上海采取了以地板生产商为主的策略，而在中东则以地毯生产商为目标客户，都取得了良好经济效益。

三、品牌展览项目移植障碍

但作为市场新进者或挑战者，移植过程仍然要面对多种层面的进入障碍及风险，甚至会影响项目的顺利入驻以及可持续发展。展会项目移植将会面临当地政策、行业情况、同业竞争、团队建设、文化融合等多种潜在的风险与挑战。

　　第一要加强市场调研，只有在全面掌握第一手市场资料，深度挖掘和研究行业信息的基础上，才能科学有效地制定并实施移植策略。第二要因地制宜，根据目标市场环境和项目自身条件，选择相匹配的运作模式。第三要实行错位发展，选择差异化或互补性发展路径，防止同质化竞争。第四是统一形象，强化品牌效应，实现展览品牌与组展机构品牌的统一。第五是立足当地，与产业基地、行业组织、当地卖场等进行合作，进行品牌推广与渠道开拓，直达目标客户群体。最后是合理授权，实施科学有效的项目运营及组织管理，以确保移植项目的顺利落地与长远发展。

四、展会项目移植考量因素

　　一个成熟的品牌展览项目能否成功移植到异地，移植后是否会提高该展览题材的市场占有率，这些问题都需要通过实践来进行解答。展览项目移植既提供发展机会，也蕴藏着相当风险。品牌展览项目向目标区域市场移植，源于产业转型升级与产业区域转移的推动。缺乏产业发展基础的支撑与推动，移植项目即使能够落地，也将难以实现长期的可持续发展。

　　第一，会遇到区域性进入壁垒。行政壁垒主要产生于政府机构或行业组织设置的市场准入主体资格和项目审批制度，相关的地区性行业条例也可能成为项目进入障碍。如上海市就设有在一定时间段内不得举办相同题材的展会等规定及相关办展限制。而市场壁垒主要产生于客户对新项目的观望或排斥态度。客户对于新展览项目的风险和获利能力存在顾虑，在短期内可能会拒绝参与展会，造成项目招商推广困境。

　　第二，会遇到项目运营风险。移植项目将面对来源于同一辐射区域内的同类或相关产业展览的竞争威胁。这类展会在区域内拥有一定的市场基础及行业影响力，对办展资源有较强的管控与议价能力，可能通过降价优惠、客户绑定等手段，抢夺或控制客户资源，直接威胁项目的落地及后期培育。

　　第三，移植项目与母项目间的同质性，使得两者间可能会出现行业及客户资源的争夺，相互挤压增长空间，导致此消彼长。当移植项目无法从市场或其他竞争者中获得展商及观众资源，而仅是吸收母项目客户及相关资源，则容易形成内部项目间相互竞争的局面。

第四，移植落地后的项目所提供的服务与母项目展览形象及价值不一致时，展商及采购商对展览品牌的认知与追随会发生负面转变。一旦出现定位或执行偏差，将直接影响整体品牌形象，客户忠诚度以及组展机构声誉，致使品牌效应遭到稀释。

此外，展览项目移植异地后，在运营初期往往容易陷入招展及推广渠道不畅的局面。组展架构容易混乱，在管理权限及业务范围容易出现重叠或冲突，从而引起各内部组织间的不良竞争及资源抢夺。由于异地办展扩大了组织机构的管理半径，移植项目管理还将会遇到资金使用失误、执行不到位、文化制度冲突等问题，造成异地管理的低效甚至失控。

由此可见，展会项目移植要考虑的因素很多，包括但不限于以下几个方面：

一是要考虑能否立足当地产业与市场创造独特的商业价值。展览的存在与发展不是因为主观上想办一个展览或是仅仅因为具备硬件条件，而是因为它能为这个行业创造独特的价值。没有供需双方的强烈需要，一个展览是很难以一种良性循环的形式存在的。这也是为什么要依托产销地办展的原因。由于行业与市场的需要不同，在此地办得很好的展览到彼地就不一定能保持优势。展会平台可以引导市场，可以重组行业资源，但它不能凭空创造需求。因而，展会项目启动前要对行业与市场的需求进行充分而必要的了解。考察当地行业与市场，包括但不限于产业基础、行业在地域上的辐射力、行业销售规模等。

二是要知己知彼充分了解当地竞争者的状况。展会项目移植是否具有竞争者？移植的目的是要消灭竞争者还是进入自由竞争？如果是前者，要考虑自己的实力能否做到这点。如果是后者，则要更多地从差异化经营着手，或是题材上的各自侧重，或是产业链上下游的相对融合，或是辐射市场的相互补充。竞争展会的存在必然造成参展商、采购商等资源的分流。首先要客观评价自己，客观评价对手，从而避免误判形势。其次是根据竞争态势制定有针对性、系统性的应对措施，保证移植项目的成功。

三是深入了解展会项目举办城市的资源禀赋。办展的条件与政府资源包括交通、金融、海关、物流、政府、行业、媒体等。展览业经过多年的发展，在题材上都趋于饱和。移植的项目在题材上不可能是全新的。因此，作为后进者，如何与当地政府达成共识，取得当地行业协会的支持，这是展览能否迅速站稳脚跟所必须面对的问题。初到异地办展，除了广而告之，更少不了借助媒体广泛传播，迅速建立知名度和美誉度，媒体资源的积累与运用很重要，运用得好，有时会事半功倍。

四是处理好母体展与移植展的关系。展览移植的目的是为了迅速复制成功，获得更多的效益。如果这种移植导致母体展览的资源向移植展转移，此消彼长那就失去了移植的意义。国外知名展览公司在进入中国市场时，对于品牌输出非常审慎，它们通常只是输出展会名称、办展理念，但不会直接动用母展的参展商和采购商资源。尤其是合作展，它们更是注意保护母展资源。毕竟母展是安身立命的根本，移植展只是在这个基础上的新的增长点。即便是顺应原有参展商开拓新市场的要求，它们也谨慎从事，分步实施，这也是保护参展商的一种体现，毕竟新市场充满变数。理想的状况则是，母展和移植展都能够形成以地域为依托的各自的核心资源，而两种资源又能兼顾于产业上下游的延伸。

五是具备可复制的经营管理模式和核心竞争力。展览项目涉及面广，环节多，事务琐碎，没有管理上的固化优势，在异地重新配置人、财、物各项资源，势必增大管理成本。项目移植考验的是系统、标准化的管理和操作模式，成熟、富有经验的宣传沟通体系等，以此来应对在新市场中的挑战。如果一个展览项目本身成功更多的是依赖当地的行业与市场的自发状态，处于粗放发展阶段，那么，对异地办展有必要持审慎态度。

六是具有优秀的展览项目经营管理团队。是否具有能胜任工作的团队，关系到展览项目的成败。即便是欧美知名的展览公司，当其进入新的市场时，也不能总是获得成功。固然他们拥有成熟的理念和管理模式，但这些既定的东西能否与当地市场、行业资源完美结合，管理团队很关键。他们既要熟悉展览业务，也要能在当地独特的环境下长袖善舞，这就要求责任心与执行力缺一不可。这也是项目团队建设所面临的一种考验或挑战。

近年来，中国二三线会展城市纷纷以优惠政策或资金补贴的形式，频频向国内品牌展会主办方抛出橄榄枝。部分品牌展会已经开始新的战略布局，转向二线城市拓展业务。而随着区域性会展市场的逐步完善，各项硬件和软件服务迅速提升，二三线城市也将成为国际性大型品牌展会未来的兵家必争之地。总的来看，大型品牌展会布局二线城市时机趋于成熟，必将大有可为。

第五节　组展商合作办展

随着上海浦东中国与德国三家展览公司合资建设的新国际博览中心的投入运行，大批国外的展会项目通过合作和自办的形式进入了中国的展览市场。德国的法兰克福、科隆、杜塞尔多夫等展览公司，坚持"全球思维、立足中国"的经营理念，选择富有活力的本土合作伙伴，加快在中国谋篇布局。而中国组展商在市场竞争中也逐渐有了合作共赢的理念。

合作办展是常见的一种组织运营展览会的方式。在展览行业，为了实现资源共享、优势互补、风险或成本共担等特点战略目标，往往会出现两个或两个以上组织共同合作经营展览会。而这种在保持自身独立性的同时，通过股权参与或契约联结的方式建立起一种较为稳固的伙伴关系，其实质即管理学中的组织形态战略联盟。

在合作办展实践中，展会项目组织架构的组建，也就是联盟伙伴的选择至关重要。评估潜在合作办展伙伴的三个重要因素分别是企业声誉、相似性和互补资源。

企业声誉是对企业过往行为和结果的整体表现和未来的感知，它反映出企业向利益相关者提供价值的能力。在选择合作伙伴时，考察其声誉包括两个方面。一是企业在管理、服务和财务状况方面的特征，看这个合作伙伴是否值得信赖。二是企业是否具有行业号召力。行业号召力是一种无形资产，它能转化为招展招商中的实际客户资源。

相似性指一个组织的能力与经营管理过程和它的联盟伙伴相似或者相关。这里可理解为组织间的实力相当和情投意合。如果双方实力严重失衡，可能会给合作带来麻烦。并将导致在合作办展过程中，双方不能在互惠互利的基础上制定决策。各种内耗会造成错失商机，合作的稳定性及可持续发展都会受到威胁。如果合作伙伴有彼此相似的组织文化、管理制度、人力资源政策、战略决策方式等，将有助于加深理解，减少冲突。伙伴间可以实现分享知识与资源。

互补资源指进入一个新的行业或地域办展，刚开始往往缺乏对相关行业的专业认知，也缺少自有营销渠道，这就需要寻求外部力量的支持来开展招展招商工作。而找到一个资源互补的合作伙伴，能为办展带来一个良好的开局，并取得事半功倍之效。

在合作办展过程中，合作伙伴之间有时会出现摩擦，处理不当会导致战略联盟关系的不稳定，从而影响展会做大做强。这些可能存在的问题有：

一是选择的合作伙伴并非最优。专业展的合作伙伴一般是行业协会或展览公司。一般来说，从资源互补的角度考虑，引入行业协会优于引入同行业的展览公司。而展览公司之间即便存在资源互补性，但由于属性相同，合作过程中必然存在竞争。

二是联盟各方贡献与收益不对称。在办展实际中，合作伙伴之间对项目的实际控制、资源投入以及营收贡献等会出现动态变化调整，而收益分配模式在签订合作协议时已相对稳定，于是就出现了合作伙伴之间贡献与收益比例不平衡的情况，从而导致伙伴之间产生矛盾。

三是战略联盟方案不够完备。一方面在签订联盟方案时，出于相互信任而达成了部分口头协议，有些问题也就没有以合同规范的形式确定下来或是形成违约条款。另一方面，各方对实施联盟可能出现的问题没有考虑全面，缺乏对这些问题制定相应的细化配套措施，一旦问题出现而应对不及，结果造成联盟成员之间的矛盾。

招展工作是就联盟方案进行谈判时的重点议题之一，但往往只能达成原则性共识而不能形成具体操作协议，这就为实际工作留下了矛盾与隐患。此外，关于展览品牌的知识产权、应用规范、资源共享等问题也是谈判的难点，在联盟方案中难以细化，规定也比较模糊，在具体工作中容易产生分歧。再有就是，合作办展会增加组织管理难度。通常情况是，合作办展的组织联盟是一种网状松散组织，在实操过程中会受到扭曲或削弱，导致工作的协调和控制过程存在不确定性，如发生利益冲突更是难以解决。另外，在合作办展实践中，不同性质的单位，因为组织文化的差异而引起冲突或分歧也并不罕见。各种办展主体在组织文化上的差异不仅反映在工作方法、沟通方式、行政审批等方面，还表现在经营理念方面，如展会品牌移植、品牌管理规范、展会培育方式、展会资源评估、展会品牌地位、招展招商策略、展会服务标准等方面都会存在明显差异。

合作伙伴之间的相互信任是合作办展取得成功的重要前提。但有的合作伙伴受短期利益驱动，不惜损害共同利益而只顾自身利益的最大化，造成其他合作伙伴的不满，彼此的融洽关系遭到破坏，导致合作中出现信任危机。

针对以上问题，应采取适当对策加强对合作办展中展览联盟的管理。

（1）必须立足长远发展，划定合作底线，明确合作目的，高度重视战略联盟的实质内涵。合作办展必须是立足长远，明确合作目的并确定合作目标，同时厘清各方项目权益中的关键利益点和风险点，即合作底线。当合作出现矛盾时，成员间理应做到求同存异。所有的业务活动，都应该坚守合作原则和合作底线，围绕合作办展的战略目标，为实现互利共赢而开展。

（2）建立合作办展联盟伙伴分析评估指标规范，结合具体展览项目发展情况作具体分析，慎重选择合作伙伴。由于合作办展组建架构各方关系分散，联盟内部管理存在市场和行政双重机制的作用，不像并购项目般主要靠行政方式来管理，因此，合作方之间是否真诚合作，资源是否相互匹配等因素，对合作的成败有决定性影响。这就要求在开启合作前，根据主要评估指标及评估要素，全面评估考察潜在合作伙伴。

（3）根据各个展览项目及其组织战略联盟的实际情况，不断完善合作联盟方案，选择适当的联盟形式。战略联盟一般是根据是否有股权参与这一标准，分为契约式和股权式。展览市场普遍采用的是主要是契约式的联盟方式，没有股权或股权性投资，通过各种协议规定联盟成员各自的权责利。这种方式有利于把握市场商机尽快启动展览项目。但随着展览项目壮大，合作各方难免争权夺利，这将导致内耗不断加大。而股权式联盟由各方作为股东共同创立，可以更有效地将大家凝聚在一起，从而使各方形成更紧密的利益共同体。合作目标也更明确，更为注重长期效应。因此，合作办展由契约式联盟向股权式联盟转变也就成为一种必然趋势。

（4）设计良好的管理机制，加强联盟成员间的沟通，实现多层次的资源整合。由于成员间彼此的组织结构、企业文化及管理风格存在差异，设计良好的机制，使得各方实现充分的沟通与协作对于联盟的成败有着重要影响。因此，要力求做到以下四个方面的整合，一是最高决策层面的整合，二是项目执行层面的整合，三是建立联盟内融洽的人际关系，四是实现企业组织文化方面的整合。只有这样才能保证合作办展的顺利进行。通过合作，既能减少单闯一个陌生市场所面临的潜在风险，以最经济最迅速的途径洞悉当地市场，还能分享合作伙伴既有的展商与客商资源。

就展览行业来看，虽然通过结为战略联盟实现合作办展有可能为组织成员创造一个共赢的机会，但在实践中，合作办展的成功率也并不高。商业领域的战略联盟的失败率一般介于 60%～70% 之间。总之，任何一种展览市场资源整合形式都有可能出现水土不服现象。而选择与当地的行业机构及办展机构开展卓有成效的合作无疑是展会资源整合成功的关键所在。

第六节 展览资本运作实例

一、光亚法兰克福展览有限公司合资过程

2005 年，广州光亚展览服务有限公司（以下简称"光亚"）与德国法兰克福展览有限公司（以下简称"法兰克福展览公司"）成立了广州第一家中外合作的展览企业——广州光亚法兰克福展览有限公司，该合作经历了相互洽谈确定需求，项目合作和正式成立中外合资展览公司三个阶段。

广州光亚展览服务有限公司成立于 1995 年，是广州最早的民营展览公司之一，于 1996 年开始主办广州国际照明展。第 1 届广州国际照明展（以下简称"照明展"）只有 96 个参展商，展览规模约为 2000 平方米。广州光亚展览服务公司成立之初除了主办广州国际照明展以外还同时主办其他展会，如建筑电气、医疗器械、医药保健、电梯、太阳能、暖通空调、家电通信、计算机、化工、橡胶、服装机械、塑料机械、压缩机等，后来公司调整战略集中发展广州照明展。1999 年第 4 届照明展已经成为该行业中国最大的展览，2002 年第 7 届成为亚洲规模最大的照明展，2003 年第 8 届成为全世界规模第

2 位的展览，影响力逐步超越台湾和香港的同类展会。

为了扩大展会的规模，该公司决策者多次前往欧洲等地观摩学习。当展会规模达到亚洲第一的时候，他认识到要再进一步提高展会的影响力与层次，就只能寻求更多的海外资源。20 世纪 90 年代末他去台湾考察，通过领事馆、商务处、贸易公司、杂志社、网站等途径把广州照明展的信息向海外发布，收集海外信息并建立数据库。2000 年照明展有 30 多家中国台湾厂商参加，2001 年有来自中国台湾、德国、意大利、西班牙、美国、日本等 16 个国家和地区的 97 家海外公司参展。同年，他主动与法兰克福展览公司接洽，商讨双方合作的机会。刚开始寻求合作时，照明展的展览规模为 2.3 万平方米，并没有引起对方的重视。

法兰克福展览公司在与广州光亚展览服务有限公司接触之后，对中国不同城市照明题材的展览进行考察比较，并对广州照明展的展览内容、参展企业的水平、公司的财务状况和观众组织等情况进行了详细考察，之后，法兰克福展览公司同意与广州光亚展览服务公司进行合作。

最初，法兰克福（香港）展览公司以管理顾问的身份介入展会，每年收取固定的管理咨询费用。双方均认为需经长期的观察才最终确定合作伙伴关系，以探讨长期合作计划。双方通过 1 年多的洽谈与考察，对彼此合作的发展战略、公司的概况、照明展会的发展规模、照明产业的发展趋势达成共识，开始起草合作协议。合作协议的过程包括搭建合作框架、确定合作流程，最后由律所进行审查确定，整个具体的合作协议耗时两年。双方期望通过合作共享双方国内外资源，培训人才和开发新项目，或移植法兰克福的展览品牌到广州。

2003 年 11 月份双方签署了合作协议，这标志着双方项目合作的开始，这也是 CEPA 签订后国际展览公司首次进驻广州。合作协议的内容明确了合作的形式、时间、双方的职责以及未来合作的方向、未来的买价。项目合作时期，广州国际照明展的主办方由原来的广州光亚展览服务有限公司变成两个主办单位。由于对未来预期仍存在不确定的因素，在表达合作意向后双方首选相对简单的项目合作模式。与公司合作形式相比，项目合作只涉及展会项目的核心工作如项目招展招商工作、现场管理服务、财务利润分配等；而公司合作则涉及整个公司的财务状况评估，相对复杂。此次的项目合作是以资本合作为前提，不同于以往仅局限在招商、招展上的项目合作。项目合作是作为双方相互了解以及到资本全方面合作的过渡形式，通过资源共享的方式获利。具体合作形式为法兰克福（香港）展览公司对广州照明展进行项目估价，法兰克福按评估价金额投入其中50％资金，并占有该照明展50％的股份。项目合作两年后，法兰克福展览公司对展会再次做出评估以确定是否收购股份成立合资公司。2003年签订合作协议以后，广州照明展发展步伐加快。2004年的广州国际照明展开始引入法兰克福照明展的"建筑自动化展"，展览地点迁往琶洲展馆，展会总规模达5.5万平方米，比2003年增长40％。同时光亚展览服务公司也开始作为参展代理，协助参展商出国参加国外同类型的展会。

双方通过2003年到2005年三年的观察和磨合，根据合作协议的规定对合作效果进行评估，并比预期时间提前确定建立合资展览公司。通过几年的洽谈以及项目合作，双方对彼此的认识加深并达成组建新团队的共识，全力发展照明展以及其他项目。双方按照合作协议中的未来买家确定50％的股份形式各注资1250万美元，共同组建广州第一家中外合资展览公司——广州光亚法兰克福展览有限公司，50％的产权分配形式是经过双方长时间的洽谈而确定的。合资后，广州国际照明展的运作将由双方共同参与，产权也以各占一半的方式并由双方共同享有。这是法兰克福展览公司第一次在国内与民营展览公司合作。广州光亚法兰克福展览公司在中国与法兰克福（上海）发展览有限公司属于同一级别，隶属于法兰克福（香港）展览公司。法兰克福在华南地区开展业务均以光亚法兰克福展览公司开展，成立合资公司后开始了对新展览项目的培育、移植以及对已有展览项目的收购与合作，如模具展、自动化展等。合资公司的成立意味着公司作为一个独立的主体能够灵活地、多层面地开拓会展市场。

目前，广州照明展已发展为全球第一的国际性灯光照明展览会。第17届照明展，展览面积达22万平方米，参展企业2653家，来自全球27个国家和地区。吸引观众逾11万人。

二、博环美国际展览公司合作过程

"广州国际美博会"创办于 1989 年 8 月，由广东省级美容美发行业协会（简称"广东美协"）旗下的广东博美展览有限公司主办，从 1996 年开始每年举办两次。由于广东省是化妆品生产基地，国外化妆品品牌主要通过广东口岸进入中国，广东国际美博会的规模逐年增长。1990 年代末期，广东省美协与香港贸发局和韩国美容美发协会合作，组织境外贸易公司、化妆品公司进驻内地市场。广州国际美博会从第 1 届的面积 1000 平方米扩展到第 15 届的面积近 40000 万平方米，标准展位约 2000 个，参展商近 1500 家，观众人数达 30 万人次以上。2001 年第 15 届广州美博会已经成为亚洲第一、世界第二的美容专业展会。届时，广东美协会长马娅为了展会的国际化、专业化发展，向亚太区美容展主办方寻求合作。

亚太区美容展是由亚洲博闻有限公司以及博洛尼亚展览集团（Bologna Fiere）联合举办。广东美协会长与亚太区美容展有限公司多次沟通，而亚太区美容展有限公司也在多次商谈后决定合作。广东美协希望能通过合作为展会带来更多意大利展会的元素，同时借助外方展览公司的办展经验，使美博会的运作更规范化、专业化与国际化。另一方面亚太区美容展有限公司有鉴于中国内地美容业市场高速增长，以及广州市作为华南商业中心的地位越来越重要，也希望与当时展览规模已经达到亚洲第一的美博会合作。亚太区美容展有限公司在进入中国大陆市场之前进行了一系列信息收集以了解中国的行业市场、政治风险、经济风险、人文风险等。当时上海、北京、上海等地均有美容展会，亚太区美容展有限公司多次考察后才确定合作伙伴。长时间的观察、了解和磋商加深了对方对彼此以及中国化妆品行业的认识，最终达成共识建立专业的组织及稳固的合作关系来对应信息万变的市场。

广东美容协会于 2006 年 3 月 25 日与亚太区美容展的主办方亚洲博闻有限公司与博洛尼亚集团签署正式合作协议。合作协议签署后，广东博环美国际展览有限公司成为广州美博会的主办方之一，广州美博会由广东博环美国际展览有限公司和原来的广东美协共同主办。亚洲博闻联手意大利博罗尼亚集团收购了博美展览公司旗下美容展的主要股份，成为亚洲最大的美容美发类展会的主办单位之一。关于公司的股权问题，亚太区美容展收购了广州美博会 70％的股权，成为广州博环美国际展览公司的主要股东。成立合资公司后，广州博美展览公司主要是负责国内的招展招商工作，国外的招展招商工作以及展会的现场服务等是由亚太区美容展公司负责。2013 年 1 月刚刚闭幕的第 38 届美博会规模仅次于意大利 COSMOPROF 美容展，达 11 万平方米，观众超过 41 万人次，居亚洲第一、世界第二位。

本章思考题：

1. 展览企业战略管理包含哪些重点内容？
2. 简述展览市场资源整合的途径与方法。
3. 实施展览项目并购需要考虑哪些因素？
4. 展会项目移植存在哪些风险与障碍？
5. 组展商如何通过合作办展实现互利共赢？

第五篇

展览业保障与创新

第十六章　展馆建设与运营

本章导读：展馆投资与运营模式，会展综合体商业平衡，展馆运营策略创新，以及现代展馆智能化等。

据 UFI 的统计，在 2006 年至 2011 年六年间，全世界新增展馆面积 350 万平方米，其中，中国新增加面积为 160 万平方米，占比为 46%，名列世界第一。一方面，我国展馆的年递增率大大高于展览项目的年递增率。另一方面，占展馆收入比重 80% 的场馆租赁费增长缓慢。

第一节　大型城市与大型展馆

截至 2011 年年底，中国现有会展场馆 269 个，室内展览面积超过 715.14 万平方米，室外展览面积 403.75 万平方米，总展览面积 1118.89 万平方米。此外，我国拥有面积在 10 万平方米以上的超大场馆 16 个，5 万平方米以上的大型场馆 29 个，中型展馆 77 个。面积在 2 万平方米以下的小型展馆居多，共 103 个。

一、城市展馆对接国际贸易中心

作为国际投资贸易促进平台，同时也是会展业发展载体，现代场馆的建设与运营显得尤为重要。以上海为例，2011 年，上海主要展览场馆室内面积为 37.3 万平方米，主要展览场馆有 11 个，共承担了 505 个展览会项目，提供展出面积 906 平方米，已抵达展馆产能的上限。导致了展会档期过密、需求流失的后果，不利于会展业做大做强。

目前上海能够发展到 30 万平方米规模的国际会展项目至少有 20 个，可供培育的国内精品展览和可能引进的国际名优展各在 60 个左右。然而受困于硬件设施条件不足，尤其是没有超大型展馆，会展业的进一步发展遭遇瓶颈制约。在上海这样的会展中心城市建设运营航母型超大型场馆，对于培育本土品牌展会，引进国际顶级商业展会，实现各类展会协调发展，服务与贸易强国建设，构建全球会展大平台，将会起到积极的推动作用。

一项最新研究表明，现代会展业尤其是大型展馆与国际贸易中心的内在关联度很高。一方面，国际贸易中心把国际商贸机构、金融结算机构、制造业总部和现代服务产业链集聚在一起，对交易平台提出了实际需求，催生和促进了大型场馆的建设。另一方面，大型场馆服务于国内外大批量贸易流通，直接实现进出口，支撑并推动着国际贸易的发展。

大型展馆与国际贸易中心这种依存互动的关系，对于中国从贸易大国转变成贸易强国具有现实意义。这种关联性主要表现在以下几个方面：

（1）国际贸易中心城市一般都拥有大型会展场馆。

（2）国际贸易中心城市一般是本国或本地区场馆和展会最集中的地方。

（3）国际贸易中心城市的场馆出租率普遍较高。

（4）国际贸易中心城市的大型展馆承接国际性会展活动较多。

（5）国际贸易中心城市一般拥有多个国际知名品牌展会。

（6）国际贸易中心城市一般都举办过世博会或奥运会等国际大型活动。[①]

二、大型展馆如何实现盈利

毫无疑问，作为国际贸易促进平台的大型会展场馆，对于所在城市成为国际贸易中心有着极为重要的作用。但另一方面，会展中心的建设运营投资大、收益低、回收慢，容易成为地方财政的负担。如果大型会展场馆建设缺乏科学有效的前期规划，后续经营开发又面临经营资源匮乏，这将成为阻碍会展场馆实现盈利的两大主要因素。

而注重场馆的前期规划建设，就要从会展场馆的选址开始，尽量消除交通、基础设施配套等对未来场馆运营的负面影响，降低经济和社会成本，这是确保展馆建成使用后能实现盈利的关键。欧美会展业发达国家在规划会展场馆时均将交通条件作为考虑的首要因素。通常场馆会建在国际机场、码头

---

① 张敏主编．会展蓝皮书：中外会展业动态评估年度报告（2012）．社会科学文献出版社，2013.

附近，并且具有两条以上的高速公路从周围通过，以方便参展物品的运输。

由于展馆选址不当，一些新建的会展场馆周围缺乏配套的公路、车站等基础交通设施，以至于影响会展活动的正常进行，还阻碍了场馆实现盈利。此外，由于缺乏市场调研和准确的规模定位，一些地方政府将会展场馆作为形象工程和地方性的标志性建筑来建造。而作为标志性建筑，这些场馆多数外表高大、内部装饰豪华，缺乏实用性。

在决定建设会展场馆时缺乏对项目的可行性及所建场馆规模的市场调研和科学的论证，从而盲目规划、仓促上阵，这样所建成的会展场馆要么规模过大，展馆空置率很高；要么规模太小，用不了几年就得扩建和改造。

虽然大型会展活动对城市发展的影响力巨大，在会展活动举办期间给举办地带来可观的经济和社会效益，但在会展活动过后，许多场馆都面临着严重的闲置与经营问题。会展场馆及其基础设施的后续开发利用状况不佳，必然成为展馆经营亏损的一个重要原因。会展场馆一旦超出了当地和周边地区会展市场的需要，就会导致各场馆之间低价竞争，影响场馆的盈利甚至导致亏损。

三、展馆建设导入循环经济理念

循环经济遵循减量化（Reduce）、再利用（Reuse）和再循环（Recycle）三大原则，而 3R 原则可以被有效地运用到会展场馆的设计、建设、经营、管理全过程中。通过较少原材料的消耗、提高废弃物和场馆设施设备的再利用、加强场馆的后续开发利用，实行有效的降本增效管理以实现盈利。

会展场馆的设计要尽可能提高能源和材料的利用率，通过使用密封性强的门窗材料和保温材料，增强建筑物的保温效果，降低用于采暖和制冷的能量消耗。此外，为了减少展馆照明用电，场馆的设计应考虑充分利用太阳能和自然光线。而场馆的建筑和装修材料应尽量选用无污染、无毒害的环保建筑材料，以免对工作人员和参加会展活动的厂商和客户的健康造成危害，并降低由此引发的成本。

循环经济的再利用（Reuse）和再循环（Recycle）原则还可以贯彻到会展场馆日常经营的各环节。而对会展场馆中许多配套物品的回收和利用，可以大幅度降低场馆运营费用并提高其盈利水平。

多数会展场馆只在会展活动举行时被使用,在活动结束大部分场馆和设备基本处于闲置状态。这样场馆的经营者既要承担资源浪费造成的损失,同时还可能负担水、电等高额的场馆和设施维护以及基本运营费用。

针对会展活动结束后大部分展馆闲置的情况,场馆所有者可以引入基于租赁的盈利模式,将会议室、多功能厅、餐厅、客房、停车场等以及闲置设备和设施采取出租或对外营业的方式,以便加强其使用率,减少维护和运行成本,从而保证场馆的盈利。

第二节　组展商看展馆建设

由于对会展行业预期乐观,世界范围内的展览场馆建设依然势头强劲。从规模与数量来看,中国会展场馆发展迅猛,其建设力度不断加大,新建场馆不断增多,在全国范围内遍地开花。换句话说,会展场馆的市场供应量已远超出经济发展以及会展市场的实际需求。

一、中国会展场馆地域分布

从展馆地域分布情况来看,华东和华南地区的会展场馆数量分别为 100个和 65 个,遥遥领先于我国其他地区,分别占全国展馆总量的 40.82％和 26.53％。室内展览面积分别占全国总面积的 39％和 33％。

华东地区的上海、浙江、江苏三地室内展览面积占全国室内总展览面积的 22％。而我国西北、东北、西南地区会展场馆数量加在一起,才占会展场馆总数的 17.96％。

作为中国会展业发展的中心城市上海市、北京市与广州市,无论是在场馆数量上,还是在室内展览面积与总展览面积上均位于全国前列,这也反映出了我国会展经济在中心城市的活跃程度与集中度。①

---

① 资料来源:中国重点城市及展馆 2012 年展览情况扫描.广交视界,第 15 期,中国对外贸易中心集团内部出版。

二、展馆产能不足与产能过剩

展馆是会展业的基础设施,对会展业的题材、特点、规模与效益形成了刚性制约。例如,由于缺乏特大型展馆,作为亚洲最大和全球三大珠宝展之一的香港珠宝展不得不分开在亚洲国际博览馆和香港会展中心两个展馆举办。场馆展能不足成为制约香港会展业发展的重要因素。

然而目前中国展览场馆的竞争力和利用率普遍偏低,造成资金、土地等资源浪费并导致展馆之间的恶性竞争。同时,我国展览场馆过分追求特殊造型,强调外表美观,实用性不强,有效展出面积低下,且由于层高不够、承重设计不足、柱式结构影响展示效果,导致供非所求,无法承接专业化高档次展会,客观上限制了会展业的内涵增长、规模扩张和质量提升。

我国许多会展场馆的利用率远不及会展业发达国家。德国、美国等国会展场馆的利用率大多达到 70% 以上,而我国会展场馆的利用率除北上广几个会展中心城市能达到 50% 以上外,其他大多数城市展馆的利用率都在 20% 左右。全国会展场馆的平均利用率不足 30%。中国二三线城市的会展场馆平均出租率仅为 25.9%,且多数处于亏损状态。

各地正在兴建的大型会展场馆建成使用后,虽说组展商有了更多的选择余地,但由于优质会展资源毕竟有限,无可避免地将会进一步加剧会展城市之间的竞争。

总之,在中国会展业快速发展的过程中,展馆产能不足与产能过剩并存的矛盾更加突出。

三、以组展商视角看大型展馆建设

以组展商眼光看中国的大型展馆建设,以下问题值得深思:

(1) 展馆的主要设计思想应是美观、大方、新颖,体现地方民族文化特色,但应坚持实用、节能、环保,力戒奢华,尽可能降低建设成本,遵从低碳经济理念。

(2) 以人为本,一切从方便参会者和与会客商的角度出发进行设计,创造舒适、便捷的交流洽谈环境。故应在馆内交通、指路标识、餐饮休闲、医疗救助、网络通信等方面给予特别关注。

（3）单体展馆应设计为单层无柱式矩形展馆，单体展馆面积控制在12000平方米以内，配套设施面积应在此基础上得到充分保证。展馆净高度应控制在12～16米之间。具备良好的采光、通风、换气、照明、监控、物流、疏导、空调、水电气运营。此外还有足够的地面承重。

（4）展馆设计还应考虑当前不同类型展会的综合需求，进行多元化规划，形成全馆展会到单馆活动的承接能力，以便在展览淡季形成企业或行业年会、新品发布会、商品展销、节庆活动、商业演出、体育赛事的多元化商业运作模式。

（5）对于室外场地，应修建足够大的复合使用的展览室外场地，场地应覆盖标准水电照明网络体系。可以承接工程机械、工业设备等大型展会，同时可作为多功能户外场地，承接大型露天赛事活动、主题游乐活动或大型演唱会等人流密集活动。

（6）其他展馆配套设施和服务机构如：充足可靠的能源保障系统、公共交通综合枢纽、邮政快递中心、医疗急救中心、购物中心、旅游订票中心、休闲健身中心、海关办公室、知识产权协调中心等。此外，还要规划好整个馆区的绿化和美化。

（7）对于交通物流系统的规划包括馆外和馆内两个部分。馆外要有快速轨道交通工具连接市中心、火车站和机场。馆内设施轨道和公交接驳枢纽，在馆与馆之间的连接通道设施双向自动步道或馆区巡回巴士，以方便展商和观众。馆区内物流通道和馆与馆之间的卸货周转区要科学规划，面积充足，以保证展品进撤馆时物流通畅。

（8）对于停车场的规划，出租、自驾和大巴停车场应分开，要和展馆的登录区的建设一并考虑，既有利于人群在展场均匀分布流动，也有利于人群在闭馆时和应急状态下能够及时疏散。可修建独立停车楼和车流管理系统，实现静态和动态多向管理。

（9）对于餐饮服务，应以商圈规划的目标来实现覆盖当地的餐饮服务，引进多种档次、多种风味的餐饮服务机构，以满足中外客商不同宗教和不同饮食习惯的需求，提升大面积人流同时就餐这一展览行业普遍面临的难题。

（10）大型或超大型会展场馆属人群众多聚集场所，一定要有完善的消防安全设施和严密的安全管理制度，以及相应的应急处置措施与制度。监控点布局要合理，避免监控死角。

（11）评审项目规划设计方案，不能只在现有竞标方案中比较优劣，还应参考国内外优秀的展馆设计案例。甚至也应该了解和参考一些有缺陷的展馆设计案例，从中吸取教训，以搞好新展馆项目的设计规划。

作为大型会展活动的主办方，一般来说都会视场馆为会展的家园。但愿各地政府与建设单位能够充分了解和吸纳现代展览行业标准展馆的规划和运营经验，真正建成符合大型会展项目实际使用需要的现代化会展场馆，为中国会展业的发展插上腾飞的翅膀。

第三节　展馆投资运营模式

国内外的会展场馆可以沿用一种或多元化的投资运营模式来实现社会经济效益。然而，目前国内会展场馆在经营管理上普遍缺乏对场馆建设前期规划和后续开发的重视，从而大幅度增加了会展场馆的建设和运营成本，阻碍了场馆的长期发展，并削弱了其盈利能力。

一、海外展馆投资运营模式

国际上，展馆的投资与运营主要有德国与香港两种模式。德国模式可称之为展馆兼展会经营模式。而香港模式则是政府规划土地的使用并且提供土地，然后委托地产公司建设场馆。

德国政府是建造大型现代化展馆设施的主要投资者。政府直接投资场馆建设，主要为本地会展经济的发展提供基础建设与政策支持。在确定产权归属国有的前提下，德国政府不直接参与展馆的日程经营，而是以长期租赁或委托经营等方式把展馆的经营管理权授让给大型国际展览公司，展览公司履行展馆经营的职能。

德国展览公司都拥有自己的大型展馆，公司与展馆合为一体。而展馆的高投入低产出容易造成展馆经营陷入困境，展览公司单凭展馆出租来运营展馆风险也过高。因此，德国展览公司依托政府力量，在运营展馆的同时还拥有展会组织的职能，通过展馆与展会共同经营的方式实现公司的盈利。

香港会展中心首期工程政府用土地换展馆，即政府拨出周边土地给新世界集团，而该集团则建设若干展览馆面积给政府。二期工程则完全由政府投资。香港会展中心由政府出土地，而由新世界集团建场馆，建成后由新世界集团管理，管理期限为 20 年。管理公司以逐年递增形式按营业额的百分比交付政府，之后自负盈亏。

这种模式可以避免政府直接管理带来的官僚主义弊病，最大限度地调动管理者的积极性，同时实现会展中心收益最大化。香港模式在场馆建设方面为全世界提供了一个很好的范本，即打破了会展场馆只能由政府全额投资的做法。目前这种模式广泛被各国接受，纷纷以各种形式引进外资或者民间资金建设场馆。

除此之外，还有其他一些展馆投资运营模式。如在展馆完全由政府投资的情况下，可以采取"公有托管"和"公有民营"相结合的方式。政府并不直接从事经营和管理，而是委托一个专业委员会来从事管理和监督，这也被称为"委员会管理模式"。如美国麦考米克展览馆就采取委员会管理模式。

另一种情形是，政府以公开招标的方式选择民营企业对展览场馆进行经营，管理企业必须对政府做出一定的经营目标的承诺，这种经营管理模式目前应用的比较广泛，其好处是政府可以缩减大量隐性和不可预知成本开支。

在这两种情况下，受委托的"委员会"或者管理企业可以适当地开发自办展来确保自己经营目标的实现并提高场馆的利用率。针对目前中国各地大多数场馆的经营不甚理想的现状，这种方式似乎更加适合我国的国情。

世界上大部分展览场馆都是国有性质的。会展场馆在完全的政府投资和政府经营管理之下，往往会出现办展效率不高、服务水平低下的现象。所以，无论是否属于政府投资，场馆的经营管理都迫切的要求市场化。政府应该退出会展场馆的直接经营管理，但是可以作为股东，更多扮演政策制定者和行业协调者的角色，为本地区会展业的发展提供更加健康有序的营商环境。

近年来中国内地展馆建设热度不减且展能面积持续增长。然而，中国展会的数量和规模远远跟不上展馆面积的增速。供求关系失衡扩大将带来会展展馆运营压力。展馆展能在区域布局结构上的不合理，也将进一步加大国内展馆之间的恶性竞争。

因此，在加快会展场馆建设的同时，投资方就应该选择好适合自身场馆的经营与盈利模式，在展馆建成并投入使用后，才有能力确保展馆的正常运营与可持续发展。

二、境内展馆投资运营模式

而近年来国内大型展馆的投资运营模式呈现一种多元化发展特征。

一是场馆租赁。这种基于会展场馆租赁的运营模式，是指会展场馆的所有者通过合同的方式租赁场馆的使用权来获得盈利。这种使用权和所有权分离的运营模式是目前国内外会展场馆使用最广泛的一种模式，特别适用于缺乏管理人才和独立商业运作条件的场馆拥有者。目前，厦门国际会展中心、北京展览馆和北京农业展览馆等均采用这种运营模式。

二是提供多元化产品和增值服务。会展场馆的一项主要功能是为会展活动提供服务和产品。基于多元化产品和增值服务的运营模式是指场馆所有者可以在提供基本的会展产品和服务的基础上，进一步开发与会展活动相关的广告、餐饮、住宿、休闲、购物等衍生产品和服务，以便提高会展场馆的资源利用率，并更好地满足客户的各种需要。尽管这种运营模式所带来的利润通常有限，但是其对于提高会展场馆的核心竞争力并拓展其营销渠道有很大帮助。因此，随着会展业走向成熟，这种盈利模式日趋得到广泛的认同。武汉国际会展中心是采用这种运营模式的成功案例。该中心通过提供广告、商务接待等附加产品和服务获得较大利润。

三是品牌化场馆运营。作为一项重要的无形资产，会展场馆的品牌是一个场馆与其他场馆相区别的重要标志。品牌场馆具有较高的知名度，较大的影响力，较丰富的功能，以及较好的规模成效，可以为会展活动提供较规范的服务。基于品牌化的会展场馆运营模式是指会展场馆所有者建立、维护和管理一个品牌，从而提高场馆的知名度，以及客户满意度和忠诚度，并扩张市场份额和盈利空间的模式。与一般场馆相比，品牌化场馆不但可以赢得更多的客户，而且可以提高其所提供服务的附加值。此外，品牌展馆还可以吸引到更多的政府和私人投资，用以进行场馆和周边基础设施的建设，而完备的设施会提升场馆及周边地区的地产价格，从而进一步扩大会展场馆的盈利空间。广交会琶洲展馆就属于这种模式。

四是投资于相关产业。采用这种模式的会展场馆所有者通过既租赁会展场馆，又投资展览行业相关产业实现盈利。例如，场馆所有者可以投资成立自己的展览搭建公司，入股展览场馆附近的星级酒店，或者直接举办会展活动。这种盈利模式的优点是可以通过发挥会展场馆所有者的场地、服务等比较优势，拓宽会展场馆的盈利渠道，并提高会展活动淡季的场馆使用率。国内采用这种运营模式的展馆有上海国展中心、广东现代国际展览中心以及东莞国际展览中心等。

五是使得周边物业增值。会展活动的举办可以在一定时期内加快会展场馆所在地的人流、物流和信息流的循环，并带动场馆周边地区相关产业的发展以及交通和基础设施的完善。因为会展场馆的价值在很大程度上取决于周围的基础配套设施，所以便利的交通网络和完备的基础设施会使场馆周边地区的土地和地产升值。基于房地产增值的盈利模式是指会展场馆所有者直接投资会展场馆及周边基础设施和配套设施的建设，或通过经营会展活动并提供增值服务等吸引政府或其他投资进行基础设施和配套设施等建设，从而使会展场馆及周围地产升值，并从中获利的盈利模式。

六是进行资本运作。会展场馆投资大，投资周期长，私人资本一般不愿承担如此大的投资风险，因此一些大型展馆设施的改建和扩建通常由政府来完成。但是由政府出资兴建的展馆不可避免地具有公共物品的性质，其经营管理目标是通常以追求社会效益为主，较难实现有效的盈利。为了提高经济效益并规避投资风险，会展场馆的所有者可以利用资本市场，通过发行股票、债券以及银行贷款等形式筹集资金，并实现资源的有效整合和资本的增值。

第四节　会展综合体建设运营

未来的超大型展馆将成为一种一业为主、多业态兼容的会展综合体。围绕这一综合体，将形成一个会展生态圈。大型会展综合体将不仅能够主办、承办、协办各种国内外展览会、博览会、大型会议，还可以提供包括展位搭建、展会设计、制作施工、广告设计制作以及酒店、餐饮、娱乐、购物、旅游等"一站式"配套服务。同时也要看到，由于能够支撑会展综合体运营平衡的超大型展会项目有限，超大型展馆的经营压力空前巨大，竞争也将日趋激烈。

会展综合体项目经营能否取得盈利的关键，一是要找准项目核心收入来源，二是提供人性化设施与服务，三是业态结构符合功能定位，四是营造良好公共空间，五是实现差异化经营，六是运用网络通信技术，七是做好展会项目移植与并购。

一、找准综合体核心收入来源

以拉斯维加斯金沙集团为例，酒店本部大楼连同酒店新大楼共有 4049 间客房，客房销售收入是整个项目的核心收入来源，赌场、会议、展览、商业等一系列配套设施都是为了推动客房销售。一般来说会议板块的客人消费能力最强，消费水平最高，是酒店最青睐的客户。

就大型会展综合体而言，无论是从项目体量还是影响力来衡量，展览无疑是权重最高的板块，是综合体项目的核心收入来源。展览板块做大做强，有利于聚集商业人气，提高酒店入住率或房价，创造潜在办公需求。

与此同时，商业为展览提供餐饮、娱乐、购物、休闲配套，酒店为展览提供住宿和商旅服务，办公为展览解决商务需求。商业、办公、酒店重点要做好展览人群消费需求、习惯、偏好和能力研究，从而有效配套和服务会展，并最大程度受益于会展。

二、提供人性化配套设施与服务

国际机场最能体现人性化设施与服务，它给目标受众充分提供尽可能多的选择，让人感到被尊重和关怀。

现代国际机场候机厅内既有国际知名的高端品牌也有本土的特色商品，美食区域内时尚快餐、精致小厨应有尽有，休息区有全私密的转机酒店，也有免费的公共休息区。休息区除了行李寄存、美甲等服务项目收费以外，电动按摩椅、上网服务、图书借阅、平板电脑借用等大部分项目都是免费的，设施舒适且环境怡人。

机场与展馆相似之处在于目的性很强，展馆项目打造过程中必须深刻理解和挖掘受众关于业务、社交、生理和心理等全方位需求，从而不断体现对人性化的考量和实践。

三、现代服务业态结构符合功能定位

会展综合体按建筑区域划分为场馆、商业、酒店与办公四大板块，每一个板块所对应的服务业态结构并非固化，而应根据市场环境变化不断调整优化。

国外对于展览场馆区域划分有很简单的标准，分地毯区和非地毯区，这也决定了场馆是展览多还是会议多。

商业板块应具有规模化效应而打造成为大型室内购物中心。室内主题乐园、影院、剧院等娱乐业态占据半壁江山，其次是零售业、餐饮和住宿配套。

酒店由客房、宴会和会议、餐饮，以及商务中心、美容美发、休闲健身等配套设施组成。会展中心的酒店宴会功能必不可少。既实现了展馆配套，也吸引来了展览以外的客源，如婚庆、企业年会等。

办公租户结构主要根据产业定位，如某大厦处于金融中心，金融企业是主力租户；某大厦重视节能环保和绿色低碳，就会专门引进新能源企业等。

四、精心营造良好的公共空间

美国的夏威夷会展中心，新加坡滨海湾金沙酒店，其公共建筑都特别注重公共空间营造，强调空间体验感。完美体验主要来自于建筑物造型设计、外立面设计、室内装潢设计等。

这些现代会展综合体具有以下共同特点：一是多样性与一致性协调，二是舒适的公共休息空间，三是清晰的标示与导航系统，四是灵活性和趣味性，五是文化活动和景观营造气氛。

五、会展综合体实行差异化经营

每一个现代会展综合体项目都有其独特性，包括区域位置、环境气候、功能定位等。不能盲目照搬已有的会展综合体的开发、招商、运营经验，而

要因地制宜做好综合体的建设与运营。

作为会展综合体项目，创造收入和利润都要求把握好项目的核心驱动。一是会展驱动，二是活动驱动，三是政策驱动。政策驱动主要是积极争取地方配套政策，如为重点产业、行业、题材的引进提供所需的配套优惠政策，更好地推动综合体项目建设运营。

六、充分运用现代网络通信技术

网络科技时代，消费者行为模式已经发生了很大变化。作为现代会展综合体，要能为消费者提供免费 WIFI 服务甚至是 4G 覆盖。除了良好的网络设施，国际知名的会展企业已纷纷与信息化相结合，增加网络服务内容，提高服务效率和水平，努力促进买卖双方达成交易。

此外，各大场馆和展览公司还结合 Facebook 和 Twitter 等新媒体资源，扩大信息的发布渠道和影响范围，提升服务价值。这也表明，会展综合体在提供多样化的空间实体资源的同时，需要通过信息化手段实现会展功能延伸，加强会展场馆、商业物业、酒店办公等板块的联系，实现客户信息数据共享，提供更多的增值服务和盈利项目。

七、实施品牌展会项目移植与并购

作为新兴超大型会展综合体，从发展战略层面考量，除积极举办自办展外，还应重点关注在本地区举办的大型和超大型展览项目，寻找将它们移至本馆举办的机会。

综上所述，建设与运营一个超大型会展综合体并非易事。在科学管理、市场运营、品牌移植、人力资源、创新能力和资本运作等方面，都需要破解难题，迎接挑战。

第五节　大型展馆运营策略

我国绝大多数展馆处于运营亏损状态。从世界十大展馆运营实践来看，展馆运营业务也难以成为展览机构的主要利润来源。由此看来，现代展馆运营模式也将进入一业为主，多业并存的展览综合体混业经营时代。但对于基地型展览机构来说，展览才是企业最主要的价值和利润来源。

一、大型展馆如何吸引更多主办方

据贸促会不完全统计，2013 年全国室内可租用面积大于等于 5000 平方米、且举办 2 个以上经贸类展会的展览馆共有 132 个，合计室内可租用总面积约为 572 万平方米。其中 93 个展馆的利用率在 20％以下，约占展馆总数的 70％。

硬件优先发展是我国展览业的特点，会展中心作为拉动社会经济和城市建设的核心项目将在较长时间内继续保持热度。随着展馆资源的越来越多，展馆的生存和竞争也将成为关注的焦点。

（一）品牌是展馆竞争的主要途径

会展场馆将出现总量失控，供大于求的竞争态势。主要表现在超大型展览项目成长与展馆建设之间的矛盾，大型展馆建设与展馆利用率之间的矛盾以及城市之间发展不平衡的矛盾。于是，展馆服务品牌将成为赢得市场竞争的基本保障。展馆要能吸引主办方，除了场地适用性、地理位置优越和交通便利，更重要的是优质的展馆服务和品牌效应。

（二）成功的场馆有赖于成功的客户

在激烈竞争的市场，展馆更需要与客户形成稳定的合作伙伴关系，有成功的展会才有成功的展馆。展馆方要与展会主办方的利益融为一体。目前香港国际会展中心的 136 个重要客户中，有差不多 100 个客户与之签订长期合同。

（三）给客户一个值得信赖的展馆

展馆的经营理念应是给客户一个可靠的展馆。除了重视对展馆硬件的保养以外，展馆的价格、相关管理规定等不能随意更改，展馆管理人员也要相对稳定。对于主办方来说，展馆场租费打折和补贴不是最重要的，最重要的是展馆有保护主办方展览题材的合理档期安排。

（四）构建城市会展综合服务体系

场馆与周边配套设施以展览客户为中心，实行城市与展馆共建，政府对展馆实施有力的支持，建立会展保障机制，相关部门与展馆一站式对接，与展会主办方携手来推动优质展会项目的做强做大。

二、大型会展综合体运营平衡

大型会展综合体面临如何保持庞大展馆的运营成本与有效收益之间的平衡问题。一是展馆与展览之间的平衡，二是自办展与客展之间的平衡，三是展馆与配套商业之间的平衡。为此，大型会展综合体的运营要特别注重以下四点：

一是要把自办展项目放在首要位置。自办展对于大型会展综合体具有极端重要性，因为它关乎基地型展览公司的生存与发展。在一个财务收支平衡或盈利的基地展览集团的收入构成中，主要收入来源是自办展参展企业缴纳的展位费收入，而展馆的租金收入及酒店、会议、展览工程、广告传媒等配套服务收入占比都较小。因此，基地展览集团的主营业务应定位于自办展，特别是大型的专业化程度高的自办展。我们的自办展与国际先进展览公司相比，展览所涉及行业、数量、规模、市场份额等仍存在较大差距。一个重要原因是组展商缺乏对行业的深入了解。

二是视展馆为竞争工具而非盈利工具。展馆本应由政府来投资较为适当。如果展馆是企业投资，则企业只能将其作为竞争工具使用，而不宜把出租率、接展面积、接展数量等作为自己的主要经济技术指标。把展馆作为策划、开发、举办自办展的竞争工具，才能实现展览集团收益最大化。客展再多，也不能弥补大型展馆的建设与运营成本。

三是把握展位价格和展馆租金的定价策略。自办展的展位费收入是基地展览集团的主要利润来源，展位价格确定就变得非常关键。价格是由行业整体水平和具体展览项目的供求关系、品牌、行业影响力决定的。自办展的展位定价要建立数学模型，密切跟踪同类型国内外展会展位价格的变动趋势和规律，计算展位价格在参展企业参展成本中的比重并测定参展企业对展位价格提高的敏感系数。

四是全产业链模式必须强调专业化。无论是做全产业链，还是把一个专业做深做透，都是基地型展览集团或大型会展综合体面临的一个纠结问题。

作为会展产业链上的每一个环节，每一个公司或业务单元，必须走专业化道路并追求高端化。否则，所谓全产业链反而成为前进的负担。因此，大型会展综合体的全产业链应该是高度专业化基础上的竞争要素优势组合，而不是大而全或小而全的功能组合。

三、展馆经营差异化战略

当今的会展业，展览主办方的需求已经不仅仅局限于展馆的硬件设施和基础服务，而是更为重视展览项目的专业化与个性化的配套服务等"软实力"。未来展馆经营的差异化战略应体现在全方位、深层次满足展览主办方的所有需求上，即实现从展馆必备服务提供者向展览整体服务解决方案提供者的转变。其重要意义与作用主要体现在以下两方面：

（1）提高展馆的核心竞争力。在展馆形成展览整体服务解决能力后，将可为展览主办方带来高质、高效、统一、快捷的展览配套服务，更好地满足展览主办方的需求，提高客户忠诚度。

（2）进一步提升展馆的品牌价值。展览整体服务解决方案的实施，将改变展馆长期以来在客户心目中单一场地提供者、现场服务提供者的形象，进一步提升展馆的品牌价值，助力展馆在未来的市场竞争中获得进一步的优势。

此外，展览整体服务解决方案还将成为展馆新的业务增长点，成为除场租、配套服务等现有收入外的重要补充，同时也将提高展馆在整个展览产业链上的收益占比。

四、现代展馆经营策略创新

随着电子商务的快速发展，各类企业纷纷向数字化营销转型。在复合营销渠道中，传统展会的平台作用也在改变。因此，展馆经营者应建立展馆多元化及专业化的服务体系，全方位满足展览主办方的各种需求，以此提高展馆经营的综合收益。

一般而言，根据其期望值的大小，可将组展商的各类需求分成四个层级：核心服务需求，必备服务需求，可选择性服务需求与定制服务需求。展馆经营者可据此制定展馆营销策略。

目前会展市场上大多数展馆供应商都能较好地满足展览主办方和与会客商的核心需求和必备服务需求，但是此类基础性服务往往伴随着同质化的现象。如果展馆仅仅依托此类同质化服务参与市场竞争，必将陷入价格战的泥潭，从而阻碍展馆的可持续发展。因此，可选择性服务和定制服务领域将是未来展馆经营者确立竞争优势的必争之地。

综上所述，从单一的场地提供者、现场服务提供者到整体服务解决方案供应商的转变，既是新时期展览经营市场的要求，也是保证大型展馆将来能够持续引领展览业潮流的必然选择。

第六节　现代展馆智能化

与普通展馆相比，智能化展馆具有良好的信息接收及反应能力，从而能提高办展效率。同时具有较高的安全性，如对火灾及其他自然灾害、非法入侵等及时发出警报，并自动采取措施排除及制止灾害蔓延。再就是能优化展馆管理，为参展商和观众提供优质服务。在创造出一个高效、舒适、安全的会展环境下，尽量节省能耗和日常管理的各项费用。

现代展馆智能化系统主要指楼宇管理系统、楼宇自控系统、照明自控系统、中低压监控系统、信息发布系统、电梯监控系统、漏电报警系统、喷泉控制系统、机房 UPS 系统、大屏幕拼接墙系统等。这些系统实现了对展馆大部分设备设施的监视，并实现对展厅冷风机、新风机、排风机、送风机、照明回路、信息发布终端（LCD 电视及 LED 屏幕）的启停控制。

人们通常所称的现代展馆 5A 智能系统具体包括以下方面：

（1）展馆智能化系统包括设备自动化系统、通信系统、消防系统与安保系统等。

（2）展馆设备自动化系统包括空调系统、照明系统、给排水系统、供配电系统与电梯系统等。

（3）展馆通信系统包括电话通信系统、移动通信系统、广播音响系统、有线电视系统、卫星通信系统、视频会议系统、信息发布系统与同声传译系统等。

（4）展馆消防系统包括火灾报警及联动系统。

（5）展馆安保系统包括门禁系统、入侵报警系统、电子巡更系统、闭路电视系统、对讲系统与停车场管理系统等。

一、展馆智能化系统功能

现代智能展馆是建筑技术与信息技术相结合的产物，通常具备以下功能：

一是能对展馆内空调、照明、电力、给排水、防火、防盗、运输设备等进行综合自动控制，能对展厅内的温度、湿度、亮度及空气中的含氧量等进行自动调节。

二是能实现各种设备运行状态监视和统计记录的设备管理自动化，并实现安全状态监控为中心的防灾自动化。

三是各种信息应能进行通信，信息通信的范围不局限于展馆内部，应有可能在城市、地区或国家间进行。

四是所有的功能应可随技术进步和社会需要而发展，展馆具有充分的适应性和可扩展性。

二、展馆智能化系统架构

会展场馆比较适合采用企业资产管理系统，简称为"EAM 系统"。但会展场馆自身业务特点决定了其无法直接应用 EAM 系统，必须根据实际业务需求进行大量的个性化调整优化，才能正确进行目标系统的框架结构设定。

EAM 系统先进的管理思想与管理模式能够满足会展场馆设备管理基本要求。设备管理者可以通过 EAM 系统，从各种不同角度来统计、观察和分析各种费用的构成、分摊和积累情况，对企业成本进行有效控制。EAM 系统还能够体现知识管理理念。

总之，智能化系统的功能框架结构，应在深入了解实际业务需求的基础上进行设定，将信息化与智能化充分融合，从而实现设备设施的科学管理。

三、智能化系统建设方式

展馆设备信息管理系统的实施主体应是会展场馆管理方。系统的建设方式通常有三种：自行开发，委托外方开发与联合开发。联合开发的系统比较符合实际，容易推广使用，而且展馆管理方能够进行自主维护管理，这是一种比较好的建设方式，有条件的会展场馆管理方应首选这种方式。

四、中央控制室管理规范

中央控制室是现代化展馆 5A 智能化的中枢系统与核心部位。必须建立严格的规章制度与工作规程并遵照执行。这些规章制度包括：环境卫生管理规定，工作人员出入管理规定，外部人员出入管理规定，物品出入管理规定，中控室用电管理规定以及值班制度等。展馆中央控制室各项工作规范如下：

（1）维修工单、临时工单、电话通知的接收和处置。

（2）展览设备运行表的编写及发放。

（3）智能化系统的操作、运行及监控。

此外，现代展馆设备设施的日常维护保养与安全操作，是确保展馆智能化系统安全平稳运行的题中应有之义。

五、设备设施的维护保养

展馆设备设施维护保养计划具体内容包括：供配电系统的维护保养计划，空调系统的维护保养计划，电梯系统的维护保养计划，给排水系统的维护保养计划，配电系统的维护保养计划，照明系统的维护保养计划，综合设备维护保养计划，专用车辆的维护保养，通信网络设备的维护保养，会议音响设备的维护保养，公共广播系统的维护保养，以及基建设施的维护保养等。

在做好例行维护保养基础上，对展馆设备设施提前做出相应的应急处置预案亦是十分重要和必要。

六、设备设施的安全操作

展馆设备设施的安全操作及防护控制则主要涉及以下方面：

（1）机电设备的管理以安全、正常、经济运行为标准，设备的维修、保养及操作人员须持有相应的操作证和上岗证。

（2）供电、中控设备管理实行 24 小时值班制度，值班员必须做好巡查工作，密切留意和掌握设备的运行情况，发现问题及时处理。

（3）设备管理人员应了解和掌握设备运行规律，贯彻以预防为主的方针，防止事故发生。

（4）进行高空作业时要戴安全帽，系安全带；在梯上作业时要将梯放稳，然后再蹬高作业，并要有人在旁监护。

（5）进行电焊作业时要戴面罩、手套、穿长袖服装。

（6）在灰尘较大的场合工作或用砂轮机打磨设备要戴护目镜和口罩。

（7）在电源干线、低压配电柜上进行工作时，必须有专人监护，操作时必须使用绝缘工具并悬挂标示牌。

（8）对设施设备进行维修时应先准备好材料并采取相应的安全措施和技术措施，做好各项防护工作，设置标志牌，注意维修现场安全。

（9）使用智能化系统时应按《智能化系统操作规范》进行操作，并按《技术设备部中控室管理规定》做好中控机房内设备的管理，做好智能化系统的管理工作。

（10）供电设备操作时按《供电系统作业规范》进行操作，注意人身及设备安全，并按相关管理制度做好高低压变电站、配电房的安全管理工作。

（11）空调系统操作时按《空调系统管理规范》进行操作，注意人身及设备安全，并按相关管理制度做好空调机房的安全管理工作。

（12）电梯使用及操作按《电梯系统作业指南》，并按相关管理制度做好电梯机房的安全管理工作。

（13）压力容器操作时按相关作业规范进行操作，注意人身及设备安全。

（14）给排水系统操作时按《给排水系统操作指南》进行操作，注意人身及设备安全，并按相关管理制度做好水泵房的安全管理工作。

（15）使用配电、照明、综合设备时应按《展览现场用电管理作业指南》《展厅配电设备维护保养作业指南》《配电、照明设备维修作业指南》《照明设备维护巡检作业指南》《综合设备维护保养工作指南》《综合设备维修作业指南》进行操作，并按《强电间管理制度》等相关管理制度做好此类设备的管理工作。

（16）使用专用车辆（包括所有高作业车）时应按《技术设备部专用车辆管理规定》和相关使用操作书进行操作，注意人身及设备安全。

（17）使用通信设备、会议音响、公共广播时应按《机线系统操作维护指南》《大会电话服务管理系统操作维护指南》《会议音控系统维护指南》《公共广播系统维护指南》进行操作，并按相关管理制度做好此类设备的管理工作。

（18）使用基建设施时应按《基建科作业规范》《基建科日常杂项维修工作指南》进行操作，并按相关管理制度做好此类设施的管理工作。

七、展览设备运行表编制

编写综合性展览设备运行表，是围绕为展览主业提供优质服务为目标，共享设备设施使用信息，充分调动各专业技术人员，科学统筹安排各类设备设施的运行、维护、维保等各项工作，以确保展馆设备设施的安全、平稳、高效、节能运行。

展览设备运行表是指根据每个展览对展馆设备设施的使用需求而编写的设备运行计划。其作用与意义主要体现在，一是为现场设备操作人员提供清晰的设备运行需求信息，从而提高设备运行服务的标准化、规范化，有利于现场统一管理。二是各部门能得到展馆展览现场各类设备运行安排的信息，现场工作人员可以参照设备运行表，反馈现场设备故障信息，有利于加强设备运行服务过程的反馈和质量控制。

各类设备主管工作人员根据设备运行服务需要，及时合理调整设备运行、维护、维保、展前巡检等各项工作，能在有限的人力情况下，较好处理展馆运营及设备维护等工作的关系。

要根据《展览项目策划书》及展会开幕期间的《参展商手册》编写设备运行表。通过对各展览的设备运行表编写格式进行规范化定义，从而使展馆设备运行表的编写标准化，以适应所有展览设备设施运行的需求。

按照需求编写一份可执行度高、符合设备设施运行规律、注重节能环保的展览设备运行表，还需了解以下具体事项：

（1）展厅及展览配套区域的照明启停时间及方式；

（2）展厅及展览配套区域的空调、通风的启停时间及方式；

（3）公共广播的播放时间、内容及区域；

（4）需使用的垂直电梯及其使用时间和不停楼层设置；

（5）需使用的扶手电梯和水平电梯的编号，及其使用时间和运行方向；

（6）需送电的门禁卷闸名称及使用时间；

（7）信息发布与播放的时间、内容及具体播放区域或设备。

总之，展馆各类设备设施运行状态直接关系到各展览的参展商、客商安全和服务质量。展览设备运行表编写人员必须清楚了解展馆设施与设备系统现状，展览的筹、开、撤展等基本信息，并结合顾客的需求（刚性/隐性需求）、节能环保要求，辅以有效的应急预案支持，这样才能确保设备运行表的有效性与可执行性，保障展馆的正常运营，为客人提供优质舒适的展览环境和服务。

小资料

保利会展综合体

在一众房企苦于寻找商业地产运营的成功出路的时候，保利地产将会展经济与传统商业相结合，创造了会展地产的全新模式，并制造出广州保利世界贸易中心的成功范例。在消费升级和体验经济的浪潮中，会展经济成为公认的朝阳行业。保利地产已经领略了会展经济的聚合效应。早在 2006 年，保利地产拿下广州琶洲建筑面积 56 万平方米的 1501 项目，打造集展览、写字楼、酒店、公寓为一体的复合会展项目——保利世界贸易中心。同年，由保利地产、锦汉展览公司、中洲房地产共同投资组建广州市保利国贸投资有限公司（简称为"保利国贸"），正式进军会展地产。

在政府提出要把琶洲打造成会展功能区的背景下，保利地产敏锐地把握住了会展经济的商机，产生了做会展综合体的想法。保利世界贸易中心首个国际标准展馆——保利展览馆 2008 年秋投入使用，迄今已举办 200 多场展会，每年贡献的净利润超过 1 亿。目前，保利世贸中心的使用面积累计 16 万平方米，其中 8 万平方米被家居流通服务商——上海吉盛伟邦长期租赁，而另外 8 万平方米每年承接近 60 场展会。16 万平方米每年租金收益就有 2 亿至 3 亿元，差不多是纯利。此外，保利和锦汉合资的展览公司每年也有近一个亿的收益。不到 100 人，一年创造的利润接近 5 个亿，人均利润产出相当高。如此强大的创利能力，源于展馆约 32% 的高出租率。2011 至 2013 年，展会从 54 场增加到 75 场，总展览面积从 523 万平方米上升预计 950 万平方米。保利地产琶洲展馆的成功首先源于得天独厚的会展集群优势。保利世界贸易中心毗邻广交会三期展馆，通过地下通道连接广交会二期展馆，与周边各会展项目形成"田"字形循环采购圈。

会展对保利世界贸易中心的推动作用远比账面上看到的更多。作为琶洲规模最大、功能最完善的会展经济综合体，保利世界贸易中心集办公、会展、购物、饮食等功能为一体，融合写字楼、博览馆、品牌展示馆、商贸广场、美食城等多种业态。展会强大的人流导入能力，与其他业态产生了化学反应，推动保利世界贸易中心成为商业地产经营的一大成功范例。目前，该项目已经成为琶洲地标，公寓销售良好，写字楼出租率和租金持续攀升，酒店和餐饮也有不俗的盈利贡献。而这一切，都得益于会展经济带来的聚合效应。将最具人气吸引的展会与传统的商业地产项目结合，从而形成"商业地产的顶级业态"。保利琶洲展馆不孚众望，将会展变成打开这个城市综合项目的金钥匙。

未来三到五年，在优化"一站式全周期"展览服务外，保利世纪贸易中心的工作目标还包括，依托已经建成的公寓酒店，为展会客户提供更为便利的商旅住宿和餐饮服务，同时优化写字楼租户的客户结构，提供工商、报关等增值服务，彻底释放保利世纪贸易中心现金奶牛的增收能力。据悉，保利正在与民政部下属的老龄委沟通，举办国内级别最高的养老展，并规划一个宜居养老的建筑体验区。这在业界也是首创。此次养老展还将为国际先进养老设备及设施的引进搭建平台，实现以展览整合国际国内养老资源。在保利地产看来，会展很可能是打开养老地产领域的一把金钥匙。

本章思考题：

1. 分析比较国内外展馆投资运营模式。

2. 会展综合体如何实现商业运营平衡？

3. 以组展商眼光看大型展馆规划建设。

4. 如何建立智能化展馆中控室的管理规范？

5. 简述展览设备运行表的编制原则及方法。

第十七章　会展业标准与规范

本章导读：行业标准与规范的建立，对于加强我国品牌展会建设，加快与国际会展业接轨，推动会展业持续稳定健康发展，具有十分重要的现实意义。

近年来中国会展市场逐步与国际接轨，展会规模不断扩大，已初步形成一个涉及领域广、覆盖行业全的展会行业。与此同时，低水平重复办展、无序竞争、恶性欺诈等情况依然存在，极大损害了会展业在社会公众中的形象，影响了中国会展业的长远及健康发展。

目前，世界会展业正朝着国际化、专业化、品牌化与信息化等方向发展。随着会展活动对社会经济发展的特殊作用的进一步体现，会展业必将受到越来越多的重视，统一的会展管理制度、会展技术标准等将在世界范围内逐步建立起来。①

国外会展发达的国家都有一套成熟的会展服务运作模式，实现服务流程的标准化与规范化。尽管我国展览行业标准的完善、统计和稽核机制的确立不是一件容易的事，然而在政府力量的推动下和会展企业的支持下，会展业的行业指标体系建设将会日趋成熟，会展行业的规范、诚信、透明化程度也将得到全面改善。

国家商务部关于十二五期间促进会展业发展的指导意见，明确提出要夯实行业发展基础，结合行业特点和市场需求，构建会展业行业标准体系，制定和推广经营服务、等级评定、从业人员资质和岗位规范、信息技术等一批行业标准。

---

① 过聚荣著．会展导论．上海交通大学出版社，2008：18～23．

第一节 会展业标准与规范

为进一步规范我国会展行业的秩序，推动会展行业的健康发展，加强品牌展览会建设，加快国内会展业与国际接轨的进程，商务部制定颁布了一系列会展行业标准，并于 2013 年 7 月 1 日起正式实施。这些标准的实施具有重要的现实意义，对会展行业发展具有重要的推动作用。今后还要进一步开展专业性展览会等级评定、会展服务企业评级等工作。

执行会展行业标准、规范经营的自律公约，已经成为中国会展业界广泛共识，但仍需要具体落实在行动上。随着会展行业标准在全行业的贯彻落实，会展行业各类市场主体坚守诚信经营、规范自律的原则，就能为中国会展行业的健康有序、创新发展不断积蓄正能量。

例如，在全国率先获得 ISO9000 国际质量体系认证的深圳高交会展览中心，也已创立了一套包括展览业务经营、展览工程、展场租赁、会展物业管理等较为完善的会展服务体系。会展标准化与规范化离不开会展信息化，会展信息化基于并促进会展流程的标准化。

一、规范市场秩序是会展业发展前提

各级政府应进一步规范会展市场秩序，加强知识产权保护和信用体系建设，以遏制当前会展业低水平重复办展、无序竞争等不良现象。例如，为进一步加强展览活动管理，强化行业自律，优化办展环境，促进会展业可持续发展，义乌市率先出台了会展行业管理规范。

一是规范主体。要求举办单位要具备一定的办展经验、抗风险能力和组织招展招商的能力，信誉良好。规范程序，举办展览活动前 6 个月，应向会展协会报送相关材料，并提前与会展办、工商、公安等相关部门会商，同意后再与展馆签订场地租赁协议，到公安部门办理《大型活动安全许可决定书》。

二是规范招展招商。举办单位应客观、真实地对外发布招展招商信息，不得虚构和夸大事实。信息发布后，不得擅自变更展览活动的名称、主题、范围、举办时间等事项，或擅自取消展览活动。

三是规范现场管理。举办单位需对参展资质和参展商的知识产权保护状况等进行审查把关。在展商进馆布展前，严格审核参展企业、商品、报到企业与营业执照是否相符，展品与行业布局是否相符，否则不得入场。参展商信息登记要清楚规范，参展证要有本人照片。完善入馆查验制度，防止"展虫"入场。规范展馆，场地、展具租赁等价格应明码标价、合理浮动、有序竞争，并制定安全消防工作制度、安全防范措施和应急预案。

二、会展行业中介组织应发挥实际作用

与此同时，行业中介组织应在制定和推广行业标准与规范工作中发挥更大作用。作为会展中心城市的上海市，在这方面走在了全国的前头。

为促进上海会展业的有序发展，上海市会展行业协会在广泛调查研究的基础上，于 2007 年启动了上海会展企业资质评定工作。目前已有 23 家主承办企业和 130 家展示工程企业获得了企业资质证书。为提高展馆服务质量，协会对上海主要展览场馆开展了"综合服务水平测评"工作。为加强行业自律，规范企业行为，上海市会展行业协会于 2005 年、2007 年分别制定了《上海市会展业组展机构依法办展与诚信服务公约》和《上海市会展业自律公约》，向全行业发出推进上海会展品牌建设倡议，并在业内得到了有效地贯彻执行。

此外，根据上海展览业发展需要，协会在市质监局的支持下，启动了《展览经营与服务规范》系列地方标准的制定。这些涉及展览主承办、展示工程、场馆服务规范的地方标准的制定，为上海展览业规范市场又推进了一步。此外，信息咨询和统计体系是行业发展的依据和基础。上海自 2005 年起，正式将国内展览会、国际展览会、国际会议、节事活动等纳入上海市会展业统计范围，初步建立了上海展览会统计指标体系，在全国会展业发挥出了典型示范与引导作用。

第二节　最新国家标准与规范解读

国家标准化管理委员会发布最新行业标准备案公告，其中有四项标准涉及展览与会议服务规范，包括《展览场馆运营服务规范》、《会议中心运营服

务规范》、《展览服务（布展工程）单位运营服务规范》和《专业性展览会等级的划分及评定》。上述标准规范已于 2013 年开始实施。现结合会展业发展现状对这些国家级标准做初步的解读与思考。

一、展览场馆运营服务规范（SB/T10852—2012）

该标准由全国城市工业品贸易中心联合会会展工作委员会、国家会议中心、苏州国际博览中心有限公司、沈阳国际展览中心共同起草完成。

标准规定了展览场馆运营服务应具备的基本要求、安全要求、内部部门设置、功能设置及配套设施、工程管理、现场管理、配套服务等方面的要求。

在安全要求方面，规范要求展览场馆运营服务提供者应符合《人员密集场所消防安全管理》（GA654）的规定，设置疏散通道、安全出口、消防车通道、应急广播、应急照明等应急设施，并配有显著、醒目的疏散指示标志。场馆所有展厅出入口、主要通道、贵重展品储存库、停车场出入口以及卸货区等处均应安装监控摄像机，不得存在盲区。应配置监控设备、安检门等检测仪器，按规定配置消防设施和器材等。同时，应建立和健全安全管理制度和安全保卫工作方案，建立有效执行和监督机制。

在内部部门设置上，该规范规定应设置销售部、运营协调部、展览现场部、工程部、安保部、财务部等部门或者设置和上述部门职责类似的部门。该规范还对展览场馆的展厅场地、会议室、贵宾室、出入口、卸货区、停车场、商务中心等功能设置及配套设施做了具体的详细的规定，比如展厅场地地面设计规格通常基于一层 5 吨/平方米，其他楼层 0.5 吨/平方米～1.5 吨/平方米。

规范对工程管理的规定主要划分为：为展位服务的公共设施、照明设施、通信系统、供电、电梯等方面；对现场管理方面，着重对主（承）办单位进场、施工单位进场、布展工程、开展、撤展、交通管理、现场保洁管理、现场安全管理等环节做出了具体的规定。

二、会议中心运营服务规范（SB/T10851—2012）

该标准由全国城市工业品贸易中心联合会会展工作委员会、国家会议中心、苏州国际博览中心有限公司共同起草完成。

与《展览场馆运营服务规范》类似，该标准主要规定了会议中心运营服务应具备的基本要求、内部部门设置、功能设置及配套设施、安全管理及服务管理等方面的要求。与展览场馆运营服务相比，该规范在功能设置及配套设施、安全及服务管理方面，根据会议服务特点做了一些不同规定，比如功能设置上，会议中心应设置规格不等的各类会议场地、大宴会厅、中小型会议室、贵宾室、展览场地等；在安全管理上，除了治安、消防和施工方面的管理，规范还对保密服务管理做了专门规定，要求根据会议级别制定相应的保密措施，做好会前、会中和会后的保密工作。

三、展览服务（布展工程）单位运营服务规范（SB/T10853—2012）

该标准由全国城市工业品贸易中心联合会、国家会议中心、北京华阳恒通广告公司共同起草完成。

标准规定了展览布展工程单位经营服务的术语和定义、基本要求、设施环境、质量要求及质量保证与监督。其中，在对布展工程单位资质要求方面，规定了要具有完善的管理制度，包括但不限于：设计管理制度、施工管理制度、进度管理制度、安全管理规范和风险管理措施。标准中对布展工程的过程做了具体规定，应依次包括策划和设计、申报、搭建、现场维护、拆撤，并就每个环节提出了具体服务要求。比如，在搭建环节，要求开展前，布展工程单位应将展台打扫干净并清理所有的垃圾或委托专业保洁公司保持展台清洁。值得一提的是，该规范还对布展工程材料做出了循环使用和节能环保方面的具体规定，要求布展工程单位使用可循环和节能环保的布展材料，包括但不限于：地毯、系统组件、道具、灯具等。

四、专业性展览会等级的划分及评定（SB/T10358—2012）

该标准由全国城市工业品贸易中心联合会、国家会议中心、宁波市人民政府会展工作办公室、长沙市人民政府会展工作管理办公室共同起草完成。

标准是对 SB/T10358—2002 标准的修订，与原标准相比主要变化有以下几方面：

（1）取消了境外参展商的定义，在现有标准中一并成为参展商，即参加展览并租用展位的组织或个人。

（2）修订专业性展览会等级及表示方法。原标准将专业性展览会的等级评定分为四个级别，由高到低依次为 A 级、B 级、C 级、D 级。现有标准将等级评定分为三个级别，由高到低依次为 AAA 级、AA 级、A 级。

（3）增加了评定机构。现有标准规定专业性展览会的等级由评定机构依据统一的评定标准及方法评定产生，评定机构以文本形式提出专业性展览会的等级，并出具由评定机构签章的专业性展览会登记证明文书。

（4）修订了专业性展览会等级评定条件。现有标准根据展览面积、参展商、观众、展览的连续性、参展商满意率、相关活动等方面分三个级别对专业性展览会做出了评定的不同条件要求。比如 AAA 级专业展览会，要求展出净面积不少于 10000 平方米，特装装修展位面积比至少达到 50%，行业内骨干企业参展展位面积与展出净面积的比值不少于 20%，展览期间专业观众人次与观众总人次的比值不少于 60%，展览会连续举办不少于 6 次，参展商满意（总体评价结论为"很满意"和"满意"）的数量总和应不低于参展商总数的 80%。

（5）修订了附录 A 专业性展览会登记的划分及评定标准。

上述四项标准都属于商务部发布的行业推荐标准。从法律上分析，我国《标准化法》第六条规定："对没有国家标准而又需要在全国某个行业范围内统一的技术要求，可以指定行业标准。行业标准由国务院有关行政主管部门制定，并报国务院标准化行政主管部门备案，在公布国家标准之后，该项行业标准即行废止。"

我国国家标准和行业标准都分为强制性标准和推荐性标准，对于强制性标准的，法律规定必须执行。推荐性标准的，国家鼓励企业自愿采用。另外，我国合同法也规定了当事人就合同质量要求不明确的，按照国家标准、行业标准履行。从标准的内容上看，上述四项标准都在不同程度上应用了某些国家标准的规定，比如在《展览场馆运营服务规范》中对照明设施的规定，应符合国家强制标准《建筑照明设计标准》（GB50034）的要求；在《展览服务（布展工程）单位经营服务规范》中对展示空间的设计和实现要求应符合国家强制标准《建筑内部装修设计防火规范》（GB50222）等。而且，标准在制定过程中也参考了相关行业的法律、法规，比如我国的《食品安全卫生法》《消防法》《餐饮服务许可管理法》等。因此，上述四项标准虽然实属行业性推荐标准，但仍具有一定程度上的适用效力，尤其在合同双方当事人约定适用或约定不明时。

一般来说，大型会展企业都会涉及展馆运营、现场服务、会议论坛、布展工程等业务板块。上述标准规范借鉴了国内外知名会议中心和展览中心的先进经营经验和理念，兼顾一线、二线城市会展业发展的实际情况，对办展企业具有很好的借鉴作用。

除了前述四项最新标准外，我国展览业标准化体系在以下方面仍处于标准空白，比如：展览技术方法标准、场馆与设施标准、展览管理通用标准、展览统计标准、展览评估与改进标准、活动筹备服务标准、展览安全标准、展览卫生标准、活动过程环保标准、信息管理标准等。

中国的品牌会展企业应加强对标准化进程的关注，应善于将经验作法标准化，积极参与标准的制定，更好地发挥行业骨干企业的作用与获得行业话语权。因此，对于中国品牌会展骨干企业而言，在推动中国会展业规范化标准化进程方面还将大有作为。实际上，中国一流会展企业经过多年来的展览运作，在展览管理、展览安全卫生、展览环境保护等方面都积累着丰富的实践经验，值得将这些成果归纳总结成为规范或标准，完成从品牌到标准的转型升级。

比较而言，国外展览业标准化成果较多，在组织管理、数据采集与统计、审计等方面都有着先进经验。

比如国际展览业协会（简称 UFI）一直致力于对展览会品质的管理，其管理体系由若干标准与若干规章制度共同构成，通过协会章程、内部规则、术语与数据统计标准、审计规则等制度来约束其会员，要求他们在展览会组织和日常工作中遵循相应的标准。

又如德国经济展览委员会（简称 AUMA）作为德国最早成立的服务业协会之一，其中的德国展览会统计资料自愿审核协会（简称 FKM），旨在为德国展览业提供一个公平公开的竞争环境，其提供的统计数据强调可比性与可靠性，为实现该目的，FKM 制定了《FKM 章程与规则》，对展览数据采集、统计与审计等进行了详尽的规定。

再如作为亚洲的会展城市之一的新加坡，为了提高了该国会展业的专业水平、服务质量和运作标准，新加坡会议展览协会（简称 SACEOS）与新加坡标准、生产力与创新局以及新加坡展览及会议局合作推出新加坡国家标准，该标准已成为该国组展商、参展商评价展览会品质的基准。

附件一：展览场馆运营服务规范

标准编号：SB/T10852—2012

提出单位：全国城市工业品贸易中心联合会会展工作委员会

归口单位：中华人民共和国商务部

主管部门：中华人民共和国商务部

起草单位：全国城市工业品贸易中心联合会会展工作委员会、国家会议中心、苏州国际博览中心有限公司、沈阳国际展览中心

起草人：刘海莹、陈刚、徐生来、赵闯、许锋、常大磊

1. 范围

本标准规定了展览场馆运营服务应具备的基本要求、安全要求、内部部门设置、功能设置及配套设施、工程管理、现场管理、配套服务等方面的要求。

本标准适用于提供展览场馆运营服务的组织机构。

2. 规范性引用文件

下列文件对于本文件的应用是必不可少的。凡是注日期的引用文件，仅注日期的版本适用于本文件。凡是不注日期的引用文件，其最新版本（包括所有的修改单）适用于本文件。

GB2894 安全标志及其使用导则

GB/T10001.1 标志用公共信息图形符号第 1 部分：通用符号

GB13495 消防安全标志

GB/T17242 投诉处理指南

GB/T19001 质量管理体系要求

GB/T28001 职业健康安全管理体系要求

GB50034 建筑照明设计标准

GB50222 建筑内部装修设计防火规范

GA654 人员密集场所消防安全管理

JGJ64 饮食建筑设计规范

3. 基本要求

3.1 资质要求

3.1.1 应具有独立法人资格，能够承担民事责任。

3.1.2 应具有或租赁与展会规模相适应的展厅及相关设施。

3.1.3 应具有健全的生产经营组织结构和规章制度。

3.1.4 具有承担展览组织活动风险的能力。鼓励通过 GB/T19001、GB/T28001 等管理体系认证。

3.1.5 展馆的建筑及运行管理应符合国家消防、安全、卫生、环境保护等有关法规和标准。

3.2 安全要求

3.2.1 应符合 GA654 的规定。

3.2.2 应设置疏散通道、安全出口、消防车通道、应急广播、应急照明等应急设施，并配有显著、醒目的疏散指示标志，标志应符合 GB2894 和 GB13495 的规定。

3.2.3 场馆所有展厅出入口、主要通道、贵重展品储存库、停车场出入口以及卸货区等处均应安装监控摄像机，不得存在盲区。

3.2.4 应配置监控设备、安检门或 X 光物品检测仪等安全检测仪器。

3.2.5 应按规定配置消防设施和器材、设置消防安全标志，并配备消防安全管理员，定期对消防设施和器材进行检查和维护保养，加强对易燃易爆物品、灯光、电线等物品的安全管理，确保会场的消防安全。

3.2.6 应建立和健全安全管理制度和安全保卫工作方案，并建立有效的执行和监督机制。

4. 内部部门设置及主要职责

运营服务单位内部宜设置以下部门，或设置和以下部门职责类似的部门。

4.1 销售部

4.1.1 负责场馆的销售工作，完成总经理赋予的销售任务。

4.1.2 定期对市场环境进行调查分析，及时调整销售策略和销售价格，确保完成销售计划。

4.1.3 负责销售合同的谈判与签订。

4.1.4 定期和不定期拜访重点客户，及时了解和处理问题。

4.2 运营协调部

4.2.1 合同签订后，与销售人员进行信息交接，充分了解展览及相关活动信息及主（承）办单位的需求。

4.2.2 协助主（承）办单位制定《参展指南》，组织召开有主（承）办单位和服务商参加的展前协调会。

4.2.3 协助主（承）办单位、布展工程公司、参展商查看场地，并帮助主（承）办单位制订进馆、撤馆计划。

4.2.4 协助主（承）办单位办理公安、消防等部门的报批手续。

4.2.5 协助主（承）办单位协调现场出现的问题，保证布展工程、展览、会议、餐饮等各项活动的顺利进行。

4.2.6 负责收集整理、分析展会数据和会议记录等资料，做好归档工作，完成展会承接工作总结。

4.3 展览现场部

4.3.1 展会前期，按照场馆规定对各参展单位的展台设计图纸进行审核，对布展工程面积及证件需求进行统计，办理布展工程施工证、车证等各种证件，与主场布展工程单位签订安全责任书。

4.3.2 施工期间，配合安保部、工程部监督、检查展览现场的布展工程施工情况，纠正不符合作业规定和安全生产要求的行为。

4.3.3 开展期间，安排巡视检查人员，排除现场可能出现的各种安全隐患，发生突发事件应及时处理。

4.3.4 撤馆期间，负责撤展管理工作，检查场地，撤展完毕后验收场馆。

4.4 工程部

4.4.1 负责场馆内水、电、气、空调、照明及所有硬件的维修维护工作，保证设备设施的正常运行，确保场馆日常工作顺利开展和所有展会安全进行。

4.4.2 按主（承）办单位和参展商申请提供水、电、气接驳服务。

4.4.3 配合安保部、展览现场部监督检查展览现场的施工情况，纠正不符合作业规定和安全生产要求的行为。

4.4.4 依据主（承）办单位或参展商的需要，提供电话线、网线及光纤接驳、AV 灯光音响、投影、吊挂、舞台搭建等服务。

4.4.5 应建立 7×24 小时值班制度，明确值班人员和值班时间。

4.5 安保部

4.5.1 建立、健全保安、交通、消防、安全生产等各方面的规章制度，监督、检查施工单位的执行情况。

4.5.2 配合工程部、展览现场部监督、检查展览现场的施工情况，纠正不符合作业规定和安全生产要求的行为。

4.5.3 进行治安巡查，保障公共财产、个人财产安全及参展人员和工作人员的人身安全。

4.5.4 进行消防安全检查，防止消防火灾事故发生。

4.5.5 制订完善的场馆管理区内的交通管制方案，指挥交通，引导车辆的指引和停放。

4.5.6 应建立 7×24 小时值班制度，明确值班人员和值班时间。

4.6 财务部

4.6.1 编制财务计划，监督、检查计划的执行情况。

4.6.2 做好经济预算，控制成本费用。

4.6.3 加强财务分析，提供决策参考。

4.6.4 坚持会计监督，维护财经纪律。

4.6.5 安排人员在规定的服务点位收取和退回费用。

5. 功能设置及配套设施

5.1 展厅场地

5.1.1 装修设计应符合 GB50222 的规定。

5.1.2 标识应规范、准确、齐全、醒目，符合 GB2894 的规定。

5.1.3 设计布局应便于展品布置、宜采用无柱大空间。

5.1.4 具有一定层高，以满足较高设备的安装。

5.1.5 地面设计规格通常基于一层 5 吨/平方米，其他楼层 0.5 吨/平方米~1.5 吨/平方米的负载量。

5.1.6 应设置吊点以满足悬挂结构或物件的需要。

5.2 会议室

5.2.1 具有与经营规模、接待能力相适应的规格不等的大、中、小型会议室或演讲厅。

5.2.2 根据会议需求，可提供服务物品。可提供的服务用品包括但不限于：投影仪、幕布、写字板、音响设备、鲜花绿植、杯具。

5.3 贵宾室

5.3.1 可根据主（承）办单位的需要提供贵宾室。

5.3.2 贵宾室宜设置单独门厅，并有独立的卫生间和服务间。

5.4 出入口

5.4.1 具备展品进出和工作人员、参展人员出入的通道，应做到人流物流分开、工作人员和参展人员分开。

5.4.2 应设置紧急出口或安全出口，出口标志必须清楚醒目，应符合GB2894 和 GB13495 的规定。

5.5 通道

5.5.1 宽度应考虑人流、物流、防火和安全等因素；一般主通道宽度不应小于 4.5 米，其他通道不应小于 3 米。

5.5.2 应保证畅通，不允许展品、废弃物等堆放在通道上。

5.5.3 应设置紧急通道和消防通道，并保证畅通。

5.5.4 宜设置残障人士专用通道。

5.6 卸货区

5.6.1 宜设在室内，或有顶棚的室外。

5.6.2 区域要足够大，以利于多辆货车同时卸货、装货，能满足 5 吨以下（含 5 吨）的货车掉头。

5.6.3 配备便于布展、撤展和货物运输的运输、装卸设备和设施。

5.6.4 货门要足够宽，能满足大型展览展示物品或货车进入展厅。

5.7 停车场

5.7.1 布局合理、规模适当、设施完善，分析机动车进出口与人员通道。

5.7.2 应有规范、显著的交通指示标志，如车场进出标志、限速标志、限高标志、方向标志等。

5.7.3 应配备安全防范设备，如监控系统、防爆设备、防火设备等。

5.8 商务中心

5.8.1 应配备网络、传真、打字、复印、装订、国际和国内长途直拨电话等设备。

5.8.2 应具有旅游、票务、商务咨询、零售区等服务项目。

5.8.3 保证至少有一台电脑安装英文操作系统。

5.8.4 宜配备十人以下（含十人）小型会议室。

5.9 广播设施

5.9.1 应配备在展会期间播放背景音乐、展会通知及紧急事件通知的广播音响设施。

5.9.2 广播系统要有足够的声压级，声音清晰，声场均匀。

5.9.3 广播系统要有优先控制功能。紧急事件发生，消防和保卫室优先控制广播系统，强制进行应急广播。

5.10 信息标志

5.10.1 应具备功能明确的指示系统，如指路标、导视牌、展室牌、展馆分布图、楼层分布图、展位分布图，并为举办单位预留展会指示系统空间。

5.10.2 标志应规范、准确、醒目，并符合 GB/T10001.1 的规定。

5.11 其他设备设施

5.11.1 配备数量适宜的办公室、洽谈室、展览服务中心、休息室等。

5.11.2 应配备供主（承）办单位、主场布展工程商、货运服务商、海关、商检、动植检疫、卫生检查、知识产权、公关等部门使用的临时办公场所。

5.11.3 宜配备供主（承）办单位或参展商使用的专门库房，以用于存放先行抵达的展品、资料等物资或存放撤展后等待物流公司来收取的展品，也可用于存放展会期间展品的包装箱。

5.11.4 宜配备参展商用于宣传展品及企业形象的广告牌、灯箱、彩旗、充气拱门以及气球、汽艇等设施。

6. 工程管理

6.1 为展位服务的公共设施

6.1.1 公共服务设施包括但不限于：电箱或三相电源插座、电话和电脑线、压缩空气、饮用水、排水和燃料供应。

6.1.2 应设置地下管沟，方便设备管线的排布、管理、维修以及调整。

6.1.3 管线和电缆的位置、标识、阀门和开关应符合安全要求。

6.2 照明设施

6.2.1 应符合 GB50034 的要求。

6.2.2 应在配电房、水泵房、消防中心、重要办公室与会议室、疏散走道等设应急照明灯，在疏散通道及公共出口设疏散指示标志灯。

6.2.3 应对所有标准摊位的照明及电源安装提供服务。

6.3 通信系统

6.3.1 根据展会主（承）办单位或参展商的要求，可在展位、会议室、办公用房等场所提供直线电话、国际直拨电话。

6.3.2 在地下层及其他移动通信盲区，宜设置移动通信中继收发设备。

6.4 供电

6.4.1 应保证供电系统满足不同展会活动的电力要求。

6.4.2 展厅内应设有足够的电源接口和插头。

6.4.3 场馆运营单位应对展厅用电及安装灯箱提前审核，审核合格后，派出专门电工指导装接电源。

6.4.4 展厅内使用的电器应符合安全要求和场馆运行方的要求，电器安装时应保证线路连接可靠，并充分考虑通风及散热，不得与易燃物直接接触。

6.5 电梯

6.5.1 在人流密集区安装足够的自动手扶电梯，实际使用时，根据具体流量情况确定电梯不同的运送方式。

6.5.2 应设置货物运输电梯，大宗、大件展品或货物应通过货物电梯运输，禁止用自动扶梯和客梯运送货物、设备或家具等。

6.5.3 宜设置食品专用电梯。

7. 现场管理

7.1 主（承）办单位进场

7.1.1 审核主（承）办单位递交的法人执照、展会批文、消防批准文件及治安批准文件。

7.1.2 审核展位平面图及展位设计图，并保证其符合场馆安全管理规定。

7.1.3 与主（承）办单位签订（治安、消防、施工）安全责任书。

7.2 施工单位进场

7.2.1 审核或配合主场布展工程商审核展览工程设计方、施工方的资质。

7.2.2 审查或配合主场布展工程商审查展位结构、材料、安全用电等项目，审查合格后发放施工证，所有施工单位凭证方可进场。

7.2.3 与施工单位签订施工安全责任书。

7.3 布展工程

7.3.1 在场馆进行的布展工程工作包括但不限于：展位画线、地毯铺设、参展商报道和进场、展位搭建协调、现场施工管理和验收、展位楣板的制作、现场安全保卫、消防和安全检查、现场清洁和布展垃圾的处理。

7.3.2 应对布展工程实施过程的安全、消防、作业规范和出入人员进行全程监督，对违规情况进行整改跟踪。

7.4 开展

7.4.1 全程监督展会开馆前的各项工作，协调展会开幕式环节中的相关事宜。

7.4.2 展会控制包括但不限于：观展线路、人流量、各展位情况；应对突发事件的处理，保证展会现场的安全、有序；做好过程中的沟通、协调、记录工作。

7.4.3 闭馆前，应在保证安全的前提下，切断水电气、安全门及通道的锁闭；并保证展会夜间的安全。

7.5 撤展

7.5.1 在场馆的撤展工作包括但不限于：展位的拆除、参展商租用展览器材的退还、参展商展品的处理和回运、场馆的清洁和撤展安全保卫等。

7.5.2 场馆运营方应监督参展商或承建商按规定的程序进行展位的拆除，并检验场馆设施设备是否有损坏。

7.5.3 场馆运营方宜督促参展商将临时租用的展览器材及时退还场馆，并应对所有出馆展品进行查验。

7.5.4 场馆运营方或指定的布展工程商宜在撤展结束后 6 小时内处理完场馆内的垃圾。

7.5.5 履行合同结算工作。

7.6 交通管理

7.6.1 展会活动开始前，应就活动期间的交通问题与当地交管部门进行沟通，并取得交管部门的支持。

7.6.2 统一发放"车辆通行证"，无"车辆通行证"的车辆一律不允许进入场馆区。

7.6.3 在重要的道路出口和交叉路口设置清楚、明显且足够多的指示信号灯和指示标牌，引导车辆按规定的路线行驶。

7.6.4 设计车辆行驶路线时，应把人流和车流分开。

7.7 现场保洁管理

7.7.1 应随时保持场馆内外环境整洁，地面无废弃物，及时清除场内的所有垃圾和污垢。

7.7.2 每天展会闭馆后，应对地面、墙面和为客人提供的公共用品（如电梯扶手、柜台、门把手和水龙头等）进行清洁、消毒；特殊时期应对场馆内部进行空气消毒。

7.7.3 场馆内应张贴醒目的禁烟标志，有条件的场馆宜设置吸烟室，吸烟室应及时清扫，避免烟头、烟灰污染其他地方。

7.8 现场安全管理

7.8.1 协助主（承）办单位制订安全、保卫方案，并保障方案的实施。

7.8.2 展台设计、制作及安装应符合安全操作要求，无安全隐患。

7.8.3 布展基本结束后（一般在开幕的前一天），场馆运营方应会同主（承）办单位以及公安消防部门，组织以防火为主的安全大检查，对查出的隐患应立即进行整改。

7.8.4 展会期间加强巡视，维护参展人员的人身及财产安全。

7.8.5 针对活动特点，制定公共卫生、治安事件、设施设备突发故障等各项突发事件应急响应预案。

8. 配套服务

8.1 信息咨询服务

8.1.1 设置信息咨询台，要求信息咨询台的工作人员能详细解答参展人员提出的展位布置、场馆所提供的服务、当地旅游景点、展馆周边交通、住宿、就餐、购物等方面的问题。

8.1.2 咨询台应配置足够的信息资料以供参展人员索取，信息资料宜准备多种语言版本。

8.2 物品寄存或保管服务

8.2.1 应提供保管箱服务，用于衣帽存放和小件物品寄存。

8.2.2 严格办理寄存手续，严格按照手续要求存放和提取物品，并说明贵重物品丢失的免责范围。

8.2.3 严格检查存放的物品，不得寄存有毒有害品、易燃易爆品、具有腐蚀性的物品。

8.3 餐饮服务

8.3.1 宜提供包括快餐服务、咖啡厅服务、饮用水供应、小食品售卖等多种形式的餐饮服务。

8.3.2 餐厅和厨房的建筑设计应符合 JGJ64 的规定。

8.3.3 应确保饮食安全。为展会活动提供的餐饮应经过卫生防疫部门的许可，食品留样 24 小时。

8.3.4 餐饮工作人员应持卫生健康证上岗。

8.4 投诉与意见反馈

8.4.1 定期或不定期收集和整理各方的反馈意见和建议，按照 GB/T17242 的要求，建立完善的客户投诉处理制度。

8.4.2 处理顾客意见或建议时应积极热情、认真及时、记录完整。

8.5 网络和信息服务

8.5.1 应配备智能化网络信息系统，并宜提供包括无线宽带网、有线宽带网在内的多种上网服务。

8.5.2 应保证活动期间网络运行质量，确保网络安全、畅通、稳定。

附件二：专业性展览会等级的划分及评定

标准编号：SB/T10358—2012

提出单位：全国城市工业品贸易中心联合会

归口单位：中华人民共和国商务部

主管部门：中华人民共和国商务部

起草单位：全国城市工业品贸易中心联合会、国家会议中心、宁波市人民政府会展工作办公室、长沙市人民政府会展工作管理办公室

起草人：赵闯、刘海莹、杜中塔、张幸迩、常大磊、张颖

前言

本标准按照 GB/T1.1—2009 给出的规则起草。

本标准是对 SB/T10358—2002《专业性展览会等级的划分及评定》的修订。

本标准与原标准相比主要变化如下：

——修改了参展商的定义；

——取消了境外参展商的定义；

——修订了等级的表示方法；

——修订了专业性展览会的等级及表示方法；

——增加了评定机构；

——修订了专业性展览会等级评定条件；

——修订了附录A专业性展览会等级的划分及评定标准。

本标准由全国城市工业品贸易中心联合会提出。

本标准由中华人民共和国商务部归口。

本标准起草单位：全国城市工业品贸易中心联合会、国家会议中心、宁波市人民政府会展工作办公室、长沙市人民政府会展工作管理办公室。

本标准主要起草人：赵闯、刘海莹、杜中塔、张幸迩、常大磊、张颖。

本标准于 2002 年 12 月 2 日首次发布，本次为第一次修订。

引用标准

下列文件对于本文件的应用是必不可少的。凡是注日期的引用文件，仅注日期的版本适用于本文件。凡是不注日期的引用文件，其最新版本（包括所有的修改单）适用于本文件。

GB/T19001 质量管理体系要求

GB/T28001 职业健康安全管理体系要求

（注：以下为 2002 年版本）

专业性展览会等级的划分及评定

中华人民共和国商业行业标准 SB/T10358—2002

专业性展览会等级的划分及评定

RatingStandardforProfessionalexhibitions

1. 范围

本标准规定了对专业性展览会等级划分和评定的原则、要求和方法。

本标准适用于在中国境内举办的以经济贸易活动为目的的专业性展览会的等级划分及评定。

2. 术语和定义

下列术语和定义适用于本标准。

2.1 专业性展览会 professionalexhibition（show，fair，exposition）

在固定或规定的地点、规定的日期和期限内，由主办者组织、若干参展商参与的通过展示促进产品、服务的推广和信息、技术交流的社会活动。

2.2 特殊装修展位 rawspacewithspecialdecoration

由参展商自行或委托专业机构专门设计并特别装修的展览位置及其所覆盖的面积。

2.3 展出净面积 exhibitionnetarea

专业性展览会用于展出的展位面积总和。以平方米表示。

2.4 特殊装修展位面积比 ratioofareaforspecialbooth

特殊装修展位面积总和与展出净面积的比值。以百分比表示。

2.5 参展商 exhibitor

参加展览并租用展位的组织或个人。

2.6 境外参展商 overseasexhibitor

以境外注册企业或境外品牌名义参加展览的参展商。

2.7 专业观众 professionalvisitor

从事专业性展览会上所展示产品的设计、开发、生产、销售、服务的观众，以及用户观众。

注：这里所指的产品可以是有形的产品（如机械零件），也可以是无形的产品（如软件、服务等）。

2.8 等级 grade

用于划分专业性展览会质量差异的级别设定。用英文大写字母 A、B、C、D 表示。

3. 等级的划分、依据和评定方式

3.1 专业性展览会的等级评定分为四个级别，由高到低依次为 A 级、B 级、C 级、D 级。

3.2 等级的划分是以专业性展览会的主要构成要素为依据，包括：展览面积、参展商、观众、展览的连续性、参展商满意率和相关活动等方面。

3.3 专业性展览会等级的具体评定标准，按照附录 A 执行。

3.4 专业性展览会的等级是由专业机构依据同意的评定标准及方法评定产生，其品定结果表示该专业性展览会当前的等级状况，有效期为三年。具体的评定方式按专业性展览会评定机构制定的评审程序和评定实施细则执行。

3.5 专业性展览会等级的评定采取资源的原则，主办（承办）方按有关程序向评定机构提出申请，由评定机构予以评定。

4. 安全、卫生、环境和建筑的要求

专业性展览会举办场馆的建筑、附属设施和管理应符合现行的国家、行业和地方的消防、安全、卫生、环境保护等有关法规和标准。

5. 专业性展览会等级评定条件

5.1A 级

5.1.1 展览面积

5.1.1.1 展出净面积不少于 5000 平方米。

5.1.1.2 特殊装修展位面积比至少达到 20%。

5.1.2 参展商

境外参展商展位面积与展出净面积的比值不少于 20%。

5.1.3 观众

5.1.3.1 展览期间专业观众人次与观众总人次的比值不少于 60%。

5.1.3.2 境外观众人次不少于观众总人次的 5%。

5.1.4 展览的连续性

同一个专业性展览会连续举办不少于 5 次。

5.1.5 参展商满意率

参展商满意率的评价按"参展商满意率调查表"的调查结果进行，其中总体评价结论为"很满意"和"满意"的数量总和，应不低于参展商总数的 80%。

5.1.6 相关活动

专业性展览会期间组织与专业性展览会主题相关的活动。

5.2B 级

5.2.1 展览面积

5.2.1.1 展出净面积不少于 3000 平方米。

5.2.1.2 特殊装修展位面积比至少达到 10%。

5.2.2 参展商

境外参展商展位面积与展出净面积的比值不少于 10%。

5.2.3 观众

5.2.3.1 展览期间专业观众人次与观众总人次的比值不少于 50%。

5.2.3.2 境外观众人次不少于观众总人次的 2%。

5.2.4 展览的连续性

同一个专业性展览会连续举办不少于 4 次。

5.2.5 参展商满意率

参展商满意率的评价按"参展商满意率调查表"的调查结果进行，其中总体评价结论为"很满意"和"满意"的数量总和，应不低于参展商总数的 75％。

5.2.6 相关活动

专业性展览会期间组织与专业性展览会主题相关的活动。

5.3 C 级

5.3.1 展览面积

5.3.1.1 展出净面积不少于 2000 平方米。

5.3.1.2 特殊装修展位面积比至少达到 5％。

5.3.2 参展商

境外参展商展位面积与展出净面积的比值不少于 5％。

5.3.3 观众

5.3.3.1 展览期间专业观众人次与观众总人次的比值不少于 40％。

5.3.3.2 境外观众人次不少于观众总人次的 1％。

5.3.4 展览的连续性

同一个专业性展览会连续举办不少于 3 次。

5.3.5 参展商满意率

参展商满意率的评价按"参展商满意率调查表"的调查结果进行，其中总体评价结论为"很满意"和"满意"的数量总和，应不低于参展商总数的 70％。

5.4 D 级

5.4.1 展览面积

展出净面积不少于 1000 平方米。

5.4.2 观众

展览期间专业观众人次与观众总人次的比值不少于 30％。

5.4.3 展览的连续性

同一个专业性展览会连续举办不少于 2 次。

5.4.4 参展商满意率

参展商满意率的评价按"参展商满意率调查表"的调查结果进行，其中总体评价结论为"很满意"和"满意"的数量总和，应不低于参展商总数的 65％。

6. 专业性展览会等级评定附加项

6.1 管理体系状况

6.1.1 负责专业性展览会具体组织管理工作的主办（承办）方通过 GB/T19001—2000 质量管理体系认证。

6.1.2 展馆方通过 GB/T19001—2000 质量管理体系认证、GB/T28001—2001 职业健康安全管理体系认证。

6.1.3 装修和搭建的主要承办方通过 GB/T19001—2000 质量管理体系认证、GB/T28001—2001 职业健康安全管理体系认证。

6.1.4 展览运输的主要承办方通过 GB/T19001—2000 质量管理体系认证、GB/T28001—2001 职业健康安全管理体系认证。

注：专业性展览会等级评定附加项不作为专业性展览会等级评定的必要条件，达到的项目在评定规定时可以加分。

本章思考题：

1. 简述展览行业标准与规范的意义与作用。

2. 如何将成功办展实践转化为标准与规范？

3. 论国际品牌展会的服务标准与管理规范。

第十八章　会展人力资源管理与开发

本章导读：院校教育是基石，人才培训是基础，但目前我国在会展专业招生、教材编写、职业培训以及认证体系建设等方面问题不少。会展业做大做强关键在于人才，中国会展教育与培训任重而道远。

第一节　我国会展学历教育现状

中国会展业的蓬勃发展，使得会展教育呈现出前所未有的活力。现代会展教育是为了适应会展产业及创意产业发展对专业人才的需要而诞生的。然而，在其发展的过程中，会展教育与培训产生了诸多问题，使得整体状况并不尽如人意。自 2004 年国家教育部正式批准普通高校招收会展经济与管理专业本科学生以来，中国会展教育经过十年的快速扩张，现已进入平稳发展期。同时，由政府、商（协）会与高校合作进行的展览培训也成为会展从业人员提升专业水平的重要途径与方式。

在中国会展业快速发展的大背景下，会展专业学历教育稳步向前。2013年，全国招收会展专业新生的高等院校达 220 所（未含大类招生），招收会展专业新生（不含方向）12966 人。2013 年秋季全国会展专业本科在校生为 37826 人，其中本科生为 10796 人。

一、开设会展专业的院校

2004 年教育部正式批准上海师范大学与上海对外经贸学院这两所高校开设会展教育本科专业。自那以后到目前为止，全国已有近 70 所院校相继开设了会展教育本科专业。按时间顺序，这些开设会展本科教育的院校包括：

（1）2004 年开始招生的上海师范大学和上海外经贸学院；

（2）2005 年开始招生的沈阳师范大学和广西财经学院；

（3）2006 年开始招生的上海应用技术学院、上海第二工业大学、复旦大学太平洋金融学院、上海理工大学、北京第二外国语学院、浙江万里学院、厦门理工学院和广东商学院；

（4）2007 年开始招生的东华大学、浙江大学城市学院、山东交通学院、河南财经学院、湖南商学院、广州大学和重庆文理学院；

（5）2008 年开始招生的华南理工大学、云南财经大学、中山大学和重庆工商大学等。

2008 年之后，会展经济与管理专业陆续有院校批准招生。据不完全统计，如今全国设有会展专业的高校已有 20 余所，在相关专业开设会展方向的有 30 余所，两者合计已有约 60 所高校踏入了会展学历教育的领地。

目前开设会展专业的院校有：天津商业大学、中山大学、南开大学、华东师范大学、东华大学、上海理工大学、上海对外贸易学院、哈尔滨商业大学、广西财经学院、重庆工商大学、云南财经大学、四川大学、四川农业大学、华南理工大学、海南大学、北京第二外国语学院、北京城市学院、上海师范大学、上海应用技术学院、杭州师范大学、福建师范大学、河北经贸大学、上海第二工业大学、河南财经政法大学、沈阳师范大学、广东商学院、广州大学、浙江万里学院、山东交通学院、浙江传媒学院、北京联合大学、湖南商学院、武汉纺织大学、内蒙古财经学院、厦门理工学院、重庆文理学院、辽宁对外经贸学院、浙江大学城市学院、湖南商学院北津学院、河北经贸大学经济管理学院、电子科技大学中山学院、浙江树人大学、首都师范大学科德学院、天津工业大学、四川旅游学院、北京师范大学珠海分校等。

二、现代会展专业课程设置

现代会展是一个集管理、营销、艺术、人文于一体的综合性应用学科。中国高校所设会展专业均脱胎于国际贸易专业或旅游管理专业。这些开设了会展专业的院校所设置的主要课程如下：

管理学、初级会计学、客户关系管理、宏观经济学、会展基础、服务管理、会展项目管理、会展营销基础与实践、会展风险控制与管理、会展商务英语、会议策划与管理、会展文案写作、会展政策与法规、人际关系与沟通技巧、国际会议规划与管理、酒店管理、国际参展规划管理、展场规划设计概论、会展与观光、庆典策划与管理、奖励旅游策划与管理、运动及赛事策划与管理、节庆活动策划与管理、组织行为学、会展物流管理、会展组织与管理、展示设计与制图、会议与 ERP、会展政策与法规、会展项目管理、会展管理信息系统、商务谈判等。

三、对会展专业学生技能要求

对会展管理专业学生所要求掌握的专业技能包括：

（1）掌握课程知识，具备专业技能和良好的职业道德。

（2）具备基本的管理思想，善于利用各种工具支持管理工作。

（3）拥有良好的人际交往能力，能熟练地做好组织工作，善于与各方面打交道。

（4）较强的主动学习能力，能积极地了解各种新知识并迅速掌握，进而提高实践能力。

（5）熟悉展会界的行业现状以及风向标，熟悉会展业的法律、法规和行情。

（6）具备国际化视野，了解国际会展的运作、规则与其发展趋势。

（7）宽厚的国际化会展经济与管理的专业基础知识铺垫和多学科跨行业知识结构的支持，适应现代企业及市场现状的会展及相关学科知识贯通与运用的实战能力。

（8）英语具有读写听说能力，能与外国人进行顺利沟通，特别是用商务英语进行沟通。

四、会展专业毕业生就业方向

按照教学计划学完所有的课程，修满所有学分之后，可获得管理学学士学位。会展专业毕业生的就业方向主要集中在以下单位：展览设计公司、咨询管理公司、会议会展公司、高级会议酒店、行业发展协会等。一般从事展会、博览会、大型会议、企事业单位旅游年假、文化节美食节、旅游庆典等大型活动和会议的组织策划工作。

五、中国会展学历教育规模

2012 年，全国招收会展专业新生的高等院校高达 213 所，其中高职 159 所，占 74.6%；招收会展专业新生 12302 人，其中高职 9446 人，占招生总数 76.8%。我国高等院校自从开设会展专业以来，学生历年都是高职占 80% 左右。

2012 年，教育部备案的 4 个会展专业新生占比如下：会展策划与管理占 65.73%，会展经济与管理 19.36%，广告与会展 11.06%，会展艺术与技术 3.84%。会展策划与管理是我国会展学历教育的主打专业。此外，2012 年教育部机构做出调整，会展专业在本专科都被明确归为旅游大类并将加强行业指导。

今后几年全国会展专业本科和高职应届毕业生人数为：2014 年 10297 人，2015 年 11707 人，2016 年 12523 人。另据统计，从 2008 年到 2013 年，短短 5 年时间，会展院校和招生人数均翻了一番。〔资料来源：丁萍萍，中国会展教育发展报告（2013）〕。对统计数据进行分析，还可以看出我国会展学历教育具有以下特点：①全国会展专业招生总数延续上升势头，但增速明显趋缓。②院校类型以高职为主，会展策划与管理为主打专业。③长三角会展教育仍然领先全国，广东上升势头很猛。④会展教育集中度高，上海、广州、杭州、重庆、天津、北京等会展专业在校生规模占据半壁江山。

从现状来看，中国的会展学历教育规模居全球之首。然而，我国会展学历教育整体亟须进一步规范市场和提升质量。

六、中国会展学历教育前景展望

我国会展教育发展态势是：

（1）专业设置自主权扩大，专业名称或重现多样化。

（2）本科教育继续略快于专科，但专科为主现状不会轻易改变。

（3）实训室建设水平提高，并引入高科技教学设施。

（4）教育系统介入会展技能竞赛，以赛促训。

（5）教材出版逐年递增，但优质教材依然稀缺。

（6）师资培训迈上新台阶。

我国会展教育前景展望：

（1）我国会展教育进入以提升内涵为主发展期。

（2）学生具备较强职业迁移能力，就业竞争力强。

（3）会展师资培训将受到重视。

（4）高校社会服务能力进一步增强。

第二节　我国会展学历教育特点

教育部于 2004 年正式批准开设会展经济与管理专业，标志着我国会展学历教育正式进入本科阶段。当年全国共有 17 所高校开始招收会展专业新生，占全国开设会展专业院校总数的 3/4。因此，可将 2004 年说成是中国会展学历教育的元年。

中国会展学历教育在其快速发展过程中呈现出以下显著特色：

一是学历层次以专科为主，二是高校类型以高职院校为主，三是长三角地区会展高等教育领先于全国。上海、杭州、南京三市有 16 所高校设有会展专业，占全国的 60%。本科生招收数量也明显超出北京、广州等会展中心城市。毋庸置疑，上海已经成为全国最大的会展教育中心。

一、开设会展专业的基础

归纳起来，普通高等院校开设会展专业基于以下四种情况：

一是在原国际贸易类专业基础上开设。如浙江经贸职业技术学院、上海外贸学院、江西工业贸易职业技术学院和辽宁外经贸学院等。

二是在原旅游类专业基础上开设。如浙江旅游职业学院、桂林旅游专科学校、江西旅游商贸职业学院和青岛酒店管理职业技术学院等。

三是在原艺术类专业基础上开设。如上海电影艺术学院艺术设计学院、上海工艺美术职业学院和湖南工艺美术职业学院等。

四是在原外语类专业基础上或直接从会展类专业起步。如厦门国际会展职业学院等。

普通高校的会展方向教育则是五花八门。因高校大多在 3 年级才选择专业方向,各校每年通过相关专业培养的会展人才数也并不确定。

二、我国会展学历教育特点

现阶段我国会展方向学历教育具有以下特点:

一是所依托专业以管理类为主,尤以旅游管理专业居多。在依托专业中,管理类专业要占一半以上,其中又以旅游管理专业为最常见。这是因为旅游和会展这两大行业本身就具有密切联系,而且旅游人才和会展人才也有不少相通之处。

二是会展方向所依托的专业很分散。英语、广告、国际贸易、公共事务管理、艺术设计,甚至文秘专业都可开设会展方向。这也从另一个方面反映了会展行业需要的是复合型人才的特点。

三是方向名称五花八门,各校侧重点不一。各校结合自身优势,切入会展的角度各不相同。从方向名称上也可看出其不同的侧重点。如设计、会务、经营管理、策划管理、会展旅游等。

四是教学组织形式多样,专业课程设置多少不一。虽然各地各校差异很大,但是在教学组织上,"专业课程+会展类课程模块"的做法越来越流行了。然而各校会展课程多的可以开到 15 门左右,少的却只开 1~2 门。就学生而言,虽然大家学的都是会展方向,但是实际对会展专业的了解和接触差距会很大。

五是培养人数不定,走一步看一步。会展方向与会展专业的培养方式不同,由于大多数学校要在高年级才让学生自己来选定专业方向,因此是否选择会展方向决定权在学生手里。由于会展业在我国是一个蓬勃发展的新兴产业,学生选择会展方向的人数较多。

三、海外如何培养会展专业人才

据了解,德国开展会展教育的机构有三家,而香港只有香港理工大学一家开设会展专业。澳大利亚有两所大学开设会展专业,而在美国涉及会展课程的院校有 60 所,但真正以会展教育为特色的也只有 4~5 所大学。与国外及港澳的会展人才培育相比,中国在会展教育与培训上所投入的社会资源也许超出了会展人才市场的实际需求。

根据现代会展管理与服务活动对具体工作岗位的专业知识结构要求,会展专业人才大体可分为以下四类:

一是从事会展经营与管理的人才,包括从事规划与行业管理及服务管理方面的人才。

二是进行会展活动总体策划与市场推广的人才,包括活动策划与组织、国际公关、市场营销、广告策划方面的人才。

三是为会展活动提供专项服务的人才,包括会展场馆设计建设、设备保养与维护、会展场馆装潢、展台设计与搭建、会展软件系统开发与维护方面的人才。

四是会展教育培训人才,包括专家学者、教师与科研人员、行业协会培训管理工作人员等。

港澳地区的会展高等学历教育偏向于前三种专业人才的培养。

通过对港澳高校会展专业人才培养模式与课程设置进一步分析,我们还可看到这样一个事实,那就是港澳的会展人才培育立足于高校自身所在区域的产业特征,从地区经济发展的角度定位各自的专业人才培养目标和课程设置。

此外,港澳地区会展专业高等教育呈多元化发展趋势,它也许能带给我们如下一些启示:

一是强化专业模块教学并增强课程选修自由度。二是加大实践环节在课程学习中的比例与分量。三是增强学科交叉以拓展学生的多元文化素养。四是依据地区产业特征发展区域特色会展教育。

港澳地区多元化的培养目标定位与灵活的课程设置还使我们看到,只有差异化发展和多元化定位才能避免同质化的恶性竞争,使相关教育培训机构在不同层面建立会展专业教育的良性互动,并通过人才培养促进整体产业的发展。

会展人才教育不同于一般的学历教育,首先要依循行业规律及学科特点进行定位,其次要结合行业发展趋势制定前瞻性的培养目标,同时注重学生的专业学习与未来工作就业相结合。

现代会展是一门应用性与实践性很强的学科。在学校教育阶段，要提倡课堂教学与实习培训相结合。学校要将优秀会展企业作为自己重要的教学资源，同样，会展企业也要将高校作为自己的"人才库"和重要的合作伙伴。有条件的地方可实行"订单式"培养，学校可按企业要求来确定培养目标和培养方式。

总之，我国会展业的良好发展势头催生了高校的会展教育。竞相开设会展专业的各类教育机构如雨后春笋般涌现，但是要办好会展教育绝非易事。目前的会展专业招生、会展教材出版、会展教育培训等或多或少都存在相当的盲目性。

第三节　提升会展学历教育水平

据劳动保障部门统计，目前我国会展从业人员有 100 多万，其中会展经营与管理人员约 15 万。而我国具备会展管理与运营资质的职业人才还不足千人。被誉为"朝阳产业"的现代会展业，专业人才问题已成为制约产业发展的瓶颈。另据《中国会展经济发展报告（2012）》，2012 年全国会展专业共有6962 名毕业生进入就业市场，但市场需求不容乐观。与此同时，全国各类院校的会展专业招生增速明显降低，从中可以看出，目前中国会展人才市场的供求比例出现失衡。

一、会展学历教育存在主要问题

目前我国高校会展教育存在的主要问题：一是高校会展专业培养目标不明确和学科设置不规范。二是高校会展专业师资力量不足和教材建设滞后。三是高校会展专业实习基地建设差和实习指导不充分。因此，发展高校会展教育首先应明确培养目标并适宜设置课程，其次应是提高师资水平并加强教材建设，再就是注重实习基地建设并加强实践环节。

进一步来说，为了适应中国会展业的快速发展，会展教育与培训需要解决以下几个主要方面的问题：

一是教学资源短缺。首先，具有会展领域从业经验的专职或兼职师资紧缺，且会展师资整体专业素质偏低。其次，由于中国会展业起步较晚，产业定位不清晰，相关的理论研究滞后，造成教材编写缺乏充足的理论支撑，从而导致相关的教材质量不高。再者，教学模式过于单一，缺少案例分析等多元化的教育模式。

二是课程设置空泛。一些院校在专业课程设置上追求大而全，实质上却弱化了学生的专业知识结构。追求大而全的课程设置，使得会展教育缺乏就业岗位的指向性。会展教育在专业基础课程与核心课程设置上，各院校都是各自为政，缺乏统一规范的标准。会展院校在课程设置上之所以出现巨大的差异，除了院校间的信息不对称外，关键在于院校本身对现代会展业缺乏深入了解，从而导致教育资源和主体市场需求的不相匹配。

三是人才性质模糊。首先要有会展人才的准确定位，才能明确会展教育的培养目标。学校培养出来的人才是会展的组织管理者还是参展商？如果是会展企业的组织管理者，我们可以看到即便是规模较大的展会，负责项目的组展商也只有几十个人，而会议的组织者人数会更少。

现代会展活动动静大且影响面广，但就一个具体的展览或者会议项目而言，对管理人员的需求量其实相当小。但相对而言，对这类人才的整体素质的要求却相当高。如果培养的是会展活动的接待服务人员，需求量则会较大。这里说的接待服务，主要是让学生知道如何在酒店接待会展客户，如何针对会展活动销售产品和服务等。而这又正是酒店管理专业发展的方向之一。此外，展台设计与搭建工作对人才的需求量也比较大。这既包含贸易性展览会的搭建和装修工程，还包括博物馆的展览设计等。对开设了会展专业的普通高校而言，这三个部分就是教学设计的三个重要落脚点。

针对以上存在问题，为了培养出高素质会展人才，以适应会展业蓬勃发展的需要，首先要根据会展活动不同岗位主体对学历层次与专业知识的需求，准确定位本专科院校的会展人才培养目标，然后再根据高校自身的教育资源状况重新调整会展方向和专业的设置。除此之外，还需要产学研通力合作，坚持不懈做好会展教育相关领域的各方面工作。

二、提升会展学历教育对策与建议

由于众多院校缺乏对会展行业特殊性的了解，出现了盲目办学的现象，在课程设置上也没有形成学科特色，培养出来的学生缺乏对所学专业的全面认知，实际工作能力水平不高。会展人才的教育与培训，一是要提供广博的知识，以适应不同内容会展项目的要求；二是要深入掌握会展各方面的专业知识和理论；三是要精通整套会展业的操作流程。在实际培训过程中，需要与会展行业需求紧密结合，注重培养目标的细分化、课程设置的独特性以及培养模式的多样性等方面。培养目标应以中高级管理人才为主。教育大纲和教材的设置应该注重系统性、科学性与国际性。教材的编写应该由会展业资深人士携手教育界、理论界专家三方面来共同完成。

一是建立科学的会展教育培训体系。形成高等院校、职业技术学校、行业协会、企业教育"四位一体"的教育培训体系。高等院校应成为会展管理教育体系的核心，担负着课程规划、学历与学位教育、科研中心、管理模式输出、信息中心等职能。职业技术学校主要承担会展实务的培训，培养有实际操作技能的会展工作人员。行业协会主要从事资格认证教育，同时组织业内人士进行相关的经验交流和相互探讨。企业除进行员工培训外，主要担负经验传授、案例教育等。此外，还应逐步建立与完善会展管理学历与学位制度，以及各种职业资格认证制度。

二是针对我国会展管理教材缺乏的现状，根据会展业发展的实际需求，有计划、有步骤地组织专家学者编写出一套科学完整的会展教材。为了培育能够承担会议与展览策划、组织、经营、管理与服务的专门人才，需要参考借鉴酒店与旅游管理专业课程设置，构建会议与展览方面的专业教材体系。会展管理方面的课程还可以延伸到大型活动管理、特殊事件管理以及礼仪庆典管理等领域。专业课程设置方面还可以借鉴先进国家的成熟经验。

三是创新会展教学模式。积极吸收国外的先进办学经验和教学体系，同国外最先进的管理模式接轨。会展管理是一门开放性和应用性特征明显的学科，因而，应坚持合作办学模式，走产学研一体化道路。既要与国外合作办学，以便同国际相关教育接轨，也要考虑同国内相关行业协会合作办学。此外，还应同品牌会展企业合作办学，根据会展产业活动中不同岗位功能所需的专业知识特点，展开诸如案例教学和展会模拟等多种形式教学，增强院校教育的实用性与针对性。

四是加强师资队伍建设，培养高素质教学与科研队伍。能否吸引到更多高水平的学者们从事会展管理方面的教学与科研，是决定我国会展管理教学与科研整体水平能否提高的关键因素。要加大师资引进力度并强化进修培训工作，提高教师业务水平和专业素质培训。多方面整合教育资源，以填补目前会展专业师资的空缺。会展专业的教师应深入专业展览公司或展会项目之中，有条件的还应去国外接受专门培训，成为既有实际经验又有理论基础的专业教师。

五是邀请会展行业组织在综合型和应用型大学里举办有关讲座和研讨会。例如德国 AUMA 就同大学开展项目合作，培养会展活动的策划与管理人才。它还积极开展职业培训和高级经理培训，并且建立了展览图书馆和丰富的会展文献资料库。定期编制文档和教学材料用于各类讲座与研讨会。AUMA 目前有六类研讨会，主题包括展会组织与展会监控，展位搭建与设计速成，作为销售与市场营销工具的展会运用，还有展会的新闻、出版和媒体工作，以及专业展会的沟通等。

与此同时，高校和教育行政主管部门以及社会科学科研项目规划部门，应在科研项目立项、审批以及师资培训等方面给予必要的资金和政策扶持。[①]

第四节　展览人力资源类型

会展人才大致可分为三大类，即会展核心人才、会展辅助性人才与会展支持性人才。目前会展核心人才中，会展项目策划和市场营销人才尤其紧缺。

一、现代会展人力资源特性

一般来说，会展企业的工作人员都应该具备较为广博的知识，良好的心

---

① 刘松萍著 . 会展、经济与城市发展 . 中央编译出版社，2011.

理素质，较强的人际交往能力与团队合作精神以及创新思维能力。现代展会的经营与管理人员不仅需要掌握经济、社会、政治等综合性知识，还需要具备一定的语言、工程、美术、产业等方面的专业知识。因此，展会人才属于复合型人才。现代展会对从业人员能力的要求也是多方面的：

一是表达与沟通能力。良好的人际交往与沟通能力是对展会人才的基本要求。展会活动涉及面广，要接触国内外客户，尤其是与境外客商沟通时，纯熟的文字与口语表达能力有助于业务拓展。

二是市场开拓与应变能力。为使展会常办常新且越办越好，就要使得展会的主题贴近市场需求，以满足参展商和专业观众的需要。这就需要展会的策划组织者具有较强的市场开拓和应变能力。

三是组织和协调能力。展会活动涉及面广，产业链条长，任何一个展会项目的成功举办都需要产业链上各个环节的密切配合，因此，展会主办方的组织与协调能力是展会活动取得成功的重要保证。

二、现代会展所需人才类型

会展经济的发展需要大批高素质的会展专业人才。

一是会展专业管理人才。完善的管理体系的实行和企业组织架构的正常运作都离不开训练有素的专业管理人才。

二是各项专业技术人才。随着时代的发展，各项专业科技不断为会展业所采用。现代会展设备的更新改造，声、光、电等先进数字科技的应用，以及新材料、新工艺与新方法的广泛采用，都需要相应的专业工程与技术人才。

三是会展项目策划人才。会展项目的成功在很大程度上取决于会展的策划与创意。如果没有专业人士来策划会展活动，就很难达到预期的效果。因此要在工作实践中不断提升会展从业人员自身的策划能力和水平。

四是会展专业服务人才。会展业属于现代服务业，优质服务是立身之本。在会展市场竞争日趋激烈的当下，展会服务需要完善和创新，这就要靠高素质的服务人才，保证展会服务的专业化，同时把展会服务从场馆延伸到馆外。

五是外向型复合人才。现代会展是开展国际经贸合作与科技交流的重要平台，那些会外语、懂专业、具有国际化背景的复合型人才不可或缺。

三、人才市场招聘需求情况

据调查，目前人才市场上我国会展业招聘需求最大的五种职位如下：

一是会展设计师。要求有室内设计或环境艺术专业背景，其职责是根据品牌特色和客户要求选展和布展，包括现场观察展位位置，构思展位主题、展览形式，设计制图，安排场地布局，并能现场指导安装人员以及展览礼仪的企划等。

二是会展策划师。这类人才是会展企业的关键性人物，其主要职责是开发新主题，赋予现有的展会项目新的元素，拓展其深度与广度，使原有的项目规模化，效益最大化。要求具有国际化背景，熟悉会展运作流程，会搞市场调研，有营销或项目策划经验。并有出色的语言表达和沟通能力。

三是业务销售员。主要从事国内外展览业务联系，是会展业中必不可少的职位。一些外资会展公司中通常设有市场和项目两大部门，而市场部的销售还分为会议销售、媒体销售等不同方向。具体按职位分有业务员、客户服务、销售经理等不同级别。担任销售经理则需要毕业于市场营销或相关专业，有广告与展览的销售经验，并对会展市场的运营有独到见解。

四是项目负责人。有多年从业经验的会展项目经理，其主要职责为承接会展项目，负责所承接项目的组织、实施，完成部门下达的创收指标等工作。一般要有5年以上工作经验，熟悉会展业务，能独立承接会展项目，英语熟练，并具有较强的语言和文字表达能力和公关、协调能力。很多会展公司在项目经理下还附设项目主管。

五是现场服务员。会议现场服务人才是承接着会议现场各种智慧的碰撞交流，掌控现场秩序与效果，体现展会文化层次的优秀服务人才。一般要求酒店管理、外语外贸专业或有一定专业技术背景的大学毕业生，需要具备较好外语沟通和对展会主题的领悟能力，具备现场组织协调能力。

此外，随着网络展会的兴起，现代会展企业对电子商务人才也提出了新的需求。除策划和实施层次的常规会展人才外，还积极吸纳网络与计算机应用方面的专才，为展会电子商务和网络营销提供人才保障。

总而言之，从事现代会展经营、管理与服务的主体为大型会展中心与各类相关展览服务公司，这其中基地型展览集团所产生的人才需求最大。而其他相关展会服务的提供者如翻译公司和旅行社并不产生大量的人才需求。

那么，如何才能成为现代会展所需人才？以上所说的会展业三类人才之间并没有十分严格的界限，他们相互合作，互为补充，共同推动会展活动顺利开展。会展行业包罗万象，涉及营销、公关、金融等多个领域，新入职者除了参加专业知识的学习与培训之外，还要靠自己不断修炼内功才能尽快成才。比如，熟练地运用外语与客户进行有效沟通，进一步拓宽自己的视野与知识领域，广泛深入接触各种人物和事物，并从正反两方面认真总结积累职场经验等，只有这样才能尽快成长为优秀的现代会展人才。

第五节　会展培训与认证市场

据有关部门初步统计，目前我国会展业从业人员已逾 100 万人，这些从业人员大都没有经过专门的职业培训和资格认证，严重制约着我国会展业的健康发展。因此，建立和逐步完善我国会展专业人才培训认证体系，不仅能尽快培养造就一大批高素质的专业人才队伍，满足我国会展业对从业人员的需求，而且对提升会展行业的国际竞争力，推动我国会展经济的专业化、国际化进程，促进我国经济的持续健康发展起到积极的促进作用。

一、中国会展培训认证市场类型

在中国会展培训与认证市场上发挥作用的机构及形式主要有以下四类：

一是国内与国外合作开设各种形式的培训或培训认证班。

目前尤以《注册会展经理》项目最为突出。该项目是中国国际贸易促进委员会与美国国际展览管理协会主办，由京慕国际展览有限公司承办，面向会展企业中层管理人员每年举办两期。国际展览与项目协会（IAEE）主办的注册会展经理培训，开设的会展专业课程包括：会展信息管理、会展危机管理、场地选择与规划、会展运营管理、会展预算管理、会展战略规划与管理、会展经济分析、会展项目管理、会议的组织与策划以及会展营销管理等 10 个专业科目。

二是政府部门指定培训机构组织开发会展专业人才培训认证。

如国家劳动和社会保障部开发的《会展策划师》《会展经营策划师》（上海试运行）等项目，中国人才研究会人事人才专业委员会开发的《会展管理师》项目，上海市紧缺人才培训办公室开发的《会展策划与实务》项目等。

三是行业协会组织开发会展专业人才培训认证体系。

由行业协会牵头组织，而具体工作与其他机构合作完成。

如上海会展行业协会开发的《会展师》项目，具体培训任务由华东师范大学会展学院承担；深圳会议展览业协会开发的《全国会展商务师》项目，具体培训任务由深圳市新资源企业管理咨询有限公司承担。

四是社会机构或企事业单位举办的各类培训班及培训研讨会。

如中国展览馆协会与北京大学曾合办了三期面向高层管理人员的《中国会展业高级培训班》，华东师范大学和上海旅游培训中心都曾举办过《会展师资培训班》，上海对外贸易大学也曾举办过《会展实务培训班》等。

另外，目前中国的会展培训认证市场正在酝酿一种新的合作形式。如长三角地区紧缺人才培训服务中心的成员城市共同开展一项现代会展岗位能力证书培训考试项目，并在上海、南京、苏州、无锡、杭州、宁波等六大城市实施统一大纲、统一教材、统一考试，实现证书互认。

总体而言，中国会展人才培训认证市场既不规范也不完善，存在的主要问题一是定位不明确，二是体系不协同，三是教材不统一，四是师资不稳定。有鉴于此，亟须通过各方面努力，不断提高培训质量，增强认证有效性。

二、会展培训与认证市场建设

借鉴我国其他比较成熟的职业资格认证体系，提高会展专业人才培训质量、增强认证有效性，当前应重点做好以下几方面的工作：

（1）认证定位。认证定位的模糊现象是培训认证市场发展之初的必经阶段，但是缩短这个阶段将极大地推动会展人才培养的规范化、专业化。如《注册会展经理》项目经过30多年的发展，其定位就瞄准了中层会展从业人员，这样就很好地细分了中国会展人才市场。通过差异化定位，避免打价格战的恶性竞争。在准确定位的基础上，各不同层次的认证体系之间可以建立起协同互动的良性竞争模式。

（2）职业等级。根据企业对不同层次人才需求的特点，按照国家劳动和社会保障部对会展专业人才职业标准的规定，可分别设立初级会展专业人才（国家职业资格三级）、中级会展专业人才（国家职业资格二级）和高级会展专业人才（国家职业资格一级）三个等级。

（3）培训教材。为了使会展专业人才的培训认证更好地适应行业的需求，把好认证教材关至关重要。可考虑成立由全国相关高等院校会展专家和业界精英组成的"会展专业人才资格认证培训教材编审委员会"，组织编写全国统一的"会展专业人才职业资格培训专用系列教材"。教材应结合我国会展企业实际需要，吸收当前同类教材的精华，参考国际有关资料，达到既具有操作性，又具备较高的理论水平的要求。

（4）师资队伍。会展专业人才职业资格认证培训是理论与实践并重的培训，学员在完成培训课程后还需要参加实习，在教师的指导下，通过丰富的实验内容，其实际工作能力必定有实质的转变和提高。所以，必须保证培训机构教师的质量和稳定性。每个培训机构的教师都需要经过严格挑选，培训教师必须是相关学科领域的在职人员，而且须经过本标准的专业培训。

（5）培训机构。从事会展专业人才职业资格培训与考核的培训机构与考试中心，应选择在开设会展及相关专业的专科以上院校和有实力及良好口碑的培训中心，并需经过严格的考察和考核方可承接培训项目。

（6）考培分离。应按照"考试和培训分离"的原则，在每一省市只设一处考试中心。并执行严格的考试标准。

（7）统一制度。采用"六统一"的认证制度，即统一标准、统一教材、统一培训、统一考试、统一阅卷和统一认证。

（8）培训证书。会展专业人才职业资格培训可采取宽进严出的办法，凡符合报考条件的人员均可报名，经过严格培训，考试合格才能取得相应证书。证书可在全国同行业通用，作为应聘上岗的资质证明。并积极创造条件，与国际相关组织合作，逐步实现国际互认。目前，全国推出的相关证书至少已有十多种，上海地区较有影响的有三种：一是上海紧缺人才培训工程"会展策划与实务"岗位资格证书；二是从美国引进的"注册会展经理"培训认证体系；三是劳动保障部门推出的"会展策划师"新职业。

通过提供真正高水平、国际化、专业化职业资格培训与认证，推动会展从业人员在理论与实践两个方面双提高，特别是展会业中高级管理者的职业化素质，促使我国会展从业者成为具有国际水准的优秀人才，从而促进中国会展业健康快速地发展。

毋庸讳言，会展培训机构与师资队伍建设是现代会展人力资源教育与培训的一块软肋。为此，人力资源和社会保障部中国就业培训技术指导中心（CETTIC）若干年前就开始联手制定职业师资培训标准，最终选定国内开展职业师资培训的高端品牌"金色讲台"为会展领域职业师资培训的唯一机构，并授权其组织考试并颁发《会展策划师·师资职业培训证书》。

我国会展培训市场存在的主要问题如下：

（1）尚未形成成熟的培养体系。

（2）教学体系存在一定的缺陷。表现在专业课程设置特色不明显，教材建设存在不足，师资力量严重短缺，忽视专业实践教学体系的构建与实施。

（3）缺乏开展人才培训的专业机构。

（4）行业协会对会展人才再教育重视程度不够。

（5）会展企业缺乏人才培养意识。

（6）国际化人才培养力度不够。

而针对以上问题的对策与建议是：

（1）完善会展专业人才培养体系。

（2）清晰定位教育模式，全方位提升专业化教学水平。

（3）建立多层次多元化培训体系。

（4）充分发挥行业协会作用，对从业人员进行"再教育"培训。

（5）坚持校企合作，提升人才培养的实效性。

（6）借鉴国际经验，培养复合型、实用型国际会展专业人才。

第六节　如何成为会展策划师

中国会展业的发展除了引进国外人才，还需培养自己的会展策划人。现阶段既准确掌握行业发展方向，又了解企业需求，同时又具有理论和实战经验的高级会展策划师凤毛麟角。

据上海市会展行业协会提供的数据显示，在这个协会注册的会展公司有150多家，从业人员5000多人，但有5至10年实际操作能力和经验的会展经理却不足50人。由此可见，号称百万大军的会展人员队伍，真正懂经营会管理的专业人才不足1％。据业内人士预测，今后若干年内我国会展市场需要高级会展策划人员2万人左右。

现有高等教育体系偏重理论教学，与现代会展业发展实际脱节，无法准确把握行业脉搏，培养出来的学生不具备策划能力，难以胜任会展策划师岗位需求。一般而言，拥有本科或研究生学历的毕业生，至少需要有8至10年的磨砺，才有可能成为成熟的会展策划与管理人才。因此，要加快培养会展策划人才，解决行业与人才间的供需矛盾。

为了更好地满足日益增长的会展专业人才需求，提高上海会展从业人员整体素质，上海市会展行业协会自2002年起，就对会展从业人员开展各类业务培训。

2005年8月，协会和华东师范大学合作组建了"华东师范大学上海会展学院"。同年，经上海市人事局批准，由上海市职业能力考试院、上海世博人才发展中心与协会联合组织"上海市会展管理专业技术水平认定工作"。目前已有600余名长三角地区业内人士分别获得"会展管理"高级、中级、初级职称，其中88名会展人士获得了高级职称。

2012年起，协会又启动了展示设计师的培训和认定工作。通过人才培训认证，既提高了业内人才素质，又推动了上海成为创意城市、设计之都的发展进程，得到了业内普遍认可。

国家人力资源和社会保障部早在2004年12月就正式推出《会展策划师国家职业标准》，并将会展策划师正式列入《中国职业大典》。依照既定的标准，经过规定的培训，再通过相应的职业资格鉴定，就可以获得会展经营策划人员的任职资格，从而获得广阔的就业发展空间。

会展策划师是从事会议、展览、节事活动、场馆租赁、奖励旅游、会展传播等项目管理商务活动的人员。会展策划师系列课程是专为从事或打算从事会展经营、策划和企业市场、策划工作的人员而设。策划师培训整体的课程内容覆盖会展调研，会展营销，会展策划，会展营运管理等各个环节。

一、会展策划师主要工作

作为一名会展策划师，其主要工作包含以下内容：

一是调研。工作内容包括调查资料分析，撰写调查报告，拟订会展相关行业发展战略报告，国际或跨区域合作项目可行性研究等；

二是策划。工作内容包括策划会展项目总体实施方案，策划会展各项具体实施方案，撰写相关文案，重大项目总体方案策划等；

三是销售。工作内容包括制订项目总体营销方案，制作营销资料，客户联系与商务谈判等；

四是营运管理。工作内容包括选择场馆和合作伙伴，会展现场运作管理，制定会展项目预算及控制成本，负责项目团队建设与管理；

五是危机管理。工作内容主要是防范和处理各类会展项目危机事件。

二、会展策划师职业等级

会展策划师职业共设四个等级，分别为：会展策划员（国家职业资格四级）、助理会展策划师（国家职业资格三级）、会展策划师（国家职业资格二级）、高级会展策划师（国家职业资格一级）。

经考试合格者，获得国家人力资源和社会保障部颁发的相应级别的"会展策划师"国家职业资格等级证书和岗位技能合格证书。此证书是表明持证者具有从事会展职业所必备的学识和技能的证明。

会展策划师职业资格作为国家职业标准，是会展行业职称评定的重要标准之一。它是求职、任职、晋级的权威凭证，是用人单位招聘、录用劳动者的主要依据，也是境外就业、对外劳务合作人员办理技能水平公正的有效证件。同时也是出国留学、工作、移民的有效证明文件。

第七节　培训课程参训体会

现以第十七期中国注册会展经理培训班培训为例，参训学员均通过了结业考试，取得了注册会展经理人资格证书。教学相长，学员们参加课程学习培训后的心得与体会值得分享。

美国注册会展经理管理课程（CEM），由国际展览与项目协会（IAEE）创立于 1975 年。中国贸促会与国际展览与项目协会合作，于 2003 年 12 月将 CEM 引入中国，并结合国内实际，进行了本土化改造，形成 CEM China 体系。

国内的 CEM 培训包含会展预算管理、会展危机管理、会展销售管理、会展经济分析、会展营销管理、会展的组织与策划、会展信息管理、战略规划与管理、会展运营管理及场地的选择与规划等十个专题课程。

师资队伍包括国内外专业人士、业界资深管理者及专家，学员则多为业内人士。结业考试时，学员以团队为单位，完成一个综合的项目策划，再由专业人士对项目进行考核评定。该培训迄今已举办十七期，超过 4000 人参与课程学习并取得了证书。

一、会展职业经理人培训方法特点

经过两个阶段共 10 天的封闭式学习，学员们普遍对会展管理及职业会展经理人有了较为全面而深刻的认识。

一是课程安排注重系统性。主办机构尽可能引入展会管理实务所有重点内容。从展会选题立项切入，探讨如何立足市场进行科学的战略规划。在会展经济分析及预算管理课程中，分别从宏观及微观视角对展览项目的经济性进行分析，详细介绍预算管理的流程与模块。展会营销管理则从消费者行为研究视角出发，强调关注客户需求，并提出应针对展会所处的生命周期阶段，采取相应的营销模式并建立营销导向型的企业组织等。而展览项目的信息及安全管理在课程中也着墨甚多，凸显了当下普及信息管理及提高安全管理效率的迫切性与重要性。

二是授课内容体系实效性。培训形式虽以课堂教学为主，但授课内容力求实现理论与实践相结合。授课老师结合自身丰富的从业经验，通过案例分析与情景式教学，深入浅出地讲解了管理工具如何更好地在实践中进行运用，切实增强了课程的实效性。

三是培训方式强调互动性。授课者多为业内资深人士，学员也多来自与会展相关的政府部门、协会、展馆方、组织机构及展会服务公司等。各种与会展相关的人才和信息汇聚于一处，使得培训加深了互动，不再限于教与学的单线程模式，师生之间的交流与学员间的探讨也相当频繁。在此过程中，不论是授课者还是学员，不知不觉间对会展业都有了更全面和更深入的认识。

二、结合会展实际进行理性思考

随着会展业日趋成熟及市场竞争的加剧，现代展会的策划与培育必须摒弃不遵循发展规律、不紧贴行业趋势、不给观众客户诉求的粗放式管理理念，主办机构及项目管理者必须主动学习，积极利用先进的管理模式，推动展会的可持续发展。

一是展会的立项与规划须立足于充分的市场调研与科学的行业分析，深刻理解所服务行业的贸易性质，遵循产地集群、产品更新周期、专业分类等特点，科学地进行展会选址、选区、分区。同时，在运作管理过程中，密切注视行业发展动态，及时了解服务受众的需求及习惯的变化，第一时间调整展会定位与方向。

二是充分发挥预算管理系统对项目控制与考核的作用，建立与之相配套的财物信息系统、分析系统、预警系统以及控制系统。应将预算作为一项量化指标，纳入展览资源配置、展会进程管理的决策制定体系。

三是在展会规模提升的过程中，应当防止展会价值的稀释，设定合理的参展企业准入门槛，把控采购商质量，同时完善现场配套服务，提升参展体验。应当看到，无序而粗放的增长模式直接损害了客户利益，影响了展会品牌形象，不利于展会的可持续发展。

四是重视展会信息管理工作，有效利用现代通信技术，形成全面贯穿于展会组织运营及服务的信息系统。在信息管理课程中，授课者提出的一个观点令笔者印象深刻：客户数据资源是展会主办机构的核心资产。要通过运用大数据的理念与方法，对客户资源进行综合分析评判，为展览立项决策。客户群选择、展商需求、目标采购商、配套服务提供参考和依据。

五是打破固有思维，创新增收点，发掘衍生服务。专业行业展会属贸易服务平台，连接着产业链的两端，拥有业内重要的客户数据信息。应积极开拓配套服务产品，如商贸杂志、线上商贸平台、移动应用服务等外延增值产品。在强化展会客户认可度和依赖度的同时，实现展会收入结构的多元化。

此外，此次培训还引发了学员们的一系列思考，如展会是否存在最佳规模，是否存在规模不经济，如何建立合理的展会定价系统和参展效果评估体系等，这些都有待于在今后的学习和工作中进一步研究和探讨。

三、加强同业交流，深化行业认知

这次培训为学员们连缀和丰富了以往的碎片化知识，更开启了一条走进其他同行，共同学习交流的途径。培训课程内容丰富，涵盖了会展项目从孕育诞生到成熟、拆分、移植等整个生命周期中的战略、策划、分析和现场运作的各个方面。

授课老师六位来自中国，两位来自美国，都是在会展业相关领域有丰富从业经验的专家，其中有展览机构高层、展览项目创办人，也有从行业专家转向理论研究的学者。学员则来自会展产业链的各个组成环节。学员的工作岗位除营销、策划、宣传类以外，也包括展览后台支持性岗位，如技术、安保、财物、法务、行政等。有几家公司派出的学员队伍几乎是展览所涉及岗位的完整组合。会展业发达地区的会展企业有意识地通过派员工参加培训，促进自身业务向国际先进会展企业看齐，同时通过这种方式加强与业界交流，扩大自身影响。

在学习过程中，案例教学提供了很多实用的可资借鉴或值得思考的方法。来自香港贸发局的展会营销老师播放了一个专业展宣传短片，展会 LOGO 开启后，几乎所有镜头都给了他们精彩的展品、优秀的展商和采购商，只是在结尾打出了展会主办方最简要的信息。这种极富感染力的宣传方式传达了他们对展会这种平台类产品的理解，让笔者看到了一种全新的营销理念。

四、研究会展平台特性，使会展业可持续发展

将展览打造成为行业的信息资源中心和整合营销平台，是展览未来的发展方向。随着网络科技的发展，展览作为一个相对传统的行业平台，如果仅仅依靠目前最主要的看样成交功能存在，其影响力势必逐步衰减。

如今，越来越多的行业开始探索O2O商业模式，将线下商务机会与互联网结合。随着销售渠道变革的发生、消费者习惯的逐渐改变，展览在未来将成为行业的整合营销平台及信息资源中心，不仅要在展会期间发挥功效，平时也要为行业提供资讯贸易等综合性服务，这样才能保持持久的活力。

总之，通过这次培训，学员们认识到不断学习更新营销知识，创新展览营销手段的重要性。他们将在今后的工作实践中，结合本职工作探索数据营销、社交媒体营销、整合营销等方法。

 小资料

会展专业自学考试

2013年10月起，上海市教育考试院将首次在上海市开考高等教育自学考试会展管理专业（独立本科段）。

会展经济与管理专业曾因在普通高校中连续3年以上就业签约率低且布点较多，成为上海市教委公布的18个"预警专业"之一。2012年刚脱离"黄牌名单"，2013年就通过自学考试"不限量"招考。这一特殊现象值得分析研究。

该专业主考学校是上海应用技术学院，培养目标是掌握会展管理基本知识与技能，具有较高的专业认知与素养，具备一定的会展创意、策划及组织管理能力的高素质应用型会展专业人才。学生将主修会展企业战略管理、会展经济学等15门科目，在达到各项要求的情况下，最快可于2年内获得本科学历。

2012年入选"预警专业"，2013年因何"不限量"培养？这恰恰凸显当前会展产业人才"数量缺口"与"结构缺口"之间的矛盾。上海市教育考试院这一新开专业尚处于试用期，发展前景如何还有待观察。

一些专业被预警，并不等于所有院校开设的这个专业都办得不好，更不意味着对应行业人才饱和。此前"预警"会展专业，重点在于提醒各高校盲目求大求全无意义，做精做强是根本。

本章思考题：

1. 现行会展学历教育体系存在哪些不足？

2. 试论建立产学研一体化会展培训体系。

3. 会展人才市场急需哪几种类型的人才？

4. 会展策划师应具备何种知识结构及素养？

5. 试为会展新员工制订一份职业发展计划。

第十九章　会展研究的新课题

本章导读：中国会展业发展正处于换挡期、阵痛期与调整期"三期交汇"阶段，展览业未来关注焦点是什么？会展新课题研究应坚持问题导向，并着眼于新的实践与新的发展。

《中国展览经济发展报告2013》指出，2014年中国展览业将在国内外双重压力下进一步转型升级，不仅体现在展览内容专业细分以及新兴行业比例的扩大，更体现在展览项目的运作方式和配套服务等方面。此外，互联网电商等新业态也正在冲击传统展会平台。总之，中国会展业发展面临许多新情况和新问题，而会展领域新课题研究应坚持问题导向，并着眼于新的实践与新的发展。

第一节　展览业未来关注焦点

中国展览业要着力于培育新技术、新能源、新材料等战略性新兴产业品牌展览，从注重规模扩张向更加注重质量效益转变，建立起由品牌、创新、服务所驱动的内涵式发展的新增长模式，为推进经济结构战略性调整和产业结构优化升级发挥更加积极的作用。

一、产业与需求结构调整影响展览业发展

近年来，中国部分传统产业如纺织、服装、皮革、陶瓷等在全球竞争的比较优势下降，加上传统产业跨区域转移步伐加快，致使以传统产业为主题的展会竞争力渐趋削弱。从专业展来看，除家居、建材展以外，大多数传统产业展会的综合实力不升反降。相反，近年来我国兴起一批新兴优势行业例如机械设备和化工产品等，投资及上游产业展会规模和实力进一步壮大，呈

现高增长趋势。可见产业结构的转型升级正在推动中国展览题材结构的调整，新兴优势行业的展览比重逐步提升，国际竞争力也进一步加强。

当前和今后一个时期，中国经济将继续保持健康的发展势头，国内需求特别是消费需求将持续扩大。今后 5 年，中国将进口 10 万亿美元左右的商品，内需将成为中国经济增长的重要驱动力。中国大多数展览会将向内需驱动的增长方式转变，调整市场定位，整合内外资源，积极提升与国际同类展会的竞争实力。北京、上海、广州车展是内需驱动型展会的成功案例，目前三大展会都已跻身世界 A 级车展。

因此，组展商一是要准确把握好会展市场需求，尤其是各类企业对会展的需求。二是要了解会展服务的替代性商品。会展活动的替代品还是比较多的，企业可以用不同的方式展开营销活动。但会展之所以受欢迎，是因为会展所具有的综合性功能，可以给企业带来综合效益。

二、城市化进程推动中国展览业发展

展览业是推动城市化发展的重要力量，城市化的发展又为展览业的发展提供重要的平台。纵观国际知名会展城市，会展经济越发达的地区，往往是城市化程度比较高和城市群比较集中的地区，中国也不例外。近年来，区域中心城市展会数量持续增加，规模效益日益增长，展会数量不断提升，系列品牌展会也逐步形成。在城市化和地缘优势"双轮驱动"下，中国将快速形成国家级和区域级的双级展览城市圈并加速向纵深发展，形成多极化的展览城市圈。

三、其他因素对中国展览业发展影响

宏观经济走低、市场需求不振、政策环境改变、网络科技冲击、同业竞争激烈等因素，都对中国会展业发展产生不可估量的影响。中国组展商一方面需要利用政府政策与自身资源加紧培育优质展会，以抵御外来品牌展会的冲击；另一方面要提高自身的管理、经营与服务能力，以便在更规范、更开放的市场环境下求得生存与发展。

第一，中国组展商要认真研究会展市场竞争结构。由于中国会展长期以来都是由政府主办，属于场地和服务高度统一的一体化经营模式，因此，会展市场在一般省市属于典型的寡头垄断市场，在某些省市则形成垄断市场，而在会展业发展相对成熟的地方如广州，又呈垄断竞争市场特征。

因此，中国会展市场的竞争最终不是通过价格而是由规模和品牌来决定胜负。会展市场份额会逐步集中在几个中心城市和具有高度品牌知名度的展览中心或展览公司。会展市场的发展必将从垄断竞争市场逐步过渡到寡头竞争市场。特别是在某个区域或者某个行业的会展细分市场上，寡头竞争将是主要的形式。

由于参展商倾向于选择集中度更高、成本更低的专业性展会，因此，会展项目之间的竞争，更加强调专业性与品牌化。通过在专业细分市场上建立规模和品牌优势，使得相应的细分市场具有较高的集中度和进入壁垒，这种方式的竞争也有益于会展市场的健康发展。

第二，要研究如何走出困境并成功突围。随着市场化进程的不断加快，以及众多世界级会展业巨头抢占中国会展市场份额，如何走出困境并且成功突围是摆在中国组展商面前的挑战。

首先，由于中国内地会展市场还处于不成熟阶段，市场秩序还有待规范，中国的组展商还很难培育出优质的展会，以获取持续稳定的利润。其次，政府对会展业干预过度，尤其是政府主导型展会依靠行政垄断，在会展市场上占据了更多的资源。再次，中国组展商还须面对另外两个不利因素：一是海外组展商对中国内地市场的渗透。二是网络营销和电子商务对传统会展业造成了冲击。越来越多的品牌企业通过网络建立了高效率、低成本的营销体系，对展会的依赖程度有所下降，导致参展商对展会的投入出现分流。

第二节　展商与客商行为变化

UFI 主席 PaulWoodward 先生曾在一次 UFI 区域会议上指出，从长远来看，除地域性经济状况以外，参展商和参观商行为的变化、社交媒体、移动通信、跟踪技术、智能化数据等新技术的产生以及可替代的营销手段将进一步影响展览行业。同时他还认为，商业策略已经改变，参展企业重新聚集于少数行业主导性展会，并强烈关注参展的投入与产出比例。

参展商和参观商行为变化以及新技术的产生正在影响展览业的长远发展。以德国为例，企业用于参展的费用仅占其市场营销总费用的19%，平均每家企业参展费用为22000欧元，与参展相比，广告、网络、直邮等营销手段的支出比例仍然较高。

一项研究表明，会展在B2B领域的营销预算占到了40%。相关研究还发现，从事机械、电机工程和电子行业的公司在展会的营销预算方面，投入几乎与前些年一样。

英国的一项调查则表明，展览会仍然是优于专业杂志、直接邮寄、推销员推销、公共、报纸、电话等手段的最有效的营销中介体。通过一般渠道找到一个客户，需要成本219英镑，而通过展览会成本仅需35英镑。在营销渠道多样化的今天，不少企业仍然会选择传统展会营销平台。

国内一项实地研究表明，在不再参加展会的采购商中，7成以上的采购商通过网络寻找新供应商。而参展商中有6成以上已使用第三方跨境电子商务平台开展贸易。另一方面，产业集聚区与贸易集聚区的国际贸易便利化也将对展会成交平台造成冲击。

另据德国的一项调查显示，相对于资本类产品展览会，消费品类展览会的参展商不会改变其参与展会的次数，这也许归因于消费品的研发周期与展会的间隔相对较短，这类商品的采购商具有刚性需求。

参展商在做出参展决策时，必然要考虑到企业自身条件及参展需求。与主办方的关系、参展费用预算、企业形象宣传、同行技术情况、市场反响、潜在客户、推介新产品等因素都在参展商考虑范围之内。

综上所述，网络时代参展商行为变化将会影响其参展选择。部分参展商的营销推广预算会被互联网分流。因此，展会主办者所面临的任务是推动客户理念创新，保证参展商更好地利用展会这一交流途径。一要满足参展商的贸易需求，二要提升展会的行业影响力，三要提升展会服务水平，四要优化展会的空间条件。

第三节　会展平台体验经济特性

预测会展业未来发展，德国的一项调查发现，多维感官营销的作用非常重要，而会展平台最能体现这一方式。三维会展营销具有其他工具包括网络媒体无法实现的功能。虽然网络媒体的影响力不断增强，但是会展因其本身的特性仍然受到企业重视。之所以这样，是因为会展能在人际层面构建高品质的商务联系，提供真实的产品体验等。

在体验经济时代，顾客不再满足于产品和服务本身的消费，而是更加侧重于在消费过程中甚至企业生产过程中所获取的美好体验。消费者乐意为这类体验付出费用。体验经济作为一种新的经济形式，已经渗透到了经济生活的方方面面，且正成为社会经济的新的增长点。同时，体验经济的某些特征，也在会展服务业中有明显体现。基于体验的会展服务不仅为会展主办者提供舞台，为参展企业提供道具，而且二者相互融合，使参展商和观众融入情景之中获得体验价值，会展主办者则获得价值增值。

体验经济理念的引入，其目的在于提升会展业的服务水平，增加会展参加者的满意度。会展主办者与参展商，参展商与观众之间，通过会展活动这一平台进行信息传递、价值传递和感受传递。展会策划人要加深对会展平台所具有的体验经济特性的认识，并根据这一特性进行展会策划。作为真实活动的展会，即使在日益虚拟的世界中，仍然保持了其作为基本的营销工具的地位。

一、体验式会展服务特征

概括而言，基于体验经济的会展服务有如下特征：

一是体验性。在产品经济和服务经济中，影响消费者的主导因素是产品或服务的特色和用途。而在体验经济中，影响消费者的主导因素是感受、感觉或情感等。体验经济提供的体验主要就是要让消费者实现自我，给消费者留下一生难忘的体验。

二是差异性。在体验经济条件下，体验以满足消费者个性需求为出发点，在商品和服务的设计、生产、销售和服务等方面力求迎合和满足消费者需求的个性化。所以，会展主办者为参展商和观众提供标准化的同时，应该追求服务的个性化风格，使参展商超出其预期的期望，在体验有针对性的会展服务的同时，体验会展主办者对他们个性的尊重、关注与重视。

三是参与性。在会展服务过程中，体验经济所强调的参与性表现得尤为突出。参展商与观众一方面是展会的参加者，同时又是会展服务的接受者。要使他们获得满意的参展经历，主办方必须在为其提供服务的同时，不断地与他们尤其是参展商进行对话与交流，这在很大程度上决定参展商是否持续参展，决定观众对会展效果的评价与感受以及对参展商的印象。

二、体验式会展服务策略

现代会展平台应为会展活动的消费者传递全新的生活理念，创造舒适的与会体验，因此应做到全程服务与细节服务。

一是全程服务。在整个会展活动中，主办方提供的招展与招商、交流信息、商贸洽谈等软性服务与场馆的水电供应、安排交通食宿、运输与保管展品、布置展场等硬性服务结合起来，为会展的参加者创造一个自我表演的舞台，使他们在互动参与中达到体验的升华。

二是细节服务。在参展商和观众心目中，每个细节都潜移默化地影响到他们的感受及对会展效果的评价。因此，会展活动要把参展商的利益放在首位，预测并了解他们的个性化需求，通过贴切的服务和深切的体验保证参展商参展利益的实现。品牌展会更要着力于细节服务，以真正深入消费者内心的终端体验，与消费者建立长期的伙伴关系。

三、顾客体验决定顾客满意度

顾客体验是决定顾客满意程度和品牌忠诚度的关键因素。具体而言，它包括以下几个方面：

（1）感官体验。展会 LOGO，展馆乐曲，展馆独特的造型以及展会工作人员统一专业的形象，都是唤醒客商感官体验的因素。

（2）情感体验。除开会展中心完善的硬件设备设施，能够吸引参展商与客商继续参会的决定性因素，也许就是对于一个展会品牌所付诸的情感。

（3）行动体验。行动体验就是为消费者创造各种的体验机会，包括身体体验、生活方式体验以及与人的互动体验等。通过体验式行动来激发消费者的认同度。

（4）关联体验。通过体验关联，建立属于展会的品牌社群，增加客商之间的联系，通过他们彼此的相互交流口口相传。

客商对一个品牌展会的印象，通常不是某个 LOGO，更多是一段与其有关的愉悦或不愉悦的记忆和感受。如能将客商与展会共同经历的点滴提炼出能唤醒客商的一些情感主题，如"岁月"、"奋斗"、"分享"与"展望"等，定会强化客商对展会项目的品牌忠诚度。

第四节　发展外贸服务新业态

外贸服务新业态是一个引人注目的新动向政府支持跨境电子商务、市场采购贸易、外贸综合服务企业等新型贸易方式和平台发展。

一、市场采购贸易方式

所谓市场采购贸易方式，是指在经认定的市场集聚区采购商品，由符合条件，具有认可资格的经营者，在采购地即时办理出口通关手续的贸易方式。具体来说，它是指由符合条件的经营者，在经国家商务主管部门认定的市场集聚区内采购的、单票报关单商品货值 15 万美元以下（含 15 万）、并在采购地办理出口商品通关手续的贸易方式。在向市场所在地商务主管部门申请办理市场采购贸易经营者登记备案、进行海关注册登记后，经营者可以以"市场采购"贸易方式开展对外贸易。

2013 年，国家商务部等八部委联合出台关于同意在义乌市试行市场采购贸易方式的函件，同意义乌进一步推进市场采购贸易方式。由于政府支持加上各项配套措施到位，义乌出口增幅从 2013 年一季度的 384.9%，跃升到上半年的 408.2%。对比 2012 年上半年义乌外贸出口增长 22%。在采取市场采购贸易方式后，义乌外贸出口发生了翻天覆地的变化。试行市场采购贸易方式，也是为微小外贸企业采购小商品出口度身打造一套适用性政策，是贸易便利化的一个典型。

2014 年，广东省的外贸稳增长具体措施也包括促进市场采购贸易发展。政府积极组织区域内具备条件的大型商品集散地或特色专业市场申报国家内外贸结合商品市场试点，推动在内外贸结合商品试点市场内试行"市场采购"贸易方式。在较为成熟的专业商品市场推广"市场采购"出口，对"旅游购物贸易"方式报关出口商品实施在通关口岸进行检验检疫，实行增值税免税政策。

随着国际贸易服务便利化与跨境电子商务等新型服务贸易的不断涌现，将不可避免对传统贸易展会的可持续发展造成冲击。因为这种新的贸易服务方式会直接分流部分中小微出口商与采购商。

二、跨境电子商务

跨境电子商务面向全球市场，潜力巨大。政府对外贸企业运用跨境电子商务手段开拓国际市场给予资金扶持，扶持一批重点跨境电子商务平台及企业做大做强，打造一批跨境电子商务基地和集聚区。

跨境电子商务涉及 B2C 一般出口（邮件/快件）、B2B2C 报税出口、B2B 一般出口等三类业务，主要针对利用电子商务平台进行国际贸易，以及运用邮件和包裹等形式邮递货物的中小微商家，在可提供增值税凭证的情况下可申请出口退税，减轻企业负担。

（一）B2C 一般出口

B2C 一般出口是跨境贸易中最具有活力的部分。在跨境 B2C 模式下，很多小额外贸平台将产品通过行邮方式运出境外，在通关、外汇等领域存在一定的风险，且由于出口企业只能取得速递公司的运输单，无法办理出口报关并获得出口货物报关单等单证，因而无法退税和结汇。政府将通过线上信息平台进行企业备案、商品备案及全程信息管理，企业凭交易或物流清单先申报放行，月度汇总填写出口货物报关单向海关申报，凭汇总的月度出口报关单办理退税、结汇手续。海关则根据企业管理类别实施分类通关。

（二）B2B2C 保税出口

按"整进、散出、汇总申报"的模式进行。整进就是整批出口货物填写备案清单或出口货物报关单向海关申报进入园区。散出就是个人网购后填写清单或详情单向海关申报并由电商企业提供税款担保，海关先凭清单或详情单分批分散出园区。汇总申报就是定期将清单或详情单汇总后，填写出口货物报关单向海关申报纳税，个人网购商品涉及许可证管理的免许可证。

（三）B2B 一般出口

将大型外贸综合服务企业或大型电商平台作为外贸改革试点，通过专业的外贸供应链服务平台及全程信息化手段解决及规范监管问题，由当地政府对此类大型平台企业制定专项的退税保障基金，并由财政统筹此类试点企业的退税款项，提供优先退税、快速通关等服务。

近年来，跨境电子商务快速发展，已成为开展国际贸易的新方式和新手段，对于扩大海外营销渠道，提升我国品牌竞争力，实现我国外贸转型升级具有重要而深远的意义。

eBay《广东省跨境电商零售出口产业一览》显示，广东省成为大中华地区跨境电商零售出口的领头羊。2012 年广东卖家最畅销的三大品类分别为电子、时尚和家居园艺，其中家居园艺和汽配类产品分别以 65% 和 58% 的增速迅速发展，成为增长最快的两大品类。广东省跨境零售出口总交易额最高的 15 大目的地市场依次为：美国、英国、德国、澳大利亚、加拿大、俄罗斯、法国、以色列、巴西、西班牙、挪威、阿根廷、意大利、希腊和瑞典。而增长最快的三大目的地市场为阿根廷（117%）、以色列（71%）以及挪威（68%）。

跨境电商等新业态具有成本低、高效率、无时空限制等优势，迎合了采购方式在线化、小单化和定制化的新趋势。预计 2013 年到 2016 年，跨境电商年均增长 25% 到 30%，占我国进出口贸易比重将上升到 2016 年的 20% 左右。随着跨境支付平台的完善和相关扶持政策的推出，跨境电商将实现快速发展。而为数众多的中小微企业涌入跨境电子商务市场，必然造成部分采购商和参展商资源流失。

三、外贸综合服务平台

许多新增的外贸主体表现出小、多、杂的特点，加之缺乏专业人才，仅靠监管机构简化手续、便利通关等传统手段已无法适应其增长趋势，必须通过市场组织创新来解决这一难题。于是外贸综合服务行业应运而生并呈现出快速发展态势。

外贸综合服务企业的出现，是我国外贸业务模式的创新，相关服务降低了中小外贸企业的成本，对促进外贸转型升级具有积极意义。商务部正会同有关部门研究完善促进外贸综合服务企业健康、有序发展的政策，使其更好地为众多中小外贸企业提供服务。

外贸综合服务是指通过商业化手段，整合重组融资、通关、退税、物流、保险等外贸环节，集中代办后统一投放给中小外贸企业的外贸业务新模式。一宗贸易融资如果企业直接找银行，可能需要十几个工作日才能完成审批。通过外贸综合服务企业，同样的流程时间可以缩短至几个小时。

外贸新业态发展速度惊人，其中外贸综合服务最为突出。目前深圳、上海、杭州等地均涌现出一批外贸综合服务企业，其中一些企业贸易额甚至跻身全国一般贸易十强。深圳排名前五位的外贸综合服务企业，2013年进出口总值达到200亿美元。

2001年成立的深圳一达通公司是国内首家具有专业进出口代理和电商功能的外贸进出口服务商，2010年被中国最大电子商务企业阿里巴巴收购。截至目前，阿里旗下一达通的客户已超过上万家，2013年进出口总额突破40亿美元。一达通的客户重复使用率超过50%。它以免费或补贴来吸引客户，形成规模效应后才开始收费或以其他收入来盈利。此外，外贸企业使用一达通基础服务（同时使用通关、结汇及退税服务）成功出口，就可以获得出口补贴。

阿里巴巴一达通模式突破了传统贸易与单项物流为主的运作格局，实现了以物流为依托、资金流为形式、信息流为核心、商流为主体的全新经营管理模式。创新了一种中小微企业团购、外包服务规模化的电子商务模式，打通了电子商务从"找订单"到"做订单"的全程贸易链，打造了"信息服务＋交易环节服务"的新型B2B服务平台，开创了电子商务的新空间。

据统计，我国沿海地区70%的外贸中小企业都选择外贸服务平台。对外贸企业而言，不仅省下了安排业务员操作商检、口岸、海运、外汇核销等具体业务的流程和费用，节省了成本，还能获得额外补贴，并通过交易数据构建自己的外贸信用体系，延用至后续交易乃至融资贷款等方面。

第五节　互联网及O2O商业模式

我国互联网电商发展迅速，已经广泛渗透到社会经济生活各个领域，成为企业开拓国内外市场、降低运营成本、提高流通效率的新渠道、消费者便利消费的新选择以及政府部门拉动内需、发展经济、优化产业结构的新抓手。互联网与商业相遇，造就了无数电商传奇。随后，互联网又相继与制造业、金融业、教育业等结合，形成网上商城、网上金融、在线教育……促使传统商业模式和业态加快转型升级。

据统计，2012年中国的B2B交易额达到6.3万亿，占整个电商市场份额的80％，包括B2C和C2C在内的网络零售达到1.3万亿，占比为17％且增速迅猛。截至2012年底，我国连锁百强流通企业中已有62家开展网络零售业务。电子商务服务行业总营收超过2000亿元。

电子商务可以提供网上交易和管理等全过程服务，它具有广告宣传、咨询洽谈、网上订购、网上支付、电子账户、服务传递、意见征询、交易管理等功能。网络电商平台究竟会在多大程度上对传统展会平台造成冲击和影响，尚在深入研究之中。

一、探索展会O2O商业模式

有学者认为，O2O是一个最具有社会价值的商业模式，对于未来的商业格局，营销创新甚至宏观经济发展都将产生巨大的影响。[①]

从狭义层面理解，O2O就是互联网的线上与线下；从广义的角度来理解，O2O就是代表了现代与传统的融合。

O2O不仅具有媒体属性，它还有营销、渠道、平台、区域商业等属性。在O2O的发展的过程中，呈现出一种跨界商业模式。

---

① 王保新.O2O是最具有社会价值的商业模式.新浪财经，2014年5月19日。

如何成功操作 O2O 的商业体系？第一要有强大的前后台的运营管理系统。第二要有实体产品或服务，包括自营或联营等。第三还要有第三方服务商提供支持，包括技术、工具、咨询、培训、策划等。

以房地产信息门户搜房网为例，在近年来传统业态与互联网的交锋中，搜房网的"服软"显示出互联网企业受制于线下渠道的短板。据报道称，搜房网在屡遭房地产中介联合下架房源后，不堪市值蒸发压力，对其全线产品进行折扣或免费使用，向众经纪公司提出让步和让利。

房地产交易烦琐而专业，这些不可能全部在网上实现。互联网平台只是一个工具，仅是整个交易中的一个环节。作为一种营销工具，它提高了市场透明度，能让更多客户充分互动并促成交易。但房地产中介与客户面对面交流的这种特性是无法取代的。

各类传统中介公司与互联网公司最大的区别，在于互联网公司很难做到全面的线下服务。这也揭示了其他传统行业应对互联网竞争的最好办法。

二、移动互联为展会所用

据第十届中国会展经济国际合作论坛参会信息，如何让移动互联为展会所用成为关注热点。

（一）移动互联网的使用群体已逐年扩大

中国移动终端（手机）使用人数在 2012 年底首次超过了传统 PC 机的使用人数。微博、微信、移动 APP 的广泛普及和使用，促使 80 后和 90 后成为"用拇指沟通"的一代。

（二）移动互联与传统互联网在硬件方面的差别已越来越小

CPU 的运行速度、网络速度等重要指标之间的差距缩小，而支持移动互联的应用的数量则越来越多，促使展会向移动互联方面转变。

（三）展会主办方要重视网络社交媒体的应用

网络社交媒体营销是一种趋势。展会主办方必须学会如何加入它们的行列，而不是打击它们。中国的微信和微站等社交媒体的兴起，将使纸质邀请函等传统方式逐步减少。随着 4G 商用的普及，视频营销为主的移动互联将会变得更加强大，而视频营销将成为展览及活动营销组合的一部分。

（四）移动互联在展会中将逐渐发挥作用

展前可以通过线上报名注册、发布活动信息、在线门票收款等方式提供服务；展中可通过手机二维码签到、或人工查询等方式进行查询，且速度较快（人均仅需耗时 3 秒）；展后可以对移动终端采集的行为数据进行整理与分析。

（五）移动互联对展会发展的影响

传统的纸质媒体和装搭作业将受到移动互联的挑战，传统媒体的商业模式也将受到其影响。原先封闭的数据将会变得不再封闭，且数据的安全性将会显得更加模糊。

（六）移动互联的优势与劣势并存

移动互联优势明显：沟通容易、操作简便、环保。但劣势也存在：随着技术的更新造成软件和硬件经常性变化，使得使用者疲于应付，且在一定程度上存在着为了创新而创新的现象。这也是目前展会主办方对于是否要投入更多资源到移动互联中犹豫不决的原因。

（七）未来技术在展会中的运用趋势

包括生物技术（例如人像识别，即不用注册，即可以进行身份识别）；立体成像的虚拟技术等将会得到较好地运用。

第六节　虚拟展会与实体展会

网上展会在商业交易方面无疑起到了很重要的作用，但它仅具有二维交互功能。网上展会也确实能够运用各种传统的沟通工具，但它们也仅限于模拟发生在实体展会中的交互行为。虚拟展会或者数字化展会的概念已提出近 15 年了。人们围绕虚拟展会的功能、作用以及形态，尤其是它与实体展会之间的关系的争论始终没有停止过。

以励展、博闻、环球资源等为代表的英国和美国的展览机构历来专注于通过线上与线下、虚拟与实体、平台与资讯相互融合的商业模式，为供采双方提供广渠道、多层次、宽领域的商业机会。以法兰克福、汉诺威、杜塞尔多夫等为代表的欧洲基地展览机构长期立足实体展会，借助展馆基地和展会大数据的优势，致力于为供采双方提供全球化垂直型的贸易服务。与欧洲大陆基地展览机构相比，英美展览业更热衷于探索虚拟展会在会展业发展中的前景和意义。

长期致力于研究展览业关注的热点问题的美国展览业研究中心的专家认为，虚拟展会发挥的效果不如预期显著，最多视作面对面实体展会的一个补充，而不是取代实体展会。70%的公司搭建虚拟展会平台的目的是为了补充实体展会，只有5%的公司用前者来取代后者。

研究表明，目前展会主办方正在运用一系列数字媒体给展会营销带来更多价值，并丰富观众的与会经历。75%的展览公司表示，网上虚拟展会对于吸引观众具有一定成效，并已被视为一种重要的展会招商手段与途径。

超过半数的展览专家认为数字营销对实体展会的成功起到关键作用，超过80%的组展商认为，线上研讨（Webinar）是一种最常见的虚拟展会活动，同时超过70%的展览组织者和参展商使用虚拟网上媒介与远程客户交流。

实体展会与数字化展会的差异主要归咎于参展商和参观商的兴趣、对话、人际关系、互动以及个性化的经历，实体展会和虚拟展会可以互补各自天生的不足，虚拟展会可以扩大实体展会的覆盖率，而实体展会的面对面交流有助于建立真正的人脉关系。

以环球资源为例，虚拟展会延伸展会平台。早在2010年，作为一家B2B的媒体公司，它宣布将在未来12个月内推出60场网络虚拟展会，以补充其面对面的实体展会。其中第一场虚拟展会于2011年4月伴随香港中国产品采购会同期举行。每一个虚拟展会都配备了展位、产品、线上交流工具供参展商与观众沟通之用，并配有参展商访谈和展会新闻报道。举办一系列虚拟展会大大提高了新采购商的到会率，吸引了更多新的参展商，并创造了新的经济收益。每个虚拟展会都是实体展会的伴侣，目的是为买家和参展商提供更大的价值。无论是实体展期间还是实体展结束后，虚拟展会都为展会创立了一个更大的买家圈子。参展商通常在展前、展中、展后都收到许多网上咨询，并感受到网上虚拟展会与实体展会相结合的巨大潜力。虚拟展会作为一个新突破新举措，让环球资源的定位延伸至为企业提供一个最为宽广和完整的一个多渠道出口营销平台。与单一的网上或单一的实体展会不同，多渠道营销平台不仅满足采购商时期的不同需求，而且当采购商面对何时何地如何与出口供应商合作时，也能提供诸多选择。

又如 UBM 认为，虚拟展会对大型实体展会不会构成威胁。UBM 是当今网上虚拟展会最主要的倡导者之一，也是网上虚拟展会最著名的策划公司之一。它一直谨慎地探索如何运用数字化的模式全方位地复制实体展会。早在 2005 年，UBM 就开始关注什么类型和规模的展会一旦被数字化就会被摧毁，于是公司决定尝试对大量实体展会实行数字化。然而得出的结论是，数字化不会对大规模核心展会造成任何威胁，相反数字化反而能帮助客户在实体展会开幕前做很多工作，令他们能够在实体展会中获益更多，提高投资回报率，并成为实体展会的一个重要层面。目前，虚拟展会已经成为 UBM 数字产品日趋成熟的组成部分，不仅强劲支持全球 30 多个国家和地区的 400 多个实体展会，而且推动公司的业务和专业知识扩展至非实体展会的客户。

再如励展公司，它更关注在线交流工具的开发。励展集团相信买卖双方需要通过互联网进行交流和沟通，但是并不推崇在网上创建一个配有展会平面图和摊位并可供买家参观的虚拟展会。他们不认为这种模式的虚拟展会在当今的会展业能发挥应有的作用，能给参展商与观众带来多大的利益和价值。基于他们对所有展会客户的研究，励展清楚地知道什么东西对他们所服务的行业有真正的价值。事实上，励展集团正在全力研发在线交流工具，一个可以帮助客户建立人脉、鼓励交流与互动的工具。例如，利用公司网站给客户提供网上产品目录。让买家得以在展前充分做好与会计划，在展会现场可以利用移动互联通信工具，展会结束后可以得到客户想要的信息。这一切都被视为能给客户带来显著价值的领域。此外，励展还用录像捕捉展会现场的独特场景，供展会结束后观看和分析之用。这一切能够帮助不能去实体展会现场的客户，也可以帮助客户展示未能在实体展会上展出的产品。对那些能够给客户带来清晰价值的数字化平台，励展集团加大了投入。

可将以上著名国际展览机构的主要观点归纳如下：一是虚拟展会延伸实体展会平台。二是虚拟展会对大型实体展会不构成威胁。三是组展商更关注在线交流工具的研发。

面对网上会展和电子商务的冲击，实体商展的未来受到了广泛关注。对世界商展百强和国内 100 个知名商展的同步网上展会所做调查显示，虽然设有同步主题网展的实体展会已接近 92％，但是至今没有一个网展完全脱离实体展会而独立存在。网络展会自身独立运作存在的局限性还表现在，一是参展企业往往仅把网络展会定位为一个产品展示和信息发布的平台，未曾开展实质性深度营销。二是网络展会面前仍面临许多市场、技术与社会问题，如交易双方如何建立商业互信，以及第三方信用担保缺乏有力监管和切实保障。未来大型商展的发展趋势仍将以实体展会为主，网上会展为辅。

比较一致的看法有以下几点：一是搭建网络虚拟展会不存在技术层面的问题，二是虚拟展会与实体展会相融合是大势所趋，三是虚拟展会的形态正在不断创新变革，四是虚拟展会不能脱离行业和实体展会实际。只有紧密结合展会所属的行业与类型特点，虚拟展会与实体展会才能相得益彰。

本章思考题：

1. 简述中国会展业未来发展关注焦点。

2. 试论外贸服务新业态对展会的影响。

3. 简述大数据时代 O2O 商业发展模式。

4. 虚拟展会与实体展会如何走向融合？

5. 如何利用会展平台的体验经济特性？

参 考 文 献

1. 过聚荣著 . 会展导论 . 上海：上海交通大学出版社，2006

2. 中国对外贸易中心编 . 百届辉煌：中国出口商品交易会 100 届纪念 . 广州；南方日报出版社，2006

3. 张敏主编 . 中国会展研究 30 年文选 . 上海：上海交通大学出版社，2009

4. 林晖明编著 . 会展智能信息化 . 北京：中国水利水电出版社，2010

5. 刘松萍著 . 会展、经济与城市发展 . 北京：中央编译出版社，2011

6. 中华人民共和国商务部编 . 2012 中国会展业发展报告

7. 张敏主编 . 会展蓝皮书：中外会展业动态评估年度报告（2012）. 北京：社会科学文献出版社，2013

8. 石广生主编 . 中国对外经济贸易改革与发展史 . 北京：人民出版社，2013

9. 中国展览年鉴 2012. 中国国际贸易促进委员会编辑出版，2013

10. 中国展览经济发展报告 2013. 中国国际贸易促进委员会，2014

11. 中国对外贸易中心内部出版 . 广交视界，第 1 期至 26 期

12. 中国会展经济研究会出版 . 2014 中国会展经济研究会学术年会论文集